Zauber und Schönheit unserer Erde

Das große ADAC-Buch der Naturwunder

Zauber und Schönheit unserer Erde

EIN **ADAC** BUCH

Text
Benoît Antheaume, Michel Bakalowicz, Marin Batchvarov, Prof. René Battistini,
Prof. Pierre Biays, Armelle Billard, Prof. Bernard Bomer, Joël Bonnemaison, Jacques Bonvallot,
Prof. Maurice Burac, Jean-Pierre Carbonnel, Jean-Louis Cheminée, Prof. Brigitte Coque,
Prof. Roger Coque, François Durand-Dastès, Maurice Gennesseaux, Pierre Gentelle,
Dr. Peter Göbel, Catherine Kuzucuoglu, Prof. Yannick Lageat, Prof. Claude Laugénie,
Claude Lepvrier, Prof. René Létolle, Prof. Louis Lliboutry, Marie-Thérèse Ménager,
Michel Meybeck, Prof. Théodore Monod, Prof. Richard Moreau, Tatiana Muxart, Philippe Olive,
Prof. Paul Ozenda, Alain Person, Prof. Jean-Pierre Peulvast, Prof. Annie Reffay,
Jean-Christophe Sabroux, Maurice Taïeb

Zeichnungen
Jean-Jacques Éthève, Philippe Gaussent, Jean-Marc Gidoin, Yves Gretener, Christian Kocher,
Guy Michel, Patrick Morin

Kartographie
AERC: Jacques Sablayrolles, Marie-Claude Backe
EDICA: André Leroux, Catherine Robin, Yves Gretener
Deutscher Text: Thomas Brüll, Gisela Köllner

Übersetzung aus dem Französischen
Übersetzergemeinschaft Sternheimer
Leitung: Michael C. Sternheimer
Übersetzer: Bettina Gleißenberger, Isabelle Jahraus

Die deutsche Ausgabe wurde von Dr. Peter Göbel eingerichtet.

Projektleitung: Michael Dultz, Peter Holzwarth
Redaktion: Mina Langheinrich
Gestaltung: Thomas Maier
Korrektur: Siglinde Huber
Produktion: Heinz Franke
Fotos: siehe Bildnachweis (S. 352)
Titelgestaltung: Graupner & Partner, München
Satz: Lihs, Satz und Repro, Ludwigsburg
Druck und Bindearbeiten: Grafica Editoriale S.R.L., Bologna

**Dieses Buch entstand in Zusammenarbeit zwischen dem ADAC Verlag, München,
und dem Verlag Das Beste, Stuttgart**

© 1995 Verlag Das Beste GmbH, Stuttgart

Sonderausgabe für den ADAC Verlag GmbH, München

Das Werk einschließlich aller seiner Teile ist urheberrechtlich geschützt. Jede Verwendung
außerhalb der engen Grenzen des Urheberrechtsgesetzes ist ohne Zustimmung des Verlags
unzulässig und strafbar. Das gilt insbesondere für Vervielfältigungen, Übersetzungen,
Mikroverfilmungen und die Verarbeitung in elektronischen Systemen.

Printed in Italy

ISBN 3-87003-648-6

VORWORT

Als mit dem Flug des Russen Jurij Gagarin im April 1961 das Zeitalter der bemannten Raumfahrt anbrach, schmiedeten die Wissenschaftler noch ehrgeizige Pläne zur Erkundung ferner Himmelskörper. Inzwischen sind zwar Menschen auf dem Mond gelandet und Raumsonden bis in die entlegensten Zonen des Sonnensystems vorgestoßen, die buchstäblich weitgesteckten Ziele der damaligen Zeit wurden jedoch nur zum geringen Teil erreicht. Dafür haben die Forscher in den vergangenen drei Jahrzehnten mit Hilfe bemannter und unbemannter Raumfahrzeuge eine überwältigende Fülle von Informationen über unseren eigenen kleinen Himmelskörper, die Erde, gewonnen. Und während die Erdenbürger bei der Suche nach dem Paradies seit jeher ihre Blicke zum Himmel richteten, machten die Astronauten bei ihren Flügen durch den Weltraum eine ganz andere Erfahrung: Ihnen erschien die Erde selbst paradiesisch schön.

Vielleicht muß man tatsächlich von einer Raumfähre aus auf die Erde schauen, um den Zauber und die Schönheit unseres Planeten voll zu erfahren. Es wird allerdings wohl noch viele Jahrzehnte dauern, bis dieses faszinierende Erlebnis für jedermann möglich geworden ist. So möchte dieser Band die größten Naturwunder der Erde schon jetzt vorstellen, zwar mit wenigen Ausnahmen aus irdischem Blickwinkel, dafür aber aus der Sicht namhafter Wissenschaftler, die auf die Besonderheiten der Sehenswürdigkeiten aufmerksam machen und erklären, wie und auf welche Weise sie entstanden sind – ebenfalls Erkenntnisse, die wir nicht zuletzt der Erkundung der Erde aus dem Weltraum verdanken.

Seit dem Beginn der bemannten Raumfahrt hat jedoch die Zerstörung der natürlichen Umwelt durch den Menschen vielerorts ein erschreckendes Ausmaß angenommen. In fast allen Kapiteln dieses Buches, selbst in denen, die so dünn besiedelte Regionen wie das Amazonastiefland oder die Antarktis behandeln, berichten die Autoren über Umweltschäden, deren wahres Ausmaß oft nur aus dem Weltraum zu erkennen ist. Da ziehen auf den Satellitenbildern Rauchschwaden von Waldbränden quer über die Kontinente, Wüsten breiten sich anscheinend unaufhaltsam in fruchtbare Landschaften aus, und die Alarmsignale vor der drohenden Klimakatastrophe häufen sich. Daher soll dieser Band auch dazu beitragen, unser Verständnis für die Bedeutung der Naturwunder zu wecken und klarzumachen, warum es heute mehr denn je gilt, uns um ihre Erhaltung zu bemühen.

Dr. Peter Göbel

INHALT

EUROPA
10–65

Der Sognefjord *Jean-Pierre Peulvast*	12
Der Scoresbysund *Jean-Pierre Peulvast*	15
Der Vesuv *Annie Reffay*	18
Überwachung und Vorhersage von Vulkanausbrüchen *Jean-Louis Cheminée*	21
Haytor Rocks und die Tors von Dartmoor *Brigitte Coque*	22
Granit als Werk- und Zierstein *Brigitte Coque*	24
Wackelsteine, Felsenmeere und Tafoni *Brigitte Coque*	25
Die Alpen *Louis Lliboutry*	26
Vom Schnee zum Gletschereis *Louis Lliboutry*	29
Die alpine Flora: an den Grenzen des Lebens *Paul Ozenda*	31
Gipfelstürmer *Richard Moreau*	33
Santorin *Alain Person*	40
Der Krakatau *Alain Person*	43
Die Felsen von Belogradschik *Marin Batchvarov*	44
Die Türkenfestung Belogradschik *Marin Batchvarov*	45
Die Höhle von Magura *Marin Batchvarov*	47
Der Aven Armand *Michel Bakalovicz*	48
Die Tropfsteinbildung *Michel Bakalovicz*	49
Eine junge Wissenschaft *Michel Bakalovicz*	51
DIE ROLLE DER GESTEINE *Bernard Bomer*	52
Giant's Causeway *Annie Reffay*	54
Die Abtragung erloschener Vulkane *Annie Reffay*	55
Säulenbasalt und geologische Orgeln *Annie Reffay*	57
Das Mittelmeer *Maurice Gennesseaux*	58
Die Kloake dreier Kontinente *Richard Moreau*	61
Das Pflanzenkleid der Mittelmeerländer *Paul Ozenda*	65

AFRIKA
66–113

Die Sahara *Théodore Monod*	68
Überlebensstrategien in der Wüste *Théodore Monod*	71
Das Leben im Zelt *Théodore Monod*	81
Das Binnendelta des Nigers *Alain Person*	82
Die Lehmarchitektur des Binnendeltas *Alain Person*	83
Die Figuren von Djenné *Alain Person*	85
Die Afarsenke *Jean-Louis Cheminée*	86
Lucy, die Urahne der Menschheit *Maurice Taïeb*	90
Die Danakil *Jean-Louis Cheminée*	91
DIE PLATTENTEKTONIK *Jean-Louis Cheminée*	92

Der Victoriasee *Michel Meybeck*	94
Wie die großen Seen Afrikas entdeckt wurden *Michel Meybeck*	95
Die Entstehung der Seen *Michel Meybeck*	97
Das Ruwenzorimassiv *René Battistini*	98
Der Berggorilla *Richard Moreau*	101
Die Höhenstufen der Vegetation in den Gebirgen Ostafrikas *René Battistini*	103
Der Tafelberg *Yannick Lageat*	104
Ein Land der Reben und des Weines *Richard Moreau*	105
Das Blumenparadies *Richard Moreau*	107
Die Seychellen *Richard Moreau*	108
Aldabra *Richard Moreau*	111
Fauna und Flora der Seychellen *Richard Moreau*	113

ASIEN
114–169

Die Tuffkegel von Kappadokien *Catherine Kuzucuoglu*	116
Unterirdische Städte *Catherine Kuzucuoglu*	119
Der Baikalsee *Philippe Olive*	120
Gräben und Horste *Philippe Olive*	121
Der Tanganjikasee *Michel Meybeck*	123
Der Mount Everest *Louis Lliboutry*	124
Forscher und Gipfelstürmer *Richard Moreau*	127
Die Königreiche im Himalaja *G.-M. Moreau*	128
Die Höhenstufen der Vegetation im Himalaja *Paul Ozenda*	131
BRÜCHE UND FALTEN *Roger Coque*	132
Die Seen von Band-i-Amir *Jean-Pierre Carbonnel*	134
Die Seen des Herrn *Jean-Pierre Carbonnel*	135
Die Plitvicer Seen *Jean-Pierre Carbonnel*	137
Der Fudschijama *Annie Reffay*	138
Regenschirmberge: die Abtragung junger Vulkane *Annie Reffay*	140
Die Karstlandschaften von Guangxi *Michel Bakalowicz*	142
Tropische Karstlandschaften *Michel Bakalowicz*	145
Shanshui: Berge und Wasser *J.-J. Potiron*	152
Die Takla-Makan *Roger Coque und Pierre Gentelle*	154
Sichou Zhilu: die Seidenstraße *Pierre Gentelle*	156
Grundformen der Wüstendünen *Roger Coque*	159
Die Lößlandschaften Chinas *Armelle Billard und Tatiana Muxart*	160
Shaanxi, ein historisches Freilichtmuseum *J.-J. Potiron*	162
Lößlandschaften in China: Spiegel der Klimaschwankungen *Armelle Billard und Tatiana Muxart*	165
Die Solfataren des Kawah Idjen *Jean-Christophe Sabroux*	166
Vulkanische Lagerstätten *Jean-Christophe Sabroux*	168
Vulkanische Dämpfe und Gase *Jean-Christophe Sabroux*	169

OZEANIEN UND DER PAZIFIK

170 – 213

Das Große Barriereriff Richard Moreau	172
Ein Weltwunder in Gefahr Richard Moreau	177
Ayers Rock Joël Bonnemaison	178
Ayers Rock: der heilige Berg der Aborigines Joël Bonnemaison	181
Der Pazifische Ozean Jean-Louis Cheminée	182
Die Tsunamis Maurice Gennesseaux	185
Die Osterinsel Alain Person und Marie-Thérèse Ménager	195
Die heißen Quellen von Neuseeland Jean-Christophe Sabroux	196
Die Wehrdörfer der Maori Benoît Antheaume	199
Die Gletscherwelt des Mount Cook Benoît Antheaume	200
Die Gletschertypen Jean-Pierre Peulvast	201
Wandern und Bergsteigen am Mount Cook Benoît Antheaume	202
Mauna Loa und Kilauea auf Hawaii Jean-Louis Cheminée	204
Der Piton de la Fournaise Jean-Louis Cheminée	207
VULKANISMUS Jean-Louis Cheminée	208
Das Tetiaroa-Atoll Richard Moreau	210
Rätselhafte Polynesier Richard Moreau	213

NORD-AMERIKA UND DER ATLANTIK

214 – 263

Die San-Andreas-Verwerfung Louis Lliboutry	216
Lithosphärenplatten und Plattenränder Louis Lliboutry	219
Erdbeben: Magnitude, Intensität, Auswirkung Louis Lliboutry	221
Der Grand Canyon des Colorados Pierre Biays	222
Indianerkulturen auf dem Coloradoplateau Pierre Biays	225
Geologie für Millionen Pierre Biays	233
Die Geysire des Yellowstone-Parks Michel Bakalowicz	234
Thermalquellen und Hydrothermale Ablagerungen Michel Bakalowicz	235
Heilquellen Richard Moreau	236
Das Labyrinth der Mammuthöhle Michel Bakalowicz	238
Das Karstrelief Michel Bakalowicz	241
Die Höhlenfauna Michel Bakalowicz	242
Die Großen Seen Nordamerikas Michel Meybeck	244
Die Niagarafälle Michel Meybeck	247
Die Lebensader Nordamerikas Pierre Biays	248
Das Land der tausend Seen Michel Meybeck	249
Der Columbiagletscher Louis Lliboutry	250
Die Gletscherbewegungen Louis Lliboutry	251
Gletscherwogen Louis Lliboutry	253
Die Appalachen Richard Moreau	254
Der Erdölboom Richard Moreau	257

SÜD-AMERIKA UND DIE ANTILLEN
266 – 305

Die Azoren Maurice Gennesseaux 258
  Die Entstehung des Atlantischen Ozeans Maurice Gennesseaux 261
  Expeditionen auf dem Meeresgrund Maurice Gennesseaux 263
  DIE KLIMAZONEN François Durand-Dastès 264

Barbados Maurice Burac 268
  Tropische Wirbelstürme François Durand-Dastès 271
Die tropischen Anden Claude Laugénie und Alain Person 272
  Das Salz des Antiplanos Alain Person 275
  Die präkolumbischen Kulturen Perus F. Duvigneau 279
Die Iguaçufälle Claude Laugénie 280
  Wie Wasserfälle entstehen Claude Laugénie 281
Die Bucht von Rio Claude Laugénie 284
  Rio: die heimliche Hauptstadt Camille Duvigneau 287
  KLIMA UND LANDSCHAFTSFORMEN Bernard Bomer 288
Der Cerro Fitz Roy Louis Lliboutry 290
  Die Eroberung des Fitz Roy Louis Lliboutry 293
Der Amazonas Richard Moreau 294
  Die Kautschukmetropole Manaus Richard Moreau 296

DIE POLARGEBIETE
306 – 331

Spitzbergen Claude Lepvrier 308
  Die Fauna und Flora Spitzbergens Claude Lepvrier 309
  Die Öffnung des Arktischen Ozeans Claude Lepvrier 311
Grönland und das Inlandeis René Létoile 312
  Die Erforschung Grönlands René Létoile 313
  Die Grönländer René Létoile 314
  Inlandeise René Létoile 316
Antarktika René Létoile 318
  Geographische Pole und magnetische Pole René Létoile 321
  Leben im Meereis René Létoile 322
  Der Wettlauf zum Pol René Létoile 323
Die Antarktische Halbinsel und der Scotiarücken René Létoile 324
  Pflanzen und Tiere der Antarktis René Létoile 326
  Zeugen tropischen Klimas René Létoile 327
Der Mount Erebus Jean-Christophe Sabroux 328
  Forschungsstationen in der Antarktis René Létoile 330
  Auf der Suche nach dem Magnetpol René Létoile 331

WEITERE NATURWUNDER DER ERDE 332
ERKLÄRUNGEN WICHTIGER FACHAUSDRÜCKE 342
REGISTER 348
BILDNACHWEIS 352

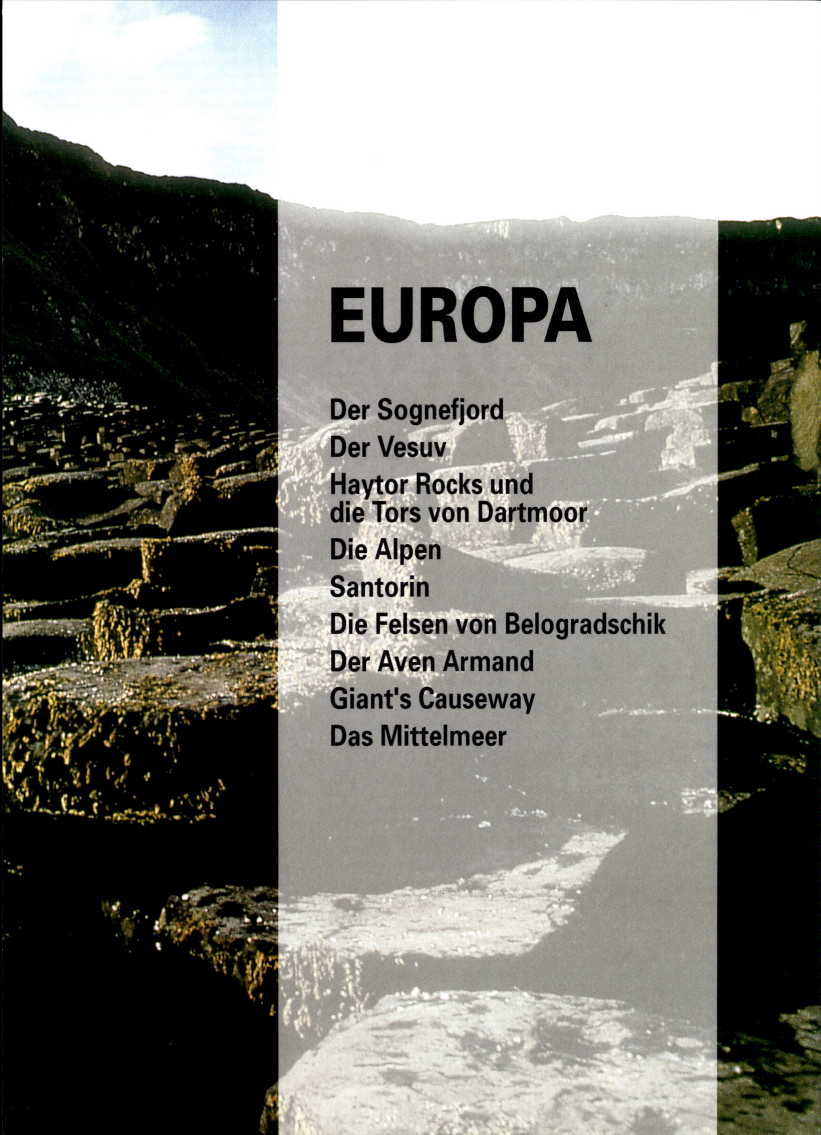

EUROPA

Der Sognefjord
Der Vesuv
Haytor Rocks und die Tors von Dartmoor
Die Alpen
Santorin
Die Felsen von Belogradschik
Der Aven Armand
Giant's Causeway
Das Mittelmeer

Der Sognefjord

Aschgraue Felswände und sattgrüne Wiesen, ewiges Eis und Blütenzauber, Bauernhöfe in leuchtenden Farben und pechschwarze Stabkirchen, unberührte Natur und Touristenrummel: so schillernd und kontrastreich, mal gewaltig, mal lieblich, präsentiert sich dem staunenden Besucher der größte Fjord Europas, ein Werk der eiszeitlichen Gletscher.

Rund 200 km schneidet der Sognefjord von der norwegischen Küste ins Landesinnere, von den vom Meer umspülten Schären bis in die Nähe der höchsten Gipfel Skandinaviens. Der von den eiszeitlichen Gletschern ausgefurchte Trog ist so groß und vielfach verzweigt, daß man immer nur kleine Abschnitte überschauen kann. Vom Molden, einem Aussichtsberg bei Gaupne, schaut man bloß auf den Lustrafjord und ein Stück des Årdalsfjords, vom Storehaugfjell bei Sognedal reicht der Blick über Midtre Sogn; Ytre Sogn, der äußere Sognefjord, und Indre Sogn, die innersten Zipfel, bleiben dagegen verborgen.

Unterhalb des Storehaugfjells ist der Meeresarm, der bis ans Ende von den größten Ozeanschiffen befahren werden kann, etwa 3–4 km breit. Das entspricht ungefähr der durchschnittlichen Breite. Über die Länge des Fjords sind in den Nachschlagewerken die unterschiedlichsten Zahlen zu finden: 167 km, 183 km, 204 km ..., je nachdem, wo man die äußere Grenze ansetzt und wo man sie enden läßt.

Am Rang des Sognefjords als größter Fjord Europas ändern diese Zahlenspielereien freilich nichts und auch nichts an seiner landschaftlichen Schönheit und seiner historischen Bedeutung. Ende Mai bis Anfang Juni, wenn auf den Höhen der Schnee noch in meterdicken Schichten liegt, blühen zwischen Hermansverk und Leikanger Zehntausende von Obstbäumen. In den Sommermonaten belebt sich die dunkelgrüne oder tiefblaue Wasserfläche des Fjords mit weißen Segelbooten und Ausflugsdampfern. Die Ufer des Sognefjords waren schon in früher Zeit besiedelt; davon zeugen viele Hügelgräber und Runensteine aus der Wikingerzeit und einige der schönsten Stabkirchen wie die von Urnes,

Der Hauptarm des Sognefjords wurzelt an der Stelle, an der sich der Lustrafjord, der Årdalsfjord und der Lærdalsfjord vereinigen. Hier flossen einst drei Eisströme zusammen und schürften mit vereinten Kräften den Trog aus.

EUROPA

Jotunheimen, das sagenhafte Heim der Riesen, ist zusammen mit dem Sognefjell eines der beiden großen Vereisungszentren, welche die Eisströme des Sogn im Quartär genährt haben. Der Jostedalsbre, der heute ein Hochplateau im Westen von Jotunheimen bedeckt, ist zwar der größte Gletscher des europäischen Festlandes, gemessen an den eiszeitlichen Gletschern jedoch nur ein Zwerg. Seine Zungen erreichen nicht mehr die Fjorde.

die als älteste Stabkirche Norwegens (um 1130 erbaut) in die UNESCO-Liste der bedeutendsten Kulturdenkmäler der Welt aufgenommen wurde.

Urwüchsige Natur und große Industriebetriebe

Das Landschaftsbild ändert sich hinter jeder Biegung des Fjords: An manchen Stellen sind die Uferböschungen grün und sanft gewellt, und schmucke weiße Häuser ziehen die Blicke auf sich, doch gleich hinter dem nächsten Vorsprung steigen nackte Felswände – aschgrau, von Lawinenrinnen zerfurcht und von Wasserfällen benetzt – beinahe senkrecht aus dem Wasser auf.

Die urwüchsigsten Landschaften findet man an den innersten Zipfeln des Fjords, die tief in die vergletscherte Bergwelt Jotunheimens und des Sognefjells einschneiden. Nur 12 km trennen das Ende des Lustrafjords von den Skagatölstindane (2403 m), die zu den höchsten Gipfeln ganz Skandinaviens gehören.

Doch gerade die gewaltigen Höhenunterschiede haben dem Sognefjord in den letzten Jahrzehnten viel von seinem ursprünglichen Reiz genommen, denn sie schaffen das notwendige Gefälle für große Wasserkraftwerke und die ihnen angeschlossenen Industriebetriebe. Im innersten Winkel des Sognefjords verbirgt sich eines der größten Aluminiumwerke der Welt; Frachter transportieren die leuchtendrote Bauxiterde von Afrika und Südamerika nach Årdal, und der 1000 m höher gelegene Tyinsee liefert die „weiße Energie" zur Verarbeitung des Rohstoffs.

Am Westufer des Aurlandsfjords zweigt der engste, eindrucksvollste und zugleich meistbesuchte Fjord nach Südwesten ab: der Nærøyfjord. Stellenweise ist er nur 200 m breit und wird von 1000 m hohen Felswänden umrahmt. Reißende Wildbäche, in denen es von Lachsen und Forellen wimmelt, haben sich durch die Felsriegel an den Einmündungen der Nebentäler gesägt. Die größeren Fjordarme enden dagegen meist an hohen Schotterterrassen, den Ablagerungen der Schmelzwasserströme, die nach dem Rückzug der eiszeitlichen Gletscher mit dem von den Eislasten befreiten Land in die Höhe stiegen und heute deshalb hoch über dem Spiegel der Fjorde liegen.

EUROPA

Oben: Die Orte an den innersten Zipfeln der Fjorde (hier Aurlandsvangen am Ende des Aurlandsfjords) genießen ein ungewöhnlich mildes und sonnenscheinreiches Klima. Während an der Mündung des Sognefjords im Jahresdurchschnitt 1900 mm Niederschlag fallen, erhält Lærdal beispielsweise nur 400 mm. Zum Teil müssen die Wiesen und Felder künstlich bewässert werden.

Rechts: Einer der ungezählten Wasserfälle, die an den steilen Flanken der norwegischen Fjorde (hier am Westufer des Fjærlandsfjords) herabstürzen, im Sommer und Herbst jedoch oft versiegen. Seit dem Ausbau der Wasserkraftwerke sind einige der schönsten Kaskaden trockengelegt oder in stählerne Röhren gezwängt.

Ein Schnitt durch die Skanden

Der Sognefjord ist nur einer von vielen Fjorden, die sich von der Westküste Skandinaviens her tief in die Skanden, das nordeuropäische Hochgebirge, einschneiden. Die Eisströme des riesigen Inlandeises, das während der Eiszeiten auf Nordeuropa lastete, haben die trogförmigen Furchen zusammen mit den Schmelzwässern in das Urgestein erodiert. Sie folgen voreiszeitlichen Tälern, sind jedoch nicht, wie häufig auch in wissenschaftlichen Werken zu lesen ist, überflutete Trogtäler. Ihr Grund lag schon immer tief unter dem Meeresspiegelniveau.

Im vielfach geknickten Lauf des Sognefjords spiegelt sich der Bauplan des Kaledonischen Gebirges mit seinen annähernd von Südwesten nach Nordosten streichenden Falten- und Verwerfungszonen wider. Vor allem im inneren Fjordgebiet hat die geologische Struktur den Landschaftsformen ihren Stempel aufgedrückt: Von Südwesten nach Nordosten sind beispielsweise der Fjærlandsfjord und der Lustrafjord, aber auch der breite Gebirgsrücken orientiert, der den Jostedalsbre, den größten Gletscher des europäischen Festlandes, trägt. Zur Küste hin zerfällt das Gebirge in ein unregelmäßiges Mosaik von Plateaus und Wasserarmen, das allmählich in die vom Eis polierten, niedrigen Felsbuckel der norwegischen Strandflate und das Gewirr der Schären übergeht.

Atemberaubend steil ragen die Felswände über den Spiegel des Sognefjords auf; bei Sognedal betragen die Höhenunterschiede zwischen 1200 und 1500 m; die sichtbaren Höhenunterschiede sollte man sagen, denn unter dem Meeresspiegel setzen

EUROPA

Die Gletscher haben sich vor rund 10 000 Jahren aus den Fjorden des Sogns zurückgezogen; vor etwa 6000 Jahren gab es wahrscheinlich in ganz Norwegen überhaupt keine Gletscher mehr. Der Jostedalsbre erreichte nach seiner Wiedergeburt vor rund 2000 Jahren während der sogenannten Kleinen Eiszeit 1600–1850 seine größte Ausdehnung, seither ist er beträchtlich geschrumpft, was am deutlichsten an den Gletscherzungen (hier der Böyabre) zu erkennen ist.

sich die Abgründe fort. Zwischen Kaupanger und Rutledal ist der Fjord auf 125 km Länge mehr als 900 m tief und vor Brevik sogar 1308 m. Zwischen dem Grund des Fjords und den benachbarten Gipfeln liegen also zwischen 2100 und 2800 Höhenmeter – ein gewaltiger Einschnitt in die Erdkruste, wenn man bedenkt, daß der Grand Canyon in den USA meist „nur" 1500 m tief ist. Zur Küste hin steigt der Grund der Fjorde allerdings wieder an, und in der Gegend von Solund sind in den Seekarten nur Tiefen um 150 m verzeichnet. Diese ausgeprägte Schwelle in der Nähe der Küste ist ein typisches Merkmal aller Fjorde, eine Eigenart, die sie von den Trogtälern in den ehemals vergletscherten Hochgebirgen unterscheidet. Die Fjordschwelle hat übrigens auch erhebliche Folgen für das Leben in und an den Fjorden. Die seichte Schwelle verhindert nämlich, daß das Wasser in den Meeresarmen durch Strömungen rasch ausgetauscht wird. Unter einer dünnen Schicht an der Oberfläche enthalten die Fjorde praktisch keinen Sauerstoff und sind deshalb Wüsten, in denen kein Fisch existieren kann. Wenn Fjorde zusätzlich noch durch Abwässer verschmutzt werden, können sie sich rasch in Kloaken verwandeln, in denen nur noch giftige Algen gedeihen.

Butter oder Bulldozer?

Über das Ausmaß der Gletschererosion sind die Fachleute geteilter Ansicht. Während die einen behaupten, Gletscher änderten ältere Landschaftsformen von Grund auf, halten die anderen an der Auffassung fest, daß man „mit Butter nicht hobeln kann", also daß die Abtragung durch das strömende Eis nur gering ist.

DER SCORESBYSUND

Blick von Ittoggortoormiit nach Süden auf den Scoresbysund und die Küste von Volquart Boone mit dem Geikieplateau im Hintergrund

Der 313 km lange Nordwestfjordarm des Scoresbysunds in Ostgrönland ist der längste Fjord der Erde. Da er nur im Hochsommer teilweise auftaut, war seine Tiefe lange unbekannt. Heute weiß man, daß er 1459 m tief ist und damit fast die Ausmaße des tiefsten untermeerischen Canyons (1800 m) erreicht. Dabei haben sich Fjordküsten in der Nacheiszeit häufig gehoben. An den Ufern liegen deshalb alte Uferlinien treppenartig übereinander. Am Sognefjord beträgt die Hebung bei Balestrand rund 100 m, am Ende des Lustrafjords schon 150 m.

In der Gemeinde Vik am Südufer des Sognefjords steht die Stabkirche von Hopperstad (um 1130). Die mittelalterlichen Gotteshäuser, die mit ihren gestuften Dächern ein wenig an Pagoden erinnern, haben ihren Namen von den senkrecht stehenden Balken oder Stäben.

Das südnorwegische Fjordland liefert den einen wie den anderen schlagkräftige Argumente. Einerseits gelten die flachwelligen Fjells, auf denen sich die Eismassen im Lauf der quartären Kaltzeiten auftürmten, als nur gering überformte Reste uralter Abtragungsebenen, die sich im Tertiär, vielleicht aber auch schon vor 300 Millionen Jahren gegen Ende des Erdaltertums bildeten; die Fjorde sehen andererseits so aus, als wären in ihnen über Jahrtausende hinweg endlose Kolonnen von Bulldozern am Werk gewesen. Das unmittelbare Nebeneinander von kaum veränderten älteren Landschaftsformen und dem vom Eis und Schmelzwasser geprägten Relief beweist, daß zwischen der Formung durch das strömende Eis und der durch das fließende Wasser grundsätzlich kein Unterschied besteht. Wie die von Flüssen geformten Landschaften der Erde sind die ehemals vergletscherten Gebiete ein buntes Mosaik alter und junger Landschaftsformen, und wie bei einem Fluß hängt die Erosionskraft eines Gletschers vor allem von der Größe, das heißt dem Abfluß, und der Fließgeschwindigkeit ab. Große und schnellfließende Gletscher furchen die Erdoberfläche tief aus, kleine und langsame Eisströme wirken dagegen eher wie eine Tiefkühltruhe, die älteren Formen konserviert. Gerade der Sognefjord ist das beste Beispiel für diese einfache Regel. Er selbst wurde von einem mächtigen Eisstrom ausgefurcht, der die Eismassen in einem großen Einzugsgebiet sammelte, in den schon vorhandenen Tiefenlinien rasch zur Küste führte und dabei den Untergrund tief erodierte. Kleinere Gletscher, die in den Hauptstrom einmündeten, von ihm mitunter aufgestaut wurden, blieben dagegen in der Abtragung weit zurück. Die von ihnen geformten Täler münden als sogenannte Hängetäler hoch über dem Meeresspiegel in den Fjord ein. Oft stürzen Wasserfälle über die Mündungsstufen der Nebentäler herab.

Landschaft im Wandel

Die kräftige Gletschererosion im Trog des Sognefjords hat die meisten voreiszeitlichen Landschaftsformen zerstört. Nur hier und dort entdeckt der Geologe mit geübtem Blick an den Steilhängen noch Verflachungen, die Reste alter Talböden sein könnten. Vor allem zwischen Vik und Kaupanger wird der Fjord in Höhen von 400–800 m von Terrassenresten begleitet. Wie alt diese Terrassen sind, wird sich wohl nie klären lassen, denn sie sind vom Eis abgeschliffen und tragen keine Flußsedimente mehr, mit denen man sie zeitlich einordnen könnte. Vielleicht stammen sie aus dem Tertiär, möglicherweise entstanden sie aber auch erst in den älteren Warmzeiten des Quartärs. Der Beginn des Eiszeitalters in den Hochgebirgen Südnorwegens liegt ebenfalls im dunkel; weltweit findet man eindeutige Hinweise auf Kälteperioden in etwa zwei Millionen Jahre alten Sedimenten, in den Hochgebirgen dürfte die Vergletscherung jedoch bereits früher begonnen haben.

Das Ende der jüngsten Eiszeit ist dagegen recht genau bekannt: Um 11 000 v. Chr. zog sich das Eis vom letzten großen Endmoränenwall in Südnorwegen zurück. Seither hat sich an den Ufern der Fjorde vieles verändert. Nach dem Abschmelzen der Gletscher gingen an den steilen Felswänden zahlreiche Bergstürze nieder, das von der Last der Eismassen befreite Land hat sich im Innern Skandinaviens um mehrere hundert Meter gehoben, und an den Mündungsstufen der Hängetäler kerbten die Wildbäche tiefe Schluchten ein.

Jean-Pierre Peulvast

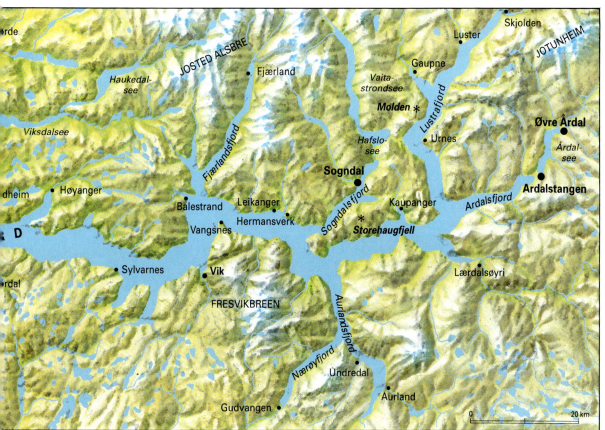

Das am Ende des Fjærlandsfjords gelegene Dorf Mundal mit dem gleichnamigen traditionsreichen Hotel war bis 1986 nur mit der Fähre zu erreichen. Heute verbindet eine Straße, die durch einen Tunnel unter dem Jostedalsbre hindurchführt, den Ort mit dem Städtchen Skei. Gäste des Hotels werden mit einem Oldtimer (Baujahr 1923) zu den Gletscherzungen in der Nähe gefahren.

Der Golf von Neapel mit dem Doppelgipfel des Vesuvs zählt zu den schönsten Landschaften der Erde. Der Vulkan, der seit 1944 ruht, hatte in historischer Zeit zahlreiche Ausbrüche. Einer der schwersten zerstörte 79 n. Chr. Pompeji und Herculaneum.

Der Vesuv

Die Straße, die sich von den Ruinen Herculaneums die Südwestflanke des Vulkans hinaufwindet, führt über erstarrte Lavaströme. Die untersten Ströme stammen von den Ausbrüchen in den Jahren 1631, 1767 und 1794. Unter den Fruchthainen und Weingärten, in denen die Trauben für den köstlichen goldfarbenen Wein Lacrimae Christi del Vesuvio reifen, sind die verwitterten Lavaschichten kaum noch zu erkennen.

Oberhalb des Dorfes San Vito wird die Landschaft dann karger. Die Lava, die hier im vorigen Jahrhundert ausfloß, bildete an der Oberfläche die typischen Formen der Strick- oder Seillava: Der im Innern noch flüssige Lavastrom schob die bereits erstarrte Haut zu den seilförmigen Wülsten zusammen, die diesen Formen den Namen geben.

Noch jünger sind die Lavaschichten, die oberhalb des ältesten – 1845 gegründeten – Vulkanobservatoriums der Welt die Flanken des Vesuvs bedecken. Sie flossen im März 1944 aus mehreren Nebenkratern. Ihre Oberfläche ist im Unterschied zur glatten Oberfläche der unteren Lavaströme in rauhe, scharfkantige Blöcke zerborsten.

Feuerberg mit zwei Gipfeln

Wie viele andere Vulkane der Erde ist der Vesuv kein einzelner Berg, sondern ein Massiv aus mehreren ineinandergeschachtelten Vulkanen. Er besitzt deshalb auch zwei Gipfel, die ungefähr die gleiche Höhe haben: den eigentlichen Vesuv im Süden, der bis auf 1277 m aufsteigt, und den Monte Somma im Norden, der 1132 m erreicht. Zwischen den beiden Gipfeln erstreckt sich ein 5 km langes, ringförmiges Tal, das im Westen Atrio del Cavallo, im Osten Valle del Inferno genannt wird.

Pfade führen durch die Aschen- und Lavafelder steil hinauf zum Gipfel des Vesuvs. Die porösen Lavabrocken, die die Wege bedecken, wurden bei den verschiedenen Eruptionen kilometerhoch in die Luft geschleudert und je nach Größe und Gewicht mehr oder weniger weit vom Vulkankrater entfernt abgelagert.

Bequemer ist die Fahrt mit dem Sessellift bis zur Gipfelstation am Rand des Kraters. In dem 300 m tiefen, 580 m langen und 480 m breiten Trichter erinnern nur noch einige Dampfquellen an den vor-

Ein schwächerer Ausbruch des Vesuvs, der sich im Januar 1834 ereignete und von einem Künstler in Wasserfarben festgehalten wurde. Die Eruption hat bereits ihren Höhepunkt überschritten. Nur aus dem Krater des jüngsten Kegels werden noch glühende Lavabrocken geschleudert. Diese explosiven Ausbrüche sind kennzeichnend für den einzigen tätigen Vulkan auf dem europäischen Festland.

erst letzten Ausbruch am 20. März 1944. Die Lava- und Tuffschichten, die übereinandergelagert an den atemberaubend steilen Wänden des Kraters zutage treten, zeigen, daß der Vesuv ein typischer Schichtvulkan ist. Bei ihm wechselten im Lauf der Jahrtausende explosionsartige Aschenausbrüche mit Eruptionen, bei denen die Lava ruhig ausfloß und zu kompakten Schichten erstarrte.

Vom Kraterrand hat man einen herrlichen Ausblick auf die kahlen Hänge des Vulkans, auf die fruchtbaren Gärten an seinem Fuß und den Golf von Neapel, der im Westen in der Sonne glitzert. Im Norden ragt der Monte Somma als Rest eines vorgeschichtlichen Vulkans auf, dessen West- und Südteil durch den Ausbruch des Jahres 79 n. Chr. weggesprengt wurde.

Das ringförmige Tal ist das Überbleibsel einer alten Caldera, eines großen vulkanischen Kessels. In ihm häuften die Ausbrüche der vergangenen 1900 Jahre den steilen Kegel des Vesuvs auf. Große Teile der alten Vulkanruine wurden dabei von jüngeren Schichten verschüttet. Irgendwann wird auch das Tal unter Lava und Asche begraben sein, denn der nächste Ausbruch wird wahrscheinlich nicht mehr lange auf sich warten lassen.

Ein Berg explodiert

Die Entstehung eines so großen Vulkanmassivs dauert mindestens mehrere hunderttausend Jahre. Der Monte Somma soll vor etwa 10 000 Jahren entstanden sein. Davor gab es noch zwei weitere Epochen mit starker vulkanischer Tätigkeit, über die allerdings nur recht wenig bekannt ist, weil ihre Spuren durch die jüngeren Ausbrüche verwischt wurden.

Die verheerende Eruption am 24. August des Jahres 79 n. Chr. kennen wir dagegen sehr genau, denn sie wurde von einem Augenzeugen ausführlich beschrieben: In zwei Briefen an den römischen Historiker Tacitus berichtet nämlich der Schriftsteller Gaius Plinius der Jüngere über das Naturereignis, das sich schon Jahre zuvor durch Erdbeben angekündigt hatte. Plinius war von der Katastrophe

Im Vordergrund der Kegel des Vesuvs mit dem Gipfelkrater, der seine heutige Gestalt durch den Ausbruch im März 1944 erhielt. Die Flanken des Kegels sind von Barrancos, tiefen Schluchten, zerfurcht. Im Hintergrund erkennt man jenseits des Atrio del Cavallo den Monte Somma. Der zweite Gipfel des Vulkans ist der Rest eines viel größeren Feuerberges, der im Jahr 79 n. Chr. zerfetzt wurde. Lavaströme und Aschenschichten bedecken die Sohle des ringförmigen Tales zwischen den beiden Gipfeln. Die hellgrauen Lavaströme stammen von dem jüngsten Ausbruch. Auf ihnen hat die Vegetation noch nicht Fuß fassen können.

Oben: Hinter Neapel ragt der Vulkan mit der charakteristischen Silhouette auf. Links erhebt sich der Monte Somma, rechts der Kegel des Vesuvs. In der Nähe der Küstenlinie unterbricht eine kleine Anhöhe, der Camaldoli della Torre, den Fußhang. Dieser Schlackenkegel liegt über einem der wenigen Nebenkrater des Vesuvs.

Rechts: La Casa del Fauno, das Haus des Fauns, war eines der stattlichsten Patrizierhäuser Pompejis, bevor die Stadt im Jahr 79 n. Chr. unter den Aschen des Vesuvs begraben wurde. Seit dem 18. Jh. wird sie freigelegt.

selbst betroffen. Sein Onkel Plinius der Ältere fand in der von Aschenregen verschütteten Stadt Stabiae den Tod.

Die Briefe stellen die ältesten bekannten Dokumente der Vulkanforschung dar. Plinius beschreibt darin eine riesige Aschenwolke, die aus dem Krater aufstieg und sich in der Höhe wie die Krone einer gewaltigen Pinie ausbreitete. Er berichtet auch von dem Hagel vulkanischer Bomben, von den Glutwolken, die die Hänge des Vulkans hinunterrasten, und vom Aschenregen, der ungezählte Menschen unter sich begrub.

Plinius behandelt in seinen Briefen bloß Vorgänge, die Tod und Verderben über die Menschen im Umkreis des Vulkans brachten. Tacitus hatte ihn nämlich gebeten, über die Umstände des Todes seines Onkels zu berichten. Die nach dem Ausbruch völlig veränderte Form des Vulkans erwähnt er dagegen nicht. Trotzdem ehren die Geologen Plinius bis heute, indem sie explosive Ausbrüche, bei denen große Mengen von Aschen gefördert werden, als plinianische Eruptionen bezeichnen.

EUROPA

ÜBERWACHUNG UND VORHERSAGE VON VULKANAUSBRÜCHEN

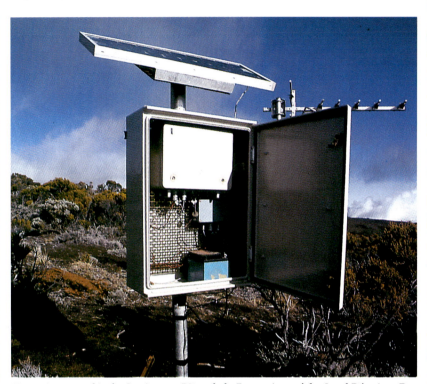

Eine seismographische Station am Piton de la Fournaise auf der Insel Réunion. Der Seismograph ist in der Nähe eingegraben. Die von ihm gesendeten Signale werden durch das am Pfosten befestigte Kabel in die Station übertragen, dort codiert, in Funksignale umgewandelt und über einen Sender an das Observatorium übermittelt. Eine Solarzelle versorgt die Anlage mit Energie.

Verheerende Vulkanausbrüche wie der des Tambora auf der indonesischen Insel Sumbawa im April 1815, bei dem mindestens 90 000 Menschen umkamen, die katastrophale Eruption unter der Insel Krakatau im August 1883, die 36 000 Menschenleben forderte, aber auch die Ausbrüche in jüngerer Zeit in Japan, auf den Philippinen (Pinatubo 1991) und in den kolumbianischen Anden erregten in der Weltöffentlichkeit immer wieder großes Aufsehen.

Um die Gefahr, die von Vulkanen ausgeht, zu bannen oder doch wenigstens zu verringern, entstanden schon vor über 100 Jahren die ersten vulkanologischen Observatorien. Inzwischen gibt es weltweit etwa 40 Vulkanwarten und Forschungsinstitute, die ungefähr 100 tätige Vulkane rund um die Uhr überwachen. Die Überwachung reicht von der einfachen regelmäßigen Kontrolle der Temperaturen in den Dampfquellen bis hin zu technisch weitentwickelten Systemen, wie sie beispielsweise bei der Beobachtung einiger Vulkane in den französischen Besitzungen im Indischen Ozean oder in der Karibik eingesetzt werden.

Ein Vulkanausbruch kündigt sich meist lange vorher durch verschiedene Phänomene an, die mit dem Aufstieg des Magmas im Erdinnern zusammenhängen. Die verwendeten Techniken zielen vor allem darauf ab, diese Alarmzeichen zu entdecken und zu registrieren. Der Aufstieg der Schmelze im Untergrund bewirkt einen gewaltigen Druck auf die benachbarten Gesteinsschichten, der Spalten aufreißen läßt, Erdbeben auslöst und manchmal das gesamte Vulkangebäude wie einen Luftballon aufbläht. Außerdem sind vor Eruptionen häufig Änderungen des Erdmagnetfeldes und ein verstärkter Austritt vulkanischer Gase zu beobachten.

Ein vulkanologisches Observatorium besteht in der Regel aus zwei Teilen: aus einem Überwachungssystem mit mehreren auf und rund um den Vulkan verteilten geophysikalischen Stationen und der eigentlichen Vulkanwarte, die sich außerhalb der am stärksten gefährdeten Zone befindet und mit den Stationen durch Datenfernübertragung verbunden ist. Beim Piton de la Fournaise, einem tätigen Vulkan auf der Insel Réunion im Indischen Ozean, umfaßt das Beobachtungssystem beispielsweise mehr als 30 Stationen, die Erdstöße registrieren und das Erdmagnetfeld im Umkreis des Vulkans überwachen.

Solche Vulkanausbrüche haben in dichtbesiedelten Gegenden der Erde katastrophale Folgen, wie in jüngster Zeit beim Ausbruch des Pinatubos auf den Philippinen. Beim Pinatubo lösen sich nach Regengüssen an den mit lockeren Aschen bedeckten Hängen des Vulkans immer wieder gewaltige Lahars, Schlammströme, die alles niederwalzen, was sich ihnen in den Weg stellt.

Ursprünglich nahmen die Fachleute an, daß die römische Stadt Herculaneum mit ihren 6000 Einwohnern ebenfalls von solchen Schlammlawinen zerstört worden wäre, denn die Schuttmassen dort häufen sich bis zu 30 m hoch über den Ruinen auf. Heute sind die Geologen allerdings eher der Ansicht, daß Glutwolken, die sich als ein Gemisch von glühendheißen Gasen und vulkanischen Aschen aus dem unteren Teil der Eruptionswolke mit hoher Geschwindigkeit seitlich über das Umland ausbreiteten, die Stadt buchstäblich ausradierten. Die Überlebenschancen in derartigen Glutwolken sind äußerst gering.

Annie Reffay

Haytor Rocks und die Tors von Dartmoor

In den Gebirgen des südwestlichen Englands findet man viele bizarre Felsklippen, die an Monumente längst vergangener Kulturen erinnern. Die sonderbaren Gebilde sind freilich Werke der Natur und im Lauf von Jahrmillionen durch tiefgründige Verwitterung entstanden.

Über die grünen, hügeligen Heckenlandschaften der Grafschaft Devon erhebt sich das Granitmassiv von Dartmoor, das im High Willhays mit 621 m den höchsten Punkt im Süden Großbritanniens erreicht. Dort oben liegen in den Heiden, Mooren und vom Sturm zerzausten Wäldern zahlreiche Felsburgen verstreut, die man in England Tors nennt. Sie gehören zu den interessantesten Natursehenswürdigkeiten der Britischen Inseln.

Haytor Rocks:
die Natur als Baumeister

Die zerklüfteten Haytor Rocks, die wohl imposanteste Gruppe von Felsburgen, stehen im Dartmoor-Nationalpark. Das in der offenen Landschaft schon von weitem sichtbare Naturdenkmal zieht jedes Jahr ungezählte Besucher an. Von den Parkplätzen an den Straßen führen Pfade über die sanft ansteigenden, mit Heidekraut bewachsenen Hänge zum Fuß der Felsburgen. Die schroffen Klippen bestehen aus riesigen Gesteinsblöcken, zum Teil mit 5–10 m Durchmesser, die durch tiefe Verwitterungsspalten voneinander getrennt sind. Sie gliedern sich in zwei Hauptgruppen, zwischen denen eine wenige Dezimeter breite Felsgasse verläuft.

Das Gestein, das in den Klippen unter einem Überzug von Flechten, Moosen und Algen zutage tritt, ist ein grobkörniger Granit mit einzelnen Kristallen aus weißem Kalifeldspat, die bis zu 15 cm Länge erreichen können. Sie sind in eine Grundmasse von anderen Feldspatarten, Quarz und pechschwarzem Glimmer eingebettet. An der Nordwestseite der Felsburgen ist der darunterlagernde Granit freigelegt, den die Einheimischen blauen Granit nennen. Er hat ein feinkörnigeres Gefüge und wird in engem Abstand von Klüften durchzogen. Am Fuß

Die großen Granitsteinbrüche bei Haytor, heute zum Teil überflutet, wurden zwischen 1820 und 1919 intensiv ausgebeutet. Man interessierte sich damals nur für den bläulichen Granit, der noch an den nicht bewachsenen Abbauwänden zu erkennen ist. Der grobkörnige Granit mit den großen Feldspatkristallen fand dagegen keine Abnehmer – zum Glück, denn sonst wären die Haytor Rocks wohl kaum erhalten geblieben.

der Felswände, wo das Gestein ständig durchfeuchtet ist, wird der Granit durch die Verwitterung besonders stark zermürbt. Dort hat sich im Lauf der Zeit eine Halbhöhle, ein Felsüberhang, gebildet.

Kein Tor ist wie der andere

In Dartmoor gibt es mehr als 150 Tors, und keiner gleicht dem anderen. Zu den eindrucksvollsten Felsformationen gehören der Yes Tor, der West Mill Tor und nicht zuletzt die Klippen am High Willhays im Nordwesten Dartmoors. Die Felsen auf dem höchsten Berg der Halbinsel eröffnen einen weiten Blick über Cornwall im Westen und Devon im Norden. Gemessen an den Haytor Rocks, haben die Klippen am High Willhays bescheidene Dimensionen. Sie unterscheiden sich außerdem durch die Form der Gesteinsblöcke von den meisten anderen Tors. Wie riesige Pfannkuchen lagern hier Granitplatten annähernd horizontal übereinander. Die merkwürdigen Gebilde zeichnen Klüfte im Granit nach, die durch die Druckentlastung des Gesteins in der Nähe der Erdoberfläche entstanden sind.

Jeder Tor hat seine unverwechselbaren Kennzeichen: Die aus quaderförmigen Blöcken aufgebaute Felsburg Bowerman's Nose ähnelt einer riesigen Statue aus prähistorischer Zeit. Andere Tors machen dagegen mit auffälligen Farbtönen auf sich aufmerksam. Der rostrote Trowlesworthy Tor sticht beispielsweise scharf von den weißen Kaolingruben von Lee Moor im Süden ab. Andere wiederum, die wie der Hen Tor besonders stark verwittert und abgetragen sind, bestehen nur noch aus einigen aufeinandergestapelten Blöcken, die am Rand in ein Felsenmeer übergehen.

Am östlichen Rand des Granitmassivs von Dartmoor erheben sich die Haytor Rocks. Der durch Spalten in Platten und Quader zergliederte Tor gleicht einem verwunschenen Schloß, das mit hohen Mauern jäh aus der Heidelandschaft aufragt.

Enträtselte Naturwunder

Beim Anblick der Granitklippen denkt man unwillkürlich an Burgen aus grauer Vorzeit, zumal es in den Heide- und Moorgebieten Dartmoors viele archäologische Fundstätten aus der Bronze- und der Steinzeit mit Steinsetzungen, Hünengräbern und Resten prähistorischer Siedlungen gibt. Die Tors sind jedoch zweifellos auf natürliche Weise durch die Kräfte der Verwitterung und Abtragung entstanden. Die Natur muß viele Millionen Jahre an den bis zu 100 m großen Felsburgen gearbeitet haben.

Die Halbinsel von Devon und Cornwall ist ein Bruchstück eines uralten Gebirges, das gegen Ende des Erdaltertums im Lauf der Variskischen Gebirgsbildung aufgefaltet und in den jüngeren Epochen der Erdgeschichte bis auf die Fundamente abgetragen wurde. Es besteht hauptsächlich aus Glimmerschiefer, Tonschiefer und anderen metamorphen Gesteinen. Später lagerten sich über dem eingeebneten Gebirgsrumpf jüngere Schichten ab; die alten Gesteine wurden erst während der Erdneuzeit wieder freigelegt, als sich die Erdkruste unter der Halbinsel hob und dadurch die Abtragung belebt wurde.

Bei der Hebung brachen Spalten in der Erdrinde auf, durch die glutflüssiges Magma aus großer Tiefe aufsteigen konnte. Die Schmelzen drangen in den Mantel aus metamorphen Gesteinen ein und erstarrten dort zu Granit und ähnlichen Tiefengesteinen. Das Granitmassiv, das sich 230 km weit von West nach Ost erstreckt, bildet seither den Kern der Halbinsel. An vielen Stellen tritt das körnige Tiefengestein an der Erdoberfläche zutage. Manchmal setzt es der Verwitterung geringeren Widerstand entgegen als benachbarte Gesteine und wird deshalb schneller abgetragen, an anderen Orten ist es härter als der Gesteinsmantel und ragt als kleiner oder größerer

EUROPA

GRANIT ALS WERK- UND ZIERSTEIN

Seit Menschengedenken ist der feste Granit ein Symbol der Beständigkeit. Schon im alten Ägypten wurde er als Werkstein beim Bau von Tempeln und Grabmälern verwendet. Die hervorragende Verwitterungsbeständigkeit (wenigstens in unseren Klimazonen) macht das körnige Tiefengestein zu einem begehrten Baumaterial. Außerdem läßt sich Granit durch die ausgeprägten Kluftsysteme relativ leicht abbauen. Er wurde deshalb früher auch bei uns viel zu Rand- und Pflastersteinen verarbeitet. Heute schmücken polierte Granitplatten Fassaden und Fußböden. Im Fichtelgebirge, im Schwarzwald und anderen deutschen Mittelgebirgen, wo bis in die 50er Jahre an vielen Orten Granit gebrochen wurde, sind gegenwärtig nur noch wenige Granitbrüche in Betrieb. Das verarbeitete Gestein wird heutzutage größtenteils aus den europäischen Nachbarländern oder sogar aus Übersee eingeführt. Als Zierstein sind die roten Granitvarianten am beliebtesten, wie der aus Luxulyan in Cornwall stammende rosarote Granit, der schwarze Turmalinkristalle enthält, oder der finnische Rapakiwi-Granit.

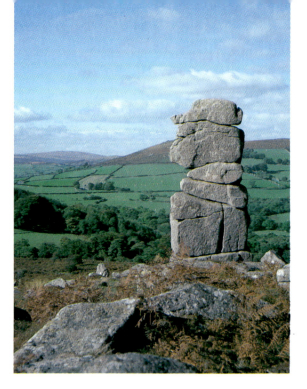

Oben rechts: Bowerman's Nose, eines der Wahrzeichen von Dartmoor. Lange Zeit galt der Tor als heidnischer Steingötze, an dem von Druiden blutige Opfer dargebracht worden sein sollen. In Wirklichkeit ist der 5 m hohe Stapel von Granitblöcken der kümmerliche Rest einer abgetragenen Felsburg.

Gegenüberliegende Seite: Am Hound Tor sind die Kluftsysteme, die das Granitmassiv in Quader und Platten zergliedern, deutlich zu erkennen. Die Verwitterung dringt entlang den Klüften in das Gestein ein und erweitert sie zu Spalten und Felsgassen. Auf dem rechten Pfeiler liegt ein Wackelstein; gelegentlich stürzt ein solcher Gesteinsblock herunter und bleibt am Fuß der Klippen liegen.

Die Entstehung der Felsburgen

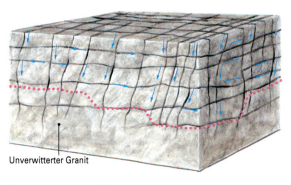

Unverwitterter Granit

Wasser dringt durch Klüfte in das Granitmassiv ein und zermürbt das Gestein durch Tiefenverwitterung (blaue Pfeile).

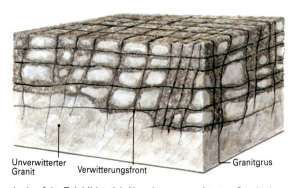

Unverwitterter Granit   Verwitterungsfront   Granitgrus

Im Lauf der Zeit bildet sich über dem unverwitterten Granit ein Mantel aus Granitgrus, in dem noch einzelne Kerne aus festem Gestein eingelagert sind.

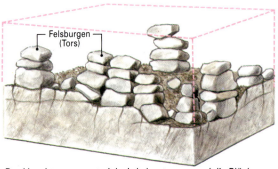

Felsburgen (Tors)

Das Verwitterungsmaterial wird abgetragen, und die Blöcke aus festem Gestein tauchen als Felsburgen aus dem Boden auf.

Härtling über die Umgebung. Zu diesen Härtlingen, wie diese Geländeformen aus härterem Gestein heißen, gehören auch die Tors.

Wie der Granit verwittert

Unter dem gemäßigten Meeresklima, das gegenwärtig auf den Britischen Inseln herrscht, verwittert der Granit nachweislich nur sehr langsam. Von den Granitklippen bröckeln einzelne Mineralkörner ab, die dann im Erdboden weiter verwittern. Die Vorgänge, die die gewaltigen Felsburgen geschaffen haben, müssen also unter anderen Klimabedingungen abgelaufen sein, vielleicht unter dem arktischen Klima der Eiszeiten oder noch früher, im Tertiär, als in weiten Teilen Europas ein feuchtwarmes, beinahe tropisches Klima herrschte.

Nach dem heutigen Forschungsstand verlief die Entstehung der Felsburgen aus Granit in zwei Etappen: Während der ersten Etappe wurde das sprichwörtlich harte Gestein unter einem warmen, niederschlagsreichen Klima tiefgründig zermürbt. Säurehaltiges Regenwasser drang von der Erdoberfläche her in die Klüfte ein, verwandelte den festen Granit in lockeren Granitgrus, löste die leichter löslichen Minerale vollständig auf und führte die gelösten Substanzen mit dem Grundwasserstrom fort. Es bildete sich ein viele Meter dicker Verwitterungsmantel, in dem in den Zonen mit weitem Abstand zwischen den Klüften einzelne abgerundete Blöcke aus frischem, unverwittertem Gestein erhalten blieben. Aus diesen Felskernen bestehen die Tors.

Während der zweiten Etappe wurden die lockeren Grusschichten abgetragen und dabei die festen Gesteinsblöcke freigelegt. Die Abtragung durch das fließende Wasser und das Bodenfließen war wahrscheinlich während der Kaltzeiten des Quartärs am stärksten. Schmelzwasser spülte den lockeren Grus fort, an stärker geneigten Hängen flossen im Sommer die aufgetauten, durchnäßten Erdmassen über dem noch gefrorenen Dauerfrostboden als zähflüssiger Brei talwärts. Die Felskerne tauchten auf diese Weise nach und nach aus ihrem verwitterten Mantel an der Erdoberfläche auf.

Die Tors von Dartmoor liegen nicht gleichmäßig über das gesamte Granitgebiet verteilt. Sie sind vielmehr hauptsächlich an den Rändern des Massivs zu finden. Auf den Hochflächen im Zentrum kommen sie dagegen nur vereinzelt vor. In dieser Anordnung spiegelt sich die stärkere Erosion des verwitterten Gesteins in der Nähe der Täler wider.

Brigitte Coque-Delhuille

EUROPA

WACKELSTEINE, FELSENMEERE UND TAFONI

Die Wackelsteine, die man manchmal auf den Felsburgen findet, gehören zu den erstaunlichsten Naturerscheinungen. Einer der oberen Felsblöcke des Black Tor im westlichen Dartmoor dreht sich beispielsweise beim geringsten Stoß wie ein Kreisel um seine Achse. Andere Blöcke, die scheinbar jeden Augenblick herabstürzen könnten, wie bei der Mausefalle an den Kästeklippen im Harz, ruhen dagegen felsenfest auf ihrer Unterlage.

Hin und wieder stürzt jedoch ein Block herunter, rollt ein Stück den Hang hinab und bleibt dann liegen. Am Fuß der Klippen häufen sich die Blöcke im Lauf der Jahrtausende an und bilden Felsen- oder Blockmeere. Bei anderen Felsenmeeren haben sich die Blöcke hingegen kaum von der Stelle bewegt. Das feinkörnige Verwitterungsmaterial wurde nur vom fließenden Wasser zwischen den Felsen herausgespült. In der Regel liegen diese Blockanhäufungen in muldenförmigen Tälchen; man nennt sie auch Blockströme. An stärker geneigten Hängen ist oft zu beobachten, daß Gesteinsblöcke als sogenannte Wanderblöcke mehrere hundert Meter weit über andere Gesteinsschichten gewandert sind. Vor allem in Zonen mit Frostklima ist dieser Wanderschutt weit verbreitet. Die Wanderblöcke in unseren Breiten wurden meist in den Kaltzeiten des Quartärs durch das Bodenfließen über dem Dauerfrostboden verlagert.

Die halbkugelförmigen Hohlräume, die wenige Zentimeter bis etwa einen Meter tief in Granitblöcke oder Felswände eingelassen sind, entstehen dagegen vor allem in den Klimazonen, in denen Trockenzeiten mit Regenzeiten wechseln, etwa in den Mittelmeerländern. Die Hirten auf Korsika nennen diese Verwitterungsformen, in denen sie bei Sturm und Regen Unterschlupf finden, Tafoni. Dieser Begriff gehört inzwischen weltweit zum Wortschatz der Geologen.

Granitblockstrom im Wald von Huelgoat in der Bretagne

„Wo Berge sind, ist Gott; auf dem platten Lande hauset der Teufel", behauptet der Schriftsteller Friedrich Gottlob Wetzel. Vielleicht erklärt dies nicht nur die dichte Besiedlung der Täler, sondern auch die geradezu magische Kraft, mit der das Hochgebirge im Herzen Europas im Sommer wie in den Wintermonaten Millionen von Urlaubern und Ausflüglern anzieht.

Die Alpen

Das höchste Gebirge Europas erstreckt sich von Wien in einem elegant geschwungenen Bogen 1200 km weit bis zum Golf von Genua und geht dort in den Apennin über. Faltenstränge verbinden das typische Kettengebirge nach Nordosten hin mit den Karpaten, nach Südosten mit dem Dinarischen Gebirge. An der breitesten Stelle sind die Alpen 250 km breit; auf der Karte bedecken sie eine Fläche von 220 000 km², in der Natur ist ihr Areal wegen der steilen Gebirgshänge etwa 20 000 km² größer.

Täler als Siedlungs- und Verkehrsachsen

Im Unterschied zu anderen Hochgebirgen der Erde bilden die Alpen keine geschlossene Gebirgsbarriere. Breite, von den eiszeitlichen Gletschern ausgehobelte Längs- und Quertäler öffnen sie für den Verkehr und die Besiedlung. Vor allem die Längstäler, die parallel zu den Hauptkämmen verlaufen und über niedrige Pässe miteinander in Verbindung stehen, sind seit Jahrhunderten dicht besiedelt. Im Norden läßt sich eine nahezu durchgehende, fast 800 km lange Talfurche vom Wallis über die Täler des Vorderrheins und des mittleren Inns, den Pinzgau und das Ennstal bis an das Ostende des Gebirges verfolgen. Im Süden spielen die Quertäler meist eine größere Rolle als die in der Längsrichtung der Alpen verlaufenden Talzüge, etwa im Tessin oder in Südtirol, aber auch hier gibt es ausgeprägte Längstäler, wie das Veltlin, den Vintschgau, das Pustertal oder das Drautal. Die großen Täler gliedern den Alpenbogen in der Länge und Breite in mehrere Abschnitte: Das Rheintal und die vom Comer See ausgefüllte Talung trennen die Westalpen von den Ostalpen; innerhalb der Ostalpen bildet das mittlere Inntal eine deutliche Grenzlinie zwischen den Nördlichen Kalkalpen und den Zentralalpen, während das Pustertal die Zentralalpen von den Südlichen Kalkalpen trennt.

Spätestens seit der Bronzezeit sind die Täler im Innern der Alpen dicht besiedelt. Bodenschätze lockten Bergleute an; am Fuß der Pässe entstanden Rast- und Handelssiedlungen. Für manche kleineren Völker war das Gebirge aber auch nur ein Rückzugsgebiet; sie nahmen das rauhe Klima und die kargen Böden für ihre Freiheit in Kauf und leisteten Eindringlingen erbitterten Widerstand, oft mit erstaunlichem Erfolg, wie die keltischen Allobroger, die sich im Jahr 218 v. Chr. Hannibal in den Weg stellten, als der berühmte Feldherr mit einer vieltausendköpfigen Armee und Kriegselefanten auf dem Weg nach Rom die Alpen überqueren wollte. Am

Von den Tannheimer Bergen bei Reutte in Tirol reicht der Blick weit in das deutsche Alpenvorland mit seinen Seen, Moränenrücken, Wiesen und Wäldern.

Eingang des Mauriennetals, am Col du Grand Cucheron in den Savoyer Alpen, und danach im Engpaß von Lesseillon verlor Hannibal die Hälfte seiner Truppen.

Ein Gebirge ächzt unter der Verkehrslast

Die Verkehrsströme fließen heute vor allem in nordsüdlicher Richtung durch Quertäler und über Pässe durch die Alpen. In den Ostalpen bündeln sie sich am Brenner, dem niedrigsten Übergang (1371 m) über den Alpenhauptkamm. Kilometerlange Eisenbahn- und Straßentunnel bieten ganzjährige Verkehrswege durch das Hochgebirge, etwa die Eisenbahntunnel durch den Mont Cenis zwischen Lyon und Turin, durch den Lötschberg und den Simplon zwischen Bern und Mailand, durch die Niederen Tauern zwischen Salzburg und Triest; Straßentunnel führen beispielsweise unter dem Montblanc, dem Sankt Gotthard oder den Hohen Tauern hindurch.

Die mit großem Kostenaufwand errichteten Straßen und Eisenbahnlinien, früher als Meisterwerke moderner Technik gepriesen, sind heute meist hoffnungslos überlastet. Endlose Auto- und Lastwagenkolonnen quälen sich in den Hauptreisezeiten durch die Täler und über die Pässe, verpesten die Luft mit Abgasen und rauben den Anwohnern den Schlaf. In ihrer Not greifen die Alpenländer zu hohen Straßengebühren und Fahrverboten, um den Transitverkehr zu drosseln und die ausländischen

Der lange Schneegrat, der die Aiguille du Midi (3842 m) mit der Aiguille du Plan (3673 m) verbindet, ist für geübte Alpinisten kaum mehr als eine Aussichtspromenade. Man muß freilich vorsichtig sein und sich etwas unterhalb des Grates halten, denn an der Leeseite bildet der Schnee eine Wächte über einem 2500 m tiefen Abgrund.

EUROPA

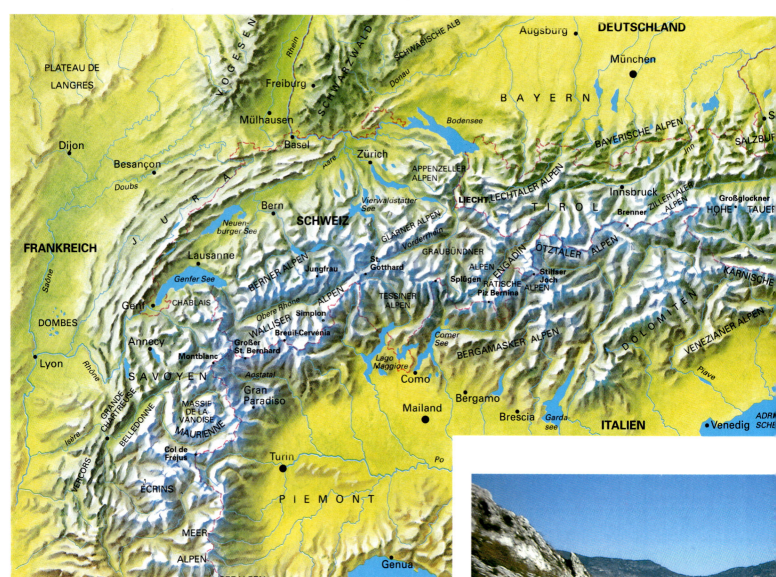

Verkehrsteilnehmer an den Bau- und Unterhaltskosten der Verkehrswege zu beteiligen.

Die Erschließung der Alpen durch Verkehrswege macht auch nicht vor den Gipfeln halt. Sehr viele sind mit Bergbahnen zu erreichen; zahllose Sessel- und Schlepplifte wurden in den letzten Jahrzehnten installiert, um Wanderer und Skiläufer aus den Tälern in Höhen zu befördern, in denen sich früher ein paar einsame Hirten langweilten. Ohne einen Tropfen Schweiß zu vergießen, bewältigen heute wahre Touristenheere in 20 Minuten mit der Schwebebahn den Aufstieg von Chamonix auf den 3842 m hohen Gipfel der Aiguille du Midi. Von dort aus können sie sich per Kabinenbahn über den Géantgletscher transportieren und mit einer dritten Seilbahn nach Courmayeur im Aostatal hinunterbringen lassen, um durch den Montblanctunnel wieder an den Ausgangspunkt zurückzukehren.

Im Spätherbst beginnt die Invasion der Skiläufer aus ganz Europa; sie dauert bis weit ins Frühjahr

VOM SCHNEE ZUM GLETSCHEREIS

Schnee bildet sich aus unterkühlten Wolkentröpfchen, also aus schwebenden Wassertröpfchen, deren Temperatur unter dem Gefrierpunkt liegt. Sie erstarren allerdings nur dann zu den charakteristischen Eiskristallen, wenn die Luft feste Partikel als Kristallisationskeime enthält. Dabei bestimmen Temperatur und Wasserdampfgehalt die Form der Kristalle – Nadeln, Plättchen, Sterne. Bei sehr hohem Wasserdampfgehalt und rascher Abkühlung, beispielsweise wenn Luftmassen in einer Gewitterwolke rasch aufsteigen, bilden sich keine vollständigen Kristalle, sondern amorphes (nicht kristallines) Eis, das als Graupeln oder Hagelkörner fällt.

Der Schnee, der sich auf dem Boden ablagert, besteht bei Temperaturen um den Gefrierpunkt aus feuchtem Pappschnee, bei tieferen Temperaturen dagegen aus trockenem Pulverschnee. Unmittelbar nachdem der Schnee gefallen ist, beginnt eine Art Metamorphose, die vom Neu- zum Altschnee und bei mächtigen, mehrjährigen Schneedecken weiter zum Firn und Gletschereis führt. Dabei nimmt der Luftgehalt des Schnees ab und damit die Dichte zu: Während 1 m^3 frischer Pulverschnee etwa 100–150 kg wiegt, hat 1 m^3 Gletschereis ein Gewicht von mehr als 800 kg. Schnee- und Firnschichten sind mehr oder weniger luftdurchlässig, Gletschereis nicht.

Oft bewirkt der Wind bei Schneefällen eine Verdichtung und Verfestigung des Schnees; außerdem setzt sich der Schnee unter der eigenen Last. Allein durch mechanische Vorgänge kann allerdings Gletschereis nicht entstehen. Die erbsen- bis haselnußgroßen Körner, aus denen Firn und Gletschereis bestehen, bilden sich vielmehr durch einen Materialtransport innerhalb der Schnee- und Eisdecke, entweder von Wasser, das von der Oberfläche her in tiefere Schichten sickert und dort wieder gefriert, oder – noch häufiger – durch den Transport von Wasserdampf.

hinein, und Unersättliche können sich noch im Juli und August in den hochgelegenen Sommerskigebieten vergnügen. Die alten, traditionsreichen Wintersportorte mit ihren typischen Chalets und behaglichen Berggasthöfen wurden inzwischen in der Gunst der Wintersportfreunde vor allem in Frankreich von Wintersportzentren aus der Retorte überrundet. Dort erwartet sie neben Betonbauten der wahre Skizirkus: In den savoyischen Wintersportgebieten Val-d'Isère-Super-Tignes, Les Trois Vallées (bestehend aus Val Thorens, Les Menuires und Méribel) und La Plagne kann man mehrere hundert Kilometer auf Skiern zurücklegen, ohne eine einzige Piste ein zweites Mal befahren zu müssen.

Die Klimascheide Europas

Hochgebirge wie die Alpen haben einen beträchtlichen Einfluß auf das Klima, der sich noch weit entfernt im Vorland bemerkbar macht. Ohne die 3000 bis 4000 m hohen Ketten, die den kalten Nordwind abhalten, wäre beispielsweise das Klima an den Ufern des westlichen Mittelmeers völlig anders. In den Alpen selbst ändert sich das Klima von Kamm zu Kamm, von Tal zu Tal, von einer Bergseite zur anderen. Die Nord- und Nordwestflanke erhalten die meisten Niederschläge; der niederschlagsreichste Ort Deutschlands mit jährlich über 3000 mm liegt im Allgäu, und weiter im Osten, im Salzburger Land, ist der Schnürlregen ebenfalls nur allzu gut bekannt. In den breiten Längstälern im Innern fallen dagegen weniger als 1000 mm; als besonders trocken gelten das Wallis und der Vintschgau. Der Verlauf der klimatischen Schneegrenze spiegelt die Verteilung der Niederschläge klar wider: An den feuchten Außenseiten liegt sie bei 2500–2600 m, im Innern bei 2800–3400 m Meereshöhe. Die höchsten Alpengipfel Deutschlands ragen nur knapp in das Stockwerk des ewigen Eises hinein; daher ist nur

Die Französischen Kalkalpen in der Haute-Provence erreichen nur bescheidene Höhen, sind jedoch wie hier im Massiv von Le Cheiron nordwestlich von Nizza durch Schluchten tief zerschnitten. Von Natur aus wären die Berge bis zu den Gipfeln hinauf bewaldet; der Raubbau ließ sie zu Macchien verkümmern.

EUROPA

etwa 1 km² deutschen Bodens gegenwärtig vergletschert, während die Eidgenossen insgesamt 1580 km² Gletscher besitzen, darunter auch das größte zusammenhängende Eisgebiet der Alpen, den Aletschgletscher. In der Schweiz findet man auch das eindrucksvollste Beispiel für die schroffen Klimagegensätze in den Alpen: Zwischen den eisgekrönten Gipfeln der Walliser Alpen und der Berner Alpen reifen auf den Rebbergen von Visperterminen in 1100 m Höhe noch die Trauben für den berühmten weißen Heida.

Ein Deckengebirge wie aus dem Bilderbuch

Die Erkenntnisse über die Entstehung und den geologischen Aufbau der Kettengebirge unseres Planeten wurden fast ausschließlich in den Alpen gewonnen. Sie waren Vorbild für „alpine" Kettengebirge in aller Welt, und weltweit wird das Zeitalter, in dem die jungen Hochgebirge der Erde entstanden sind, von den Geologen als alpidische Ära bezeichnet. Im Vergleich mit dem anderer Kettengebirge ist der geologische Aufbau der Alpen recht klar, besonders in den Ostalpen, zu denen der deutsche Alpenanteil gehört: Der äußere Rand des Alpenbogens besteht im Norden wie im Süden hauptsächlich aus mächtigen Kalkstein- und Dolomitschichten. In den Nördlichen Kalkalpen gehören beispielsweise das Karwendelgebirge, die Berchtesgadener Alpen und der Dachstein zu dieser tief zerkerbten Außenzone; im Süden ziehen vor allem die fossilen Korallenriffe der Dolomiten die Blicke auf sich. Im Kern des Gebirges treten dagegen Tiefengesteine wie Granit oder

Rechts: Val Ferret, südlich von Martigny im Wallis. Der Auenboden an den Ufern der Gebirgsflüsse ist besonders nährstoffreich und ständig durchfeuchtet. Im Frühsommer entfaltet sich hier eine unbeschreibliche Blütenpracht.

Unten: Der Fiescher Gletscher von der Berghütte am Finsteraarhorn aus gesehen. Auf der Oberfläche der Zunge erkennt man das durch Querspalten zerklüftete Blankeis; an den Rändern führt der Gletscher mehr Obermoräne und ist deshalb dunkelgrau gefärbt.

Gabbro und die unterschiedlichsten metamorphen Gesteinsarten zutage. Die durch Hitze und Druck veränderten Gesteine stammen vielfach, soweit es sich heute noch nachweisen läßt, aus dem Erdaltertum und haben bereits während der Variskischen Ära eine Gebirgsbildung über sich ergehen lassen müssen. Bei den Kalksteinen, Dolomiten und übrigen Sedimentgesteinen handelt es sich fast ausschließlich um verfestigte Ablagerungen aus dem Erdmittelalter und dem Tertiär. Die Einordnung der Gesteinsschichten bereitete den Geologen anfangs große Probleme, denn eine der Grundregeln der Altersbestimmung gilt für die Schichtenfolgen der Alpen häufig nicht: Gewöhnlich lagern jüngere Schichten über älteren, in den Alpen ist die Schichtenfolge jedoch oft gewissermaßen auf den Kopf gestellt, und Schichten der alpinen Trias (210–250 Millionen Jahre vor heute) lagern nicht selten über den Schichten der Kreide, die sich vor 67–140 Millionen Jahren im Meer absetzten. Ursache der verwirrenden, in manchen Gegenden geradezu chaotischen Schichtenfolge ist die starke Einengung der Alpen während der Gebirgsbildung. Dabei kam es zu weitreichenden Überschiebungen von älteren Gesteinspaketen auf jüngere Schichten, an der Faltungsfront kippten Falten häufig wie Brandungswellen am Strand nach vorn über und kehrten dabei die unteren Schichten nach oben. Die vom Untergrund abgetrennten, zum Teil über Dutzende von Kilometern verfrachteten Gesteinspakete werden als tektonische Decken bezeichnet, und die Alpen sind deshalb ein Deckengebirge wie aus dem Bilderbuch.

Die Vorgänge der Gebirgsbildung, von den ersten Vulkanausbrüchen am Grund des Meeres, aus denen die Alpen hervorgegangen sind, über die Faltung und Überschiebung der Schichten bis zur Hebung des Gebirgskörpers spielten sich in einem Zeitraum von mehr als 200 Millionen Jahren ab. Ihren Höhepunkt erreichten sie im Tertiär. Sie dauern heute noch an; die Alpen werden durch Kräfte aus dem Erdinnern jährlich um einige Millimeter gehoben und auf ihr nördliches Vorland geschoben.

DIE ALPINE FLORA: AN DEN GRENZEN DES LEBENS

Zur alpinen Flora rechnet man nur die Pflanzenwelt der alpinen Stufe oberhalb der Waldgrenze. Sie muß mit einem Lebensraum vorliebnehmen, in dem anspruchsvollere Arten nicht mehr existieren können. Die Temperatur in der alpinen Höhenstufe liegt im Jahresdurchschnitt unter dem Gefrierpunkt; selbst im wärmsten Monat steigt sie nicht über den Mittelwert von 10 °C. Im Sommer erwärmt sich zwar der Erdboden an den Sonnenhängen, in sternklaren Nächten kühlt er sich jedoch wieder ab. Diesem krassen Wechsel und dem Wind, der den Boden austrocknet und an ungeschützten Stellen die Pflanzendecke wie mit einer Sichel bearbeitet, sind nur wenige Pflanzen gewachsen. Sie passen sich durch ihre Wuchsformen der unwirtlichen Umwelt an, schmiegen sich dicht an den Erdboden, bilden häufig Polster und dünne Teppiche oder ziehen sich auf lockeren Böden möglichst weit in den schützenden Erdboden zurück. Die lange Schneebedeckung läßt die Vegetationsperiode auf wenige Wochen schrumpfen, und bei den tiefen Temperaturen läuft die Photosynthese sehr langsam ab, zumal die Versorgung mit Nährstoffen ebenfalls unter der Kälte leidet. Hochgebirgspflanzen haben deshalb oft einen Zwer-

Kochs Enzian (Gentiana kochiana)

genwuchs, doch dadurch können sie sich unter dem Schnee verbergen und bleiben so von den Temperaturextremen und dem Wind verschont.

Trotz widriger Verhältnisse ist die alpine Flora erstaunlich artenreich. Mehr als 250 Blütenpflanzenarten wagen sich sogar über die klimatische Schneegrenze hinaus. Von den Blütenpflanzen Europas steigt der Gletscherhahnenfuß am höchsten auf. Er wurde in den Zentralalpen auf dem Gipfel des Finsteraarhorns (4274 m) gefunden. Viele Gattungen, wie die Steinbrechgewächse oder Enziangewächse entwickeln erst im Hochgebirge ihre ganze Artenvielfalt. Die alpine Flora der mittel- und südeuropäischen Hochgebirge, also vor allem der Alpen, der Karpaten und der Pyrenäen, zeigt große Ähnlichkeit mit der Pflanzenwelt der skandinavischen Gebirge. Viele Arten wanderten während der quartären Kaltzeiten aus Nordeuropa ein und zogen sich in den Warmzeiten an Standorte zurück, die ihrem ursprünglichen Lebensraum am besten entsprachen. Solche oft inselartigen Verbreitungsareale fördern die Entwicklung endemischer Pflanzenarten. In den Alpen gibt es rund 150, die nur in einem bestimmten Gebiet vorkommen.

Silberdistel (Carlina acaulis)

EUROPA

Rechts: Der Aufstieg zum Klausenpaß (1948 m) an der Straße von Linthal nach Altdorf. Das kleine Bergdorf im Talgrund hält respektvollen Abstand von den Wildbächen, denn sie führen nicht nur Wasser, sondern leiten im Winter auch die Lawinen und nach Starkregen die Muren zu Tal.

Unten: Im Herbst, wenn sich die Buchen rotbraun und die Lärchen goldgelb verfärben, wenn auf den Fichtenwäldern auf den Höhen schon ein leichter Schneehauch liegt, ist es im Berchtesgadener Land am schönsten.

Der letzte Schliff

Das Quartär hat zeitlich an der Entstehungsgeschichte der Alpen zwar nur einen Anteil von etwa 1 %, aber in diesem Zeitraum wurde das heutige Landschaftsbild des Gebirges geprägt. Mindestens sechs-, möglicherweise aber auch mehr als 20mal waren die Alpentäler in den letzten zwei Millionen Jahren mit gewaltigen Eismassen gefüllt, die den Felsuntergrund erodierten und dem Gebirge gewissermaßen den letzten Schliff gaben. Während der jüngsten Eiszeit, der Würmeiszeit, wälzte sich beispielsweise ein 1600 m dicker Gletscher durchs Inntal. Am Südrand der Alpen schürften die Eismassen die Becken der oberitalienischen Seen bis unter den Meeresspiegel aus. Noch gewaltiger waren die Alpengletscher während des Höhepunkts der vorletzten Eiszeit, der Rißeiszeit. Beispielsweise quoll aus dem Rheintal ein riesiger Gletscher hervor, der sich bis zum Fuß des Schwarzwalds vorschob und dort mit den kleineren Eisströmen des Mittelgebirges verschmolz. Im Vorland der Alpen hinterließen die eiszeitlichen Gletscher feinkörnige Grundmoränen, die dann in der Nacheiszeit zu fruchtbaren Böden verwitterten.

Louis Lliboutry

EUROPA

GIPFELSTÜRMER

Drachenflieger über dem Arvetal bei Chamonix in den Savoyer Alpen

Viele Berge gelten als Wohnsitze der Götter oder werden als göttliche Wesen verehrt. Die Pilger begegneten in den Gebirgen Menschen, die dort ihren Lebensunterhalt suchten: Jägern, Hirten, Holzfällern. Wissenschaftliches Interesse und Liebesschmerz trieben den italienischen Dichter Petrarca 1336 auf den 1912 m hohen Mont Ventoux in den Provenzalischen Alpen. Ihm folgten andere Dichter und Naturforscher. Als Touristenziel kamen die Alpen erst in der zweiten Hälfte des 18. Jh. in Mode. Ihr höchster Gipfel, der 4807 m hohe Montblanc, wurde 1786 von dem Dorfarzt Michel Paccard und dem Bergbauern Jacques Balmat aus Chamonix bestiegen. Heute stürmen ihn alljährlich mehrere tausend Touristen. Die Einheimischen, die die Gefahren der Berge genau kannten, gingen lieber in den Tälern ihrer Arbeit nach. Der sportliche Alpinismus ist eine Erfindung der Briten. Sie tauchten in der zweiten Hälfte des 19. Jh. immer häufiger in den Alpen auf, um die großen Felswände, die bis dahin als unbezwingbar galten, zu durchklettern. Innerhalb weniger Jahre bestieg der Engländer Edward Whymper einige der höchsten Alpengipfel (Massif des Ecrins, Aiguille Verte, Matterhorn); dem Amerikaner William Coolidge gelang 1874 die erste Winterbesteigung der Jungfrau. Als dann die Zahl der unbezwungenen Gipfel zur Neige ging, wandten sich die Alpinisten den Hochgebirgen anderer Kontinente zu.

Unten links: Die Torre Trieste in der Civettagruppe ist eine der imposantesten Felswände der Dolomiten. Schon mehrfach wurde sie von Bergsteigern erklommen. Die Felskanten im Dolomit erleichtern zwar den Aufstieg, dafür platzen an den Wänden mitunter dicke Schalen ab und stürzen als Steinschlag in die Tiefe. Man erkennt die Abrißstellen an den etwas helleren Farben.

Unten: Das Matterhorn oberhalb Zermatts, für viele der Berg der Berge, spiegelt sich in einem kleinen Bergsee. Rechts von der markanten Felspyramide das Furggjoch mit dem Furggrat und das Theodulhorn.

Satellitenbild: Südwestschweiz (auf der Karte hellgelb markiert)
Innenseiten: Das Weißhorn im Wallis

Santorin

Jähe Felswände durchschneiden Schichten aus Bimsstein, Lava und vulkanischen Schlacken. Sie sind Zeugnisse einer Naturkatastrophe, die sich vor über drei Jahrtausenden ereignete und eine der verheerendsten in der Geschichte der Menschheit war. Das Vulkangestein ist aber auch fruchtbar und läßt Trauben für einen Wein reifen, an dem sich wohl schon Dionysos, der griechische Gott des Weines, labte.

Am südlichen Ende der Kykladen, mitten im Ägäischen Meer, liegt die Insel Santorin, die auch Thera genannt wird. Das von etwa 6000 Menschen besiedelte Eiland bildet zusammen mit seinen Nebeninseln Therasia und Apronisi einen kleinen Archipel, der im 3. Jahrtausend v. Chr. eines der kulturellen Zentren der Ägäis war.

Diese blühende Kultur wurde dann jedoch um die Mitte des 2. Jahrtausends v. Chr. durch einen furchtbaren Vulkanausbruch völlig vernichtet. Noch immer leben die Insulaner auf unruhigem Untergrund. Zuweilen erschüttern Erdbeben die Inselgruppe; das letzte stärkere Beben, das viele Gebäude zerstörte, ereignete sich 1956.

Die Einwohner Santorins ertragen die Gefahren mit südländischer Gelassenheit, hat doch ihre Inselheimat auch ihre guten Seiten, beispielsweise ein mildes, sonnenscheinreiches Klima mit 3250 Stunden Sonnenschein pro Jahr und nährstoffreiche Böden, auf denen Trauben, Früchte und Gemüse hervorragend gedeihen. Dazu kommt der Tourismus, der sich in den letzten Jahrzehnten zu einem einträglichen Wirtschaftszweig entwickelt hat.

Ein gigantischer Krater

Santorin muß man im Licht der Morgensonne erkunden. Das Schiff läuft von Norden her in die kreisförmige Bucht ein und passiert dabei die kleine Insel Therasia im Westen. Plötzlich befindet man sich in einem von senkrechten Felswänden umschlossenen Kessel. An den bis zu 400 m hohen Wänden, die von der Brandung unterspült werden, wechseln grauschwarze Lavaschichten mit hellem Bimsstein und ziegelroten Schlacken. Ganz oben klebt am Rand des Abgrunds das Dörfchen Ia.

Die fast 400 m tiefe und 83 km große Bucht ist eine gigantische Caldera. Der vulkanische Kessel entstand, als nach dem Ausbruch das Dach der entleerten Magmakammer einstürzte. Zuvor muß es eine Serie verheerender Explosionen gegeben haben. Aschen, Schlacken und andere Auswurfmassen sind in der Ägäis über eine ellipsenförmige Fläche von 600 km Länge und 300 km Breite verteilt. Nach dem Einsturz, der von heftigen Erdbeben begleitet war, kam es zu gewaltigen Flutwellen, die die Inseln und Küsten im weiten Umkreis verwüsteten.

Blick von Thera auf die Bucht von Santorin. Im Hintergrund ist die Insel Therasia zu erkennen, davor in der linken Bildhälfte die Kameni-Inseln, unter denen ein noch aktiver Vulkanherd liegt. Die Erdbeben, die mit dem Vulkanismus zusammenhängen, hinterlassen an den Häusern von Thera oft breite Risse.

EUROPA

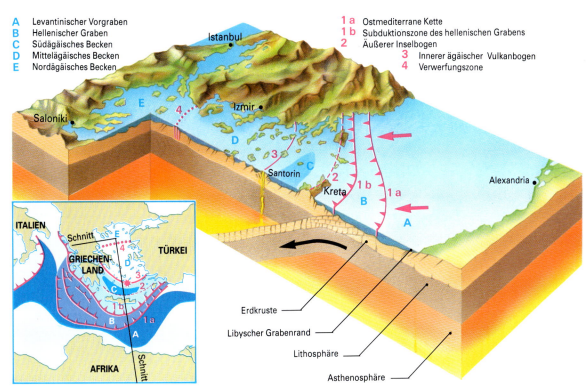

A Levantinischer Vorgraben
B Hellenischer Graben
C Südägäisches Becken
D Mittelägäisches Becken
E Nordägäisches Becken

1a Ostmediterrane Kette
1b Subduktionszone des hellenischen Grabens
2 Äußerer Inselbogen
3 Innerer ägäischer Vulkanbogen
4 Verwerfungszone

Santorin gehört zu einer Kette von Vulkanen, die am Rand der Zone liegt, wo sich die Afrikanische Platte unter die Ägäische Platte schiebt.

Die Safransammlerin, *ein erstaunlich gut erhaltenes Wandgemälde aus dem 16. Jh. v. Chr., das eine der Villen in Akrotíri schmückt. In der an der Südbucht von Santorin gelegenen Ruinenstadt wurde auch ein minoischer Palast ausgegraben.*

Leben auf den Trümmern eines Vulkans

Das Schiff ankert in dem winzigen Hafen Skala. Ein steiler Pfad führt zu dem 200 m höher gelegenen Inselhauptort Thera hinauf. Früher mußte man den Aufstieg zu Fuß oder auf dem Rücken eines Maultiers bewältigen; jetzt befördert eine Seilbahn Einheimische und Gäste in wenigen Minuten zur Hauptstadt, die – wie die Insulaner sagen – auf der Augenbraue des Kraters liegt.

Von dort oben kann man beinahe den gesamten Archipel überschauen: Gleich gegenüber liegt die knapp 300 m hohe Insel Therasia, ein Bruchstück der westlichen Flanke des zerstörten Vulkans. Das Wasser der seltenen, aber heftigen Regengüsse hat in ihre Bimssteinschichten tiefe Kerben gefurcht, und frühere Generationen gruben Höhlenwohnungen in das lockere Gestein. Im Zentrum der Bucht ragen die Kameni-Inseln als Gipfel untermeerischer Vulkane über das blaue Meer. Die jüngste Insel Nea Kameni, die Neue Verbrannte, stieg zwischen 1707 und 1711 aus dem Kratersee empor. Palaia Kameni, die Alte Verbrannte, war bereits im 2. Jh. v. Chr. aufgetaucht. Seit dem letzten großen Vulkanausbruch von 1866 tritt auf den Inseln nur noch heißer Dampf aus.

Von der oberen Kante der Kraterwände ist im Südwesten hinter den Inselchen innerhalb der Bucht das felsige 2 km² große Eiland Apronisi zu erkennen, das den Rand der Caldera markiert. Nach Osten hin bietet Thera ein ganz anderes Bild. Mit Reben bepflanzte Hänge fallen sanft zu einem schwarzen Lavastrand ab. Im Südosten ragt als höchster Berg der Insel der Prophíti Ilías 584 m über den Meeresspiegel. Er besteht aus Marmor, Tonschiefer und anderen metamorphen Gesteinen, die den Sockel des Archipels bilden. Hier ließen sich zu Beginn des 1. Jahrtausends v. Chr. Dorier als erste Einwanderer nach der Vulkankatastrophe nieder und gründeten eine Stadt, von der einige Mauerreste erhalten sind. Überreste einer mykenischen Siedlung wurden an der Südbucht ausgegraben.

Die Kraterwände von Santorin, oben auf der Felskante das malerische Inseldörfchen Ia. An den Wänden wittern die kompakten Lavadecken als senkrechte Klippen heraus; die meist nur gering verfestigten Aschen und Schlacken bilden Terrassen. Die weiße Bimssteinerde (Santorinerde) wird als natürlicher Zement für Wasserbauten geschätzt und seit Menschengedenken abgebaut.

Wenn Platten im Erdinnern verschlungen werden

Im östlichen Mittelmeerraum treiben die Platten der Lithosphäre, der festen Erdrinde, langsam aufeinander zu. Die Afrikanische Platte schiebt sich von Süden her mit einer Geschwindigkeit von 2 bis 4 cm pro Jahr unter die Ägäische Platte, wird also gewissermaßen im Erdinnern verschluckt.

Wenn Bruchstücke der Erdrinde im heißen Erdmantel untertauchen, erwärmen sie sich und schmelzen ganz oder teilweise auf. Die Schmelze speist die Magmakammern einer Kette von Vulkanen, die sich über der Plattengrenze anordnen, so daß ein Bogen vulkanischer Inseln die Verschluckungszone (Subduktionszone) an der Erdoberfläche nachzeichnet. Bei der Afrikanischen Platte verläuft er von Korinth auf dem griechischen Festland bis nach Nísyros, einer Insel der Südlichen Sporaden unmittelbar vor der Westküste Kleinasiens. Da die Afrikanische Platte überwiegend aus kieselsäurereichen Gesteinen besteht, enthält auch die Schmelze einen hohen Anteil von Kieselsäure, wird dadurch zähflüssig und erstarrt häufig schon in den Spalten, die von der Magmakammer zur Erdoberfläche führen. Unter dem festen Lavapfropfen, der die Aufstiegswege verstopft, sammeln sich dann die vulkanischen Gase wie die Kohlensäure unter dem Korken einer Sektflasche. Sobald der Gasdruck zu groß wird, bahnen sich die eingeschlossenen Gase mit Gewalt einen Weg zur Erdoberfläche und reißen dabei Magmafetzen und Gesteinstrümmer mit. Das ist der Grund, weshalb Vulkane über Verschluckungszonen zu explosiven Eruptionen neigen und daher besonders gefährlich sind.

Eine lange, bewegte Geschichte

Der Schlüssel zur Geschichte Santorins liegt in den Sedimenten verborgen, die sich seit 150 000 Jahren auf dem Grund des Mittelmeers aufschichten, ist aber auch in den Texten der Geschichtsschreiber des Altertums zu finden. Dazu kommen die Ergebnisse archäologischer Grabungen auf dem Archipel. Die ältesten menschlichen Spuren auf Santorin stammen aus dem 3. Jahrtausend vor unserer Zeitrechnung. Sie sind charakteristisch für die sogenannte Kykladenkultur der frühen Bronzezeit: bemalte Keramik, Kleinplastiken von Gottheiten und Marmorgefäße. Die Funde aus jener Zeit wurden unter Lavadecken und Schichten von Pozzulan (Bimssteinerde) entdeckt.

Zwischen 2000 und 1500 v. Chr. entstand 20 km südlich von Thera bei Akrotíri eine Stadt. Scherben kretischer Keramik beweisen, daß ihre Einwohner enge Kontakte zu den Städten auf Kreta hatten. Nachdem der Ort durch ein Erdbeben zerstört worden war, errichtete man in der jüngeren Bronzezeit eine neue Stadt, die mit ihrem Netz enger, gewundener Gassen und den zwei- und dreistöckigen Häusern den heutigen Dörfern der Insel bereits sehr ähnlich war. Schöne Wandmalereien zeugen vom Wohlstand der Einwohner, die sich von der Landwirtschaft, der Fischerei, der Jagd und dem Handel ernährten.

Um 1500 v. Chr. kam es zu dem heftigen Vulkanausbruch und den nachfolgenden Flutwellen, die die anderen Inseln und die Küsten Kretas verwüsteten. Sie sind nach Ansicht mancher Wissenschaftler für den plötzlichen Untergang des minoischen Reiches auf Kreta verantwortlich. Vielleicht hat diese Naturkatastrophe den griechischen Philosophen Platon (428–347 v. Chr.) zur Legende über die versunkene Insel Atlantis inspiriert: „Die Insel Atlantis, ... größer als Libyen und Asien zusammengenommen, ... wurde vom Meer verschlungen und ward nie mehr gesehen ..."

Nach der folgenschweren Eruption blieb die nun in mehrere Eilande zersplitterte Insel ein halbes Jahrtausend unbewohnt. Zu Beginn des 1. Jahrtausends v. Chr. ließen sich dann dorische Siedler südöstlich des Agios Ilías nieder. Phönizische Seefahrer, die die Insel bei ihren Streifzügen durch das Mittelmeer wiederentdeckt hatten, nannten sie Kalliste, die Schönste. Der Name Thera geht auf Theras, den Anführer der dorischen Einwanderer, zurück. Erst im 13. Jh., als italienische Kreuzritter die Insel eroberten, wurde der bis heute gebräuchliche Name Santorin geprägt. Die Kreuzfahrer benannten sie nach Santa Irene, der heiligen Irene. 1539 wurde der Archipel türkisch; seit 1830 gehört er zu Griechenland.

Alain Person

DER KRAKATAU

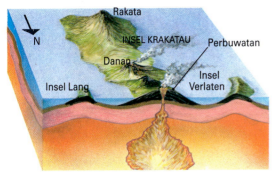

Der Krakatau zu Beginn der Eruption

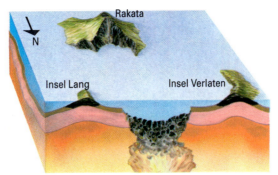

Der Einbruch der Caldera

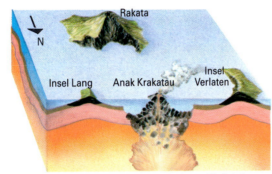

Wiederbelebung der vulkanischen Aktivität

Der in der Sundastraße zwischen den indonesischen Inseln Java und Sumatra gelegene Inselvulkan Krakatau (Rakata) gehört zu einem Inselbogen, der die Verschluckungszone an der Grenze zwischen der Indo-Australischen Platte im Süden und einem Bruchstück der Pazifischen Platte im Norden markiert. In historischer Zeit hatte der Vulkan zwei verheerende Ausbrüche: den ersten 1680, den zweiten 1883.

Im Mai 1883 bestand die Insel aus drei größeren Vulkanen: dem 800 m hohen Piek van Rakata, dem 400 m hohen Danan und dem 200 m hohen Perbuwatan. Als erster spuckte der Perbuwatan am 20. Mai Rauch und Aschen aus, dann folgte der Danan. Die Ausbrüche erreichten vom 26. bis 27. August ihren Höhepunkt. Eine gigantische Wolke aus Gas, Dampf und Aschen stieg 15 km hoch auf, der Donner der Explosionen war noch im fernen Australien zu hören. Als sich die Magmakammer entleert hatte, stürzte ihr Dach ein, und es bildete sich eine Caldera mit einem Durchmesser von 7 km. Von der Ausbruchstelle gingen Tsunamis, bis 35 m hohe Flutwellen, aus, die an den Küsten der benachbarten Inseln ganze Dörfer und Städte wegspülten. Nach fast einem halben Jahrhundert der Ruhe regte sich der Vulkan Ende 1927 erneut. Im Januar 1928 tauchte innerhalb der Caldera ein neuer Vulkankegel über dem Meeresspiegel auf. Die Einheimischen nennen ihn Anak Krakatau, das Kind des Krakataus.

Nea Kameni (im Vordergrund) tauchte 1707–11 aus dem Kratersee auf und wuchs mit den älteren Inseln innerhalb der Caldera zusammen. 1866–70 ereigneten sich auf der Vulkaninsel neue heftige Eruptionen. An vielen Stellen strömen auch heute noch schwefelhaltige Dämpfe aus dem heißen Boden.

Die Felsen von Belogradschik

Wie eine Festung mit gewaltigen roten Sandsteinmauern, so ragen im westlichen Balkan bei dem Landstädtchen Belogradschik 200 m hohe Felsen in den Himmel Bulgariens. Um die bizarren Verwitterungsformen ranken sich viele Sagen. Der höchste Teil wurde erst von den Römern, dann von den Türken als Festung ausgebaut.

„Weder die berühmten Schluchten von Ollioules in der Provence noch der Engpaß von Pancorbo in Spanien, noch die Alpen, noch die Pyrenäen, noch die majestätischen Berge Tirols und der Schweiz kommen dem, was man in Belogradschik in Bulgarien bewundern kann, gleich", schrieb 1841 Jérôme Blanqui, ein französischer Forscher und Entdecker. Drei Jahrzehnte später beschrieb der ungarische Maler Felix Kanitz die Felsen von Belogradschik als „phantastische Schöpfungen der Natur".

Phantastische Gestalten und versteinerte Riesen

Im Vorland des Westbalkans tauchen auf einem Streifen von 30 km Länge und 3 km Breite bis zu 200 m hohe, eigenartige Felsgebilde aus den grünen Hügeln auf. Die roten Felsen stehen manchmal allein, häufig sind sie aber in Gruppen angeordnet. Vier durch tiefe Täler voneinander getrennte Gruppen ragen dabei aus dem Felsenlabyrinth heraus. Die höchste und eindrucksvollste überragt das enge Tal, in dem 50 km südlich des Donauhafens Vidin die Kleinstadt Belogradschik liegt. Nach ihr sind die Felsformationen benannt.

Hinter dem Städtchen, das sich in das Tal schmiegt, erkennt man die bis über 2000 m hohen Gipfel des Westbalkans. Der Gebirgszug bildet hier die Grenze zwischen Bulgarien und Serbien.

Die Einwohner der Gegend haben den riesigen Felsen phantasievolle Namen wie Adam und Eva im Zwiegespräch, Madonna, Die Mönche, Der Derwisch oder Der Bär gegeben. Ein Felsen, der bei Wind seltsame Geräusche von sich gibt, heißt Der Kuckuck.

Manche Klippen, um die sich zahllose Legenden und Sagen ranken, erinnern an alte Burgen oder Türme, andere wiederum an ein zu Stein erstarrtes Volk von Riesen, das sich unter den Strahlen der untergehenden Sonne oder im fahlen Licht des Mondes in ein skurriles Ballett verwandelt.

Die türkische Festung von Belogradschik beherrschte das Vorland des Westbalkans. Im Russisch-Türkischen Krieg wurde sie zerstört; in den 60er Jahren entstanden die Mauern nach Skizzen von Felix Kanitz und alten Fotos neu.

Natürliche Skulpturen aus Sandstein

Die sonderbaren Felsgebilde haben schon früh das Interesse der Forscher und Naturfreunde auf sich gezogen; genauer untersucht wurden sie jedoch erst seit dem Beginn des 20. Jh.

Die Geologen schätzen das Alter der Gesteine, aus denen die Felsen bestehen, auf mehr als 200 Millionen Jahre. Der Schichtenstapel wurde im Tertiär bei der Entstehung des Westbalkans zu einer großen Falte zusammengeschoben, die inzwischen allerdings bereits wieder von der Abtragung gekappt wurde. Nur die Kalksteinkämme an den Flanken der Falte und die Schichten im Faltenkern blieben erhalten. Die Schichten im Kern der Falte bestehen aus roten Sandsteinen und Konglomeraten, die unserem Buntsandstein entsprechen.

Bei der Faltung und späteren Hebung der Schichten bildete sich ein enges Kluftnetz, an dem die Verwitterung und die Abtragung Angriffspunkte fanden. Zonen, in denen das Gestein von vielen Klüften durchzogen ist, verwitterten schneller und entwickelten sich zu Felsgassen, während die Zonen mit weiterem Kluftabstand der Verwitterung länger trotzten und als Felsen herauspräpariert wurden. Schwach verfestigte Schichten leisteten der Abtragung ebenfalls geringeren Widerstand. Deshalb sind die Felsen auch in der Senkrechten durch Höhlen und Hohlkehlen gegliedert.

DIE TÜRKENFESTUNG BELOGRADSCHIK

Der höchste und unzugänglichste Teil der Felsen von Belogradschik ist von einer doppelten, zinnenbewehrten Festungsmauer umgeben. Sie gehört zu einer Zitadelle, die von der türkischen Besatzungsmacht zwischen 1805 und 1837 erbaut wurde. Reste eines römischen Festungswalls aus dem 1.–3. Jh. beweisen, daß schon die Römer die strategisch günstige Lage der Felsen nutzten; während des Ersten Bulgarischen Reiches (7.–9. Jh.) wurde das römische Kastell ausgebaut.

Die türkische Festung beherrschte die Straße, die von Serbien über den Westbalkan nach Vidin und weiter zum Unterlauf der Donau führte. 1840 und 1850 griffen bulgarische Freiheitskämpfer sie an, ohne Erfolg. 1876, während des Serbisch-Bulgarischen Krieges, wehrte die Besatzung einen Angriff der Serben ab; ein Jahr später während des Russisch-Türkischen Krieges wurde die Festung von den Russen beschossen. In den 60er Jahren wurde sie originalgetreu restauriert; sie beherbergt heute eine Ausstellung über den Freiheitskampf der Bulgaren.

Von der Festung aus blickt man auf das Stakevskatal und die Ketten des Balkangebirges im Südwesten. Im Vordergrund einige Konglomeratfelsen mit hellen Quarzgeröllen in dem roten Gestein; hinter der linken Felsengruppe ist die Kuppel einer Sternwarte zu erkennen.

EUROPA

Oben: Mit ein wenig Phantasie erkennt man in dem linken Felsen den Kopf eines Menschen; die Klippen rechts auf dem Foto erinnern mit ihren kapuzenförmigen Decksteinen an Mönche.

Rechts: Das Minarett, das über die roten Ziegeldächer von Belogradschik ragt, ist ein Überbleibsel aus der Zeit der Türkenherrschaft. Heute gibt es in Bulgarien noch etwa 200 000 Muslime.

Bekannte Naturwunder

Obwohl die Felsen von Belogradschik fernab von den touristischen Zentren Bulgariens an der Schwarzmeerküste und um die Hauptstadt Sofia liegen, gehören sie doch zum festen Programm jeder Studienreise durch das Balkanland. Das angenehme Klima, die waldreiche Landschaft und die Möglichkeiten, sich in der freien Natur zu entspannen, ziehen viele Menschen aus den Industriestädten im Nordwesten Bulgariens, vor allem aus Vidin und Lom, an. Belogradschik liegt nicht weit von den Hauptverkehrsachsen zwischen Mitteleuropa, Griechenland und der Türkei entfernt. Manche Reisende unternehmen deshalb einen Abstecher zu den berühmten Felsen. Mit dem Bau von Straßen, Hotels und Campingplätzen haben die örtlichen Behörden inzwischen die Voraussetzungen für einen stärkeren Tourismus geschaffen.

Der Besuch der Felsen von Belogradschik wird in der Regel mit der Besichtigung der Stadt Vidin und der Höhle von Magura verbunden. Darüber hinaus gibt es im nordwestlichen Bulgarien noch weitere lohnende Reiseziele, die hierzulande nahezu unbekannt sind, etwa das wald- und wildreiche Naturschutzgebiet Cuprene mit seinen uralten Bäumen oder die Klöster von Rakovica und Lopusna.

Das gesamte Felsenlabyrinth, ein Areal von 400 ha, steht unter Naturschutz. Die Felsengruppe oberhalb von Belogradschik, die erst von den Römern und dann im vorigen Jahrhundert von den Türken zu einer Festung ausgebaut wurde, ist zusätzlich ein nationales Kulturdenkmal. Vielleicht wird das Gebiet um Belogradschik mit den einzigartigen Felsgebilden demnächst zum Nationalpark erklärt werden, denn hier gibt es kaum Industrie, und die Natur ist noch relativ unberührt.

Marin Batchvarov

EUROPA

Das Felsenlabyrinth bei Belogradschik von Norden her betrachtet. Im Vordergrund die roten Sandsteine und Konglomerate im Kern der Falte, am Horizont die hellen Kalksteine an der Flanke.

DIE HÖHLE VON MAGURA

30 km nordwestlich von Belogradschik liegt die Höhle von Magura, deren tropfsteingeschmückte Gänge und Säle sich über 2,5 km erstrecken. Wahrscheinlich hat die Bildung der Höhle in den Kalksteinschichten des Westbalkans schon vor zwei bis vier Millionen Jahren begonnen.

200 m hinter dem Eingang entdeckten die Höhlenforscher in den Gängen rund 700 Felsmalereien aus der Bronzezeit. Die ersten drei Gruppen sind am besten erhalten. Sie stellen Jagdszenen, Tänze und andere Szenen mit Menschen und Tieren dar. Die Malereien, die mit Fledermausguano auf den Kalkstein aufgetragen wurden, gehören zu den Meisterwerken der prähistorischen Kunst in Südosteuropa.

Am westlichen Rand der Causses Méjean öffnet sich auf einem steinigen Kalkplateau das Portal der schönsten Karsthöhle Frankreichs. In ihrem Innern hat die Natur aus Sinter einen faszinierenden Wald schimmernder Tropfsteinsäulen geschaffen. Die Höhle wurde vor knapp 100 Jahren erstmals betreten; heute ist sie jedem zugänglich.

Der Aven Armand

An einem Tag im September 1897 folgte Édouard Alfred Martel, der Pionier der französischen Höhlenkunde, am westlichen Rand der Causses dem Lauf des unterirdischen Flusses Bramabiau. Sein Assistent Louis Armand war derweil mit Vermessungsarbeiten auf den Causses Méjean beschäftigt. Dabei bemerkte er an der Flanke einer der Dolinen, die zu Tausenden in dieses Kalkplateau zwischen den Schluchten der Jonte und des Tarn eingelassen sind, den Einstieg zu einer Höhle, die die Bewohner der Gegend den Aven nannten.

Gleich in den nächsten Tagen begann Martel mit der Untersuchung des Schachts, der anscheinend senkrecht in die Tiefe führte. Ein Camp wurde am Eingang errichtet, Seile und Leitern wurden herbeigeschafft und ein Feldtelefon installiert. Mit einer Laterne und einem Vorrat an Kerzen ausgerüstet, den Zylinder auf dem Kopf, wurde Martel an einem Seil von der Mannschaft in den Schacht hinuntergelassen. Nach 40 m weitete sich der Schacht, und der unerschrockene Forscher schwebte hinab, bis er 35 m tiefer auf einer Blockschutthalde landete.

Ein versteinerter Wald

Im Licht seiner Laterne konnte Martel weiter unten viele Stalagmiten erkennen. Er rief seine Mannschaft herunter, und im Schein der Fackeln enthüllte sich die volle Schönheit der erstmals von einem Menschen betretenen Höhle. Etwa 100 Stalagmiten, 3–30 m hoch, manche rötlich, andere gelb und wieder andere strahlend weiß, ragten vom Boden der Höhle zur Decke auf, reckten sich den Stalaktiten entgegen, die von der Decke herabhingen.

Rechts: Der Hauptsaal des Aven Armand ist 110 m lang und 50 m breit. Sein Boden besteht aus einer Geröllhalde, in der sich herabstürzende Gesteinsblöcke angehäuft haben. In dem Geröll wurzeln die Bäume des „Urwaldes", die Stalagmiten und Stalaktiten, die gelegentlich zu Tropfsteinsäulen verschmolzen sind.

Gegenüberliegende Seite: Die Tropfen, die im Lauf der Jahrtausende von der Höhlendecke fallen, lassen die tellerförmigen Gebilde entstehen, die sich viele Meter hoch aufeinanderstapeln. Je nach der Sickerwassermenge haben die einzelnen Teller einen mehr oder weniger großen Durchmesser. Wenn die Tropfen aus irgendeinem Grund aus ihrer ursprünglichen Richtung abgelenkt werden, bildet sich neben dem alten Tellerstapel ein neuer Zweig des Tropfsteins.

Die Bodentropfsteine hatten ungewöhnliche Formen, glichen Palmenstämmen oder riesigen Tellerstapeln, einige verzweigten sich in der Höhe, bildeten einen richtigen versteinerten Wald, den „Urwald", der bald zum Mekka der Höhlenforscher werden sollte. Zwischen den massiven und zugleich zerbrechlichen Sintersäulen fanden Martel und seine Helfer einen Weg, der sie bis zum Rand eines 80 m tiefen Abgrundes führte. Dieser Schacht endete jedoch nicht in einem mit Tropfsteinen geschmückten Saal, sondern auf einer einfachen Geröllhalde.

Heute, nach fast 100 Jahren, steigt man nicht mehr halsbrecherisch durch den Schacht hinab, sondern läßt sich von einer Höhlenbergbahn bequem in die unterirdische Wunderwelt befördern. Die Tropfsteingebilde werden von elektrischen Lampen beleuchtet. Wo sich die Entdecker des Aven Armand noch in der Finsternis mühsam über lockeres Geröll vortasten mußten, spazieren heute leichtbekleidete Touristen über ausgebaute Wege, freilich mit einer Gänsehaut, denn in dem tiefen Schlund ist es auch im Sommer empfindlich kühl.

DIE TROPFSTEINBILDUNG

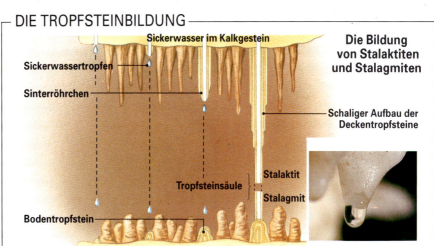

Das Sickerwasser gelangt durch Spalten in die Höhle. Das Kohlendioxid entweicht, und Kalk wird ausgeschieden.

Entstehung eines Stalaktiten

In reinem Wasser löst sich Kalkstein nur sehr langsam auf. Wenn das Wasser jedoch Säuren enthält, werden Kalkstein, Marmor und ähnliche Gesteine stark angegriffen. In der Natur enthält das Wasser fast immer einen größeren oder kleineren Anteil Kohlensäure. Die Säure entsteht, wenn sich das gasförmige Kohlendioxid im Wasser löst.

Wassertropfen, die in die Höhlen eindringen, müssen einen Teil ihrer Kohlensäure an die kohlendioxidärmere Höhlenluft abgeben. Gleichzeitig scheidet sich der im Wasser gelöste Kalk in dünnen Schichten aus und baut allmählich Tropfsteine in verschiedenen Formen auf. Kalkspat und Aragonit, die Minerale, aus denen der Tropfstein besteht, sind weiß. Meist ist das Wasser, das durch Spalten einsickert, jedoch durch gelöste Eisen- und Manganminerale, durch Tonpartikel und Humus verunreinigt. Die Tropfsteine haben deshalb die unterschiedlichsten Farben, von Schneeweiß über Rostrot bis Schmutziggrau.

Je nach den Klimabedingungen läuft die Tropfsteinbildung mit unterschiedlicher Geschwindigkeit ab. Im Vergleich mit anderen Vorgängen in der Natur ist sie jedoch stets sehr langsam. Ein Stalaktit braucht häufig 1000 Jahre, um 10 cm Länge zu erreichen.

EUROPA

Steter Tropfen höhlt den Stein

Martel nahm an, daß der Aven von einem Bach ausgespült worden war, der irgendwo in den Causses von der Oberfläche verschwand und sich dann einen Weg durch das Gestein bahnte. In Wirklichkeit ist die Entstehungsgeschichte der Höhle viel komplizierter. Unterirdische Wasserläufe spielten dabei wohl auch nur eine untergeordnete Rolle.

Den größten Teil der Formungsarbeit erledigen in den Karsthöhlen vielmehr ungezählte kleine Wassertropfen. Das kohlensäurehaltige und deshalb besonders aggressive Regen- und Schmelzwasser, das in Klüfte von Kalkstein und anderen leicht löslichen Gesteinen eindringt, greift die Haarrisse an und erweitert sie allmählich zu immer größeren Spalten. Je größer die Spalten werden, um so mehr Sickerwasser kann den Weg durch die Gesteinsschichten bis hinunter zum Grundwasserspiegel finden, und je mehr Wasser im Untergrund zirkuliert, desto schneller können die Spalten zu ausgeprägten Höhlen vergrößert werden.

Wenn das Karstgebirge gehoben wird und sich die Flüsse tiefer in den Untergrund einschneiden, sinkt in der Regel der Grundwasserspiegel, und die bis dahin vom Grundwasser durchströmten Höhlen fallen trocken.

Damit beginnt eine neue Periode der Höhlenentwicklung: Die Hohlräume werden jetzt nicht mehr erweitert, sondern im Gegenteil mit Kalksinter gefüllt – sie verkalken gewissermaßen. Das Sickerwasser, das durch Spalten in die unterirdischen Hohlräume eindringt, scheidet den gelösten Kalk aus und formt damit Tropfen für Tropfen die unterschiedlichsten Sintergebilde: Deckentropfsteine, Bodentropfsteine, Tropfsteinsäulen, Sintervorhänge, Sinterschalen ... und als besonders bizarre Formen die *Excentriques*, hakenförmig gekrümmte oder verzweigte Deckentropfsteine.

Die Sickerwasserzufuhr ist nicht immer gleich groß, sondern schwankt mit den Jahreszeiten und von einem Jahr zum andern. Folglich ändert sich auch die Menge des neugebildeten Sinters. Diese mehr oder weniger regelmäßigen Schwankungen erklären die merkwürdigen Formen der Stalagmiten, die wie riesige Tellerstapel aussehen. Die einzelnen Teller entstehen dadurch, daß Tropfen, die aus großer Höhe herabfallen, beim Aufprall auf die Spitze des Bodentropfsteins zerspringen.

Michel Bakalowicz

Unten: Kalkhaltiges Wasser, das an den Höhlenwänden hinunterrinnt, hinterläßt die in enge Falten gelegten Sintervorhänge. Die steinernen Vorhänge sind manchmal in verschiedenen Farben gestreift. Die unterschiedlichen Farben kommen von Ton- und Humuspartikeln, die das Sickerwasser mit sich führt.

Rechts: Auf den Sintervorhängen, die nicht mehr vom Sickerwasser überströmt werden, entsteht ein hauchdünner Überzug aus Kalkspat- und Aragonitkristallen. Sie wachsen über Poren im Sinter, aus denen kalkhaltiges Wasser austritt.

Stalagmiten und Sintervorhänge verschmelzen an den Wänden des Aven Armand zu versteinerten Kaskaden. Der Volksmund hat die Tropfsteinformationen nach den grausigen, männermordenden Ungeheuern der griechischen Sagenwelt Medusen getauft.

EINE JUNGE WISSENSCHAFT

Die ersten Höhlenforscher waren Archäologen, nicht ohne Grund, denn die Höhlen zählen zu den wichtigsten Fundstätten prähistorischer Kulturen. Der Fachausdruck Speläologie (griech. *spelaion* = Höhle) für die junge Wissenschaft wurde deshalb auch von einem Archäologen geprägt. Doch die Erforschung der Höhlen blieb nicht allein die Angelegenheit der Historiker. Heute beschäftigt sich eine lange Reihe von Disziplinen, von der Physik über die Paläontologie bis zur Hydrologie, mit den Hohlräumen im Innern der Erde.

Die erste Gesellschaft für Speläologie, die 1879 in Österreich gegründet wurde, hatte sich die Erforschung der Höhlen in den Karstlandschaften Istriens an der Grenze zwischen Italien und Slowenien zur Hauptaufgabe gesetzt. In Frankreich unternahm Édouard Alfred Martel 1888 die ersten Höhlenexpeditionen. Von Anfang an war die naturwissenschaftliche Höhlenkunde eng mit der Erforschung der Karstlandschaften verbunden, denn die weitaus meisten Höhlen sind durch Lösungsvorgänge entstandene Karsthöhlen. Natürliche unterirdische Hohlräume können aber auch auf andere Weise entstehen: in Vulkangebieten als Lavahöhlen, wenn sich in der Schmelze größere Gasblasen bilden oder die Lava aus einer bereits erstarrten Hülle ausströmt.

Inzwischen sind in Mitteleuropa nahezu alle größeren Höhlen für Besucher erschlossen. Zu den bekanntesten gehören die Barbarossahöhle im Kyffhäuser, eine typische Gipshöhle, die Rübeländer Höhle im Harz, die Attahöhle bei Attendorn, mit Eismassen gefüllte Höhlen wie die Schellenberger Eishöhle bei Berchtesgaden oder die Eisriesenwelt im Tennengebirge und nicht zuletzt die Höhlen der Fränkischen Schweiz, der höhlenreichsten Gegend Deutschlands.

Im internationalen Vergleich wirken die deutschen Höhlen allerdings bescheiden, gibt es doch beispielsweise in Malaysia eine Riesenhöhle, in der man mühelos 7500 Autobusse parken könnte. In der Höhle von Nerja in Andalusien steht ein 59 m hoher Stalaktit, und in Frankreich reicht ein Höhlenschacht 1400 m in die Tiefe.

DIE ROLLE DER GESTEINE

Bei der Formung der Erdoberfläche spielen die Gesteine eine passive Rolle: Sie leisten je nach ihren physikalischen und chemischen Eigenschaften der Verwitterung und Abtragung mehr oder weniger starken Widerstand. Ihre Widerstandsfähigkeit, ihre geomorphologische Härte, hängt in erster Linie von der Mineralzusammensetzung, dem Gefüge und dem Verfestigungsgrad ab; die Entstehungsweise ist dagegen nur von untergeordneter Bedeutung. Ein Sedimentgestein kann z. B. genauso hart oder weich wie ein magmatisches oder ein metamorphes Gestein sein. Völlig verschiedene Gesteinsarten bilden deshalb oft zum Verwechseln ähnliche Landschaftsformen.

1. **Sand** Größere Gerölle und feinkörnige Tonpartikel, die miteinander verkleben, kann der Wind nicht verlagern. So bestehen Dünen fast immer aus Sandkörnern von 0,2–0,6 mm Ø.

2. **Ton** ist anfällig für die Abtragung durch das fließende Wasser, denn er läßt Regenwasser nicht versickern und führt so auch in niederschlagsarmen Klimazonen zu starkem Oberflächenabfluß. Daher nehmen in Trockensteppen und Halbwüsten (hier South Dakota) auf tonreichen Gesteinen von der Erosion zerkerbte Badlands große Flächen ein.

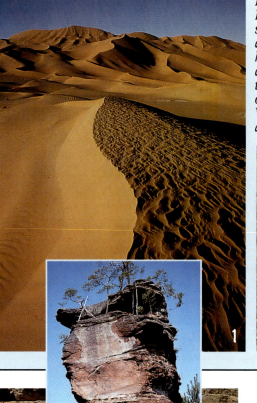

ANGRIFFSFLÄCHEN

In der Regel sind Gesteine, die als sogenannte Massengesteine in kompakten Massiven vorkommen, sehr verwitterungsbeständig. Jeder kleine Hohlraum, jeder feine Riß im Gestein bietet der Verwitterung dagegen Angriffsflächen. Wasser sickert durch die Spalten ins Gestein ein und zermürbt es von innen her. Sedimentgesteine, aber auch metamorphe Gesteine, die in engem Abstand von Schicht- und Schieferungsflächen durchzogen werden, sind daher meist weiche Gesteine. Bei den ungeschichteten magmatischen Gesteinen greift die Verwitterung an den Kluftflächen an. Die Buntsandsteinklippe in den nördlichen Vogesen (a) zeigt deutlich den Einfluß der Schichtflächen: In den Zonen mit geringem Abstand der Schichtflächen befinden sich Vertiefungen; die kompakten Bänke kragen hingegen vor. Der Sandstein im algerischen Tassili N'Ajjer (b) zerfällt an den schräg verlaufenden Schichtflächen.

FESTGESTEINE UNTER DEM MIKROSKOP

◀ **Sandstein** Mit bloßem Auge sind die Schichten zu erkennen. Das Mikroskop enthüllt miteinander verklebte Körner verschiedener Größe.

▶ **Kalkstein** Das Mikroskop zeigt den zwiebelschalenförmigen Aufbau der bis erbsengroßen Kügelchen; etwas Salzsäure verrät, daß es sich bei den Mineralen um Calciumcarbonate handelt.

◀ **Basalt** Hier die unverkennbaren Formen der Stricklava. Die Unterarten von Basalt sind nur unter dem Mikroskop zu unterscheiden.

Um die Rolle der Gesteine bei der Formung der Erdoberfläche zu verstehen, muß man zwei große Gruppen unterscheiden: die Lockergesteine und die Festgesteine.

Die **Lockergesteine** – Sande, Tone, vulkanisches Lockermaterial – bestehen aus nicht miteinander verbundenen Partikeln. Der Wind, das fließende Wasser und die anderen Kräfte der Erosion haben mit ihnen ein leichtes Spiel, besonders wenn der Erdboden nicht von einer Pflanzendecke geschützt wird.

Die **Festgesteine** müssen in der Regel erst verwittern, bevor sie abgetragen werden können. Die mechanische Verwitterung erweitert die Klüfte durch Frost- und Salzsprengung, zerkleinert das Gestein und bereitet so den Angriff der chemischen Verwitterung vor. Je nach der Mineralzusammensetzung wandeln sich die Gesteine mehr oder weniger schnell in lockeren Boden um. Unter den Silicatmineralen, aus denen die meisten Gesteine bestehen, haben die dunklen, eisenhaltigen Minerale wie Hornblende oder der dunkle Glimmer im allgemeinen eine geringe Verwitterungsbeständigkeit; der Quarz verwittert dagegen nur sehr langsam und reichert sich auf diese Weise im Verwitterungsmaterial an.

3. Der **Sandstein** im Tassili N'Ajjer ist oft sehr kompakt und verwittert daher vorwiegend entlang wenigen, etwa senkrechten Klüften. So entstehen Verwitterungsformen wie Türme oder Schlote.

4. Die **Kalksteine** von Pierre-Saint-Martin, Frankreich, sind an der Oberfläche von Rillenkarren überzogen.

5. Der **Granit** bei Ploumanac'h in Frankreich wird durch horizontale und vertikale Kluftflächen in Quader zerschnitten. An der Erdoberfläche verwittern sie zu abgerundeten Blöcken, die Blockmeere bilden.

LOCKERGESTEINE

▶ **Granit** Dieses grobkörnige Tiefengestein besteht hauptsächlich aus Feldspat-, Quarz- und Glimmerkristallen.

▶ **Sand** Gesteinspartikel von 0,06 bis 2 mm Ø werden als Sand bezeichnet. Sie bestehen meist aus Quarz und anderen verwitterungsbeständigen Mineralen.

◀ **Tephra** Vulkanisches Lockermaterial, eingeteilt in Aschen (Korngröße unter 2 mm Ø), Lapilli (2–64 mm) und vulkanische Bomben (über 64 mm).

▶ **Ton** Die winzigen Partikel sind nur unter dem Elektronenmikroskop zu erkennen.

Giant´s Causeway

Der legendenumwobene Damm des Riesen führt mit seinen von der Brandung abgeschliffenen Basaltsäulen von der Nordspitze Irlands ins Meer hinaus. Eine faszinierende Laune der Natur. Doch nach der Sage wurde die grobgepflasterte Straße von einem kampfeslustigen Riesen angelegt.

Wenn man der Legende glauben will, so ist der Giant's Causeway das Werk eines irischen Riesen, der den Nordkanal zwischen der grünen Insel Irland und Großbritannien überschreiten wollte, um sich im Kampf mit einem verfeindeten schottischen Riesen zu messen.

Das südwestliche Ende der legendären Straße befindet sich am nördlichen Rand des Plateaus von Antrim, das nordöstliche jenseits des Nordkanals bei der Fingalshöhle auf der schottischen Insel Staffa. Der irische Riese war sich seiner Sache offenbar nicht ganz sicher, denn er nahm drei Anläufe, um die Meeresstraße zu überqueren. Sie besteht deshalb aus drei Zweigen, die alle nach höchstens 150 m als Sackgassen im Meer enden.

Säulen und Pflastersteine: eine Laune der Natur

Der mittlere Zweig, Middle Causeway genannt, erinnert in der Tat an eine in aller Eile gepflasterte Straße. Er besteht aus annähernd senkrecht stehenden Basaltsäulen, die von den Brandungswellen gekappt worden sind.

Die meisten Säulen haben einen sechseckigen Querschnitt, etliche sind jedoch fünfeckig, andere wiederum sind vier-, sieben-, acht- und sogar neuneckig. Als Straßenbaumeister könnte sich der Riese heute nicht ernähren, denn seine Straße ist ausgesprochen holprig. Manche Pflastersteine wölben sich empor, dazwischen liegen tiefe Schlaglöcher, und im Längsschnitt gleicht die Straße eher einer Berg-und-Tal-Bahn. Nachdem man mühsam über die buckelige Piste geklettert ist, gelangt man am Ende vielleicht zum berühmten Wishing Chair, dem Thron der Wünsche.

Der östliche Zweig, die Große Straße, ist genauso nachlässig gepflastert. Sie windet sich hier durch ein Brandungstor, das von schräg stehenden Basaltsäulen flankiert wird: Giant's Gate, das Tor des Riesen.

Auch an der Steilküste von Benbane Head, dem felsigen Vorgebirge östlich der Straße des Riesen, trifft man auf Landschaftsformen, die an menschliche Bauwerke erinnern. So zieht sich beispielsweise am Fuß der Steilküste ein Wall aus horizontal aufeinandergeschichteten Basaltsäulen entlang, der einem Verteidigungswall gleicht.

Wenn man dem Pfad folgt, der nach Osten hin auf halber Höhe an der Steilküste verläuft, gelangt man bald zur Orgel des Riesen, einem Bündel senkrecht stehender Säulen von etwa 12 m Höhe. Nicht weit davon entfernt ragt ein gekrümmtes Säulenbündel aus dem Boden. Die Einheimischen nennen das

Der Middle Causeway: Die Brandung hat die Säulenkolonnen gekappt und dabei als Angriffspunkte die Querklüfte genutzt, welche die einzelnen Säulen durchziehen. Wie man an den Säulen im Hintergrund erkennt, sind die quer verlaufenden Kluftflächen häufig zur Erdoberfläche hin gewölbt. Die schalenförmigen Vertiefungen auf den Bruchflächen im Vordergrund entstehen dagegen meist durch Lösungsvorgänge innerhalb der von der Brandungsgischt besprühten Zone.

merkwürdige Felsgebilde die Harfe. Aber die Landschaft, in der die bizarren Felsformationen verstreut liegen, ist genauso spektakulär wie der Damm des Riesen selbst. Natürliche Amphitheater säumen herrliche breite Buchten, dazwischen ziehen sich von gezackten Felszinnen gekrönte Vorgebirge ins Meer hinaus. Stufenförmig steigen Säulenreihen vom Strand zum Plateau von Antrim auf, manche mit großen, perfekt ausgerichteten Säulen, dazwischen dünnere, in Bündeln angeordnete Säulen, die in alle Himmelsrichtungen zeigen.

An den von der Brandung unterspülten Kliffs treten grauschwarze Basaltdecken und rötliche, lockere Gesteinsschichten zutage, die in der Regel nur 1–2 m dick sind. Eine der rötlichen Schichten erreicht jedoch eine Mächtigkeit von 10 m. Sie bildet eine breite Terrasse, auf der oft der Küstenpfad verläuft. Die Schichtenfolge des Gesteins, die von den Kliffs durchschnitten wird, gibt Aufschluß über die bewegte geologische Geschichte des Plateaus von Antrim.

Stapel von Basaltdecken

Vor etwa 65 Millionen Jahren, zu Beginn des Tertiärs, gehörte der Norden Irlands noch gemeinsam mit Island und den Färöern zu einer großen Landmasse, die erst später während der Ausdehnung der Erdkruste unter dem Atlantischen Ozean in mehrere Bruchstücke zersplitterte. Wie die Gebirge im Osten und Westen Islands oder auf den Färöern besteht das Plateau von Antrim aus Trapp.

Mit diesem Ausdruck, der ursprünglich von den

DIE ABTRAGUNG ERLOSCHENER VULKANE

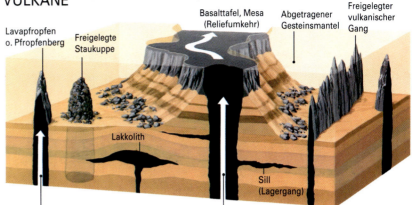

Aufstieg und Ausfluß der Lava (vor dem Abtragungsprozeß)

Vulkanausbrüche hinterlassen zwei Grundarten von Gesteinen: vulkanische Lockergesteine, die nach der Korngröße in vulkanische Bomben, Lapilli und Aschen eingeteilt werden, sowie die eigentlichen Lavagesteine, die aus der Schmelze zu kompakten und widerstandsfähigen Festgesteinen erstarren. Sie setzen der Verwitterung und Abtragung größeren Widerstand entgegen als das Lockermaterial und werden deshalb im Lauf der Zeit aus dem weicheren Gesteinsmantel herausgeschält. Dabei kommt es mitunter zu einer typischen Reliefumkehr: Ein Lavastrom, der in ein Tal geflossen und dort erstarrt ist, trotzt der Abtragung länger als die benachbarten lockeren Gesteine, wächst daher im Lauf der Jahrtausende über seine Umgebung empor und bildet einen länglichen Tafelberg. Die Landschaftsformen haben sich danach in ihr Gegenteil umgekehrt: Aus einem Tal ist ein Berg geworden.

Der Lavapfropfen innerhalb eines vulkanischen Förderkanals ist meist besonders verwitterungsbeständig, wird deswegen nur langsam abgetragen und bleibt als Kern eines Härtlings lange erhalten. Derartige Pfropfenberge, beispielsweise die Kuppen im Hegau oder in der Rhön, haben manchmal eine verblüffende Ähnlichkeit mit tätigen Schichtvulkanen, sind in Wirklichkeit jedoch bis auf die Fundamente erodierte Vulkanruinen. Je nach der Form des im Untergrund erstarrten Lavakörpers sind die vulkanischen Härtlinge rund oder oval wie bei den Pfropfenbergen oder länglich wie bei den Bergrücken und Felsgraten, die mit harter Lava gefüllte Gänge im Untergrund nachzeichnen.

Färöern stammt und offenkundig mit dem deutschen Wort Treppe verwandt ist, bezeichnen die Geologen dicke Stapel von Basaltdecken, die durch dünnere Schichten aus vulkanischen Lockermassen getrennt werden. An der Erdoberfläche bildet der Trapp sehr häufig treppenförmig gestufte Hänge – daher der Name.

Beim Plateau von Antrim gliedert sich der Schichtenstapel in drei Serien, die aus drei aufeinanderfolgenden Ausbruchsperioden stammen. Zwischen den Zeiten mit vulkanischer Aktivität lagen Jahrmillionen, in denen die Basalte unter einem feuchtwarmen Klima zu tiefgründigen, rotgefärbten Böden verwitterten. Die dünneren roten Schichten entstanden dagegen, als heißes Wasser in den Spalten zwischen den Lavadecken zirkulierte und das Gestein zersetzte.

Wie die regelmäßigen Formen des Säulenbasalts entstehen

In den mittleren Basaltdecken, in denen der Damm des Riesen angelegt ist, bildet der Basalt regelmäßige Säulen und Pfeiler. Sie werden von Klüften begrenzt, die sich als Schrumpfungsrisse bei

langsamer und gleichmäßiger Abkühlung in der noch halbflüssigen Lava entwickeln. Die Klüfte bilden dabei einen rechten Winkel mit der ehemaligen Erstarrungsoberfläche. Diese Fläche ist häufig, aber nicht immer waagrecht, und die Säulen stehen deshalb mitunter schräg, liegen zum Teil horizontal oder bilden als Basaltrosen sogar blütenähnliche Formen, wenn die Lava einen älteren Lavatunnel ausgefüllt hat.

Die einzelnen Säulen werden wiederum häufig von schaufelförmig gekrümmten Querklüften durchzogen, die die Säule in Trommeln oder Quader zerlegen und damit die Verwitterung und Abtragung wesentlich beschleunigen.

In den oberen Zonen der Lavaströme, wo die Schmelze beim Kontakt mit der kühleren Luft schnell erstarrte, entwickelten sich dagegen keine regelmäßigen Säulen. Der Basalt wird hier von einem regellosen Kluftnetz durchzogen und zerfällt unter dem wütenden Angriff der Brandung in kantige Blöcke.

Die Lavaströme wurden übrigens erst nach ihrer Entstehung von den Wellen abgetragen. Im frühen Tertiär verlief die Küstenlinie noch weit entfernt im Nordwesten.

Eine gefährliche Küste

Die heutige Küste Irlands am Giant's Causeway ist ebenso schön wie gefährlich. Mit verheerender Gewalt brechen sich hier die Wellen des Atlantiks an den schroffen Klippen.

Immer wieder strandeten Schiffe an der unwirtlichen Küste und gingen mit Mann und Maus unter. Im Jahr 1588 traf es die *Girona*, eines der Kriegsschiffe der spanischen Armada, die zur Eroberung Englands aufgebrochen war, dann jedoch durch die feindliche Flotte und durch Stürme fast vollständig vernichtet wurde.

Fast vier Jahrhunderte später fanden Taucher im Jahr 1968 das Wrack der *Girona*. Man nimmt an, daß der Kapitän der Galeone einen verhängnisvollen Irrtum beging: Er verwechselte vermutlich im Sturm die Chimney Tops, zwei hohe Basaltsäulen, die vor der Steilküste aufragen, mit den Türmen des in der Nähe gelegenen Schlosses Dunseverick. So fanden er und seine Mannschaft nicht Hilfe bei dem mit den Spaniern verbündeten Schloßherrn, sondern den nassen Tod.

Annie Reffay

Oben: Salzhaltiges Spritzwasser setzt auch der Oberfläche der Basaltsäulen an der Steilküste im Norden des Plateaus von Antrim zu. Querklüfte zerlegen die perfekten Pfeiler in kleinere Quader, die vom Frost abgesprengt werden und herabstürzen.

Rechts: Trapp wie aus dem geologischen Lehrbuch. Kompakte, in regelmäßige Säulen gegliederte Lavaströme wechseln mit Verwitterungszonen und Schichten aus vulkanischen Lockergesteinen. Der Wechsel von harten und weichen Gesteinen spiegelt sich in den treppenförmig gestuften Hängen wider.

SÄULENBASALT UND GEOLOGISCHE ORGELN

Die Phonolithsäulen am Devils Tower in Wyoming

Regelmäßig geformte Basaltsäulen, die wie die Pfeifen einer riesigen Orgel aufragen (es gibt ähnliche Formen auch aus anderen Gesteinen), sind relativ selten. Einige schöne Beispiele findet man auf den Kanarischen Inseln. Auf Teneriffa bildet Säulenbasalt an der Straße, die zum Pico de Teide hinaufführt, eine einzigartige Basaltrose: Lava ist in einen älteren Lavatunnel eingedrungen und in ihm langsam erstarrt. Da sich die Säulen meist senkrecht zur Abkühlungsfläche anordnen, formen sie hier bei der annähernd kreisrunden Begrenzungsfläche ein sternförmiges Säulenbündel, das an die Blüte einer Rose erinnert.

In Deutschland gibt es ebenfalls eine Reihe sehenswerter Vorkommen von Säulenbasalt, etwa an der Kitzkammer auf dem Hohen Meißner, am Druidenstein im Westerwald, auf dem Gangolfsberg in der Bayerischen Rhön und an der Burg Stolpen bei Dresden im Lausitzer Bergland. Der eindrucksvollste Felsen aus vulkanischen Säulen ragt im Westen der USA auf: der 400 m hohe Devils Tower im Bundesstaat Wyoming. Der Teufelsturm soll nach einer indianischen Legende von einem riesigen Grislybären geformt worden sein, der versuchte, einen Menschen auf dem Gipfel des Felsens mit seinen Pranken zu erreichen, und dabei Furchen in die Wände des Berges grub. Das Gestein, das perfekte Säulen bildet, ist allerdings nicht Basalt, sondern ein anderes Lavagestein: Phonolith, Klingstein.

Blick auf den Middle Causeway, auf dem sich im kurzen irischen Sommer die Urlauber in der Sonne aalen. Die dunkle Zone wird gegenwärtig von den Brandungswellen überflutet und eingeebnet. Der hellere Bereich darüber ist eine Strandterrasse aus einer Epoche, als der Meeresspiegel höher lag als heute.

Das Mittelmeer

Das Meer im Süden Europas hängt an einem seidenen Faden: der Straße von Gibraltar. Ohne den Zustrom von Atlantikwasser durch diese Pforte würde es wegen der Verdunstung in wenigen Jahrtausenden zu einem Salzsee schrumpfen.

Für die Menschen, die diesseits der Alpen leben, ist das Mittelmeer eine Welt des ewigen Frühlings, der Sonne, eine Welt der Farben und Düfte. Man denkt an breite, sonnenüberflutete Strände, an tiefblaue, von felsigen Vorgebirgen umschlossene Buchten, an rote Hügel, die von heftigen Regengüssen zerfurcht sind, an weiße Dörfer auf kahlen Bergspitzen, an knorrige Bäume und duftende Blüten: Korkeichen, Ölbäume, Pistaziensträucher, Pinien, Thymian, Lavendel, Rosmarin... Die Länder rund um das Mittelmeer und die im Meer verstreuten Inseln sind die Urlaubsregion Europas. Sie sind freilich immer wieder auch Schauplatz von Naturkatastrophen, von verheerenden Dürren und sintflutartigen Regenfällen, von Erdbeben und Vulkanausbrüchen.

Das Meer zwischen drei Kontinenten

Das Europäische Mittelmeer oder Mittelländische Meer ist eines der vier interkontinentalen Mittelmeere unseres Planeten. Es verbindet die drei Kontinente der Alten Welt, Afrika, Europa und Asien und wird von ihnen bis auf die schmale Pforte der Straße von Gibraltar umschlossen. Das knapp 3 Mio. km² große Meer erstreckt sich zwischen dem 30. und dem 46. Grad nördlicher Breite 5000 km weit von Westen nach Osten.

Die Lage in dem großen Bruch- und Faltengürtel, der von Nordafrika über Südeuropa und dann weiter quer durch Asien verläuft, hat die heutige Gestalt des Mittelmeers geprägt. Steil fallen die Küsten zu einigen kesselartigen Becken hin ab; nur an wenigen Stellen säumen breite Schelfe die Kontinente. Unter dem Meeresboden schiebt sich die Afrikanische Platte von Süden her auf und unter die Eurasische Platte. Die Drift der Platten wird von Erdbeben und Vulkanausbrüchen begleitet, und langfristig könnten die Plattenverschiebungen dazu führen, daß das Meer eines Tages vollständig von der Weltkarte verschwindet.

Unter dem Meeresspiegel verbergen sich mehrere bis etwa 5000 m tiefe Becken, die durch höhere Schwellen voneinander getrennt sind. Ihnen entsprechend wird das Mittelmeer in zwei große Teilgebiete gegliedert: das westliche Mittelmeer mit dem Algerisch-Provenzalischen Becken und dem Tyrrhenischen Becken, östlich von Sizilien das östliche Mittelmeer mit dem Ionischen Becken und dem Le-

Kefallinia, die größte der Ionischen Inseln vor der Westküste Griechenlands. Die gebirgige Insel liegt über einer Zone, in der sich ein Splitter der Afrikanischen Platte unter die Eurasische Platte schiebt. Immer wieder kommt es hier zu verheerenden Erdbeben, zuletzt im Jahr 1953.

EUROPA

Das Delta des Nils, eine fruchtbare Oase in der Wüste. Bei Kairo, zu erkennen an den dunkelgrauen Farbflecken nahe der Spitze des Dreiecks, teilt sich der Strom in seine beiden großen Mündungsarme Rosette und Damiette. Ihre Ablagerungen bedecken ein Gebiet von mehr als 22 000 km² und erstrecken sich bis 300 km vor die ursprüngliche Küstenlinie. Nach dem Bau des Assuanstaudamms ging die Sedimentzufuhr stark zurück. Heute wird die Küste des Deltas an mehreren Stellen von der Meereserosion angegriffen.

vantinischen Becken. Zum östlichen Mittelmeer gehören als Randmeere das Adriatische Meer und das Ägäische Meer sowie nördlich der Dardanellen das Marmarameer und das Schwarze Meer.

Das Algerisch-Provenzalische Becken umfaßt ein 300 000 km² großes Areal zwischen Genua und Gibraltar. Es wird von einem schmalen Kontinentalabhang umgeben, in den sich untermeerische Canyons mit felsigen Steilhängen eingegraben haben. Der Meeresgrund unterhalb 2200 m ist größtenteils eben; nur im Nordwesten vor der Küste Kataloniens und der Provence liegen riesige Schwemmkegel, die der Ebro und die Rhône vor ihren Mündungen aufgeschichtet haben.

Der Boden des 150 000 km² großen Tyrrhenischen Beckens ist dagegen in zahlreiche Schollen zerstückelt, die stufenweise vom Festland über den schmalen Kontinentalabhang zu den größten Tiefen um 3700 m hinunterführen. In den geschlossenen Senken sammeln sich die vom Festland angeschwemmten Sedimente. An vielen Stellen gibt es tätige Vulkane oder Vulkane, die erst vor kurzem erloschen sind: auf dem festen Land den Vesuv und den seit Urzeiten aktiven Ätna (letzter Ausbruch 1992), auf den Äolischen Inseln den Stromboli und auf dem Meeresgrund die Vulkane Marsili und Vavilov.

Die beiden östlichen Becken, die zusammen 900 000 km² einnehmen, liegen ebenfalls in einer unruhigen Zone des Globus: Im Norden markieren die Erdbebenherde zwischen Süditalien und Griechenland den Streifen, in dem die Afrikanische Platte unter der Eurasischen Platte abtaucht. Im Süden verlaufen wie an den Rändern des Pazifischen Ozeans zwischen dem Peloponnes und Kreta schmale Tiefseegräben, die die Verschluckungszonen am Meeresboden nachzeichnen.

Ein Meer verdunstet

Wie die Nordsee ist das Mittelmeer ein Nebenmeer des Atlantischen Ozeans; die Unterschiede zwischen den beiden Meeren könnten jedoch nicht größer sein. Im Gegensatz zur Nordsee, die durch

Oben: Die Küsten des Mittelmeers fallen vielfach steil ab, wie hier am Steilufer der Île de Port-Cros südöstlich von Toulon. Der Meeresboden ist in 20 m Tiefe von Algen, Seescheiden und Nesseltieren bedeckt. Wegen ihrer artenreichen Meeresflora und -fauna steht die Insel seit 1963 als Nationalpark unter Naturschutz.

Rechts oben: In 5–10 m Tiefe sind die Kalkfelsen der Île de Port-Cros von Furchen überzogen. Wahrscheinlich wurden die Furchen während der jüngsten Kaltzeit, als der Meeresspiegel zum Teil 100 m unter seinem heutigen Niveau lag, vom abrinnenden Regenwasser in den Fels geätzt.

Rechts unten: Ein Felsen in 2927 m Tiefe am Grund des Tyrrhenischen Meeres. Er wird von einer Spalte durchzogen, die durch Verschiebungen der Erdkruste entstanden ist. Rechts auf dem hellen Schlamm erkennt man Tierspuren. Sie stammen von Krebstieren, die den Schlamm nach Nahrung durchwühlen.

breite Meeresarme mit dem offenen Ozean verbunden ist, besitzt das Mittelmeer einen an der schmalsten Stelle nur 15 km breiten Auslaß. Der Austausch von Wassermassen wird zudem durch die Schwellen zwischen den einzelnen Becken erschwert. Das Europäische Mittelmeer liegt außerdem in einer trockenheißen Klimazone, in der die Verdunstung den Süßwasserzustrom von den benachbarten Festländern übertrifft. Das Wasser im Mittelmeer weist deshalb einen deutlich höheren Salzgehalt als das Atlantikwasser auf: 3,8–3,9 % gegenüber 3,6 %. Ohne den Zufluß von Wasser durch die Straße von Gibraltar würde der Spiegel des Mittelmeers wegen der starken Verdunstung jährlich um knapp 1 m sinken. Man kann sich also leicht ausrechnen, wann die Urlauber an den Stränden zwischen Torremolinos und Tel Aviv buchstäblich auf dem Trockenen sitzen würden.

Glücklicherweise strömt jedoch ständig kühles, salzarmes Wasser aus dem Atlantischen Ozean durch die maximal 345 m tiefe Meerenge zwischen Spanien und Marokko und ersetzt die Verdunstungsverluste. Im Gegenzug schwappt salzreiches Wasser in der Tiefe über die untermeerischen Schwellen in den Ozean. Auf diese Weise wird der gesamte Wasserinhalt des Mittelmeers in etwa 70 Jahren vollständig erneuert.

Submarine Canyons und Salzstöcke

Vor etwa sechs Millionen Jahren, gegen Ende des Tertiärs, wurde der Zustrom von Wasser aus dem Atlantik anscheinend für eine Million Jahre unterbrochen. Die Erdkruste am westlichen Ende des Mittelmeers hob sich und versperrte zwei Meeresarme im heutigen Andalusien und Marokko, die damals das Mittelmeer mit dem offenen Ozean verbanden. Das Mittelmeer trocknete danach fast vollständig aus. Die Flüsse von den benachbarten Festländern kerb-

Oben links: Basaltströme des Vulkans Vavilov am Boden des Tyrrhenischen Meeres in 2854 m Tiefe. Wenn glutflüssige Lava direkt mit dem Meerwasser in Berührung kommt, bildet sich durch die jähe Abkühlung eine dünne Glasrinde, die aber immer wieder aufreißt und durch Spalten neue Schmelze austreten läßt. Nach den kissenförmigen Gebilden an der Oberfläche der Ströme nennt man diesen Lavatyp Kissenlava.

Oben: Kissenlava findet man auch in den Alpen, mehrere tausend Meter über dem Meeresspiegel – ein überzeugender Beweis für die starke Hebung des Gebirges im Lauf der Alpidischen Gebirgsbildung.

DIE KLOAKE DREIER KONTINENTE

Von verseuchtem Wasser zerstörte Seegraswiesen am Grund des Mittelmeers

Da sich sein Wasser nur sehr langsam erneuert, leidet das Mittelmeer besonders stark unter der Umweltverschmutzung. Seine Ufer sind dicht besiedelt, vielerorts werden die Abwässer von Städten und Industrieanlagen noch ungeklärt eingeleitet, und ungezählte Schiffe, viele von ihnen mit gefährlicher Fracht, sind auf dem Meer unterwegs. Trotz entsprechender Verbote werden ihre Treibstofftanks noch immer mit Wasser gereinigt und die ölhaltigen Abwässer ins Meer gekippt. Das Öl bildet eine dünne Schicht auf der Oberfläche und verhindert die Anreicherung des Wassers mit dem für die Tier- und Pflanzenwelt lebensnotwendigen Sauerstoff. Die natürliche Selbstreinigung der Meere, die beispielsweise den Atlantischen oder den Pazifischen Ozean vor den gröbsten Umweltschäden bewahrt, bleibt im Mittelmeer wirkungslos, schon allein wegen der viel geringeren Wassermasse und der schwachen Gezeitenströme, die sonst für einen regelmäßigen Wasseraustausch und damit für eine Verdünnung der Schadstoffe sorgen.

Die Belastung des Mittelmeers mit Schadstoffen hat inzwischen ein bedrohliches Ausmaß angenommen. Der Bleigehalt ist heute fünfmal größer als vor 50 Jahren. Verseuchte Schlammmassen haben in manchen Küstengewässern jegliches Meeresleben vernichtet; am Grund des Mittelmeers erstrecken sich lebensfeindliche Wüsten.

Nach Ansicht des Meeresforschers Jacques-Ives Cousteau hat sich in den vergangenen Jahrzehnten die Zahl der Meerestiere und -pflanzen in den Tiefen bis 500 m weltweit um 30–50 % verringert. Im Mittelmeer sind freilich noch weit mehr Arten bedroht. Die Seegraswiesen am Grund des Meeres, in denen viele Fischarten Nahrung und Unterschlupf finden, sterben in dem vergifteten Wasser ab oder werden von Algen überwuchert, die sich in Gewässern, die durch Waschmittelrückstände mit Nährstoffen angereichert sind, extrem schnell vermehren.

Die Meeresverschmutzung stellt natürlich auch eine Gefahr für die Millionen von Badeurlaubern dar. In dem verseuchten Wasser können Parasiten, Bakterien und andere Krankheitserreger sehr lange überleben. Das Risiko, sich zu infizieren, wird von Jahr zu Jahr größer. Schwermetalle und andere giftige Substanzen, die sich in den Körpern der Meerestiere anreichern, machen den Genuß einer Fischsuppe oder eines Muschelgerichts zu einem zweifelhaften Vergnügen.

EUROPA

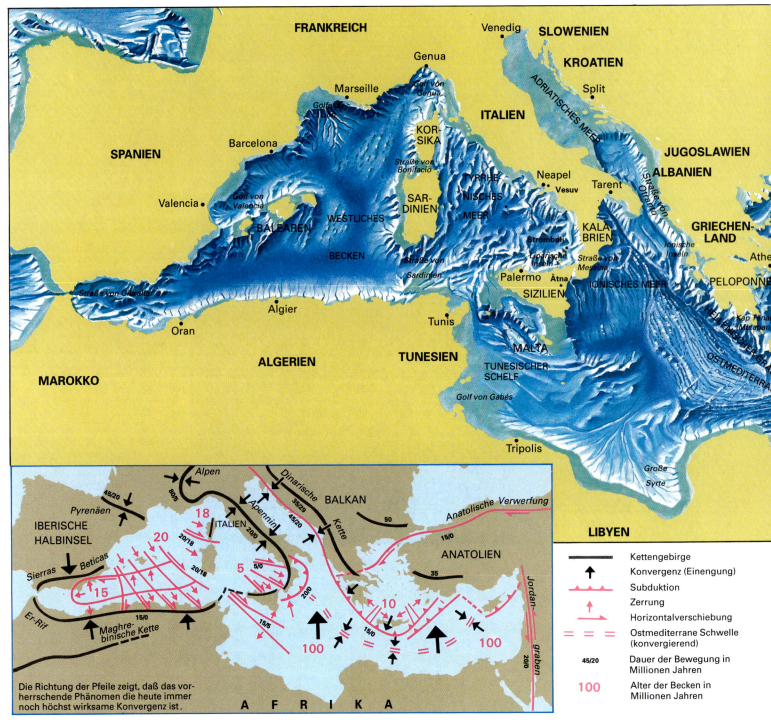

ten sich in den steilen Kontinentalabhang ein und formten tiefe Canyons. Der Meeresspiegel sank 1200–1800 m unter das heutige Niveau, und in den tiefsten Becken sammelte sich die Salzlauge und verdampfte unter der heißen Sonne. Zurück blieben Steinsalz, Gips und andere Gesteine, die sich bei starker Verdunstung aus dem Meerwasser ausscheiden. Sie bilden an manchen Stellen einen bis zu 3000 m dicken Schichtenstapel. Nachdem das Meer bei Gibraltar wieder eine Pforte gefunden hatte, füllten sich die Becken in kürzester Zeit mit Wasser. Das Steinsalz innerhalb des Schichtenstapels unter dem Grund des Mittelmeers ist seither in Bewegung. Es wird unter der Last der auflagernden Schichten plastisch und dringt wie die Salzlager der Zechsteinzeit unter dem Norddeutschen Tiefland durch Schwächezonen der Erdkruste zur Oberfläche. Der Aufstieg dieser untermeerischen Salzstöcke oder Salzdome setzt sich bis zum heutigen Tag fort.

Lawinen am Meeresgrund

Manche Randmeere, wie das Gelbe Meer in Ostasien, sind durch eingeschwemmte Schwebstoffe getrübt. Das Mittelmeer wirkt dagegen klar und rein – wenigstens auf den ersten Blick. Trotzdem schwemmen die Flüsse Jahr für Jahr riesige Mengen von Schlamm, Sand und Geröll ein und lagern ihre Fracht auf dem Meeresboden ab. In den küstenfernen Becken wird in einem Jahrtausend eine 10 bis 20 cm dicke Sedimentschicht aufgeschüttet, am Kontinentalabhang setzen sich in der Nähe der Küste noch weitaus dickere Schichten ab.

Es kommt immer wieder vor, daß das mit Wasser durchtränkte Lockermaterial an den steilen Böschungen des Kontinentalabhangs in Bewegung gerät und besonders in den Hangfurchen als breiartige Masse den Hang hinunterrast. Diese Suspensionsströme oder Trübeströme erreichen mitunter

Geschwindigkeiten von mehr als 100 km/h. Das von ihnen verlagerte Material setzt sich dann am Fuß des Kontinentalabhangs ab. Zunächst wird das grobkörnige Material abgelagert, dann die feineren Korngrößen.

Im östlichen Mittelmeer war der Nil bis zum Bau des Assuanstaudamms der wichtigste Sedimentlieferant. 110 Mio. t Schwebstoffe lagerte er jährlich an seiner Mündung ab. In fünf Millionen Jahren schuf er auf diese Weise ein gewaltiges Delta, unter dem sich die Schichten 3500 m hoch aufstapeln. Allein in den vergangenen 11 000 Jahren bescherte der Strom den Ägyptern einen Landzuwachs von 12 000 km². Nach dem Bau des Sadd-el-Ali-Hochdamms bei Assuan ging die Sedimentzufuhr allerdings auf etwa ein Zehntel der ursprünglichen Menge zurück. Jetzt müssen die Ägypter größere Landverluste im Nildelta befürchten.

Die geologische Geschichte des östlichen Mittelmeers konnte durch die Schichten vulkanischer Aschen, die in die Sedimente eingelagert sind, recht genau entschlüsselt werden. Diese Aschen lassen sich entweder mit Vulkanausbrüchen in historischer Zeit verknüpfen, wie bei den Auswurfmassen des Santorinvulkans, die eine Fläche von rund 200 000 km² bedecken, oder man kann ihr Alter mit physikalischen Methoden bestimmen.

Ein künftiger Himalaja?

Die Entwicklung des heutigen Mittelmeers begann vor etwa 190 Millionen Jahren, als der Urkontinent Pangäa in mehrere Stücke zerbrach, die seither, von langsamen Strömungen im Erdmantel angetrieben, über den Erdball driften. Wiederholt stießen dabei im Grenzbereich zwischen Europa, Afrika und Asien die Platten der Lithosphäre aufeinander, und in der Erdkruste taten sich tiefe Senken auf, die in der Folgezeit mit jüngeren Sedimenten gefüllt wurden und später als Gebirge über den Meeresspiegel aufstiegen. Die Geologen nennen

Der Vulkan Vulcano, Taufpate aller anderen Feuerberge der Erde, ist neben dem Stromboli der zweite tätige Vulkan der Äolischen Inseln. Vor etwa 100 Jahren spie der Vulcano zum letztenmal Asche und Lava aus. Seither dringen nur noch Schwefeldämpfe aus dem Krater.

EUROPA

dieses Zeitalter, in dem die Hochgebirgsketten zwischen Nordafrika und Ostasien entstanden, nach den Alpen die Alpidische Ära. Sie erreichte im Tertiär ihren vorläufigen Höhepunkt.

Vor 20 Millionen Jahren brach das Algerisch-Provenzalische Becken ein, als sich die Erdkruste unter den heutigen Inseln Korsika und Sardinien wie in einem gigantischen Strudel drehte. Danach öffnete sich das Ägäische Becken, wo die Afrikanische Platte im Erdinnern verschluckt wird. Schließlich entstand vor sieben Millionen Jahren das Tyrrhenische Meer durch die Drift Kalabriens in südöstlicher Richtung.

Wie die häufigen Erdbeben und gelegentlichen Vulkanausbrüche beweisen, dauern die Plattenverschiebungen bis heute an. Der Wasserspiegel des Mittelmeers fällt Jahr für Jahr um etwa 1 cm. Nach Ansicht vieler Wissenschaftler wird das herrliche blaue Meer in 30 Millionen Jahren einem schneebedeckten Hochgebirge Platz gemacht haben.

Maurice Gennesseaux

Rechts oben: An den Küsten des Mittelmeers wechseln schroffe Kliffs mit breiten, sandigen Nehrungen, die Lagunen vom offenen Meer abtrennen. Die seichten Lagunen (hier an der Mündung des Rhônekanals) sind beliebte Rast- und Brutplätze von Wasservögeln.

Rechts: Der Mittelmeerraum erlebte bereits gegen Ende des Erdaltertums eine Periode mit heftigem Vulkanismus. Damals entstanden die Porphyrmassive im Esterel bei Nizza oder hier an der Westküste Korsikas. Die vulkanischen Gesteine dieser Periode sind wohl größtenteils verfestigte Ablagerungen von Glutwolken.

EUROPA

DAS PFLANZENKLEID DER MITTELMEERLÄNDER

Steineichen, Ginster und Zistrosen: typische Pflanzen der Mittelmeerländer

Von allen Pflanzen des Mittelmeerraums ist der Ölbaum die bekannteste. Sein natürliches Verbreitungsgebiet deckt sich mit der mediterranen Klimazone, die deshalb auch Ölbaumklima genannt wird.

Die Vegetation hat sich perfekt an die heißen, trockenen Sommer und die milden, regnerischen Winter des Mittelmeerraums angepaßt. Die Wurzeln reichen tief in den Erdboden hinab und nutzen in der trockenen Jahreszeit die spärlichen Wasserreserven; kleine ledrige, oft behaarte oder zu Dornen verkümmerte Blätter vermindern die Verdunstung.

Gegen den Raubbau durch den Menschen an der Natur sind die Pflanzen allerdings schutzlos. Jahrhundertelange Abholzung, Überweidung und häufige Waldbrände haben die Wälder oft zu Macchien und mediterranen Heiden degradiert. Hier wachsen oft nur noch Pflanzen, die vom Vieh verschmäht werden: Thymian, Rosmarin, Lavendel, Myrte, Zistrosen.

Die natürliche Flora des Mittelmeerraums ist ungewöhnlich artenreich. Sie umfaßt mehr als 10 000 Arten, darunter etwa 100 Gehölzarten (in unseren Breiten zählt man allenfalls drei Dutzend), vor allem Laubhölzer mit hartem, immergrünem Laub wie Steineichen, Kermeseichen und Korkeichen, dazu Nadelhölzer wie die Aleppokiefer, die Zeder oder die Zypresse. Südlich der Linie Barcelona–Neapel–Izmir sind Gewächse wie der Johannisbrotbaum oder die Zwergpalme verbreitet, die keinen Frost vertragen. In den nördlichen Zonen behaupten sich robustere Arten wie die allgegenwärtigen Ginstersträucher.

In der Landwirtschaft dominiert seit jeher das klassische mediterrane Dreigespann Wein – Weizen – Ölbaum. Dazu kommen verschiedene Fruchtbäume wie die Feige oder die von den Arabern eingeführten Zitrusfrüchte.

Baum- und Strauchkulturen nutzen mit ihrem tiefreichenden Wurzelnetz die spärlichen Wasserreserven im Erdboden am besten und schützen ihn außerdem vor der Erosion. Nicht ohne Grund haben die Bauern hier eine besondere Form der Mischkultur entwickelt, bei der unter dem schützenden Kronendach von Mandel- oder Feigenbäumen Getreide oder andere Feldfrüchte angebaut werden. Zum Bild mediterraner Landschaften gehören inzwischen auch viele Kulturpflanzen aus der Neuen Welt wie der Feigenkaktus oder die Agave.

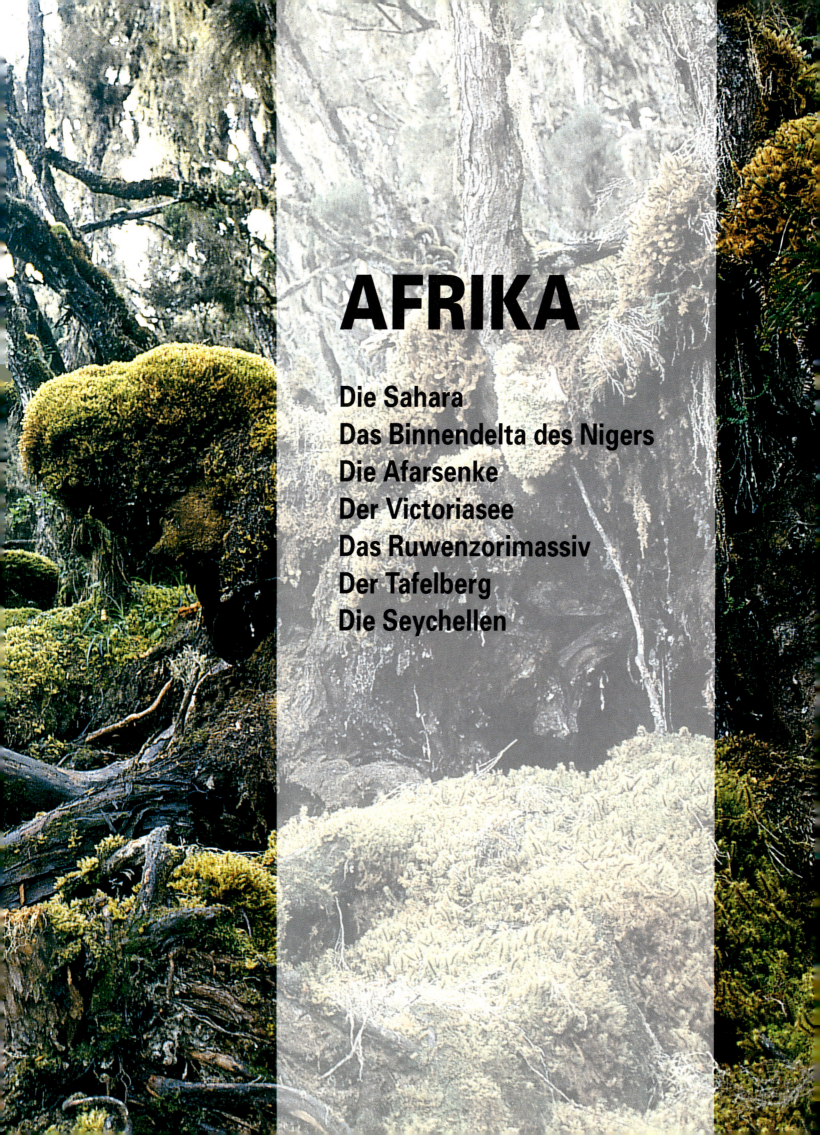

AFRIKA

Die Sahara
Das Binnendelta des Nigers
Die Afarsenke
Der Victoriasee
Das Ruwenzorimassiv
Der Tafelberg
Die Seychellen

Die Sahara

Von den vielen Wüstengebieten auf unserem Planeten ist das im Norden Afrikas das größte und auch faszinierendste: ein wahrer von der Sonne und vom Wind ausgedörrter Wüstenkontinent, der die unterschiedlichsten Landschaftsformen umschließt.

Wenn man an die Wüste denkt, denkt man zuallererst an Sand, an Sanddünen, vielleicht auch an Sandstürme. Und tatsächlich kommt Sand fast überall vor, als dünner Flugsandschleier über festem Untergrund, aber auch in wahren Sandgebirgen, die mehr als 100 m Höhe erreichen können. Landschaftsformen aus lockerem Sand sind in den Wüsten allgegenwärtig, ihre Entstehung ist freilich nicht einfach zu erklären.

Formen und Farben der Wüste

Die Beschreibung der vielfältigen Dünenformen ist noch relativ einfach. Sie werden meist mit anderen bekannten Formen verglichen und beispielsweise als Sicheldünen oder Sterndünen bezeichnet. Über die Entstehungsweise sagen diese Bezeichnungen allerdings nichts aus: Woher stammen die riesigen Sandmassen? Welche Kräfte haben sie dorthin verfrachtet und zu Dünenketten aufgetürmt, die manchmal 200 km lang sind? Wieso fegt der Wind an manchen Stellen jedes einzelne Sandkorn fort und lagert es nicht weit davon entfernt wieder ab? Wie entstehen die sonderbaren Geräusche, die der „singende Sand" von sich gibt? Vieles ist noch ungeklärt, und die Wüste gibt ihre Geheimnisse nur widerwillig preis.

Die rötlichgelben Ergs, wie die Dünenfelder in den arabischen Ländern genannt werden, nehmen keineswegs die größten Flächen in den Wüstengebieten ein. Von der Sahara ist beispielsweise nur ein Neuntel typische Sandwüste. Viel häufiger sind Formen, die das fließende Wasser geschaffen hat – vor Jahrtausenden oder Jahrmillionen, als im Wüstengürtel Nordafrikas noch ein feuchteres Klima herrschte, oder auch heute nach den seltenen, aber kräftigen Regengüssen.

In den Gebirgsmassiven der Sahara liegt auf den Hängen meist eine dicke Schicht von grobem, kantigem Gesteinsschutt, und einige Gebirge ersticken förmlich in ihrem Verwitterungsschutt. Tiefe Kerbtäler und Canyons, die Wadis, zerfurchen die Kalk-

Der Erg Medjehebat nördlich des Hoggargebirges in Algerien. Dünenfelder nehmen mitunter große Flächen ein, wie im Westlichen Großen Erg, im Östlichen Großen Erg oder im „Sandmeer" der ägyptischen Wüste. Sandwüsten bilden noch immer Verkehrshindernisse, die man zu Fuß, auf dem Kamelrücken oder auch mit dem Geländewagen nur mühsam überwinden kann.

AFRIKA

Oben: Das Tadrartmassiv begrenzt das Tassili N'Ajjer im Osten Algeriens. Die felsigen Canyons, die das Sandsteinplateau zerschneiden, entstanden durch die Erosion des fließenden Wassers; heute liegen sie meist trocken. Deutlich ist zu erkennen, wie die Verwitterung die Sandsteinklippen zermürbt.

Unten: Im Tassili N'Ajjer liegen auf einer Bergfußfläche schwarze Basaltblöcke als Überbleibsel eines Lavastroms verstreut. Die „Grübchen" und Löcher in der Oberfläche der Blöcke entstehen durch die gemeinsame Arbeit von Wind und Verwitterung.

AFRIKA

stein- und Sandsteinplateaus am Rand der kristallinen Massive.

Am Fuß der Gebirge erstrecken sich schier endlose, graubraune Ebenen, zum Teil von der Größe europäischer Staaten, wie die Tanezrouft in Algerien oder die Ténéré in Niger. Wenn sie mit eckigen Gesteinsbrocken bedeckt sind, nennt man sie Hammadas; mit Kies bestreute Flächen heißen in der westlichen Sahara Regs, in der östlichen dagegen Serire. Tage- und wochenlang kann man durch diese Ebenen streifen, ohne daß sich das monotone Landschaftsbild ändert.

Schließlich gibt es auch in den trockensten Wüsten flache Senken, die nach den seltenen Regenfällen einige Zeit überflutet sind, dann aber schnell wieder austrocknen. In der Sahara nennen die Nomaden die mit Salz- und Tonablagerungen gefüllten Niederungen Sebchas. Die alten Karawanenwege umgehen diese Senken, denn unter der mit weißen Salzkristallen bedeckten Bodenoberfläche, die im Sonnenlicht wie Edelsteine funkeln, lauert oft ein tückischer Schlamm, in dem Menschen und Tiere in Sekundenschnelle versinken.

Die Wüste lebt

Die Sahara ist keinesfalls eine Welt ohne jedes Leben, denn einige Lebewesen können sich in ihr trotz der extremen Trockenheit behaupten. Extreme Trockenheit bedeutet, daß die geringen Niederschläge die starke Verdunstung bei weitem nicht ausgleichen können. In den Kerngebieten der Sahara fallen im Jahr durchschnittlich etwa 50 l Regen auf jeden Quadratmeter, es könnten im selben Zeitraum jedoch mindestens 5000 l Wasser verdunsten – falls es überhaupt vorhanden wäre. Die Verdunstung in der heißen Luft ist so groß, daß die Regentropfen, die gelegentlich fallen, den Erdboden meist gar nicht erreichen.

Deshalb kann die Behauptung, die Sahara sei allein eine vom Menschen durch die Zerstörung der natürlichen Umwelt geschaffene Wüste, einfach nicht zutreffen. Allerdings ist der Mensch für die Desertifikation, das heißt die Ausbreitung der Wüste in die benachbarten Steppen und Savannen, verantwortlich. In der Sahelzone hat beispielsweise die übermäßige Vergrößerung der Viehbestände zur

Nach kräftigen Regengüssen werden die Wadis überflutet. In Vertiefungen innerhalb des Flußbetts sammelt sich das Wasser und bildet Gueltas, kleine Tümpel, die nur selten einmal vollständig austrocknen (hier Gueltas der Afilale im algerischen Hoggar).

Überweidung der Pflanzendecke und damit zur Ausdehnung des Wüstengebiets der Sahara geführt. In der nahezu menschenleeren Sahara selbst gibt es hingegen keine großen Viehherden und folglich auch keine Überweidung.

Kein Lebewesen kann ohne Wasser existieren. Verschiedene Arten haben sich allerdings der Trockenheit in der Sahara angepaßt und gehen mit dem kostbaren Lebensmittel sparsamer um. Das Dromedar kann beispielsweise 25–30 % Wasserverlust verkraften, der Mensch dagegen nur 10 %. Trotz der ungünstigen Umweltbedingungen kommen in der großen nordafrikanischen Wüste erstaunlich viele Tier- und Pflanzenarten vor: rund 20 Fischarten, zehn Amphibien- und 106 Reptilienarten (darunter fünf Schildkröten-, 54 Eidechsen- und 31 Schlangenarten), 116 Säuger-, etwa 60 Brutvogelarten sowie mehrere hundert Arten von Zugvögeln. Die Wasserfauna ist naturgemäß sehr artenarm; sie besiedelt die Tümpel, die sich nach Regengüssen bilden, und die ständig mit Wasser gefüllten Becken, die Gueltas oder Aguelmane. Dort trifft man gelegentlich sogar auf typische Meerestiere: die Quallen.

Prähistorische Felsbilder in Niger. Im Unterschied zum Tassili, wo man hauptsächlich Felsmalereien findet, kommen in Niger überwiegend Felsritzungen vor, etwa im Aïrbergland und auf dem Djadoplateau. Nach Ansicht der Archäologen könnten die Giraffendarstellungen aus der Altsteinzeit stammen.

ÜBERLEBENSSTRATEGIEN IN DER WÜSTE

Die Sandsommerwurz, ein in der Sahara weitverbreiteter Schmarotzer

In der Sahara können nur Lebewesen existieren, die der extremen Trockenheit, den krassen Temperaturschwankungen und heftigen Winden trotzen. Viele Tiere sind nachtaktiv und entgehen so der großen Hitze am Tag. Manche Arten decken den Wasserbedarf mit der Körperflüssigkeit ihrer Beutetiere oder stillen den Durst mit pflanzlicher Nahrung wie die grazilen Mendesantilopen in den Sandwüsten der Madjabat el-Koubra (Zentralmauretanien). Körnerfresser und andere Tiere, die sich hauptsächlich von wasserarmer Nahrung ernähren, müssen zusätzlich Wasser trinken und ihre Nachkommen mit Wasser versorgen. Die Flughühner zum Beispiel baden in irgendeinem Tümpel, fliegen dann zurück zu ihrem Nest und versorgen die Jungen mit den Wassertropfen, die an ihrem Gefieder haften.

Pflanzen sind lebenslänglich an einen bestimmten Ort gebunden und müssen deshalb in der Sahara besonders hart ums Überleben kämpfen. Sie schränken die Verdunstung durch eine verminderte Zahl von Blättern und eine geringere Blattgröße ein und drosseln den Wasserverbrauch durch dicke, lederartige Schutzschichten auf den Blättern und Spaltöffnungen, die sie bei intensiver Sonneneinstrahlung verschließen können. Mit ausgedehnten, tiefreichenden Wurzelsystemen nutzen sie die Wasservorräte im Erdboden praktisch bis zum letzten Tropfen. Andere Pflanzenarten wiederum legen in den Trockenzeiten längere Ruhepausen ein und keimen erst nach Regenfällen. Sie müssen sich trotzdem beeilen, denn man weiß nie, wie schnell der Boden wieder austrocknen wird. Es ist also nicht verwunderlich, wenn einige Arten innerhalb weniger Tage keimen, sprießen, blühen und Früchte hervorbringen. Und damit das Ganze noch schneller vor sich gehen kann, bleiben diese Pflanzen so klein, daß man sie manchmal als blühende Keimlinge bezeichnen möchte.

Verschiedene Pflanzen streuen ihre Samen nur aus, wenn sie mit Wasser in Berührung kommen. Die vom Regen benetzten Samenkörner sondern eine klebrige Flüssigkeit ab, mit der sie am Boden haften. Bei einigen Gräsern schrauben sich die Früchte förmlich in den Boden. Durch die Myriaden von Federgrannen scheint der Erdboden dann wie von einem silbrigen Flaum überzogen. Tiere schlucken die Samen, transportieren sie in ihrem Verdauungstrakt eine mehr oder weniger weite Strecke und scheiden sie schließlich wieder aus. Früchte und Samen anderer Pflanzen hat die Natur mit feinen Dornen, winzigen Häkchen und mit Widerhaken versehenen Borsten ausgestattet, die an den Sandalen der Beduinen oder an Kamelhufen haften.

AFRIKA

Die heutige Fauna ist bloß noch ein kümmerlicher Rest der Tierwelt, die vor einigen tausend Jahren die Sahara bevölkerte. Damals herrschte in dem Gebiet zwischen dem Niger und dem Nil noch nicht so extreme Trockenheit. Wo sich heute die Wüste erstreckt, gab es seinerzeit Savannen, in denen Hirten, Fischer und Bauern leben konnten. Zahlreiche Funde von Knochen und vollständig erhaltenen Skeletten verraten, welche Tierarten vor nicht allzu langer Zeit noch in der Sahara lebten: Giraffen, Elefanten, Flußpferde, Antilopen, Krokodile, Süßwasserschildkröten, Fische, ungezählte Schnecken und Muscheln.

Ein verlorenes Paradies

Wie in anderen Trockengebieten der Erde wechselten in der Sahara im Lauf der letzten ein bis zwei Millionen Jahre Dürreperioden mit Zeiten, in denen ein feuchteres Klima herrschte. In einer der Feuchtzeiten, möglicherweise schon vor einigen hunderttausend Jahren, wurde der heutige Wüstenkontinent vom Menschen besiedelt.

Steinzeitliche Artefakte gibt es hier in Hülle und Fülle. In den mit Geröll bedeckten Gassen zwischen den Dünenketten im Süden des Sandmeeres, der großen ägyptischen Sandwüste, kann man beispielsweise zweiseitig behauene Faustkeile zu Tausenden finden. Wenn man sie sich genauer anschaut, stellt man fest, daß ihre Oberseite vom Wind wie mit einem Sandstrahlgebläse auf Hochglanz poliert wurde, während die zum Erdboden gewandte Unterseite noch unversehrt ist. Offenbar liegen die vor 100 000 oder mehr Jahren zurückgelassenen Artefakte immer noch an derselben Stelle, an der sie unsere Urahnen zurückließen.

In diesem rund 80 000 km² großen Sandmeer, das eine Fläche bedeckt, die größer ist als Belgien und die Niederlande zusammen, gibt es keine einzige Wasserstelle und keine Oase. Nur selten trifft man auf Tiere; hin und wieder rennt eine winzige, flügellose Gottesanbeterin über den heißen Sand. Wenn sich das Insekt nicht bewegt, ist es kaum zu erkennen, denn mit seiner Farbe hat es sich seiner Umgebung perfekt angepaßt.

Beim Blick über die lebensfeindliche Einöde fällt es schwer zu glauben, daß in einer vergangenen Feuchtzeit hier einmal Bäume wuchsen, Giraffen, Antilopen und Elefanten die Savanne durchstreiften, daß hier auch Menschen lebten. Wie sahen sie aus? Und welche Sprache sprachen sie? Wir werden es wohl nie erfahren.

Ungläubig schaut der Reisende, der mit einer Karawane durch dieses von der Sonne verbrannte Niemandsland zu einer weit entfernten Wasserstelle unterwegs ist, auf die stummen Zeugen früherer Feuchtzeiten: Sedimente ausgetrockneter Seen mit zahllosen Resten von Wassertieren, Uferlinien, an denen Menschen der Jungsteinzeit ihren „Müll", Überbleibsel verzehrter Tiere, Knochenharpunen und Angelhaken aus Hornplatten von Krokodilen, zurückgelassen haben.

Die Heilige Schrift hat also nicht gelogen: „Das Angesicht dieser Erde wird sich wandeln..." – und es wandelt sich vor unseren Augen. In der Sahelzone, in der Grasfluren und Dornsträucher das Landschaftsbild bestimmen, schiebt sich die Sahara jährlich um 5–10 km weiter nach Süden vor und verschlingt Jahr für Jahr mindestens 100 000 ha Acker- und Weideland. Ganze Landstriche werden buchstäblich verwüstet; nirgends auf unserem Planeten ist die Desertifikation, die Ausbreitung der Wüsten, so erschreckend wie am Südrand der Sahara von Mauretanien bis zum Sudan.

Das Meer und die Wüste, das Haus und das Zelt

Wüsten haben viel mit Meeren gemein: Es gibt riesige Wüsten, die so eben sind wie der Meeresspiegel, Landschaften, die so stark von der Abtragung eingeebnet wurden, daß am fernen Horizont nicht ein einziger Berg oder Hügel zu erkennen ist. Wochenlang kann man in solchen Landschaften immer geradeaus laufen. Die kleine Karawane ist wie ein einsames Rettungsboot, das irgendwo auf dem Meer treibt. Wüste und Meer sind für den Menschen gefährliche, feindliche Weiten, freilich mit umgekehrtem Vorzeichen: Im einen Fall gibt es zuwenig Wasser, im anderen zuviel. Hier wie dort muß er sich fortbewegen, um ein rettendes Ufer zu erreichen, und in beiden Fällen kann die Fahrt zu einer Odyssee werden. Die Nomaden sind deshalb die Seefahrer der Wüste.

Auf dem Meer können Menschen nur auf den Inseln, den Meeresoasen, ein seßhaftes Leben führen, in der Wüste dagegen nur in den Palmenoasen, den Wüsteninseln. Oasen werden oft mit Wasserstellen gleichgesetzt. Natürlich brauchen Oasen Wasser, aber man findet in den Wüsten Tausende von Wasserstellen, die keine Oasen sind. Die Oase ist vor allem ein Stützpunkt, ein Versorgungszentrum, denn obwohl die Nomaden in der Wüste leben, leben sie

Oben: Die Dattelpalme ist die Kulturpflanze, die salzhaltiges Wasser und hohe Lufttemperaturen am besten verträgt. Diese Eigenschaften machen sie zur idealen Nutzpflanze in den Oasen der Sahara, wo die Quecksilbersäule im Sommer oft mehr als 50 °C erreicht und das Grundwasser meist salzhaltig ist.

Links: Die im Südwesten Tunesiens gelegene Oasenstadt Tozeur zählt heute 26 000 Einwohner. Sie wird von einem 1000 ha großen Palmenhain mit etwa 200 000 Dattelpalmen umgeben. 200 Quellen speisen hier inmitten der Wüste einen richtigen Fluß, der die Stadt und die Bewässerungskulturen mit Wasser versorgt.

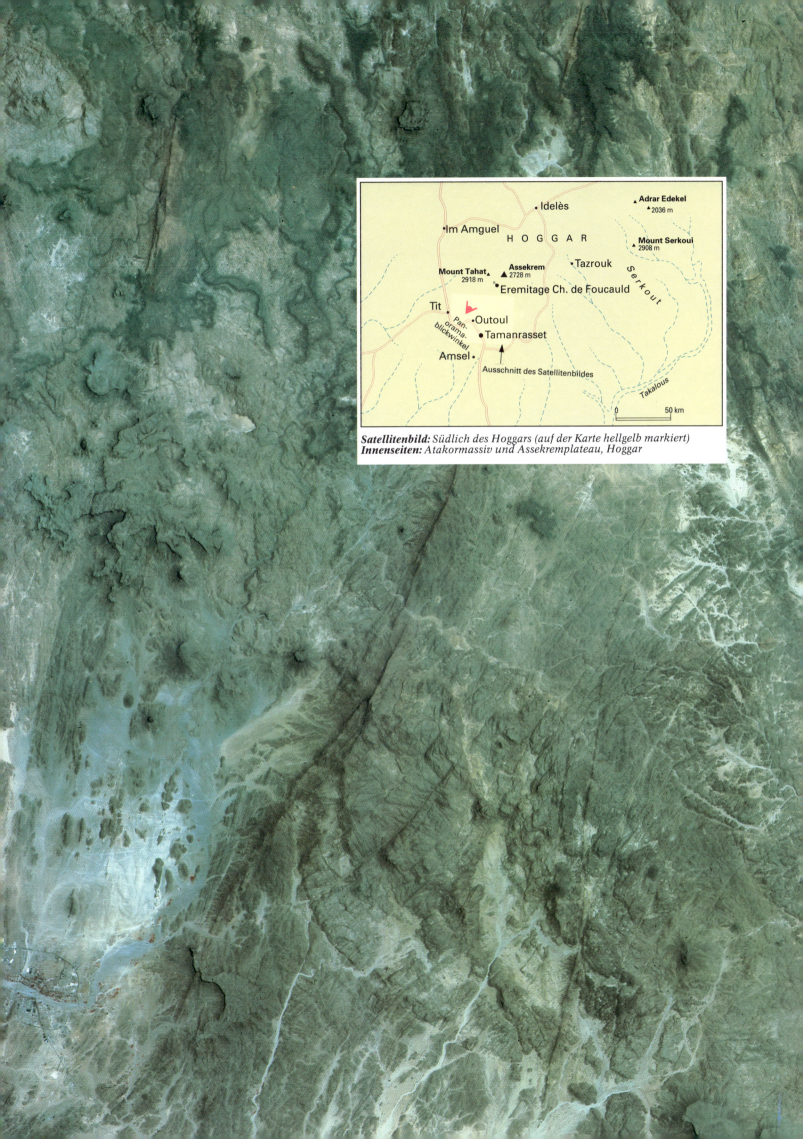

Satellitenbild: Südlich des Hoggars (auf der Karte hellgelb markiert)
Innenseiten: Atakormassiv und Assekremplateau, Hoggar

doch nicht von ihr oder nur zum geringen Teil. Manchmal müssen sie diesen Hafen anlaufen, um sich mit Getreide, Zucker, Tee, Stoffen und Metallwaren einzudecken. Eine Oase ist also sowohl ein Palmengarten wie ein Markt oder – vereinfacht ausgedrückt – ein Krämerladen im Schatten einer Dattelpalme. Die Oasenbewohner leben in Hütten und Häusern, in festen Behausungen, die die Beständigkeit und Unbeweglichkeit verkörpern. Nomaden mit ihrer rastlosen Lebensweise ziehen dagegen Zelte vor, selbst wenn sie sich schon auf Dauer am Rand einer Oase niedergelassen haben.

Das Leben der Nomaden verläuft in ganz unterschiedlichen Bahnen: Da gibt es die großen jahreszeitlichen Wanderungen, bei denen man oft Wochen braucht, um von einem Brunnen zum andern zu gelangen. Andererseits lassen sich die Nomaden aber auch für längere Zeit an einem Ort nieder und durchstreifen von dort aus die Umgebung. Selbst wenn das Zelt wochen- und monatelang an einem Platz steht, eines schönen Tages baut man es ab, packt es auf ein Kamel und zieht weiter.

Häfen im Sandmeer der Sahara

Zu vielen Oasen gehören Palmenhaine, allerdings nicht zu allen. Der Anbau von Früchten, Getreide und Gemüse auf bewässerten Feldern spielt oft bloß eine untergeordnete Rolle. Oasen können Bergbausiedlungen sein, wie Taoudenni mit seinen Salzminen am Rand des Erg Schesch, sie entstehen rund um einen Brunnen an einer häufig benutzten Karawanenroute, wie Arouane in Mali oder Tanezrouft in Algerien, auf Anhöhen, die leicht zu verteidigen sind (beispielsweise die jungsteinzeitlichen Dörfer von Tichitt in Mauretanien), und an Stätten, an denen Heilige verehrt werden. Einige dieser Orte haben sich von ländlichen Siedlungen zu Städten, zu Zentren urbaner Kultur entwickelt, wie im algerischen M'Zab.

Im Westen der Sahara, in Mauretanien, stößt man auf viele traditionsreiche Oasenstädte. Zu ihnen gehören Chinguetti, das den Wanderdünen zum Opfer fiel; Ouadane, das auf eine glorreiche Vergangenheit als „Wüstenhafen" an der Route nach Marokko zurückblicken kann und nun schon seit langer Zeit eine Ruinenstätte ist, oder Tichitt mit seinen prachtvollen Häuserfassaden aus braunem Sandstein und blaugrünem Schiefer.

Normalerweise besitzt eine Oase einen mehr oder weniger großen Hain von Dattelpalmen, die mit ihren Wedeln winzige Getreidefelder und Gemüsegärten beschatten. Mitunter wachsen in den Gärten auch andere Obstbäume. Fast unwirklich sticht das saftige Grün der Gärten vom tristen Grau und Braun der Wüste ab. Überall hört man das Wasser plätschern. Es wird nach genau festgelegten Regeln unter den Oasenbewohnern verteilt, rinnt durch ein Labyrinth kleiner Kanäle zu seinem Bestimmungsort. Das Wasser wird mühsam aus tiefen Brunnen geschöpft, zuweilen steigt es in artesischen Quellen zutage. Vielfach wurden unterirdische Stollen, sogenannte Foggaras, angelegt, die das Grundwasser anzapfen und in die Oase leiten.

Für den Nomaden, der nach langem Marsch durch die Wüste endlich die grüne Silhouette der Oase am Horizont auftauchen sieht, ist dieser „Hafen" ein sehr anziehender Ort: Er kann sich dort mit Wasser und Nahrungsmitteln versorgen, seine Produkte zum Kauf anbieten, Verwandte und Freunde treffen. Eines schönen Tages lichtet er jedoch den Anker, sticht wieder in See, in die Freiheit der unendlichen Weiten des Sandmeeres.

Théodore Monod

DAS LEBEN IM ZELT

Nomadenhütte im Niger aus geflochtenen Matten über einem Holzstangengerüst

Das klassische Zelt der Nomaden in der Sahara ist braun, hat einen rechteckigen Grundriß und besteht aus groben Filzdecken. In der Mitte wird es von zwei stabilen Zeltpfosten getragen. Daneben gibt es auch eine leichtere Version aus weißem Baumwollgewebe sowie Lederzelte, die aus bis 100 oder mehr zusammengenähten Ziegenfellen bestehen. Das Zeltdach ruht dabei auf Stangen, während die Flächen an den Seiten mit Matten ausgefüllt werden. Die Hütte aus Matten, nicht zu verwechseln mit der Tikit, der Strohhütte der seßhaften Oasenbewohner, besteht aus einem Holzstangengerüst und einer Hülle aus Matten. Ihr Grundriß kann rund oder rechteckig sein.

Das Inventar eines Nomadenzeltes ist schnell aufgezählt: Matten auf dem Boden, einige bunte Teppiche, Tuch- oder Fellsäcke, sorgfältig aufgehängte Wasserschläuche, kleinere Schläuche für Sauermilch oder Butter. Zum Kochen gibt es flache Steine, gußeiserne oder irdene Kochtöpfe, Schüsseln und Näpfe aus Holz, Emaille oder Messing, einen oder zwei Holztrichter, einen Wasserkessel sowie die Utensilien für die Teezeremonie (man trinkt natürlich grünen Tee): eine Teekanne aus Zinn oder Emaille, dazu kleine Gläser und die Zuckerdose. Die Lebensmittel (Datteln, Hirse, Weizen, Kerne von Wassermelonen und wilden Melonen, getrocknete Tomaten) werden in Beuteln aufbewahrt. Eine Axt und die notwendige Ausrüstung der Kamelnomaden vervollständigen diese bescheidene Liste.

Zu den Vorräten kommt noch das Brennholz, das man zum Kochen braucht. Holz ist am Weg zu finden: tote Äste, die man abschlägt, oder *had*, Sträucher, die in einem bestimmten Alter plötzlich absterben. Die Nomaden nehmen das am Vortag nicht verbrauchte Holz und die noch nicht völlig verbrannten Holzstücke mit. Sie werden mit Sand zugedeckt, um die Glut zu ersticken. In der Wüste läßt man nichts verkommen.

Gegenüberliegende Seite: Eine Karawane im Westlichen Großen Erg (Algerien). Die Dünen bedecken hier ein Areal von 80 000 km², wobei einige eine Höhe von 120 m erreichen. Der Wind schmückt die Dünen mit den Windrippeln, sonderbaren Arabesken, deren Entstehung noch ungeklärt ist.

Links: Im November 1989 durchquerte Théodore Monod, hier in Begleitung einiger Tuareg, die Ténéré im Norden des Nigers. Diese „Wüste in der Wüste" nimmt eine Fläche von der Größe Deutschlands ein. Sie besteht hauptsächlich aus weiten, mit Geröllen übersäten Ebenen und Dünenfeldern.

Das Binnendelta des Nigers

Mit seinem Wasserreichtum und der üppigen Vegetation ist das Binnendelta des Nigers im Zentrum der Republik Mali der letzte Vorposten des tropischen Afrikas vor der großen Wüste im Norden des Kontinents. Dieses afrikanische Zweistromland liegt am Zusammenfluß zweier wasserreicher Ströme: des Nigers und des Banis. Es ist ein Vogelparadies, doch archäologische Funde belegen, daß es seit frühester Zeit bevorzugtes Siedlungsgebiet des Menschen war.

Auf der Erde gibt es nur wenige Landschaften, deren Bild sich mit den Jahreszeiten so stark ändert wie das des Binnendeltas am Oberlauf des Nigers. Bei Hochwasser gleicht das Binnendelta aus der Vogelperspektive einem Mosaik vergänglicher Inseln und Halbinseln, deren Umrisse von dem unentwirrbaren Geflecht der Flußarme gezeichnet werden. In dieser amphibischen Welt spielt sich der Verkehr vorwiegend auf dem Wasser ab. Schlanke, schwarze Nigerpirogen mit arabeskenverziertem Bug werden von den Schiffern mit langen Stangen vorwärtsbewegt. Da im Delta keine hohen Bäume wachsen, fügen die Schiffer zwei ausgehöhlte und zugeschnittene Stämme zu diesen „Einbäumen" zusammen.

Reiter und Fußgänger benutzen die regelmäßig instandgesetzten Dammwege. An den Furten durch die zahllosen Flußarme müssen sie sich vorsehen, denn im schlammigen Wasser lauern Blutegel, und außerdem ist die Sohle oft mit Süßwasseraustern bewachsen, die nur schlecht zu erkennen sind.

Bei Niedrigwasser verwandelt sich das Delta in eine riesige, mit verwelkten gelben Gräsern überzo-

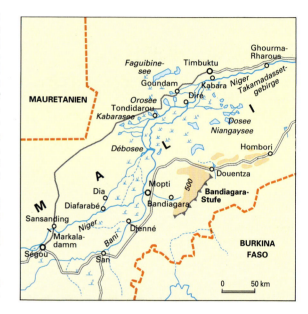

Auf diesem Luftbild des Nigers sind zwei natürliche Uferdämme zu erkennen, die den Strom begleiten. Wie in vielen tropischen Flußlandschaften liegen die Siedlungen meist auf den hochwassergeschützten Dämmen.

gene Fläche. Hier und dort wachsen ein paar Dornbüsche, die eine Vielzahl von Vögeln beherbergen, darunter die Webervögel. Ihre kunstvoll gebauten Nester sind in dem Gestrüpp leicht zu entdecken.

Nach den Regengüssen, die dem Hochwasser vorausgehen, breiten sich zartgrüne Farbtöne über das Delta aus. In den sumpfigen, von Seerosen bedeckten Altarmen leben Stelzvögel. Am Himmel kreisen Tausende von weißen Ibissen; Silber- und Kuhreiher suchen in den feuchten Wiesen nach Nahrung, und auf den Wasserläufen lassen sich Schwärme von Helmenten und Sporengänsen nieder.

Ein launischer Strom

Der Niger, drittgrößter Strom Afrikas, weiß offenbar nicht so recht, was er will. Das Quellgebiet des knapp 4200 km langen Flusses liegt kaum 300 km von der Atlantikküste entfernt. Er wendet sich jedoch vom Atlantik ab, fließt statt dessen nach Nordosten ins Binnenland, durch Mali, wendet sich dort ebenso abrupt nach Südosten, gibt seinen Namen zuerst der Republik Niger und dann dem Bundesstaat Nigeria. Bei Port Harcourt mündet er schließlich mit einem mehr als 100 km breiten Delta in den Atlantischen Ozean.

Auf seinem Lauf durch Westafrika ändert er seinen Charakter beinahe so oft wie ein Chamäleon die Farbe. Im Oberlauf ist er ein typischer Fluß der tropischen Sommerregengebiete. Wenn im Frühjahr dann die Regenzeit im Hinterland der Guineaküste beginnt, schwillt er an und überflutet mit seinen gewaltigen Hochwasserwellen das auf halber Strecke

zwischen Bamako und Timbuktu gelegene Binnendelta, eine rund 30 000 km² große Stromebene, die sich auf 400 km Länge und 100 km Breite westlich des Bandiagaraplateaus erstreckt. Fast zwei Drittel dieser riesigen Fläche werden alljährlich überflutet.

An einigen Stellen erheben sich niedrige Hügel über die Ebene. Die Hügel, die bei Hochwasser nicht überschwemmt werden, sind entweder Reste natürlicher Flußuferdämme oder alte Dünen. Der Hauptarm des Nigers, der sich bei Diafarabé in zwei Arme spaltet, fließt innerhalb des Deltas annähernd parallel zum wasserreichen Bani, der wie er von Südwesten kommt. Auf der gering geneigten Stromebene verzweigen sich die beiden Ströme in ein unübersichtliches Geflecht von Flußarmen, die ständig Wasser führen oder aber in der Trockenzeit austrocknen. Bei Mopti vereinigen sich die Wasserläufe dann wieder.

Mehrere tausend Kilometer weiter im Osten, in der Republik Tschad, bilden etliche Ströme ebenfalls Binnendeltas. Sie enden dort jedoch in einem

Die Bozo leben wie die Bauern des Deltas in Häusern aus luftgetrockneten Lehmziegeln. Ihre reichverzierten Boote fertigen die Fischer aus zwei miteinander verbundenen Baumstämmen. Die Frauen benutzen die schlanken Boote zur Fahrt in den nächsten Marktort.

DIE LEHMARCHITEKTUR DES BINNENDELTAS

Im Binnendelta des Nigers ist die Architektur durch den Sudanstil geprägt. Viele Gebäude sind aus hohlen Lehmziegeln erbaut, die in eine Form gegossen und an der Sonne getrocknet werden. Der Lehm, der manchmal mit gehäckseltem Stroh oder Keramikbröckchen vermengt wird, ist hier weit verbreitet; man muß ihn nur abbauen und mit Wasser verarbeiten. Für die Deckenbalken nimmt man Stämme von Borassuspalmen, die nicht verfaulen und termitenbeständig sind. Das Gebäude wird mit Lehmmörtel verputzt, der nach jeder Regenzeit erneuert werden muß. In dieser Technik baut man mehrstöckige Wohnhäuser mit Innenhöfen und Dachterrassen. Nach der Überlieferung wurde sie im 14. Jh. von einem andalusischen Baumeister eingeführt, doch wahrscheinlich entwickelten Einheimische die Lehmarchitektur selbst, weil es im Delta keine Bausteine gibt.

Oben: Marktfrauen auf dem Weg zum Montagsmarkt in Djenné. Die Moschee im Hintergrund ist das Zentrum des Islam in Westafrika. Sie wurde mehrfach zerstört, jedoch immer wieder in den alten Formen aufgebaut. Das heutige Gebäude entstand 1907 unter der Leitung eines französischen Offiziers, der dabei die Techniken und den Stil des Sudans berücksichtigte.

Gegenüberliegende Seite: Der Hafen von Djenné am Anfang der Regenzeit, wenn der Wasserspiegel noch niedrig ist und das frische Grün allmählich die verwelkten Gräser verdrängt. Die Frauen laden die Waren, die für den großen Markt der Stadt bestimmt sind, aus ihren Pirogen aus.

Endsee, dem Tschadsee, und verdampfen unter der heißen Sonne. Der Niger erreicht dagegen das Meer, wenngleich auf weiten Umwegen. Ein anderer Fluß, der die Schwelle aus hartem Quarzit bei Timbuktu zerschnitt und das Stromgebiet des Nigers anzapfte, öffnete dem Strom einen Weg aus dem Innern des Kontinents.

Der heutige Niger ist also wahrscheinlich aus zwei ursprünglich getrennten Flüssen entstanden. Vor einigen Millionen Jahren floß er noch nach Nordwesten und mündete in den Senegal, dann wandte sich der Ur-Niger nach Nordosten, floß geradewegs in die Sahara hinein und verdunstete in einem riesigen Endsee bei Arouane nördlich von Timbuktu, bis er schließlich von einem Fluß angezapft wurde, dessen Quellen im Massiv Adrar der Iforas lagen.

Das Ägypten Westafrikas

Die Fülle archäologischer Funde belegt die dauernde Besiedlung des Binnendeltas seit dem Beginn der Jungsteinzeit. Man vergleicht es deshalb häufig mit der Stromoase des Nils in Ägypten. An manchen Uferböschungen hat der Strom Urnen freigespült, von denen einige noch Reste menschlicher Skelette enthalten.

Auf fast allen höher gelegenen Hügeln im Delta findet man Keramikscherben, die bemalt oder mit Gravuren verziert sind. Die alten Grabstätten werden häufig von ganzen Sippen von Speikobras bewacht. Wenn sich diese Schlangen bedroht fühlen, speien sie den Angreifern eine Mischung aus Speichel und Gift in die Augen. Das Gift kann zu einer vorübergehenden Erblindung führen. Die einheimischen Jäger schützen sich vor den Attacken, indem sie eine Spiegelscherbe vor der Brust tragen und die Schlange damit blenden.

Im Nordwesten, an den Ufern des Tagadjisees, nahe der Stadt Niafounké, befindet sich eine der bedeutendsten Stätten der westafrikanischen Megalithkultur: Mehr als 150 phallusförmige Monolithen, manche mit Gravuren versehen, sind die stummen Zeugen eines Fruchtbarkeitskultes. In ihm wurde wahrscheinlich der Strom verehrt, der mit seinem Wasser und nährstoffreichen Schlamm alljährlich die Fruchtbarkeit des Bodens erneuert.

Weiter im Norden ist das linke Ufer des Nigers von künstlich aufgeschütteten Erdhügeln von beträchtlicher Größe übersät. Sie sind zwischen 100 und 200 m lang, 80–150 m breit und etwa 10 m hoch. Der Scheitel dieser Hügel ist gelegentlich mit roten Lehmziegeln verstärkt. Wurden hier einst Fürsten zur letzten Ruhe gebettet, oder befanden sich auf den Hügeln Wehrdörfer? Man weiß bis heute noch keine Antwort.

Der wasserreiche Strom, der mit seinem Lauf weit nach Norden in den Wüstengürtel eindringt, zog die alten Karawanenrouten zwischen Nordafrika und Schwarzafrika förmlich an. Das Gold der Mandingoberge, das Salz von Taoudeuni und auch der Islam nahmen diese Wege. Die günstige Lage bescherte den Städten am Rand des Deltas ein reges Wirtschaftsleben und ihren Einwohnern bedeutenden Wohlstand, sie erregte damit aber auch den Neid mächtiger Nachbarn. Sämtliche großen mittelalterlichen Reiche Westafrikas eroberten nacheinander das Gebiet.

Erst im 19. Jh. (zwischen 1818 und 1880) konnten die Bewohner des Deltas die Fremdherrschaft abschütteln. Fulbenomaden unter ihrem Anführer Seku Ahmadou gründeten das Dinareich mit der Hauptstadt Hamdallaye. Sie sollte freilich nur 45 Jahre lang bestehen.

Der Strom bestimmt den Lebensrhythmus

Heute leben etwa 370 000 Menschen im Binnendelta des Nigers. Sie gehören den verschiedensten Völkern Westafrikas an.

Die Fulbe bilden mit beinahe einem Drittel der Einwohner die größte Bevölkerungsgruppe. Als Viehzüchter besitzen sie jedoch praktisch alle Rinder, deren Zahl auf über eine Million geschätzt wird. Die Bambara leben an den Rändern des Deltas, wo sie auf dem nicht mehr regelmäßig überschwemmten Land Hirse anbauen.

Der Fischfang liegt in den Händen der Bozo, der ältesten Bewohner der Überschwemmungsgebiete. Über ihren Dörfern liegt ein durchdringender Fischgeruch, denn die jungen Mädchen breiten die Fänge am Dorfeingang zum Trocknen in der Sonne aus. Diese Herren des Stromes waren früher auch geschickte Jäger von Flußpferden und Westafrikanischen Manatis, die sie mit Harpunen erlegten.

Die Somono verdienen sich dagegen ihren Lebensunterhalt als Schiffer. Mit ihren großen Segelbooten verkehren sie zwischen den Häfen von Mopti, Diré und Kabara.

Die Nono in der Gegend von Dia sind Reisbauern. Wahrscheinlich liegt dort der Ursprung des afrikanischen Reisanbaus.

Handwerk (Spinnerei, Schmiedekunst, Maurerhandwerk) und Handel sind in den Städten des Deltas beheimatet. Die schönste und bedeutendste ist Djenné, ein in ganz Afrika bekanntes historisches und religiöses Zentrum. Während der Überschwemmungsperiode kann man die auf einer Flußinsel gelegene Stadt nur über einen Damm oder mit dem Boot erreichen.

Probleme der Gegenwart

Während der Kolonialzeit und seit der Unabhängigkeit Malis wurden im Süden des Deltas, der bei Hochwasser nicht mehr überflutet wird, mehrere großangelegte Kultivierungsprojekte durchgeführt. In den 30er Jahren förderte die französische Kolonialverwaltung den Baumwollanbau, um die französische Textilindustrie mit dem notwendigen Rohstoff zu versorgen.

Damals dachte man auch an den Bau einer Eisenbahnlinie quer durch die Sahara zur Mittelmeerküste. Das Kernstück des Projekts, der Staudamm von Markala, wurde erst 1948 fertiggestellt. Seither hat sich die Region zu einem Schwerpunkt des Reis- und Zuckerrohranbaus entwickelt. Zwischen den im Projektgebiet angesiedelten Bauern und den Nomaden kommt es mitunter zu Konflikten, wenn die Nomaden in extremen Dürrezeiten ihre Herden auf den bewässerten Feldern weiden lassen müssen.

Alain Person

DIE FIGUREN VON DJENNÉ

1943 fand man bei Grabungen in der Nähe von Djenné eine Terrakottafigur und zahlreiche Urnen. Zehn Jahre zuvor hatte man dort zwei kleine Köpfe aus Keramik entdeckt. Zwischen 1970 und 1980 gruben die Archäologen dann die Ruinen der alten Stadt Djenné-Djenno aus. Untersuchungen ergaben, daß die Tonfiguren aus der Zeit zwischen dem 8. und 18. Jh. stammen.

Djenné ist seit dem 14. Jh. ein bedeutendes kulturelles Zentrum der islamischen Welt. Die am Ausgrabungsort gefundenen Figuren beweisen jedoch, daß die Bevölkerung trotz der Verbote, die moslemischen Künstlern die Darstellung von Menschen untersagen, noch jahrhundertelang der Kultur ihrer Vorfahren treu blieb.

Die meisten Figuren sind aus Terrakotta, gelegentlich auch aus Bronze oder Eisen, und selten größer als 80 cm. Zum kleineren Teil stellen sie Tiere oder tierähnliche Wesen dar, vorwiegend sind Menschen dargestellt. Die Männer und Frauen sitzen kniend auf ihren Unterschenkeln, die Hände auf den Knien, den Kopf würdevoll erhoben, mit einem starren Blick, der wohl ins Jenseits gerichtet ist. Als Zeugnisse eines Fruchtbarkeitskultes werden Darstellungen von schwangeren Frauen, von Geburten und Müttern

Kniender Gefangener, 13. Jh.

mit einem oder mehreren Kindern gedeutet. Gefangene mit gefesselten Händen und Reiter, die Helme und Bogen tragen, erinnern wohl an siegreiche Schlachten. Man fand aber auch Figuren von Schlafenden, von Liebespaaren und jene rätselhaften „Akrobaten", deren Körperhaltung an Meditation denken läßt.

Die Afarsenke

Im Nordosten Afrikas setzen im Erdinnern die Wehen ein, die wahrscheinlich in ferner Zukunft zur Geburt eines neuen Meeres führen werden. Die Erdkruste wird von tiefen Spalten zerrissen, Vulkane brechen aus.

Im nordöstlichen Äthiopien und im östlichen Eritrea, dort, wo das große ostafrikanische Grabensystem endet, liegt eine Senke, die wegen ihrer Umrisse von den Geologen als Afardreieck bezeichnet wird. Das Gebiet, das eine Fläche von 150 000 km² einnimmt und sich mit der Danakilwüste deckt, hat seinen Namen von dem Volk der Afar oder Danakil. Die nomadischen Stämme stellen fast 90 % der Einwohner, im Süden der Senke leben die Issa.

Im Westen grenzt die Afarsenke an das äthiopische Hochland, das den abgesenkten Splitter der Erdrinde um 3000 m überragt. Die südliche Begrenzung wird vom Nordabfall der Somalitafel gebildet; im Nordosten endet die Senke am Roten Meer und am Golf von Aden. Als einziger Fluß, der ständig Wasser führt, fließt der Awash von Süden her in die Senke. Er erreicht das Meer jedoch nicht, sondern endet im salzigen Abbesee nahe der Grenze Äthiopiens zur Republik Dschibuti.

Die Afarsenke ist eine der unwirtlichsten Gegenden der Erde und blieb deshalb lange ein weißer Fleck auf der Landkarte. Zum einen schreckte das heiße, trockene Wüstenklima mit Temperaturen um 50 °C und Jahresniederschlägen von weniger als 200 mm die Forscher ab, zum andern waren die Danakil als grausame Krieger gefürchtet. Als einer der ersten Wissenschaftler unternahm der französische Paläontologe und Anthropologe Teilhard de Chardin in dieser entlegenen Ecke der Welt geologische Forschungen.

Eine riesige Salzpfanne

Von Norden her führt eine 1000jährige Karawanenpiste über den schroffen Bruchrand des äthiopischen Hochlands hinunter in die Senke. Auf den mit Geröll übersäten Flächen am Fuß der Stufe fand man steinzeitliche Artefakte. Die Bergfußflächen, die den Geröllwüsten der Sahara gleichen, gehen in eine riesige Salzebene über, eine 7000 km² große Eindampfungspfanne, die durch die Danakilschen Alpen von der Küste getrennt wird. Sie bildet den nördlichsten Ausläufer des Großen Ostafrikanischen Grabens und liegt bei Dallol 120 m unter dem Niveau des Meeresspiegels.

Beiderseits dieser Senke erstrecken sich zwei par-

Im Vordergrund die Salzebene am Nord- und Westufer des Assalsees, des salzhaltigsten Gewässers der Erde. Der Salzgehalt des 54 km² großen Sees ist rund zehnmal so hoch wie der des Weltmeeres. Vor 6000 Jahren lag der Spiegel des Sees etwa 250 m höher als heute.

allel verlaufende Bruchschollen, die aus zwei verschiedenen Formationen bestehen: aus der seit 24 Millionen Jahren abgelagerten Roten Folge, die sich aus dem Abtragungsschutt der Bruchstufe zusammensetzt, und der Weißen Folge, die vor rund 200 000 Jahren aus Gipssedimenten und Korallenkalkstein entstand.

Die Salzebene setzt sich bis zum Giuletti- oder Afrerasee fort: eine ungefähr 3 km dicke Salzschicht auf beinahe 10 000 km². In der Senke ist die Hitze unerträglich; die faszinierende Landschaft entschädigt freilich für die Strapazen, die der Besucher auf sich nehmen muß. Bei einem bestimmten Lichteinfall schimmert die dünne Sodakruste an der Bodenoberfläche wie poliertes Silber.

Hier ragt der 50 m hohe Salzdom des Mount Dallol auf. Seine Kalisalzvorkommen wurden bis zum Ende der 50er Jahre abgebaut. Übrig blieb eine ockerfarbene Ruine, die von dünnen grauen, weißen und roten Schichten durchzogen ist.

Das Meer war schon häufig durch den Golf von Zula in die Senke eingedrungen und hatte das Danakiltiefland überflutet. Dann aber blockierte ein Ausbruch des Alidvulkans diese Pforte. Die Salzebene ist das Ergebnis der wiederholten Meeresüberflutungen und der nachfolgenden Eindampfung. Auf ähnliche Weise entstanden bei uns in Mitteleuropa die mächtigen Salzschichten des Zechsteins. Innerhalb der Ebene liegen mehrere Salzseen verstreut, wie der Karumsee, der ständig von heißen Quellen gespeist wird.

Der weiter im Süden gelegene, 75 km² große Giulettisee enthält ebenfalls stark salzhaltiges Wasser. Vor 10 000 Jahren war er wesentlich größer, wie die aus Kieselalgen aufgebauten Felsen am östlichen Ufer beweisen.

Sein Wasserspiegel hat sich inzwischen auf ein bestimmtes Niveau eingependelt. Heiße Quellen speisen ihn, zum Teil mit Süßwasser, und gleichen mit ihrer Wasserzufuhr die hohe Verdunstungsrate von 10 mm pro Tag aus.

Lava und Salz

Vom Karumsee verläuft die 90 km lange und 40 km breite Gebirgskette des Erta-Alé zum Giulettisee. Sie enthält sieben tätige Vulkane, darunter den Erta-Alé. Der Vulkanismus reicht bis in die Zeit zurück, als das Gebiet noch vom Meer überflutet war. Am Erta-Alé gibt es zwei aktive Lavaseen, die mit ihrer rotglühenden Lava den Nomaden Angst und Schrecken einjagen. Sie glauben, daß dort der Teufel haust.

Beiderseits des Giulettisees verlaufen zwei weitere Vulkanketten in südlicher Richtung: der Tat-Ali und der Alayta. In den vulkanischen Massiven sind an mehreren Stellen große Calderas eingebrochen. Die Alaytakette setzt sich nach Südosten hin bis

Eine heiße Quelle bei Dallol im Norden der Afarsenke. Der Vulkanismus unter der Salzebene läßt erhitztes Grundwasser durch Spalten nach oben steigen. Die im Wasser gelösten Mineralsalze scheiden sich an den Quellen in tropfsteinartigen Formen aus. Schwefel und verschiedene Oxide geben den Ablagerungen ihre schillernden Farbtöne.

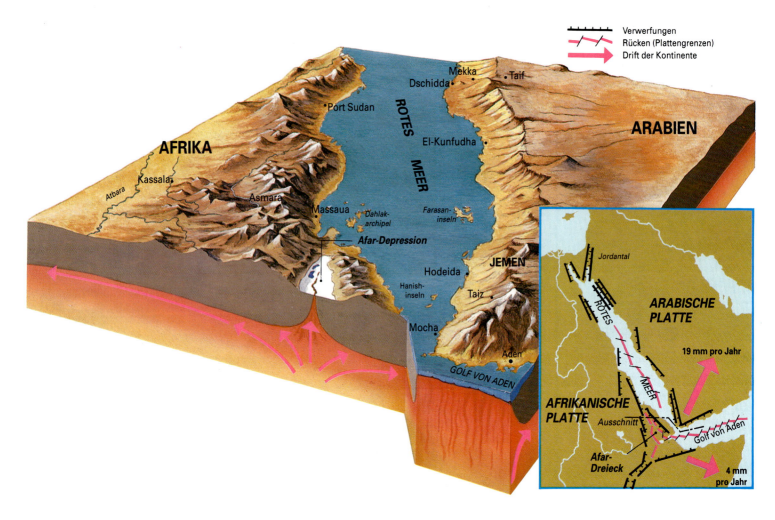

zum Abbesee fort. Westlich dieses Sees ragt der Kegel des Gabillema auf. Er markiert das Ende des Äthiopischen Grabens.

Einst ein Garten Eden

Südlich des Giulettisees steigt das Gelände rasch um mehrere hundert Meter an. Der geologische Untergrund besteht hier aus Basaltdecken, die sich vor ein bis fünf Millionen Jahren als Lava über den größten Teil der Afarsenke ergossen haben.

An den Randverwerfungen des Grabens treten Quellen aus, die ein paar Oasen mit Wasser versorgen. Sonst erstreckt sich zwischen dem Giulettisee und Dschibuti eine Felswüste mit wenigen Wasserstellen. Die zerborstenen Blocklavaströme haben durch die Verwitterung einen einheitlichen rotbraunen Farbton angenommen. Sie bilden ausgedehnte Plateaus, von tiefen Bruchspalten durchzogen.

Diese trostlosen Wüstenplateaus waren einmal besiedelt, wie zahlreiche aus Obsidian gefertigte Artefakte beweisen. In den Gräben und in den Pfannen findet man vielerorts Ablagerungen ausgetrockneter Seen. Im Becken von Asayta gab es beispielsweise vor zehn Millionen Jahren einen 6000 km² großen Binnensee, von dem heute nur noch mehrere kleine Seen und die Sümpfe im unteren Awashtal zeugen. Auf den feinkörnigeren Seesedimenten und dem Auenlehm wird bei Tendaho an den Ufern des Flusses Baumwolle angebaut. Die in dieser Region gefundenen Fossilien belegen, daß die Pflanzen- und Tierwelt in bestimmten Epochen der Erdneuzeit sehr artenreich war. Der blühende Garten Eden, in dem Lucy, eines der ältesten menschlichen Wesen, zu Hause war, verwandelte sich dann jedoch in eine öde Wüste.

Der Assalgraben

Im äußersten Osten des Afardreiecks verläuft eine weitere geologisch junge Vulkankette. Sie bildet die Fortsetzung eines ozeanischen Rückens, der sich vom Grund des Golfs von Tadjoura landeinwärts zieht und zu dem die Afarsenke gehört. Auf dem Scheitel dieses Rückens ist zwischen Ghoubet al-Kharab und dem Assalsee der Assalgraben eingebrochen. Stufenförmig fällt das Gelände zur Sohle des Grabens hin ab. 1978 ereigneten sich an den Grabenrändern mehrere schwere Erdbeben, anschließend kam es zu einem Ausbruch des Vulkans Ardoukoba. Nach Westen hin taucht der Graben unter einer Salzebene ab, in der der Assalsee liegt. Im Norden geht er in eine Bruchzone und schließlich in die Vulkankette Manda Inakir über, in der es wahrscheinlich zu Beginn unseres Jahrhunderts noch zu Eruptionen kam.

Die Geburt eines Meeres

Zur Zeit der Dinosaurier gehörten Afrika und die Arabische Halbinsel zu einem Urkontinent; die Afarsenke und das Rote Meer existierten damals noch nicht. Vor etwa 60 Millionen Jahren müssen dann unter der heutigen Nahtstelle zwischen Afrika und Asien verstärkt Schmelzen aus dem oberen Erdmantel aufgestiegen sein. Sie beulten die Erdkruste auf, zerbrachen sie in Stücke, und durch die Spalten konnte Lava bis zur Erdoberfläche aufdringen. Die Schmelze ergoß sich über das Land und erstarrte im Lauf von Jahrmillionen zu ungezählten Basaltdecken, die treppenförmig herauswittern.

Unter dem Osten Afrikas gabeln sich die zur Erdoberfläche gerichteten Magmaströme in zwei Äste,

AFRIKA

Links: Der Spiegel des Assalsees liegt 174 m unter dem Meer. Durch poröses Gestein sickert Wasser vom Golf von Aden in den Grabensee und verdunstet dort. So entsteht der mit fast 35 % außergewöhnlich hohe Salzgehalt des Sees. Am Seeufer liegen Gipsbänke, auf denen sich Salzkristalle in schönen Formen absondern.

Unten links: Die Lavafelder auf der Sohle des Assalgrabens werden von tiefen Bruchspalten durchzogen. In ihnen spiegeln sich die Verschiebungen innerhalb der Erdkruste wider. Die Plattentektonik macht sich aber auch durch heftige Erdbeben bemerkbar. 1978 klaffte nach einem Erdbeben in einem Lavafeld plötzlich eine 2 m breite Spalte.

Unten: Der Lavasee des Erta-Alé hat einen Durchmesser von 50–100 m. Er befindet sich im nördlichen Teil der Caldera, die in den Gipfel des Vulkans eingebrochen ist. Die dünne, silbergraue Lavahaut an der Oberfläche des Sees brodelt und wallt wie Suppe in einem Kochtopf. Häufig steigen Lavafontänen aus dem Kessel auf.

AFRIKA

Unten rechts: Der Ghoubet al-Kharab am Ende des Golfs von Tadjoura, der durch einen Meeresarm mit dem Roten Meer verbunden ist. Im Vordergrund die Teufelsinsel, ein erloschener Inselvulkan. Dahinter erkennt man die Bruchstufen des Assalgrabens sowie den von weißen Salzkrusten gesäumten Assalsee. Die Basaltdecken am Ufer des Golfs sind zur Grabenachse hin aufgewölbt.

Unten: Vom 7. bis zum 14. November 1978 brach der Vulkan Ardoukoba im Assalgraben aus, nachdem es zwei Tage lang zu starken Erdbeben in der gesamten Grabenzone gekommen war. Fontänen flüssiger Lava häuften einen ovalen Schlackenkegel auf. Der Vulkan spie innerhalb einer Woche schätzungsweise 15 Mio. m³ Lava aus.

LUCY, DIE URAHNE DER MENSCHHEIT

Nur wenige Menschen werden weltweit bekannt, oft wird ihnen diese Ehre erst lange nach ihrem Tod zuteil. Lucy war schon vor drei Millionen Jahren verstorben, als sie für Schlagzeilen in der Weltpresse sorgte. Man fand ihre sterblichen Überreste bei Hadar in der Afarsenke südlich von Tendaho am Rand des äthiopischen Hochlands. Ihre Entdeckung war eine wissenschaftliche Sensation. Sie spielte sich im Herbst 1974 bei der dritten internationalen Afar-Expedition ab, die die Franzosen Maurice Taieb und Yves Coppens gemeinsam mit dem Amerikaner Donald Johanson organisiert hatten.

Donald Johanson könnte man als den Vater Lucys bezeichnen. Er ordnete die etwa 50 Knochenreste, die an der Grabungsstätte am Fuß eines Sandsteinhügels gefunden worden waren, auf einer Sperrholzplatte in ihrer natürlichen anatomischen Lage an. Sie gehörten zum Skelett eines knapp 1 m großen menschenähnlichen Wesens, das imstande war, auf seinen beiden Hinterbeinen zu laufen. Nach der Entwicklung des Gebisses hatte es bereits das Erwachsenenalter erreicht. Als die Forscher nach einem Namen für diesen uralten Hominiden suchten, ließen sie sich von dem Beatles-Hit *Lucy in the Sky with Diamonds* inspirieren. Der Sand, aus dem man die Knochen Lucys geborgen hatte, enthielt zwar keine Diamanten, dafür aber Körner von Quarz, Epidot und Zirkon. Mit diesen Mineralen, die aus den vulkanischen Gesteinen der Afarsenke stammten, konnte das Alter der Schichten bestimmt werden. Die Sandschicht lag zwischen einer 3,1 Millionen Jahre alten Basaltdecke und einer 2,8 Millionen Jahre alten Schicht vulkanischer Aschen. Der Sand, der die sterblichen Überreste Lucys umgab, wurde wahrscheinlich am sumpfigen Ufer eines Sees abgelagert; ganz in der Nähe entdeckten die Forscher Nester mit Krokodileiern und Knochen großer Säugetiere, die inzwischen längst ausgestorben sind.

Lucy hatte sich vermutlich in ein Sumpfgebiet am Ufer eines seichten Süßwassersees gewagt. Damals waren die 15 km breiten, bewaldeten Niederungen rund um den See von zahlreichen Säugern bevölkert, darunter dem *Australopithecus afarensis*, einem affenähnlichen Tier. Wenn wir Lucy heute begegnen würden, käme sie uns sicherlich auch wie ein Affe vor; dennoch gehört sie zu unseren ältesten Vorfahren.

die auseinanderstreben und dabei gewaltige Kräfte auf die starre Erdrinde ausüben. Vor 25 Millionen Jahren hielt die Afrikanische Platte dieser Belastung nicht mehr stand: Sie zerriß in zwei Bruchstücke. Die Gräben Ostafrikas, die Afarsenke, der Golf von Aden und das Rote Meer zeichnen die Bruchnaht an der Erdoberfläche nach.

Die Brüche und Verwerfungen in und an den Rändern der Gräben erleichterten nun den Aufstieg von Gesteinsschmelzen. In den vergangenen 10 bis 15 Millionen Jahren kam es daher immer wieder zu Vulkanausbrüchen. Die Ausbruchszonen verlagerten sich dabei im Lauf der Zeit; in manchen Gegenden erloschen die Feuerberge, dafür taten sich an anderen Stellen neue Krater auf. Vulkanische Massive wie der Erta-Alé, der Tat-Ali oder der Alayta entstanden in der jüngsten Periode des Vulkanismus, die vor etwa einer Million Jahren begann.

Die Vorgänge, die sich heute noch im Nordosten Afrikas abspielen, haben wahrscheinlich im Lauf der Erdgeschichte die Meere unseres Planeten geschaffen. Platten der Erdkruste drifteten auseinander, ließen an den Bruchnähten Magma aus dem Erdinnern austreten, das zu neuer ozeanischer Kruste erstarrte. Bei der Abkühlung senkte sich der Erdboden und wurde schließlich vom Meer überflutet. Vielleicht wird in ferner Zukunft einmal ein Meeresarm vom Roten Meer über die heutige Afarsenke nach Süden verlaufen, der die Nordostspitze Afrikas vom Rest des Kontinents abtrennt.

Jean-Louis Cheminée

DIE DANAKIL

Mit dem Namen Danakil bezeichnen die Araber an den Küsten des Roten Meeres einige Dutzend nomadischer Stämme, die in der Senke zwischen dem Hochland und dem Meer leben. Sie selbst nennen sich Afar, die Freien. Die fanatischen Muslime waren ursprünglich seßhafte Bauern, verlegten sich um 1000 n. Chr. jedoch auf die Zucht von Rindern, Schafen und Ziegen. An Markttagen tauchen die Hirtennomaden mit ihren Kamelen in den Städten auf, um ihre Produkte gegen andere Waren einzutauschen. Hier begibt sich eine Afarfrau auf den Markt von Aisaita, um Felle gegen Durrha, eine Hirseart, zu tauschen.

DIE PLATTENTEKTONIK

Die Theorie der Plattentektonik hat das geologische Weltbild in den letzten Jahrzehnten von Grund auf verändert. Den Vulkanismus, die Erdbeben, die Entstehung der Kontinente und Meere, die Gebirgsbildung, die Klimaschwankungen – alle diese Vorgänge und Erscheinungen kann man heute auf ein und dieselbe Ursache zurückführen: auf die Drift der Platten.

Die Idee, daß sich die Kontinente im Lauf der Erdgeschichte verschoben haben könnten, ist nicht neu. Schon 1620 beschrieb der englische Philosoph und Naturforscher Francis Bacon die verblüffende Ähnlichkeit der Küstenlinien Westafrikas und des nordöstlichen Südamerika. Jahrhundertelang glaubten die Wissenschaftler jedoch, der Boden des Atlantischen Ozeans sei bei der biblischen Sintflut eingebrochen und hätte die beiden Kontinente voneinander getrennt.

1915 legte der deutsche Geophysiker und Meteorologe Alfred Wegener seine Theorie von der *Entstehung der Kontinente und Ozeane* dar. Er begnügte sich nicht damit, die Kontinente allein nach ihren geometrischen Umrissen wie Puzzlesteine zu einem Kontinent zusammenzufügen, sondern belegte die ehemaligen Landverbindungen durch eine Fülle geologischer und paläontologischer Befunde. Seiner Ansicht nach brach ein geschlossener Urkontinent aufgrund „unbekannter innerer Kräfte" vor etwa 200 Millionen Jahren auseinander, und die Bruchstücke drifteten in verschiedene Richtungen voneinander weg. Den entscheidenden Durchbruch erlebte die Theorie der Plattentektonik erst in den 50er und 60er Jahren, als der Meeresboden dank neuer Techniken durch Geologen systematisch erforscht werden konnte.

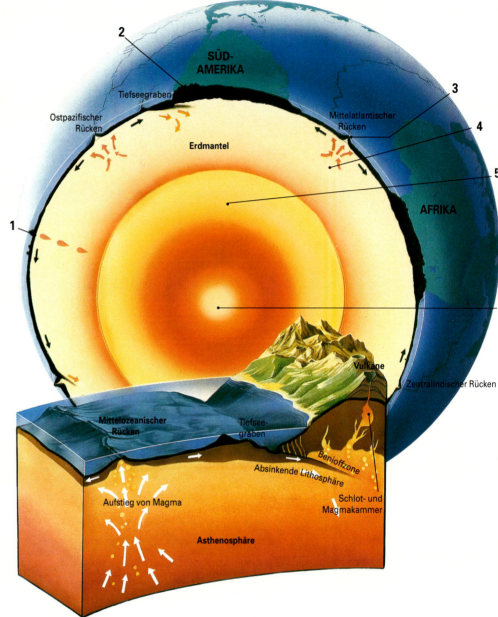

Nach dem heutigen Forschungsstand setzt sich die Erdrinde aus zwei Schalen zusammen: der Lithosphäre und der Asthenosphäre. Die Lithosphäre, die äußere feste Gesteinsschale, besteht aus verhältnismäßig leichter Materie. Sie ist in der Mitte der Ozeane wenige Kilometer, im Innern der Kontinente dagegen bis zu 150 km dick. Die darunterliegende Asthenosphäre hat dagegen – wenigstens in bestimmten Zonen – eine geringere Festigkeit. Sie wirkt bei der Drift der starren Kontinente wahrscheinlich wie eine Gleitfläche und liefert außerdem wohl die Hauptmasse der Gesteinsschmelzen, die als Lava in Vulkanen an der Erdoberfläche austreten.

Die Lithosphäre bildet keine geschlossene Gesteinshaut, sondern ist in sieben Großplatten und zahlreiche kleinere Platten zersplittert. Europa liegt beispielsweise auf der riesi-

◄ *Der Golf von Aden und das Rote Meer (Satellitenbild) – vielleicht die ersten Stadien eines neuen Ozeans*

1. Ein Hot spot ist eine Zone am Meeresboden mit verstärktem Wärmefluß aus dem Erdinnern. Die Lava, die dort austritt, baut einen untermeerischen Vulkan oder eine Vulkaninsel auf. **2.** Vor der Westküste Südamerikas verläuft eine Subduktionszone, in der ozeanische Kruste verschluckt wird. Ein Tiefseegraben markiert diesen destruktiven Plattenrand. **3.** Mitten im Atlantik grenzen die Afrikanische und die Amerikanische Platte an einem konstruktiven Plattenrand aneinander. Hier entsteht neue ozeanische Kruste. **4.** Die Asthenosphäre bildet bei der Drift der Platte die Gleitfläche. **5.** Der äußere Erdkern, eine etwa 2100 km dicke Erdschale, besteht vermutlich aus flüssiger Materie. **6.** Der innere Erdkern ist wahrscheinlich aus Eisen und Nickel aufgebaut.

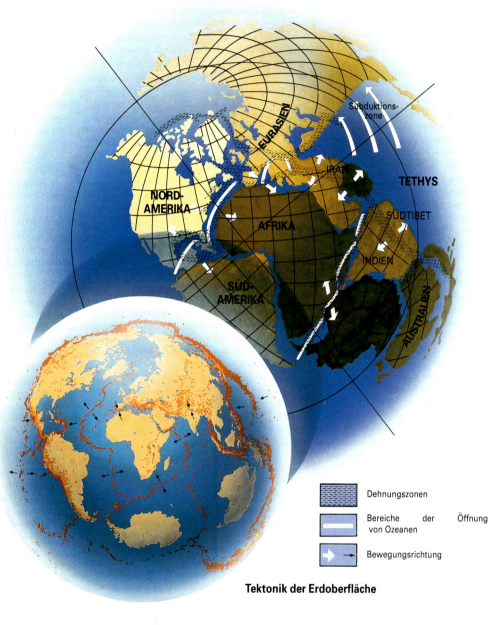

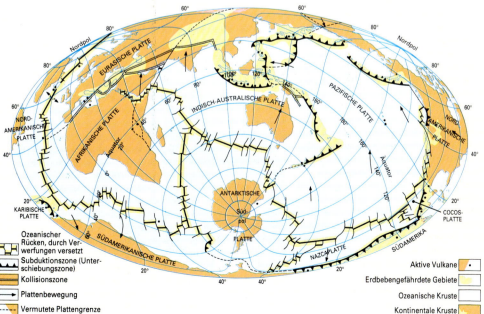

Tektonik der Erdoberfläche

Kaum vernarbte Erdbebenspalten auf dem tibetischen Hochland

gen Eurasischen Platte, die unter dem Mittelmeer an die Afrikanische Platte grenzt.

Wie riesige Eisschollen treiben die Bruchstücke der Lithosphäre mit Geschwindigkeiten von wenigen Zentimetern pro Jahr auf der zähplastischen Asthenosphäre. Sie werden durch langsame Konvektionsströmungen angetrieben. Heißes und deshalb auch leichteres Material steigt aus der Tiefe auf, kühlt sich dann in der Nähe der Erdoberfläche ab, wird dadurch schwerer und sinkt in einem ewigen Kreislauf wieder ab. Diese Strömungen zerren an der Unterseite der Lithosphärenplatten und reißen sie mit sich.

Die spektakulärsten geologischen Vorgänge wie Erdbeben und Vulkanausbrüche spielen sich vor allem an den Rändern der Platten ab. Die Plattenränder, an denen sich zwei Platten aufeinander zu bewegen, heißen destruktive Ränder, weil dort Bruchstücke der Lithosphäre gewissermaßen im heißen Erdinnern verschluckt, aufgeschmolzen und zerstört werden. Man spricht deshalb auch von Subduktions- oder Verschluckungszonen.

Konstruktive Plattenränder sind dagegen Zonen, in denen sich Platten voneinander fort bewegen. Hier reißen Zerrspalten auf, durch die Gesteinsschmelzen bis zur Erdoberfläche aufsteigen und zu neuer Erdkruste erstarren können. Konservative Plattenränder sind schließlich Zonen, in denen Bruchstücke der Erdrinde seitlich aneinander vorbeigleiten, ohne daß Kruste vernichtet oder neu gebildet wird.

Vulkanausbrüche ereignen sich hauptsächlich an den konstruktiven und den destruktiven Plattenrändern. Vom Volumen der geförderten Lavamassen her stehen die Vulkane über den Zerrungszonen an der Spitze; die Feuerberge über den Subduktionszonen sind allerdings wegen ihrer explosiven Eruptionen wesentlich gefährlicher. Der Vulkanismus innerhalb der Platten (beispielsweise auch der tertiäre und quartäre Vulkanismus in Mitteleuropa) wird von manchen Geologen durch sogenannte Hot spots (heiße Flecken) erklärt. Darunter verstehen sie eng begrenzte Zonen mit verstärkter Wärmezufuhr aus dem Erdinnern. Die Erhitzung der Lithosphäre kann dazu führen, daß Gesteine mit niedrigem Schmelzpunkt schmelzen und als Magma in höhere Stockwerke der Erdkruste oder aber bis zur Erdoberfläche aufsteigen.

Der Victoriasee

Der größte See Afrikas ist ein wahres Binnenmeer und eines der wenigen großen Gewässer unseres Planeten, die bisher von schwereren Umweltschäden verschont geblieben sind. Schon vor Jahrtausenden ließen sich Menschen an den sumpfigen Ufern des fischreichen Sees nieder.

Als der britische Afrikaforscher John Speke am 21. Juli 1862 den Ausfluß des Victoriasees, den Victorianil, entdeckte, erfüllte sich ein Traum aller Geographen seit Herodot. Voller Begeisterung beschrieb er den „Vater aller Ströme" mit blumigen Worten: „... ein wundervoller, 600–700 m breiter Strom, hie und da von Riffen und kleinen Inseln geziert, letztere mit Fischerhütten bestanden, erstere von Seeschwalben bevölkert; ein paar Krokodile wärmten sich im Sonnenschein; andere liefen über hohe, mit dichtem Gras bewachsene Uferböschungen, hinter denen wir zahlreiche Antilopenherden unter wunderschönen Bäumen sehen konnten, während Nilpferde im Wasser schnaubten und zu unseren Füßen ununterbrochen Trappen und Perlhühner davonflogen."

Unzählige Inseln und sumpfige Ufer

Der Victoriasee liegt in einem weiten Becken des ostafrikanischen Hochlands genau unter dem Äquator. Sein Spiegel schwankt je nach Jahreszeit um das mittlere Niveau von 1134 m über dem Meer. Mit einer Fläche von 68 800 km² ist er der drittgrößte See der Erde. Er bildet ein stark zerlapptes, unregelmäßiges Viereck von 300 km Länge und 250 km Breite. Im Vergleich mit anderen großen Seen ist der Victoriasee nur mäßig tief: 40 m im Durchschnitt und 84 m an der tiefsten Stelle.

Zahllose Inseln und Eilande nehmen beinahe ein Zehntel der Seefläche ein. Die größte, Ukerewe, im Südosten, umfaßt etwa 1000 km²; die Inselgruppe Sese besteht aus zehn Inseln und Inselchen. Ein typisches Merkmal des Victoriasees sind die ausgedehnten Sumpfgebiete am Ufer, die man nur mühsam durchqueren kann.

Über dem Morast steigen zuweilen Wolken aus Milliarden und Abermilliarden von Wasserinsekten auf. Sie werden von Lichtern angelockt und fallen in Massen vom Himmel auf den Erdboden. Früher wurden sie von den Einheimischen mit Schaufeln eingesammelt, gekocht oder gebraten und dann zu Pfannkuchen verarbeitet. „Eine Delikatesse", schrieb der schottische Missionar und Entdecker David Livingstone, der diese kulinarische Spezialität am Njassasee (Malawisee) kennengelernt hatte und die Pfannkuchen mit Kaviar oder gegrillten Heuschrecken verglich.

Auf den kleinen, von Sümpfen umgebenen Inseln im Victoriasee (hier am kenianischen Ufer) haben sich nur wenige Menschen angesiedelt. Die flachen Eilande werden nämlich in feuchten Jahren bei hohem Pegelstand überflutet.

Lebenslauf eines Sees

Der Victoriasee ist ein relativ junger See. Die Wasserläufe, die ihn speisen, flossen im Eiszeitalter nach Westen durch den Eduardsee dem Kongo zu. Dann aber wölbten sich östlich und westlich des heutigen Sees Schwellen empor, während in der Mitte ein flaches Becken entstand, in dem sich das Wasser sammelte.

Noch heute entwässern die Sümpfe, in denen der Kagera, der Quellfluß des Weißen Nils, entspringt, sowohl zum Nil wie zum Kongo. Hier kommt es also zu einer sogenannten Bifurkation, das heißt zu einer Gabelung der Wasserläufe, ähnlich wie im Amazonastiefland.

Vor 28 000–35 000 Jahren lag der Spiegel des Victoriasees höher als heute; später senkte er sich schrittweise auf das jetzige Niveau. In 18 m, 12 m und 3 m Höhe blieben alte Uferterrassen erhalten. Das Alter der untersten Terrasse konnte mit der Radiocarbonmethode auf 3700 Jahre bestimmt werden. Vor 12 000 Jahren, als in Ostafrika ein wesentlich trockeneres Klima herrschte, war der Victoriasee vielleicht ein Salzsee ohne Abfluß.

Heute erhält der Victoriasee im Jahresdurchschnitt etwa 18 Mrd. m³ Wasser durch seine verschiedenen Zuflüsse und dazu noch 96 Mrd. m³ durch die Niederschläge, die gleichmäßig über die Jahreszeiten verteilt sind. Vier Fünftel dieser Niederschläge verdunsten sofort wieder. Die stetige Was-

WIE DIE GROSSEN SEEN OSTAFRIKAS ENTDECKT WURDEN

Um die Mitte des 19. Jh. war das tropische Afrika noch weitgehend unerforscht. Die arabischen Sklavenhändler wußten von den großen Seen Ostafrikas, aber erst britische Forscher gelangten in der zweiten Hälfte des 19. Jh. bei der Suche nach den Quellen des Nils an ihre Ufer. 1859 entdeckte der Schotte David Livingstone den Njassasee. Sir Richard Burton und John Speke gelangten 1858 zum Tanganjikasee; im selben Jahr unternahm Speke allein eine Expedition zum Victoriasee und stellte fest, daß er der Ursprung des Nils ist. Burton zweifelte jedoch daran. Speke kehrte deshalb 1860 noch einmal mit dem Schotten James Grant zurück und suchte so lange, bis er den Ausfluß nördlich der Buwumainsel gefunden hatte. Der Victorianil verläßt hier 5611 km von der Mündung ins Mittelmeer entfernt das afrikanische Binnenmeer. Als eigentlicher Quellfluß des Nils gilt der Kagera, der nach 772 km langem Lauf in den Victoriasee mündet. Seine Quellen wurden erst 1898 entdeckt. Sir Samuel Baker stieß 1864 bis zum Albertsee (heute Mobutu-Sese-Seko-See) vor, der ebenfalls vom Nil durchflossen wird. Einige Jahre später querte Henry Morton Stanley als erster den afrikanischen Kontinent von Sansibar bis zur Kongomündung und entdeckte dabei den Eduardsee.

AFRIKA

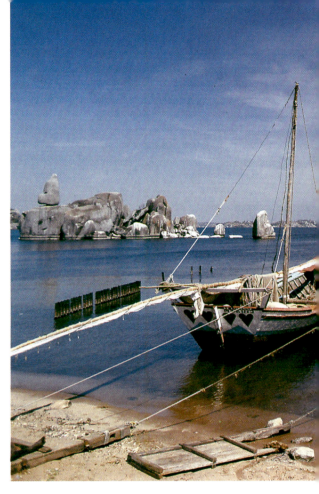

Oben: Fischer mit reichem Fang in Sindo an der Kavirondobucht (Kenia). Die Fischerei liegt noch in den Händen kleiner Familienbetriebe; der getrocknete Fisch ist für den Eigenbedarf der Region bestimmt. Eine Fischindustrie hat sich noch nicht entwickelt, sonst wäre das in Ostafrika einzigartige Nahrungsreservoir schon leergefischt.

Mitte oben: Die Araber führten wahrscheinlich die Boote auf dem Victoriasee ein. Zuvor benutzte man Einbäume, die den Stürmen nicht gewachsen waren.

serversorgung macht den Victorianil zu einem Strom mit sehr gleichmäßigem Abfluß.

Der Wasserspiegel des Sees schwankt dagegen deutlich. Neben geringeren täglichen Schwankungen kommen jährliche Abweichungen vor, und zwar in der Größenordnung von etwa einem halben Meter mit einem Höchststand im Mai und einem niedrigsten Pegelstand im November. Eine Reihe besonders feuchter Jahre kann zu einem kräftigen Anstieg des Pegels führen; in den 60er Jahren stieg der Wasserspiegel beispielsweise um 2,5 m. In den flachen Uferniederungen hat ein derartiger Anstieg unter Umständen für Menschen und Tiere verheerende Folgen.

Dank der geringen Tiefe des Victoriasees findet im Lauf des Jahres eine vertikale Durchmischung des Seewassers durch den Wind statt. Auch die tiefsten Schichten enthalten deshalb genügend Sauerstoff. Im Unterschied zu den tiefen Grabenseen Ostafrikas leben also im gesamten Victoriasee Fische.

Ein reicher Fischgrund und ein wichtiges Nahrungsreservoir

Im Victoriasee findet man besonders viele endemische Tierarten, das heißt Arten, die nur hier vorkommen. Jeder Aquarienliebhaber kennt die Buntbarsche, die sich durch ihre Vielfalt von Farben und Verhaltensweisen auszeichnen. Bereits 200 verschiedene Arten dieser Familie wurden im Victoriasee entdeckt.

Etwa 30 Fischarten sind sogenannte Anadrome: Das bedeutet, daß sie wie die Lachse bei Hochwasser die Zuflüsse hinaufwandern, um sich im See zu paaren. Wenn alljährlich diese Wanderungswellen beginnen, warten die Fischer an den Flußmündungen, um sich ihren Anteil an der wahren Flut von Fischen zu holen.

1960 wurde eine ortsfremde Art, der Nilbarsch (*Lates niloticus*), im Victoriasee ausgesetzt. Der

AFRIKA

DIE ENTSTEHUNG DER SEEN

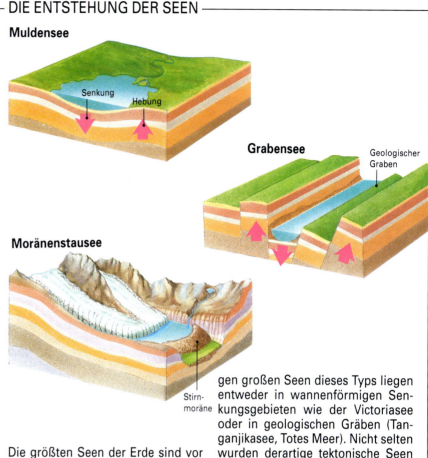

Die größten Seen der Erde sind vor allem durch drei Kräfte und Vorgänge geschaffen worden: durch Gletscher, Vulkane und Bewegungen der Erdkruste.

Glaziäre Seen, die durch Gletschererosion, durch Aufschüttung von Moränen und durch das Schmelzen von verschütteten Eisblöcken entstehen, sind auf der Erde am weitaus häufigsten. Die größten Wassermengen sind jedoch in den Senken gespeichert, die durch Bewegungen der Erdkruste geschaffen wurden: Allein das Kaspische Meer enthält 44 % der Wassermenge sämtlicher irdischer Seen. Die übrigen großen Seen dieses Typs liegen entweder in wannenförmigen Senkungsgebieten wie der Victoriasee oder in geologischen Gräben (Tanganjikasee, Totes Meer). Nicht selten wurden derartige tektonische Seen wie beim Bodensee nachträglich vom Gletschereis überformt.

In Vulkangebieten findet man Seen, die Krater und Calderas füllen. Zu dieser Gruppe gehören auch die Maare der Eifel. Zahllose, meist kleinere Seen und Tümpel liegen in den Niederungen großer Ströme wie des Amazonas. Sie werden durch natürliche Uferdämme vom fließenden Wasser abgeschnitten. Noch häufiger bilden sich Seen in Gegenden mit dauernd gefrorenem Erdboden, der als wasserundurchlässige Schicht im Sommer das Schmelzwasser staut.

größte Süßwasserfisch Afrikas kann bis 200 kg schwer werden. Er gedeiht hier so prächtig, daß man in der biologischen Station von Kisumu in Kenia ein 1,6 m langes Exemplar bewundern kann. Der Nilbarsch ist heute in der Fischereiwirtschaft Ostafrikas sehr begehrt, ohne daß jedoch der Fang der anderen Fische, vor allem der Buntbarsche, darunter sichtbar gelitten hätte.

Die natürlichen Reichtümer des Victoriasees werden von den drei Anliegerstaaten Uganda, Kenia und Tansania bislang nur in bescheidenem Umfang genutzt – zum Glück, wie man feststellen muß, denn er befindet sich deshalb beinahe noch in dem Zustand, in dem ihn John Speke im Jahr 1858 entdeckte und beschrieb. Die anderen Riesenseen der Erde – das Kaspische Meer, der Baikalsee und die Großen Seen Nordamerikas – haben dagegen unter der Umweltzerstörung durch den Menschen bereits sehr stark gelitten.

Michel Meybeck

Mitte unten: Die Ufer des Victoriasees bei Kibanga in der Nähe von Kampala, der ugandischen Hauptstadt. Innerhalb der vom Menschen genutzten und übernutzten Savannenlandschaft bildet der See mit seinen sumpfigen Ufern eine nahezu unberührte Naturoase.

Links: Ein Tilapia aus der Familie der Buntbarsche. Zahlreiche Vertreter dieser Familie leben als endemische Arten im Victoriasee sowie im Tanganjika- und im Njassasee.

Das Ruwenzorimassiv

Das schneebedeckte Hochgebirge im Herzen Afrikas ragt aus dem feuchtheißen tropischen Tiefland bis in die Region des ewigen Eises. Sein höchster Gipfel, die stark vergletscherte Margheritaspitze, war schon im Altertum bekannt, er wurde jedoch erst zu Beginn dieses Jahrhunderts von einer italienischen Expedition bezwungen.

Im Unterschied zu den großen ostafrikanischen Vulkanen Kilimandscharo und Mount Kenya ist das Ruwenzorimassiv eine Hochgebirgsscholle aus metamorphen Gesteinen, vor allem aus Gneisen. Tektonische Kräfte haben es als zerklüftetes Hochgebirge aus der Sohle des Zentralafrikanischen Grabens herausgehoben.

Im Norden wird es vom Mobutu-Sese-Seko-See (früher Albertsee), im Süden vom Eduardsee umrahmt. Sein höchster Gipfel, die 5119 m hohe Margheritaspitze, ist nach dem Kilimandscharo mit 5895 m und dem Mount Kenya mit 5200 m die dritthöchste Erhebung Afrikas.

Die Eroberung der Mondberge

Das schneebedeckte Massiv in Zentralafrika war bis zum Ende des 19. Jh. von Legenden umwoben. Offenbar wußten schon die Geographen des Altertums von den weißen, vergletscherten Gipfeln an den Quellen des Nils. Herodot (490–420 v. Chr.) nannte sie Salzspitzen, in den Schriften des griechischen Philosophen Aristoteles (384–322 v. Chr.) werden sie als Silberberge bezeichnet, und im 2. Jh. n. Chr. gab der griechische Astronom und Geograph Ptolemäus (100–160 n. Chr.) diesen Bergen schließlich den Namen Mondberge. Sie stellten in seinem Weltbild das Ende der Welt dar.

Als erster Weißer erblickte der Afrikaforscher Henry Morton Stanley im Jahr 1888 von den Hügeln des am Mobutu-Sese-Seko-See gelegenen Ituriwaldes aus die fernen Mondberge. Es war ein Felsmassiv, dessen weiße Gipfel scheinbar bis in den Himmel ragten, mit „den Formen und Dimensionen eines verschneiten Hochgebirges", wie er in seinem Tagebuch notierte. Im folgenden Jahr, im Juni 1889, erreichten die Gefährten Stanleys, Leutnant Stairs und der deutsche Afrikareisende und Gouverneur der türkisch-ägyptischen Äquatorialprovinz, Emin Pascha (eigentlich Eduard Schnitzer), über das Semlikital den Fuß des Ruwenzorimassivs und versuchten, über die steilen Westwände aufzusteigen. In 3500 m Höhe kapitulierten sie jedoch vor den undurchdringlichen Bergurwäldern und dem extrem feuchten Klima.

Zu Beginn des 20. Jh. wurden noch weitere Versuche unternommen, die jedoch ebenfalls erfolglos blieben. Erst der wissenschaftlichen Expedition des

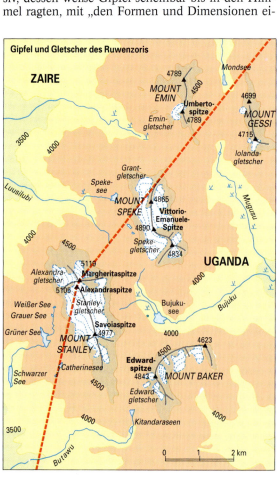

AFRIKA

"Herzogs der Abruzzen", Luigi Amedeo di Savoia, an der ein Dutzend Europäer teilnahmen, gelang im Juni 1906 von Uganda aus der Aufstieg bis auf die beiden höchsten Gipfel der Mondberge, die Margheritaspitze und die Alexandraspitze. Dieser Expedition verdanken wir ein vollständiges Kartenwerk des Zentralteils des Massivs mit seinen fünf vergletscherten Gipfeln sowie grundlegende Kenntnisse des geologischen Aufbaus, der Flora und Fauna.

Von jeder Seite aus betrachtet, sieht der imposante Gebirgsstock wie eine düstere, steile Wand aus, die von Urwäldern bedeckt und nur hier und dort von schluchtartigen, abweisenden Tälern durchzogen ist. Vor allem an der Westflanke des Massivs, wo auf weniger als 15 km Luftlinie das Gelände von den Gipfeln 4000 m zur Sohle des Semlikitals abfällt, wirkt das Gebirge wie eine senkrechte Mauer. Heute steigt man über steile Pfade an der Ostflanke auf.

Die vergletscherten Gipfel des Ruwenzoris sind

Links: Der Gipfel der Margheritaspitze. Wie groß die Kraft der Sonne auch in 5000 m Höhe noch ist, erkennt man an den Eiszapfen. Der wiederholte Wechsel zwischen Auftauen und Gefrieren führt dazu, daß sich selbst steile Felswände mit einem Eispanzer überziehen.

Unten: Der Nebelwald nahe der oberen Waldgrenze ist fast ständig in Nebel gehüllt. Hier gedeihen Moose und Flechten besonders üppig. Von den Stämmen und Ästen der verkrüppelten Bäume hängen Bartflechten herab.

AFRIKA

Rechts: Der Grüne See, einer der von den Gletschern auf den Höhen des Ruwenzoris hinterlassenen Seen. An seinen Ufern wachsen Baumsenecien, deren Stämme in dickblättrigen Rosetten enden. Daneben ragen die Blütenstände 3 m hoher Lobelien in den bewölkten Himmel. Der Erdboden wird von einem Teppich blühender Strohblumen bedeckt.

Unten: Vegetation auf den Höhen des Ruwenzoris. Die Riesenlobelien erinnern an gewaltige Kerzen; die Grasbüschel im Vordergrund deuten auf einen moorigen Untergrund.

vom Tiefland her nur selten einmal zu erblicken. Schon früh am Tag hüllen sie sich in riesige Wolken, und nicht ohne Grund ist das Gebirge eine der niederschlagsreichsten Regionen Afrikas. In einer Höhe von 2200 m ü. d. M. fallen im Jahresdurchschnitt 4000 mm Niederschlag; in den höheren Lagen fällt er als Schnee.

Unter diesem feuchten Klima wuchert eine üppige Vegetation. Der dichte Waldgürtel an den Flanken des Massivs ist kaum zu durchdringen, und die ersten Expeditionen, die vor etwa 100 Jahren den Aufstieg wagten, hatten immense Schwierigkeiten, diese Waldbarriere zu überwinden. Besonders in der Höhenstufe des tropischen Nebelwaldes, der fast immer in Wolken gehüllt ist, bilden die ineinander verflochtenen Pflanzen ein undurchdringliches Dickicht.

Vom Nebelwald zum Paramo

Ein Gewirr umgestürzter, von Moosen und Flechten überzogener Baumstämme versperrt den Weg. Das verfaulte Holz gibt unter dem Gewicht des Bergsteigers nach, und immer wieder muß er nach einem neuen Pfad suchen. Schlingpflanzen, Wurzeln und mannshohe Stauden blockieren die grüne Schneise. Wälder von Baumfarnen tauchen gespenstisch aus dem Nebel auf.

Während man höher steigt, gehen die Nebelwäl-

AFRIKA

- Grundgebirge
- Quartäre Vulkane
- Grabensohle
- Größere Bruchstufen
- Staatsgrenze

Das Ruwenzorigebirge im Zentralafrikanischen Graben

DER BERGGORILLA

der in Bambusbestände über, daran schließt sich ein breiter Strauchgürtel mit Heidekrautgewächsen an. In der feuchten Gebirgsluft gedeihen hier die Riesenheidekräuter, die für die tropischen Hochgebirge typisch sind – wie beispielsweise verschiedene hohe Philippia-Arten mit bizarren Ästen, an denen große Bartflechten hängen.

In 3500 m Höhe gelangt man in eine Art Hochgebirgssavanne, die in den Gebirgen Südamerikas Paramo genannt wird.

In dem von blühenden Strohblumen übersäten Grasland ragen die Schäfte der Riesenlobelien wie gewaltige Kerzen auf. Manche sind 2–3 m hoch. Daneben wachsen Riesensenecien (Riesengreiskraut); an ihrem oberen Stammende sind dicke Blätter rosettenförmig angeordnet, die riesigen Kohlköpfen mit goldgelben Blütenständen gleichen.

Die größte und zugleich die sonderbarste Lobelie, die *Lobelia wollastonii*, wächst in 4000 m Höhe. Ihr schlanker Stamm zeigt kerzengerade in den Himmel.

Bei 4300 m beginnt schließlich eine Felsschuttlandschaft, in der fast nur noch Moose und Flechten gedeihen. Zwischen den Felsklippen liegen hier in Geländesenken Moore, die dicht mit Tussocks bewachsen sind. Die mehr als mannshohen Horstgräser verbergen den moorigen Untergrund. Wer hier vom Weg abweicht, kann in dem durchnäßten Torf schnell bis zu den Hüften einsinken.

Die meisten Gorillas leben in den noch erhaltenen Regenwaldgebieten zwischen Kongo und Niger. Der Berggorilla ist hingegen in den Vulkanbergen der Virungakette und den angrenzenden Urwäldern beheimatet. Diese sehr ängstlichen und scheuen Tiere hausen in Dickichten, in baumfarnbestandenen Tälern und im Bambusgürtel am oberen Rand der Bergwälder, denn saftige Bambusschößlinge schätzen sie über alles. Es gibt nur noch ein paar Dutzend, bestenfalls ein paar hundert Berggorillas. Durch die Zerstörung ihres natürlichen Lebensraumes werden die großen Menschenaffen immer weiter verdrängt, gewissenlose Wilderer und Großwildjäger rotten die letzten Bestände aus.

AFRIKA

Schnee von gestern und heute

Die Moore liegen in Seebecken, die von Gletschern ausgeschürft wurden, in der Zwischenzeit jedoch verlandet sind. Vom Eis polierte Rundhöcker und Moränenreste beweisen, daß alle höheren Teile des Gebirges noch im Holozän von einer Eiskappe bedeckt waren.

Die heutigen Gletscher, die an der Westseite bis auf etwa 4200 m herabreichen, sind die Überbleibsel dieser großflächigen Vereisung. Ein paar kleine vom Eis geformte Seen blieben erhalten: der Spekesee, der Bujukusee, der Mondsee sowie der Schwarze, der Graue und der Grüne See, die ihren jeweiligen Namen ihrer Farbe verdanken.

Wenn die Wolkendecke einmal aufreißt, erkennt man hoch oben die herrlichen Gipfel mit ihren steilen Felsgraten. Sie bilden fünf verschiedene Hauptmassive: Mount Emin (4789 m) und Mount Gessi (4715 m) im Norden, Mount Speke (4890 m) im Zentrum, Mount Baker (4843 m) und Mount Stanley im Süden.

Das nach dem berühmtesten Afrikaforscher benannte Massiv weist mit der Margheritaspitze (5119 m) und der Alexandraspitze (5105 m) die höchsten Erhebungen auf. Blendendweiße Eisströme kleben an ihren schroffen Felsen – ein Bild, das man in der feuchtheißen Zone am Äquator eigentlich nicht erwartet. Vielleicht kamen Herodot und Aristoteles deshalb auf den Gedanken, die weißen Gipfel könnten nicht aus Eis, sondern nur aus Silber oder Salz bestehen.

Ein Gebirge in Bewegung

Das Ruwenzorimassiv liegt in einem der großen geologischen Gräben Afrikas: im Zentralafrikanischen Graben, der tief im Süden, in Mosambik, beginnt und sich über 2000 km weit bis an den Oberlauf des Nils verfolgen läßt. Die durchschnittlich 50 km breite Grabensohle wird an beiden Seiten von hohen Bruchstufen überragt. An ihren Felswänden treten die Gesteine des afrikanischen Grundgebirges zutage, hauptsächlich Gneise und Glimmerschiefer, die zu den ältesten Gesteinen unseres Planeten gehören. Bisher konnte noch nicht zweifelsfrei geklärt werden, warum eine Bruchscholle der tieferen Erdkruste durch tektonische Kräfte ausgerechnet innerhalb eines Grabens und dazu noch ungewöhnlich hoch gehoben wurde. In Gräben kommt es häufiger vor, daß einzelne Schollen als kleinere Horste aufgepreßt werden, die Ursachen einer Hebung in dieser Größenordnung sind jedoch rätselhaft. Die Krustenbewegungen begannen wohl erst in der Erdneuzeit gegen Ende des Tertiärs und hielten dann das ganze Quartär über an.

Die häufigen Erdbeben in und an den Rändern des Zentralafrikanischen Grabens zeigen, daß die Erdkruste in dieser Gegend Afrikas noch immer in Bewegung ist. Der Graben als Ganzes sinkt ab, während das Ruwenzorimassiv kräftig gehoben wird. Die steilen, fast messerscharf geschnittenen Bruchstufen, sowohl am westlichen wie am östlichen Rand des Grabens, sprechen ebenfalls für aktive Krustenbewegungen. Verwitterung und Abtragung konnten die steilen, jungen Bruchstufen bisher noch nicht abflachen.

Mit der Hebung des Ruwenzoris stehen auch die Vulkanausbrüche in Zusammenhang, die die Kraterfelder des Katwe und des Bunyaruguru im südlichen Teil des Gebirges und die kleinen Schlackenkegel in der Umgebung von Fort Portal geschaffen haben.

René Battistini

In einer Hangkerbe schlängelt sich der Pfad durch das Dickicht von Heidekrautgewächsen, vermoderten Baumstämmen und Ästen, die unter einer schwammigen Schicht von Moos- und Flechtenpolstern begraben liegen.

AFRIKA

DIE HÖHENSTUFEN DER VEGETATION IN DEN GEBIRGEN OSTAFRIKAS

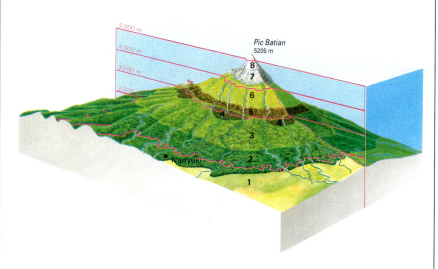

Vegetationsstufen am Mount Kenya

1 Landwirtschaftliche Nutzflächen
2 Bergregenwald
3 Nebelwald oder Wolkenwald
4 Bambusgehölze
5 Heidegrasland (Erikazeen)
6 Hochgrasflur
7 Alpine Frostschutt- und Flechtenzone
8 Gletscher- und Schneezone

Außer dem Ruwenzorimassiv gibt es in Ostafrika mehrere Gebirge, die über 4000 m hoch sind: der Kilimandscharo (5895 m), der Mount Kenya (5200 m), der Mount Elgon (4321 m) und drei Vulkane der zwischen Uganda und Ruanda gelegenen Virungakette. Das Pflanzenkleid dieser Gebirge gliedert sich in bestimmte Höhenstufen. Die isolierte Lage der Massive hat darüber hinaus die Entwicklung endemischer Pflanzenarten begünstigt. So besitzt beispielsweise jedes der Gebirge seine charakteristischen Riesenlobelien und -senecien.

Der Waldgürtel bedeckt die unteren Hänge, im Süden bis etwa 3000 m, im Norden etwas höher. In der Stufe bis 2000–2200 m gedeihen tropische Bergregenwälder mittlerer Höhe mit einzelnen Baumriesen, die von Epiphyten wie Orchideen und Ananasgewächsen besiedelt sind. Der „Obere Höhenwald" von 2200 bis 3000 m am Ruwenzori zeichnet sich durch tropische Nadelgehölze (*Podocarpus milanjianus*) und ausgedehnte Bambusbestände aus. Im Wolken- oder Nebelwald sind die Bäume niedriger und dicht mit Flechten behangen. Der eigentliche tropische Regenwald der untersten Höhenstufen wurde bis auf wenige Flächen, die unter Naturschutz stehen, gerodet und in Acker- und Weideland verwandelt. An den Südhängen des Kilimandscharo betreiben die Bauern vom Stamm der Chagga intensive Landwirtschaft, zum Teil mit Bewässerung; die Gishu haben an den Osthängen des Mount Elgon fruchtbares Kulturland geschaffen.

In 3000–3200 m beginnt die Stufe des ostafrikanischen Paramos mit Heidekrautgewächsen, die in den unteren Lagen 3–4 m hohe Sträucher bilden, mit zunehmender Höhe jedoch immer kleinwüchsiger werden und schließlich bei 3400–3600 m von einer offenen Graslandschaft abgelöst werden, die den Matten der Alpen entspricht. Der Erdboden ist hier von verschiedenen Gräsern, von zahlreichen polsterbildenden Korbblütlerarten und Moosen bedeckt. Die Pflanzen, die den Charakter dieser Höhenstufe am stärksten prägen, sind die Riesenlobelien und die mächtigen Baumsenecien, bizarre Pflanzengebilde, die wie Gewächse aus der Urzeit wirken. Oberhalb von 4600 m werden sie seltener und weichen Felsklippen und Schutthalden, die von Flechten- und Moospolstern überzogen sind. Jenseits der klimatischen Schneegrenze folgt schließlich die Stufe des ewigen Eises.

Der Tafelberg

Ein Berg, geformt wie ein gewaltiger Tisch, an dem bequem eine Schar von Riesen Platz nehmen könnte. Das aus Gesteinen des Erdaltertums aufgebaute Massiv, seit Jahrhunderten eine Landmarke der Seefahrer, ragt an der äußersten Südspitze Afrikas über Kapstadt auf.

An klaren Tagen ist der Tafelberg (Table Mountain) von weitem zu sehen. Der markante Zeugenberg wird von zwei Bergspitzen, dem Löwenkopf (Lion's Head) und der Teufelsspitze (Devil's Peak), flankiert. An seinem Nordfuß erstreckt sich die Tafelbai (Table Bay), ein großer Naturhafen, an dem sich Kapstadt entwickelt hat. Das knapp 1100 m hohe Massiv schützt die Hafenstadt vor dem South Eastern, dem vorherrschenden Wind, der besonders im Sommer oft tagelang aus südöstlicher Richtung weht. Die vom Indischen Ozean herangeführte feuchtwarme Luft steigt am Tafelberg auf, die Feuchtigkeit kondensiert und bildet das berühmte Tafeltuch, eine Wolke, die sich häufig wie ein weißes Altartuch über das Gipfelplateau legt.

Das Wahrzeichen Südafrikas

Seit Jahrhunderten ist der auffällig geformte Berg eine Landmarke der Seefahrer. Ein Portugiese, Bartolomeu Diaz, entdeckte ihn im August 1488, als er die Südspitze Afrikas umrundete. Sieben Jahre später bestieg ein anderer portugiesischer Seefahrer, Antonio do Saldanha, den am nördlichen Ende der Kaphalbinsel gelegenen Gipfel und zeichnete eine Karte der Tafelbai, die seither eine willkommene Etappenstation auf dem Weg zwischen Europa und dem tropischen Asien ist. Der große englische Seefahrer Sir Francis Drake, der auf seiner Weltumseglung 1577–1580 Südafrika besuchte, nannte sie die schönste Bucht der Welt.

Der Tafelberg vom Table View, einem Aussichtspunkt auf der anderen Seite der Bucht, aus gesehen. Die beiden benachbarten Berge, der Löwenkopf auf der rechten und die Teufelsspitze auf der linken Seite des Tafelbergs, bestehen wie der Zeugenberg aus dem harten Quarzit der Silurzeit.

Schenke der Meere

Augustin de Beaulieu, ein französischer Seemann aus Rouen, der 1620 wegen einer Flaute mit seinem Schiff vier Wochen lang in der Tafelbai ankern mußte, war von der Bucht ebenfalls sehr angetan. Er lobte in einem Bericht von seiner Reise die „vielen schönen Quellen mit sehr klarem und gutem Wasser, die dem Tafelberg entspringen".

Mit purem Wasser gaben sich die Seefahrer, die in der Bucht vor Anker gingen, freilich bald nicht mehr zufrieden. An den Ufern der Tafelbai entwickelte sich um die Mitte des 17. Jh. eine Siedlung, die bald auf der ganzen Welt als Schenke der Meere bekannt sein sollte.

Holländische Seeleute, die nach einem Schiffbruch gezwungen worden waren, ein Jahr lang in der Bucht auf ihre Rettung zu warten, berichteten in ihrer Heimat von den Vorzügen der Tafelbai. Die Holländisch-Ostindische Kompanie entschloß sich deshalb, hier, auf halbem Weg zwischen den Niederlanden und Indonesien, eine Versorgungsstation für ihre Schiffe einzurichten. Mit dieser Aufgabe wurde Jan van Riebeeck betraut. Er ging am 7. April 1652 unweit des Tafelbergs an Land. Die Handelsniederlassung, die er an den Ufern des Verse River grün-

EIN LAND DER REBEN UND DES WEINES

Rebgärten in der Nähe von Stellenbosch, Kapprovinz

Holländische Siedler legten im 17. Jh. an der Südspitze Afrikas Rebgärten an, weil das Klima dem der Mittelmeerländer gleicht und sich hervorragend für den Weinbau eignet. Die ersten Trauben wurden 1659 in der Winzergemeinde Constantia, heute ein Vorort von Kapstadt, gekeltert; Zentrum des Weinbaus ist jedoch Paarl, das von französischen Hugenotten gegründet wurde.

Es gibt viele Weinbaugebiete im Kapland, und unter dem günstigen Klima werden hohe Erträge erzielt. In Europa geht die Quantität meist auf Kosten der Qualität, nicht jedoch in Südafrika, wo nur selten Weine mäßiger Qualität abgefüllt werden. Die Weine stammen überwiegend von französischen und deutschen Rebsorten, unterscheiden sich aber dennoch deutlich von europäischen Weinen. In Paarl produziert man hauptsächlich Weißweine, daneben werden in Südafrika Rotweine, verschiedene Likörweine, Schaumweine und Perlweine bereitet. In Küstennähe überwiegen leichte Weine, im heißen, trockeneren Binnenland schwere, alkoholreiche Weine.

Die verschiedenen Winzerorte laden zu Weinproben ein, beispielsweise die Weingüter von Stellenbosch, dem zweitältesten Weinbaugebiet der Republik. In Paarl findet alljährlich eine Versteigerung alter Weine statt, bei der sich Weinliebhaber aus aller Welt treffen.

dete, sollte sich zum heutigen Kapstadt, dem Sitz des südafrikanischen Parlaments und der ältesten europäischen Siedlung in Südafrika, entwickeln.

Ein Zeugenberg des Erdaltertums

Der Tafelberg liegt in der Nähe der Stelle, an der die Kaphalbinsel durch eine niedrige, mit Dünen besetzte Landzunge mit dem afrikanischen Festland verbunden ist. Die Halbinsel selbst, die rund 50 km südlich im Kap der Guten Hoffnung endet, besteht überwiegend aus harten Quarziten des Erdaltertums. Während in der südlichen Hälfte die Quarzitschicht nahezu geschlossen erhalten ist, wurde sie im Norden stärker abgetragen und bildet nur noch einzelne isolierte Massive, die als typische Zeugenberge die ursprünglich weitere Verbreitung der Schicht beweisen. Der Tafelberg ist ein solcher Zeugenberg; auf seinem Gipfelplateau tritt der verwitterungsbeständige Quarzit des Silurs (410–440 Millionen Jahre vor heute) zutage. Die darunterlagern-

AFRIKA

In dem vom Tafelberg, dem Löwenkopf und der Teufelsspitze gebildeten natürlichen Amphitheater breitet sich Kapstadt aus. Der Hafen wird durch lange Molen gegen Stürme aus nördlichen und nordwestlichen Himmelsrichtungen geschützt. Die Tafelbai ist nämlich ein nicht ganz ungefährlicher Ankerplatz. Seit den Zeiten Jan van Riebeecks sind in ihr mindestens 300 Schiffe gestrandet.

den, von Granitadern durchzogenen Schiefer der Erdurzeit setzen der Verwitterung geringeren Widerstand entgegen und werden rascher abgetragen.

Spuren der Eiszeit

Seine heutige Gestalt erhielt das Massiv hauptsächlich im Lauf der letzten ein bis zwei Millionen Jahre während der Kaltzeiten des Quartärs. Das Klima im Süden Afrikas war damals wesentlich kälter als heute, der Frost zermürbte die harten Deckschichten des Tafelbergs, und Schmelzwasser spülte den weicheren Sockel ab. So entstanden die steilen Hänge und die Blockhalden, die sich an den Flanken des Berges anhäuften.

Die Gesteinsschichten der Kaphalbinsel sind im Norden am stärksten gehoben, nach Süden hin tauchen sie an einer Kette von Verwerfungen tiefer ab und enden an der Südspitze in hohen Kliffs. Das Vorgebirge im Süden, an dem sich die Wellen des Indischen und des Atlantischen Ozeans brechen, erhielt von Bartolomeu Diaz, seinem Entdecker, den bezeichnenden Namen Kap der Stürme. Bei seiner zweiten Fahrt nach Indien ging er dort Ende Mai 1500 mit seinem Schiff unter. König Johann II. von Portugal gab dem Kap der Stürme den neuen Namen Kap der Guten Hoffnung, obwohl er es selbst nie gesehen hatte. Der König knüpfte an die Entdeckung des Seeweges nach Indien große Erwartungen, und in der Tat brach damit für Portugal ein goldenes Zeitalter an.

Eine touristische Attraktion

Seit 1929 kann man den Gipfel des Tafelbergs mit einer Seilbahn in wenigen Minuten erreichen und aus 1087 m Höhe einen weiten Blick über die Bucht und die Kaphalbinsel werfen. Jedes Jahr genießen vier Millionen Besucher dieses herrliche Panorama.

Die Einwohnerzahl Kapstadts nimmt ständig zu. Heute zählt die größte Stadt der Republik Südafrika über 200 000 Einwohner. Längst hat sie sich von den Ufern der Bucht mit Villenvierteln über die unteren Hänge des Tafelbergs und mit Industriekomplexen und den Quartieren der schwarzen Bevölkerung 40 km in die Schwemmlandebene Kaap Vlakte ausgebreitet. Auf dem Seeweg zwischen Asien und Europa ist ihr Hafen noch immer eine wichtige Etappe.

Yannick Lageat

AFRIKA

Eine 1213 m lange Seilbahn befördert Besucher in fünf Minuten vom Villenviertel Oranjezicht auf den Gipfel des Tafelbergs. Der Nordwestgrat setzt sich im Löwenkopf fort, der als Felspyramide auf dem langgestreckten Löwenrumpf sitzt.

DAS BLUMENPARADIES

Ein Honigsauger an einer Chalcomitra (Chalcomitra gutturalis)

Immergrüne Protea (Protea cynaroides), die Nationalblüte der Republik Südafrika

Die Südspitze Afrikas zeichnet sich durch eine außergewöhnlich artenreiche Flora aus; mehr als 6000 Blütenpflanzenarten kommen hier auf engstem Raum vor. Viele der Pflanzen sind inzwischen auf der ganzen Welt verbreitet: Geranien, Freesien, Mittagsblumen. In den Wüsten und Steppen im Binnenland entfaltet sich nach Regenfällen eine unglaubliche Pracht weißer, blauer, roter und purpurner Blumen, die jedoch bald wieder verdorren. Die küstennahen Gebirge, die sich fast ständig in Wolken hüllen, sind dagegen das ganze Jahr über wahre Blumenparadiese, in denen die Proteagewächse das Bild prägen. Allein am Tafelberg hat man 1400 Arten von Blütenpflanzen gezählt, darunter den Stolz des Kaps (*Bauhinia galpinii*), eine Kletterpflanze, deren lachsrote Blüten an Orchideenblüten erinnern, und eine echte Orchidee, die blaue Disa, die nur hier wächst und sonst nirgends.

Die blühenden Schätze des Landes werden gehegt und gepflegt, in der freien Natur und in botanischen Gärten. Der bedeutendste, der Nationale Botanische Garten von Kirstenbosch, wurde Anfang dieses Jahrhunderts am Tafelberg angelegt. Auf seinem mehr als 500 ha großen Areal mit Schluchten, Bächen, Felsen und Ebenen werden 6200 Pflanzenarten kultiviert.

Die Seychellen

Aus der Vogelperspektive wirken die nördlich von Madagaskar im Indischen Ozean verstreuten Palmeneilande wie dunkelgrüne Farbkleckse auf dem türkisblauen Meer: einsame Fleckchen Erde mit einer reichen Flora und Fauna, mit kleinen Buchten, tiefgrünen Lagunen, schneeweißen Stränden und bizarren Granitfelsen. Die unbesiedelten Koralleninseln sind Paradiese für Millionen Seevögel.

Nur 453 km² Landfläche besitzt der kleinste Staat Afrikas, und dieses Areal liegt in rund 112 Inseln zersplittert südlich des Äquators und in einem etwa 1 000 000 km² großen Meeresgebiet verstreut. Aus der Ferne betrachtet, sehen die Inseln des Archipels unter ihrer einheitlich grünen Pflanzendecke zum Verwechseln ähnlich aus, dabei sind sie vom geologischen Aufbau her grundverschieden. Etwa ein Drittel besteht aus Granit, die übrigen aus Korallenkalk.

Inseln in einem tropischen Meer

Die Städte und Dörfer der Insulaner sind ebenso unterschiedlich. Der weitaus größte Teil der Bevölkerung lebt auf den Graniteilanden nahe der Küste in Fischerdörfern, deren Häuser sich dicht um die Dorfkirche drängen. Auf den kleineren Inseln, die zum Teil in Privatbesitz sind, gibt es dagegen oft nur ein paar einzelne Bauernhöfe in der Nähe der Strände. Andere wiederum sind unbewohnt. Im Vergleich zu diesen einsamen Eilanden wirkt die Landeshauptstadt Victoria auf der größten Insel Mahé mit ihren 23 000 Einwohnern, mit den gemauerten Häusern, einer Brauerei, den Konsulaten, dem Regierungsgebäude, einem richtigen Hafen und einer Miniaturausgabe von Big Ben beinahe schon wie eine Weltmetropole.

Auf dem Archipel, der außerhalb des Gürtels der tropischen Wirbelstürme liegt, herrscht ein schwülwarmes äquatoriales Klima. Die Temperaturen schwanken das ganze Jahr über zwischen 25 und 30 °C, die Luftfeuchtigkeit ist stets sehr hoch. Für ein wenig Abwechslung in der Witterung sorgen die Passate: Von Mitte Mai bis Oktober weht der Südostpassat, der kühlere Luft zum Äquator verfrachtet und das Meer stärker aufwühlt; von Dezember bis März bringt der Nordostpassat vor allem nachts kräftige Regenschauer, tagsüber ist es im Sommer der Südhalbkugel dann in windgeschützten Lagen unerträglich schwül. Touristen sollten für einen Urlaub auf den Seychellen die Übergangszeiten wählen, die klimatisch am angenehmsten sind. Der Regenschirm gehört auf jeden Fall in das Reisegepäck, denn der Archipel erhält reichlich Niederschläge, die gebirgigen Inseln Mahé und Silhouette etwas mehr (2300–4000 mm Niederschlag im Jahr), die flachen Koralleninseln etwas weniger (um 2000 mm jährlich).

Granitfelsen und Korallenatolle

Rund 40 Inseln bestehen aus Granit und anderen Tiefengesteinen, deren Alter von den Geologen auf etwa 650 Millionen Jahre geschätzt wird. Auf manchen Inseln, wie beispielsweise auf Mahé, kommen dunkelbraune bis schwärzlichgraue Tiefengesteine vor, andere Inseln – zu ihnen gehören Praslin und La Digue – werden hingegen von rosafarbenem Granit aufgebaut. Sämtliche Granitinseln sind hügelig bis gebirgig, steil fallen die Berge ins Meer ab, sie werden von kurzen Tälern und Flüssen durchzogen, und an den Mündungen liegen kleine Buchten mit feinsandigen Stränden. Die höchste Erhebung ist der Morne Seychellois (905 m ü. d. M.) auf Mahé; auf Cousin erreichen die Berge nur 65 m Höhe.

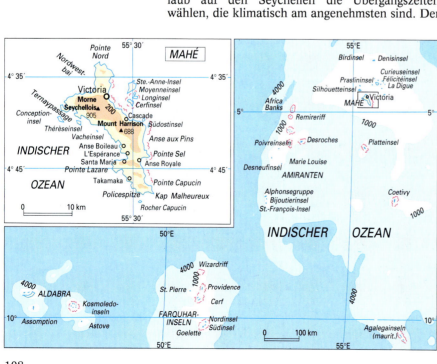

Oben: Unter dem feuchtwarmen Klima der Seychellen ätzt das Wasser, das von den Granitklippen am Strand von La Digue fließt, tiefe Rinnen in das Gestein. In unseren Breiten findet man solche Formen nur auf leichtlöslichen Gesteinen wie Gips oder Kalkstein.

Links: Das natürliche Waldkleid der Insel Praslin hat an vielen Stellen unter dem jahrhundertelangen Raubbau an der Natur gelitten. Die rotverwitterten, ausgelaugten Granitböden treten zutage und werden von tropischen Regengüssen abgespült.

Der Farquhararchipel gehört zu den Koralleninseln der Seychellen. Deutlich ist die breite Riffplattform am meerseitigen Rand des Atolls zu erkennen, auf der sich die Wellen brechen. Im Innern des Atolls erstreckt sich dagegen die stille Lagune.

Geologisch stellen die Granitinseln vermutlich ein Bruchstück kontinentaler Erdkruste, einen Splitter des Urkontinents Gondwanaland, dar, der in grauer Vorzeit in die heutigen Kontinente und Subkontinente Afrika, Indien, Südamerika, Australien und Antarktika zerbrach.

Das feuchte tropische Klima läßt eine üppige Vegetation sprießen, andererseits enthalten die stark verwitterten Granitböden nur wenige Nährstoffe, und wenn der natürliche Regenwald erst einmal gerodet ist, sind die Nährstoffreserven des Bodens unter den Feldern schnell erschöpft. Nur mit Mühe können die auf den Seychellen beheimateten Gemüsesorten angebaut werden, und ihre Ernte deckt kaum den Bedarf der Insulaner. Hauptnahrungsmittel sind Avocados, Mangofrüchte, Bananen, Ananas, Johannisbrot und natürlich Kokosnüsse. Europäische Gemüsesorten gedeihen auf den Inseln sehr schlecht.

Im Unterschied zu den Granitinseln ragen die etwa 60 flachen Korallenatolle kaum über den Meeresspiegel. Ihre Zahl verändert sich ständig: Von einer Insel, die der Kapitän des Schiffes *Télémaque* im Jahr 1770 in eine Karte einzeichnete, war einige Jahre später nur noch eine Sandbank übrig; ein Jahrhundert später war auch diese verschwunden. Die wichtigsten der Korallenseln sind Bird und Denis im Norden sowie die Amiranten, die Farquhar- und die Aldabragruppe im Süden. Wie auf den übrigen Inseln wachsen hier hauptsächlich Kokospalmen. Die unbesiedelten Eilande sind Paradiese für Seevögel, die auf ihnen zu Millionen nisten und mit ihrem Mist, dem Guano, den kargen Kalkboden düngen. Um die Inseln ziehen sich Riffe, die von buntschillernden Fischen bevölkert sind; dahinter erstrecken sich stille Lagunen und menschenleere Sandstrände.

Eine wechselvolle Geschichte

Obwohl der Archipel kaum natürliche Reichtümer besitzt, geriet er doch schon früh in das Konfliktfeld fremder Mächte. Nachdem die Seychellen wahrscheinlich bereits im 7. Jh. von arabischen Seefahrern entdeckt worden waren, sichtete sie Vasco da Gama 1502 auf seiner Reise nach Indien. Er landete auf den Amiranten, heute das Mekka der Taucher. Die Portugiesen nannten die Seychellen die Sieben Schwestern; sie – oder zumindest die größeren unter ihnen – wurden im Jahr 1609 von einer englischen Expedition erstmals erforscht und beschrieben. Die Seefahrer waren von dem Reichtum an Süßwasser, Früchten, Vögeln und Fischen überwältigt.

Von der Ankunft der Engländer bis zur Koloni-

AFRIKA

ALDABRA

Im Rhythmus von Ebbe und Flut strömen riesige Wassermassen durch die Gezeitentore im Riffgürtel, der die Lagune vom offenen Meer trennt. Mit dem Flutstrom gelangen Hammerhaie, Zackenbarsche oder Mantarochen in die Lagune. Unmittelbar vor der Riffkante fällt der Meeresboden steil in Tiefen von mehr als 3000 m ab.

Das Atoll, das eine über 300 km² große Lagune, eine der größten der Welt, umschließt, ist von der UNESCO in die Liste der bedeutendsten Naturdenkmäler der Erde aufgenommen worden. Es liegt nordwestlich von Madagaskar, rund 1100 km von der Hauptinsel Mahé entfernt. Arabische Seefahrer entdeckten das Atoll im 9. Jh. und nannten es wegen seiner üppigen tropischen Vegetation Al-Khadra, die Grüne Insel. Das Atoll, das einen erloschenen untermeerischen Vulkankegel (Guyot) krönt, wird von Mangrovengehölzen gesäumt. Landeinwärts schließen sich undurchdringliche Dickichte und in den etwas höher gelegenen Gebieten dichte Buschwälder an. Die Stellen, an denen die Schildkröten weiden, erkennt man an den von ihren Panzern abgeschliffenen Steinen. Hier ist das Klima trockener, aber zwischen den „Pflastersteinen" blühen die schönsten Blumen: eine Lilie mit wundervollen roten Blüten sowie verschiedene Orchideenarten. In der Tierwelt begegnet man ebenfalls einigen Raritäten, etwa dem blauäugigen Ibis, einem Vetter des heiligen Ibisses der alten Ägypter, oder der Elsterdrossel, dem wohl seltensten Vogel der Welt.

sierung der Seychellen vergingen eineinhalb Jahrhunderte. In dieser Zeit nutzten Piraten die geschützten Buchten als Schlupfwinkel. Der berüchtigste dieser Freibeuter war Olivier Levasseur aus Calais, der unter dem Spitznamen *La Buse* (Der Bussard) bekannt war. Ihm gelang gemeinsam mit seinem englischen Kollegen Taylor der größte Coup in der Geschichte der Piraterie: Gold, Diamanten und andere Edelsteine von unschätzbarem Wert fielen den beiden verbündeten Korsaren in die Hände. Die gerechte Strafe folgte jedoch prompt: Im Jahr 1730 wurde Der Bussard gefangengenommen und auf Réunion gehängt.

Die Kolonisation des Archipels durch die Franzosen begann zwölf Jahre später, als Mahé de la Bourdonnais, Gouverneur der Insel France (der heutigen Insel Mauritius), den Kapitän Lazare Picault mit der Erkundung der Seychellen beauftragte. Ihm zu Ehren wurde die Hauptinsel auf den Namen Mahé getauft. Im Jahr 1756 nahm Nicolas Morphey den Archipel schließlich für Frankreich in Besitz und nannte ihn nach dem Finanzminister von Ludwig XV., Jean Moreau de Séchelles. Die Namen einiger anderer Inseln erinnern ebenfalls an prominente Franzosen jener Zeit; bei manchen ließen die Seefahrer ihrer Phantasie freilich freien Lauf: La Digue erhielt beispielsweise ihren Namen nach dem fran-

Links: Der Paradiesfliegenschnäpper lebt nur in den Wäldern von La Digue. Das Männchen ist vom Kopf bis zu den langen, schleppenden Schwanzfedern blauschwarz gefärbt; das Weibchen hat einen blauschwarzen Kopf und trägt ein braunes Federkleid.

AFRIKA

Rechts: In den Korallenriffen und Lagunen schließen sich zuweilen verschiedene Tierarten in einer Art Symbiose zusammen, um besser überleben zu können. Hier die Seeanemone und der Clownsfisch, für den die giftigen Nesseln des Korallentiers ungefährlich sind.

Unten: Insekten gehen den Kannenpflanzen buchstäblich auf den Leim: Sie werden vom Duft der klebrigen Flüssigkeit in den Kannen angelockt, kriechen hinein, ertrinken und werden als Nahrung verdaut.

zösischen Schiff, das vor ihrer Küste erstmals Anker warf; daneben gibt es die Seekuh (Vache Marine), die Fledermaus (Chauve-Souris), die Insel der Verrückten (Île aux Fous) und gleich gegenüber dem internationalen Flughafen von Mahé sogar die Namenlose (Anonyme).

Die Wirren der Französischen Revolution von 1789 machten sich auch auf den fernen Inseln im Indischen Ozean bemerkbar. Die Herrschaft der Franzosen wurde dadurch geschwächt, und die Briten nutzten die Gunst der Stunde, ihr Kolonialreich noch um einige Eilande zu vergrößern. Kampflos gaben die Franzosen ihre Besitzungen allerdings nicht auf. Der französische Kommandant der Seychellen mußte zwar vor der britischen Übermacht kapitulieren, zog jedoch die Trikolore sofort wieder auf, sobald die britischen Schiffe den Hafen verlassen hatten. Dieses Spiel wiederholte sich achtmal, bis die Briten 1814 keinen Gefallen mehr daran fanden.

Umweltschutz hat Vorrang

Von 1814 bis 1976 waren die Inseln britische Kolonien. Die Briten zeigten kein allzu großes Interesse an ihrem Besitz und nutzten den Archipel unter anderem als Strafkolonie für politisch unliebsame Untertanen. Als billige Arbeitskräfte für die Plantagen holte man Menschen aus vielen Teilen Afrikas und Asiens auf die Seychellen. So ist die Bevölkerung heute ein buntes Gemisch aus Schwarzafrikanern, Europäern (vor allem französischer Herkunft), Indern, Chinesen und Malaien.

Die Kulturen der verschiedenen Einwanderer verschmolzen im Lauf der Jahrhunderte zu einer eigenen, „kreolischen" Kultur, auf die die Seycheller zu Recht stolz sind, denn Rassenkonflikte gibt es auf den Inseln nicht. „Debout Zom lib, fiers Seychellois!" (Auf, ihr freien Menschen, stolze Seycheller!) heißt es auf kreolisch in der Nationalhymne des seit dem 29. Juni 1976 unabhängigen Inselstaates. Trotzdem schwelen unter der friedlichen Oberfläche politische Konflikte. Der erste Präsident wurde schon nach einem Jahr durch einen Putsch gestürzt und durch eine Regierung abgelöst, die sich dem Sozialismus verschrieben hat. Wiederholt kam es in den vergangenen Jahren zu Putschversuchen, die jedoch fehlschlugen.

Vom Pro-Kopf-Einkommen her betrachtet, gehören die Seychellen zu den reichsten Ländern Afrikas. Der wichtigste Wirtschaftszweig ist der Tourismus, der rund 60 % zum Bruttosozialprodukt beisteuert. Um die herrliche natürliche Umwelt, das größte „Kapital" des Archipels, nicht zu zerstören, verfolgt die sozialistische Regierung seit einigen Jahren eine Politik, die dafür sorgt, daß die wirtschaftliche Entwicklung dem Umweltschutz untergeordnet wird.

Richard Moreau

FAUNA UND FLORA DER SEYCHELLEN

Der Archipel im Indischen Ozean ist ein beliebter Rastplatz für Zugvögel, die in bestimmten Jahreszeiten zu Millionen vor allem auf den Koralleninseln einfallen. Im Lauf der Jahrtausende häufte sich der Vogelmist an und bildete Guano, der inzwischen jedoch zum größten Teil als organischer Dünger abgebaut worden ist. Verschiedene Vogelarten sind Endemiten: Sie kommen wie der Seychellenwebervogel, der Paradiesfliegenschnäpper oder die Elsterdrossel ausschließlich auf dem Archipel oder nur auf einzelnen Inseln vor.

Die Gewässer rund um die Inseln, die glasklaren Lagunen und die von der Brandung überspülten Korallenriffe sind von den unterschiedlichsten Meerestieren bevölkert: von Muscheln, Schnecken, Krebsen, Seeschlangen, Schwärmen buntschillernder Papageienfische, Pfeifenfische, Trompetenfische, Doktorfische und noch vielen anderen. In den Tiefen des Ozeans vor den Riffen leben gewaltige Haie, Riesenrochen, Thunfische, Zackenbarsche und Speerfische.

Am eindrucksvollsten ist freilich die Vielzahl tropischer Pflanzen, die die Seychellen in einen grünen Mantel hüllen und mit Blüten in allen Farben des Regenbogens schmücken: Brotfruchtbäume, Baumfarne, Kokospalmen, die in großen Plantagen zur Gewinnung von Kopra angepflanzt wurden, Lianen, Orchideen, tropische Zierbäume wie der Flammenbaum mit seinen brennendroten Blüten oder der Hortensienbaum.

Die berühmteste Pflanze der Seychellen ist die Meereskokosnuß; im Vallée de Mai auf Praslin stehen über 4000 dieser Bäume, die uralt werden können. Sie sind getrenntgeschlechtlich, d. h., es gibt männliche und weibliche Bäume, die meist nebeneinander stehen. Um die Befruchtung zu erleichtern, sind die männlichen Bäume etwa 5 m höher als die weiblichen. Es dauert 25 Jahre, bis die Bäume erstmals Früchte tragen. Von der Befruchtung bis zur Reife vergehen sieben Jahre, drei Jahre dauert es, bis die 15–20 kg schweren Kokosnüsse dann keimen. Diese Palmen kommen von Natur aus nur auf den Seychellen vor; man nimmt jedoch an, daß sie einst auf dem Urkontinent Gondwanaland weiter verbreitet waren und nach dem Zerfall des Kontinents in den anderen Gegenden allmählich ausstarben. Ein reger Schwarzhandel mit den vor allem in Indien als Aphrodisiakum begehrten Nüssen hätte beinahe zur Ausrottung geführt; noch im 17. Jh. waren die Nüsse so selten und begehrt, daß sie in Gold aufgewogen wurden.

Riesen-Landschildkröte

Meereskokosnuß oder Coco de Mer

ASIEN

Die Tuffkegel von Kappadokien
Der Baikalsee
Der Mount Everest
Die Seen von Band-i-Amir
Der Fudschijama
Die Karstlandschaften von Guangxi
Die Takla-Makan
Die Lößlandschaften Chinas
Die Solfataren des Kawah Idjen

Über die Hochebenen Mittelanatoliens, im geschichtsträchtigen Kappadokien, ragen sonderbare Erdpyramiden auf, in denen frühere Generationen ganze unterirdische Städte angelegt haben.

Die Tuffkegel von Kappadokien

„Wir wandeln durch tiefe Schluchten, inmitten eines Feldes von einheitlich grauen, fast weißen Felsnadeln, Kegeln, Türmen, Pyramiden, die anscheinend unseren Verstand verwirren wollen ... In diesem einsamen, von der Natur so bizarr geformten Tal kann die Phantasie die zerklüfteten, stummen Felsen mit Lebewesen bevölkern, sie selbst zum Leben erwecken. Aber noch mehr als das geologische Phänomen wird den Reisenden die Tatsache verblüffen, daß es in diesen Kegeln, Pyramiden, Obelisken ... mehrere Stockwerke von Fenstern gibt, zu denen Treppen hinaufführen." So beschrieb Ende des vorigen Jahrhunderts ein französischer Forscher die phantastischen Tufflandschaften im zentralen Hochland Zentralanatoliens.

Das Tal von Ürgüp nahe der Stadt Kayseri zeigt, welche Kunstwerke die Erosion schaffen kann. Mal überragen kahle, steile, von tiefen Schluchten zerfurchte Hänge die Talsohlen, mal ist die gesamte Landschaft in ein Labyrinth von Erdpyramiden aufgelöst, in nadelspitze Kegel oder Pfeiler, die durch Sturzregen aus den Tuffschichten gewaschen wurden und zum Teil noch lose Gesteinsplatten als „Hüte" tragen. Die Farben machen die Landschaft noch faszinierender: einerseits die Gesteinsfarben, die von einer Schicht zur andern von Rosa über Blutrot bis hin zu Staubgrau oder Blendendweiß wechseln, andererseits das satte, saftige Grün der fruchtbaren Talniederungen, in denen Obst, Gemüse, Reben und Pappeln gedeihen.

Ein Gestein mit tausend Gesichtern

Die Hochebenen Kappadokiens erstrecken sich zwischen 1200 und 1300 m ü. d. M. Sie werden von den Nebenflüssen des Kızılırmak, des Roten Flusses, entwässert. Die Flüsse haben sich bei Ürgüp, Göreme und Soganı tief in den Gesteinsuntergrund eingekerbt. Er besteht hier aus Tuff, mehr oder weniger stark verfestigten vulkanischen Aschen, die bei Eruptionen in vorgeschichtlicher Zeit im Umkreis der anatolischen Vulkane abgelagert wurden. Manchmal enthalten die Tuffschichten, die der Verwitterung und Abtragung nur geringen Widerstand entgegensetzen, Lagen von Bimssteinblöcken, Basaltdecken und Sedimenten von Glutwolken.

In diese Schichten haben sich zahllose Rinnsale eingeschnitten und dabei zwei Landschaftsformen geschaffen, die freilich nicht immer klar voneinander geschieden sind, sondern nahtlos ineinander übergehen: die Badlands und die Erdpyramiden. Als Badlands (schlechtes Land) bezeichnen die Geologen von tiefen Erosionskerben zerfurchte Landschaften, die als Acker- oder Weideland vollkommen wertlos sind. Sie kommen in Kappadokien vor allem in den Gebieten vor, in denen die Tuffschicht sehr mächtig ist und keine härteren Gesteinsschichten enthält, welche die Abtragung bremsen könnten. Erdpyramiden sind dagegen charakteristisch für Gesteine, die einzelne härtere Blöcke oder stärker verfestigte Lagen enthalten. Sie tragen wie die schönen Erdpyramiden am Ritten bei Bozen häufig einen Deckstein aus einer härteren Gesteinsart, der die Abtragung des weicheren Gesteins verzögert. In den Alpenländern erfüllt meist ein vom Gletschereis transportierter Findling diese Aufgabe, in Kappadokien bilden dagegen harte Basaltdecken oder Sedimente von Glutwolken die Hüte der Erdpyramiden. Die Tuffablagerungen unterhalb der Deckschicht sind in der Regel nicht gleichmäßig verfestigt und verwittern deshalb mehr oder weniger schnell. Härtere Partien spiegeln sich in Felskanten und erkerartigen Formen wider, Hohlkehlen und Verflachungen zeigen weicheres Gestein an.

Landschaften aus Schutt und Asche

Die Aschen und anderen vulkanischen Gesteine in dieser Gegend Kappadokiens wurden hauptsächlich im Jungtertiär und im Quartär von den beiden

Das Tal von Göreme mit einem zum Teil noch bewohnten Höhlendorf im Vordergrund. Hinter den von der Erosion zerfurchten Badlands erkennt man die Plateaus des zentralanatolischen Hochlands.

ASIEN

Die Tuffsäulen in Pasabey werden von Höhlenkirchen, Einsiedlerklausen und Klöstern durchzogen. Über dem ockerfarbenen Tuff lagert hier eine stärker verfestigte, rötlichbraune Schicht, die den weicheren Tuff vor der schnellen Abtragung bewahrt.

heute erloschenen Vulkanen Erciyas Dağı und Hasan Dağı ausgespien. Unter den Tuff- und Lavaschichten lagern vor allem Kalksteine und Mergel, die sich in ehemaligen Seen absetzten. Schichten von Ton, Mergel und Kalkstein kommen auch innerhalb der vulkanischen Serie vor.

Die Tuffmassen erreichen eine Mächtigkeit von 400 m und sind recht gleichmäßig über die gesamte Region mit Ausnahme des nördlichen Kızılırmaktals verteilt. Innerhalb der Schichtenserie wechselt die Gesteinszusammensetzung sehr stark. An der Basis findet man gewöhnlich drei charakteristische Tuffschichten: ein sehr weiches, weißes Gestein, darüber roten Tuff, der in stärker verfestigte, weißgelbe Bimsaschen mit eingelagerten Lavablöcken übergeht. Über der Tuffdecke lagern Sedimente ehemaliger Seen, die mit Aschenschichten wechseln. Zuoberst bilden jüngere Basaltströme eine harte Deckschicht, die allerdings an vielen Stellen von der Erosion aufgeschlitzt ist.

Die Tuffschichten steigen leicht nach Osten und Nordosten hin an, denn das anatolische Hochland

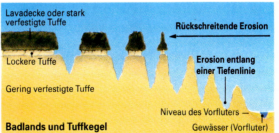

Rechts: Die „Apfelkirche", eine der mehr als 400 Höhlenkirchen in Göreme. Die in ihnen erhaltenen Wand- und Deckengemälde gehören zu den bedeutendsten Zeugnissen der byzantinischen Kunst des 6.–8. Jh.

Unten: Wie steinerne Zipfelmützen ragen die Erdpyramiden bei Selime östlich von Aksaray auf. Sie sind in den feinkörnigen, nur gering verfestigten Tuffen der sogenannten Ürgüpserie besonders ausgeprägt.

wurde dort – wahrscheinlich zu Beginn des Eiszeitalters – durch Kräfte aus dem Erdinnern gehoben. Sie vergrößerten die Höhenunterschiede und führten damit zu einer verstärkten Erosion. Gleichzeitig spielten wohl auch Klimaschwankungen, der mehrfache Wechsel zwischen Warmzeiten und Kaltzeiten, bei der Entstehung dieser irdischen Mondlandschaften eine wichtige Rolle.

Den letzten „Schliff" erhielten die Tuffkegel Kappadokiens während einer jüngeren Hebungsphase, die vermutlich mit neuen Ausbrüchen der Vulkane Erciyas und Hasan zusammenhängt. Der Rote Fluß Anatoliens kerbte sich tief in den Gesteinsuntergrund ein, seine Nebenflüsse durchzogen die Tuffschichten mit einem engmaschigen Talnetz und räumten das weiche Gestein bis auf die bizarren Überreste aus. In niederschlagsreichen Klimazonen wären die Kegel und Erdpyramiden inzwischen längst zerflossen, unter dem sommertrockenen Klima Anatoliens blieben sie indes erhalten und verleihen der Landschaft ihr unwirkliches Aussehen.

Catherine Kuzucuoglu

ASIEN

Einige Wohnungen in den ebenmäßig geformten Kegeln von Üçhisar sind noch bewohnt, denn in den Tuffgrotten herrscht das ganze Jahr über ein angenehmes Klima, während draußen auf dem anatolischen Hochland bitterkalte Winter mit glühendheißen Sommern wechseln.

UNTERIRDISCHE STÄDTE

EIN SENKRECHTER SCHNITT DURCH DIE HÖHLENSTADT UNTER DEM DORF DERINKUYU

1 Eingang für Touristen
2 Lüftungs- und Brunnenschächte
3 Steintüre (Mühlsteine)
4 Lager
5 Kirche
6 Krankenstation
7 Versammlungsraum

Grundwasserspiegel

Tuff ist ein standfestes, meist aber nur gering verfestigtes Gestein, in das mit einfachen Werkzeugen Höhlen gegraben werden können. In Kappadokien gibt es mehr als 30 unterirdische Städte, die zwischen dem 6. und dem 10. Jh. in dem Gebiet um Ürgüp und Göreme angelegt wurden.

Besucher können heute lediglich die Höhlenstädte Kaymaklı und Derinkuyu besichtigen. Sie ziehen sich in mindestens acht Stockwerken bis zum Grundwasserspiegel hinab und bestehen aus einem Labyrinth von Gängen, kleinen Plätzen, Treppen, Wohnräumen, Kapellen, Keller- und Lagerräumen, ja sogar unterirdischen Krankenhäusern. Zahlreiche Lüftungsschächte sorgen für die Zufuhr von Frischluft, tiefe Brunnen dienen der Wasserversorgung.

Die Haupteingänge sind meist in der zweiten Etage. Sie wurden bei Gefahr durch Türen aus Granit oder harten vulkanischen Gesteinen versperrt. So konnten die Einwohner lange Belagerungen überstehen; in Notfällen flüchteten sie durch kilometerlange Gänge in benachbarte Städte oder ins Freie. Seitdem die Höhlenstädte nicht mehr benutzt werden, verfallen sie immer weiter, Decken stürzen ein, und die Lüftungsschächte werden durch Gesteinsschutt oder Abfälle verstopft.

Der Baikalsee

Das Heilige Meer der Mongolen ist der größte Süßwassersee Asiens und zugleich der tiefste Binnensee unseres Planeten. Er enthält annähernd ein Fünftel der gesamten Süßwasserreserven der Erde, die auf dem Festland vorhanden sind. Die meisten der erstaunlich zahlreichen Tier- und Pflanzenarten kommen sonst nirgends auf der Welt vor.

Von Irkutsk, der am Auslauf des Baikalsees gelegenen Metropole Südostsibiriens, führt eine Straße südwärts durch die lichten Birken-, Lärchen- und Kiefernwälder der Taiga zu dem 60 km entfernten See. In der mongolischen Sprache heißt der See Dalainor, was soviel wie Heiliges Meer bedeutet, und in der Tat ist er ein wahres Süßwassermeer, das in der Größe nur noch von den nordamerikanischen Seen übertroffen wird. Mal liegt er friedlich wie ein riesiger Dorfteich in der Taiga und schimmert im Sonnenlicht wie Silber, mal wird er von heftigen Stürmen aufgewühlt, und im Winter überzieht er sich regelmäßig mit einer dicken Eisschicht.

Die Warmwasserheizung Baikaliens

336 Flüsse und Bäche führen dem Baikalsee Wasser zu; nur ein Strom, die Angara, entwässert ihn. Ihr Abfluß beträgt am Auslauf durchschnittlich etwa 2000 m³/s, ungefähr soviel, wie der Rhein bei Köln führt. 23 600 km³ Wasser füllen das gewaltige Seebecken; der See enthält damit mehr Wasser als die gesamte Erdatmosphäre.

Mit 1741 m ist der Baikalsee der tiefste See unseres Planeten; an der tiefsten Stelle reicht der Seeboden fast 1500 m unter das Niveau der Weltmeere. Seine Fläche ist ebenso beeindruckend: 31 500 km² bei einer Länge von 645 km und einer maximalen Breite von 80 km.

Die riesigen Wassermassen, die sich nur langsam erwärmen, aber auch nur langsam wieder abkühlen, mildern die Extreme des hier herrschenden kontinentalen Klimas. Im Winter ist es an den Ufern des Sees nicht so kalt wie im Hinterland, im Sommer dagegen nicht so warm. Die Temperaturunterschiede gegenüber Irkutsk betragen beispielsweise im Januar 10 °C und im Juli 7 °C.

Stürmische Winde, der Barguisin aus Nordosten und der Kultuk aus Südwesten, toben sich an manchen Tagen mit Windstärken bis 11 oder 12 über dem See aus. Von Januar bis Mai ist der See mit einer etwa 1 m dicken Eisschicht überzogen. Durch Temperaturgegensätze innerhalb der Eisdecke und durch die starken Winde bilden sich Spalten im Eis, die mehrere Kilometer lang und bis zu 1 m tief sein können. Ein Spaziergang oder eine Autofahrt auf dem vereisten See kann daher zu einem gefährlichen Abenteuer werden. Der Besucher, der den gefrorenen See erleben und die jungen Baikalrobben beim Herumtollen beobachten möchte, sollte die Sonnentage im März und April wählen, die dafür am besten geeignet sind.

Der Ritt oder die Schlittenfahrt über den Baikalsee ist keineswegs ungefährlich, auch wenn die Eisschicht über die gesamte Fläche hinweg eine Mächtigkeit von etwa 1 m erreicht. Stürme und Seiches (Schaukelbewegungen des Wassers ähnlich wie in der Badewanne) lassen tiefe Spalten im Eis aufreißen.

GRÄBEN UND HORSTE

Geologische Gräben, die an der Erdoberfläche oft langgestreckte Senken bilden und sich in feuchten Klimazonen mit Wasser füllen, entstehen durch tektonische Kräfte. Die Erdkruste wölbt sich auf, dann folgt die Absenkung der zerbrochenen Krustenschollen in der Längsachse des Grabens. Die Hebung als auslösender Faktor spiegelt sich vor allem in den Gebirgszügen wider, die geologische Gräben im allgemeinen als Horste oder Pultschollen flankieren. In Mitteleuropa ist der vom Schwarzwald und den Vogesen flankierte Oberrheingraben ein Musterbeispiel einer Grabensenke. Im Unterschied zum Baikalgraben war hier jedoch die Zufuhr von Sedimenten aus den benachbarten Gebirgen so stark, daß die Senkung im Eiszeitalter durch Aufschüttung ausgeglichen wurde.

Wie unter dem Baikalsee lagert unter der Oberrheinebene ein Magmakissen, das die Erdkruste aufgewölbt und zerrissen hat. Darauf deuten die erloschenen Vulkane an den Rändern des Grabens hin sowie die Tatsache, daß die Temperatur der Erdkruste je 15–20 m Tiefe gegenüber dem Durchschnitt von 33 m um 1 °C zunimmt.

Entstehung des Baikalgrabens

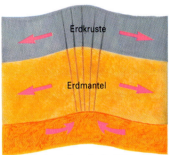
Beginn der Aufwölbung

Vor 30 Millionen Jahren

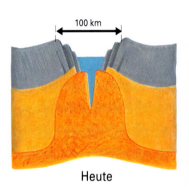
Heute

Eine einzigartige Pflanzen- und Tierwelt

Der geologische Untergrund in den Gebieten der Flüsse, die in den Baikalsee münden, besteht überwiegend aus Silicatgesteinen wie Granit oder Gneis. Diese Gesteine lösen sich unter dem kalten Klima Sibiriens im Wasser nur sehr langsam. Das Flußwasser und das Wasser im See enthalten daher von Natur aus nur einen sehr geringen Anteil gelöster mineralischer Substanzen: etwa 100 mg/l gegenüber 300 mg/l in vielen Alpenrandseen, die durch Flüsse aus Kalksteingebirgen gespeist werden. Das Seewasser ist deshalb sehr klar, und die Sichttiefe beträgt bis zu 40 m.

Die Fauna und die Flora des Baikalsees sind erstaunlich artenreich: Mehr als 2000 Tier- und 700 Pflanzenarten haben die Forscher bisher gezählt. Davon sind annähernd drei Viertel endemisch, d. h., sie kommen ausschließlich am und im Baikalsee vor. Die Mehrzahl der Arten ist aller Wahrscheinlichkeit nach im Lauf der letzten 20–30 Millionen Jahre im See selbst entstanden.

Über 1000 Arten mikroskopisch kleiner Algen, insbesondere Kieselalgen, gedeihen bis in 50 m Tiefe und darüber hinaus. Sie bilden zusammen das Phytoplankton, das wichtige Fundament der Nahrungspyramide, das Krebse, Fische, Robben und viele andere Tiere ernährt.

50 Fischarten bevölkern den Baikalsee. Der Ölfisch, der interessanteste der Fische, die ausschließlich in diesem See leben, ist glasig-durchsichtig, besitzt keine Schuppen und wird zwischen 15 und 20 cm lang; er lebt in 100–300 m tiefem Wasser; die Weibchen legen keine Eier, sondern gebären 2000–3000 Larven.

Für die Fischer ist die Renke oder Maräne von größtem Wert. Der begehrte Speisefisch kommt im Baikalsee in zwei Arten vor: der Omul, der mitten

im See laicht, und der Sig, der zum Laichen in die Zuflüsse des Sees zieht.

20 000 Baikalrobben leben am Baikalsee. Dieser Seehund wird im Alter von vier Jahren geschlechtsreif, erreicht eine Länge von 1,65 m und wiegt ungefähr 130 kg. Er ernährt sich in der Hauptsache von den Fischen, die im See leben, vor allem von den Ölfischen.

Die Entstehung des Sees

Das Becken, das der Baikalsee füllt, bildete sich vor etwa 20–30 Millionen Jahren; in seinen heutigen Umrissen ist der See jedoch nur etwa zwei Millionen Jahre alt. Die Senke entstand durch Verschiebungen innerhalb der Erdkruste; es bildete sich ein großer geologischer Graben, der im Baikalgebirge (2200 m) und im Barguskigebirge (2800 m) von gehobenen Bruchschollen flankiert ist. Dieser Graben ist mindestens 7000 m tief, denn unter dem Boden des Sees lagern noch etwa 6000 m mächtige Seesedimente.

Im Zusammenhang mit dem Einbruch des Gra-

bens kam es ähnlich wie beim Oberrheingraben am Rand zu Vulkanausbrüchen. Die Verschiebungen der Erdkruste dauern bis heute an, und an den Randverwerfungen werden zahlreiche Erdbeben registriert.

Am Auslauf des Sees befindet sich ein Forschungsinstitut, das die Entwicklungsgeschichte des Baikalsees untersucht. Dazu gehören die Bildung des Grabens durch tektonische Kräfte sowie die Klimaschwankungen, die sich in den Seesedimenten widerspiegeln.

Untersucht werden auch die Evolution der endemischen Arten und seit einigen Jahren die Verschmutzung des Sees, die dramatisch fortschreitet. Die Textilindustrie in den Uferstädten leitet große Mengen ungeklärter chlorid- und sulfathaltiger Abwässer in den See und bedroht damit ein auf der Erde einzigartiges Ökosystem. Seit 1987 sind auf Initiative der „Bewegung zur Rettung des Baikalsees" verschiedene Maßnahmen zum Schutz der Wasserqualität eingeleitet worden.

Philippe Olive

DER TANGANJIKASEE

Der zweitgrößte See Afrikas füllt einen Abschnitt des Zentralafrikanischen Grabens. Mit 600 km Länge und maximal 80 km Breite gleicht der Tanganjikasee seinem asiatischen Zwillingsbruder beinahe aufs Haar, nur in der Tiefe (1480 m) wird er vom Baikalsee um wenige hundert Meter übertroffen. Zwischen dem Grund des Sees, unter dem die Geologen Erdöllager vermuten, und den höchsten umliegenden Berggipfeln bestehen stellenweise Höhenunterschiede von mehr als 7000 m – ein eindeutiger Beweis für die kräftigen tektonischen Verschiebungen, die hier im Tertiär und im Quartär stattgefunden haben.

Biologen sind von der einzigartigen Tierwelt des zentralafrikanischen Sees fasziniert. Eine belgische Expedition zählte 1946/47 nicht weniger als 420 Tierarten; davon sind 300 Arten endemisch, z. B. eine Speikobra, die im Wasser lebt und deren Biß für den Menschen tödlich ist. Allein in der Familie der Buntbarsche sind 98 % endemische Arten, und zur Freude der Aquarienliebhaber entdecken die Forscher jedes Jahr neue. Die Fauna hat in mancher Hinsicht Ähnlichkeit mit der Tierwelt der Meere, obwohl der Tanganjikasee nie Verbindung mit dem Meer hatte. Die mit Ausnahme des Salzgehalts dem Meer sehr ähnlichen Umweltbedingungen im See förderten die Entwicklung von Tierstämmen, die sonst hauptsächlich in den Ozeanen heimisch sind, wie Schwämme, Quallen oder Stachelmuscheln.

Oben: Unmittelbar am Ufer des Sees beginnt die helle, lichte sibirische Taiga. Hier und dort gibt es die ersten Ansätze zum Fremdenverkehr.

Links oben: Die Baikalrobben werden nicht mehr wie früher ihres Fells wegen gejagt. Sie zeigen sich dennoch nur selten an der Wasseroberfläche und an den Stränden – im Gegensatz zu ihren Verwandten in den Polarmeeren.

Links: Die sibirische Taiga, ein Teil des borealen Nadelwalds, bedeckt die Hügel rund um den Baikalsee. Nadelgehölze sind unter dem extrem kontinentalen, winterkalten Klima laubabwerfenden Gehölzen überlegen, weil sie im Frühjahr bei steigenden Temperaturen sofort mit der Photosynthese beginnen können und durch die Gestalt und den Aufbau der Nadeln gegen Frostschäden geschützt sind.

Der Mount Everest

Der höchste Berg der Erde liegt innerhalb der Hauptkette des zentralen Himalajas auf der Grenze zwischen Nepal und Tibet. Seinen Namen erhielt er nach einem britischen Offizier; die Nepalesen nennen ihn Sagarmatha, Himmelskönig, die Tibeter Chomolungma, Göttin-Mutter der Erde.

Der Himalaja, das höchste und mächtigste Gebirge unseres Planeten, erstreckt sich 2500 km weit an der Grenze zwischen Südasien und Zentralasien. Insgesamt zehn Gipfel des Kettengebirges ragen über die 8000-m-Marke auf; die meisten liegen im mittleren Abschnitt im Königreich Nepal, darunter der fast 9000 m hohe Mount Everest.

Lange Zeit war umstritten, welcher Berg der Erde der höchste sei. Der Survey of India, das Landesvermessungsamt Britisch-Indiens, erklärte im Jahr 1852 den Gipfel Nr. 15 zum höchsten der Welt und benannte ihn nach dem britischen Offizier Sir George Everest (1790–1866), der das Amt 1823–1843 geleitet hatte. In Tibet und Nepal wurde der eher unauffällige Gipfel allerdings schon seit Jahrhunderten unter dem Namen Chomolungma (Göttin-Mutter der Erde) und Sagarmatha (Himmelskönig) verehrt.

Die Knautschzone Asiens

Der König des Himalajas besitzt ein stattliches Gefolge; außer den zehn Achttausendern gibt es in seiner Umgebung über 200 Siebentausender und ungezählte Sechstausender. Die außergewöhnliche Höhe dieses Kettengebirges ist wie das gesamte Großrelief der Erde eine Folge der Plattentektonik, der langsamen Drift von Bruchstücken der festen Erdrinde über den Globus.

Während des Erdaltertums gab es auf der Südhalbkugel noch einen riesigen Urkontinent, der Gondwanaland genannt wird und der die heutigen Kontinente und Subkontinente Südamerika, Afrika, Indien, Antarktika und Australien umfaßte. Im Lauf des Erdmittelalters zerbrach Gondwanaland dann in mehrere Bruchstücke, die wie Treibeis auf dem Meer in entgegengesetzte Richtungen auseinanderdrifteten. Drei dieser Kontinentalschollen trieben als Vorläufer des indischen Subkontinents nach Norden und stießen dort mit der Eurasischen Platte zusammen.

Innerhalb der „Knautschzone" der Platten ist die kontinentale Erdkruste mit etwa 70 km beinahe doppelt so dick wie im weltweiten Durchschnitt. Die aus verhältnismäßig leichten Gesteinen aufgebauten Krustenbruchstücke schwimmen gewissermaßen in dem dichteren, zähflüssig-plastischen

Blick vom 6985 m hohen Nordpaß an der tibetischen Seite auf den Mount Everest: Der eigentliche Gipfel (8848 m) liegt im Schatten des Nordostgipfels (8390 m), die eisgepanzerten Felswände eines Nebengrates leuchten dagegen im Licht der aufgehenden Sonne.

Der Marktort Namche Bazar (3440 m), Zentrum des Khumbu Himal und Treffpunkt der Trekker und Bergsteiger. Links erhebt sich der scharf geschnittene Felsgipfel des Kongdole Ri (6187 m) über dem Bhote-Kosi-Tal, im Hintergrund erkennt man die vereiste Felspyramide des Dongirangutans.

Erdmantel und tauchen wie Eisberge, die an der Luft schmelzen, immer höher auf.

Nacheinander prallten die Kontinentalschollen von Süden her auf die Eurasische Platte, schoben sich mit Geschwindigkeiten von 5–10 cm pro Jahr (für tektonische Vorgänge atemberaubend schnell) über und unter den eurasischen Kontinent. Die Nahtstelle zwischen dem alten Festlandsblock Tibet und den jüngeren, angeschweißten Kontinentalschollen verläuft etwa im Tal des Brahmaputras rund 140 km nördlich des Mount Everest. In dieser Zone beträgt die Einengung der Erdkruste schätzungsweise 300–400 km.

Die geologischen Bauformen des Gebirges, die innerhalb der letzten 70–80 Millionen Jahren geschaffen wurden, sind wie in allen jungen Kettengebirgen sehr kompliziert. Grob lassen sich drei große tektonische Decken unterscheiden, die übereinanderge-

ASIEN

Die Entstehung des Himalajas

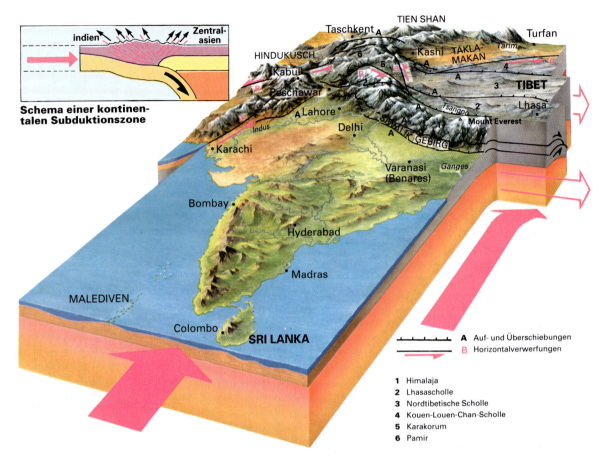

Schema einer kontinentalen Subduktionszone

A — Auf- und Überschiebungen
B — Horizontalverwerfungen

1. Himalaja
2. Lhasascholle
3. Nordtibetische Scholle
4. Kouen-Louen-Chan-Scholle
5. Karakorum
6. Pamir

Unten: Ein Yak im unteren Khumbutal. Die genügsamen und robusten Rinder sind im Khumbu Himal, wo es bis heute noch keine Räderfahrzeuge gibt, als Last- und Reittiere unentbehrlich. Ihr Mist dient in dem holzarmen Hochgebirge seit alters als Brennmaterial.

stapelt und zum Teil heute noch in Bewegung sind. Vor allem am Südrand des Gebirges, in den Siwalikketten, kommt es immer wieder zu verheerenden Erdbeben, wenn die Krustenbewegungen nicht reibungslos verlaufen und sich Spannungen im Gesteinsuntergrund aufbauen.

Der Mount Everest besteht aus den Gesteinen zweier unterschiedlicher Decken. Im unteren Teil der Felswände treten Gneise und andere metamorphe Gesteine zutage; die Gipfelpyramide wird dagegen von Sand- und Kalksteinen aufgebaut, die ursprünglich im Meer abgelagert, dann jedoch durch die tektonischen Bewegungen in große Höhen verfrachtet wurden.

Dünne Luft und wenig Schnee

Der Name Himalaja bedeutet soviel wie Heimat des Schnees; im Vergleich mit anderen Hochgebirgen ist das höchste Gebirge der Erde jedoch ausgesprochen schneearm. Fast die gesamten Niederschläge fallen in der Zeit zwischen Juni und September, wenn der Südwestmonsun feuchte, wolkenreiche Luft vom Indischen Ozean heranführt. In der Gangesebene am Fuß des Gebirges werden im Jahresdurchschnitt mehr als 2000 l/m^2 Regen gemessen, im Hochtal von Kathmandu, der nepalesischen Hauptstadt, rund 1400 l. Zum Kern des Gebirges hin nehmen die Niederschläge rasch ab, und auf dem Khumbugletscher fallen jährlich nur noch etwa 400 l als Regen oder Schnee. Auf der tibetischen Seite des Himalajas registrierten die Chinesen in 4500 m ü. d. M. einen Jahresniederschlag von 230 l. Mit der Höhe nimmt der Niederschlag allmählich zu. Das Stockwerk mit den höchsten Niederschlägen (um 600 l) liegt dort bei 7000 m ü. d. M.

Blick auf das Firnfeld des mittleren Rongbukgletschers. Im oberen Teil ist der Eisstrom über Felsbuckeln im Untergrund von Spalten zerrissen. Talabwärts geht das Nährgebiet bald in das Zehrgebiet über, in dem die Gletscherzunge abschmilzt. Man erkennt diese Zone an den bizarren Eispyramiden. Von links mündet der westliche Rongbukgletscher in den zentralen Eisstrom ein.

FORSCHER UND GIPFELSTÜRMER

Das mit Gebetsfahnen geschmückte Basislager der Mount-Everest-Expedition im Oktober 1990

Am 29. Mai 1953 gelang dem Neuseeländer Edmund Hillary und dem Sherpa Tensing Norgay der erste Aufstieg auf den 8848 m hohen Gipfel des Mount Everest. Zuvor waren bereits seit 1921 zahlreiche Bergsteiger am höchsten Berg der Erde gescheitert. Sie erreichten allenfalls eine Höhe von 8580 m; viele bezahlten mit ihrem Leben. Heute ist die Besteigung des Mount Everest beinahe schon Routine; die Öffentlichkeit nimmt nur noch davon Notiz, wenn eine Frau den Gipfel bezwingt (am 16. Mai 1975 erstmals durch eine Japanerin) oder wenn Bergsteiger wie der Südtiroler Reinhold Messner dabei auf Sauerstoffgeräte verzichten. Der wachsende Ansturm von Bergsteigern und Bergwanderern auf den Himalaja hat den kleinen Gebirgsstaaten neue Einnahmequellen eröffnet; für die Besteigung eines Gipfels fordern die Behörden hohe Gebühren. Andererseits hinterläßt der Tourismus in den vor wenigen Jahrzehnten noch nahezu unberührten Gebirgstälern häßliche Spuren. Ganze Berghänge wurden abgeholzt, um die Expeditionsküchen mit Brennholz zu versorgen, die buddhistischen Klöster verkommen zu Touristenattraktionen, und an den vielbegangenen Wegen türmen sich die Abfallberge.

ASIEN

In Kathmandu (1300 m ü. d. M.) beträgt die Jahresmitteltemperatur 25,5 °C. Die Durchschnittstemperatur sinkt mit zunehmender Höhe und erreicht bei 4400 m (4700 m an der tibetischen Flanke) die Null-Grad-Grenze. Auf dem Gipfel des Mount Everest herrschen im Jahresdurchschnitt wohl Temperaturen um −30 °C. Die eisige Kälte stellt für die Bergsteiger allerdings nicht das größte Problem dar, denn dagegen kann man sich mit warmer Kleidung leicht wappnen. Problematischer sind der geringe Sauerstoffgehalt der Luft und die heftigen Stürme über dem höchsten Gipfel der Erde.

Eine Pyramide aus Fels und Eis

Der Mount Everest gleicht einer Pyramide mit dreieckiger Grundfläche. Ihre Ostflanke ist mit Eis gepanzert und fällt mit durchschnittlich 40° ab. An den 47° bzw. 54° steilen Nordwest- und Südwestflanken tritt der nackte Fels zutage. Der Südgrat des Bergriesen, der übliche Aufstiegsweg, senkt sich zum Südpaß (7986 m) und steigt dann zum Gipfel des Lhotses (8383 m) wieder an. Die Grate an der West- und Nordostecke sind 5 km lang. Sie gehen in tiefverschneite Pässe über.

Am westlichen Fuß des Gipfels liegt das Nährgebiet des Khumbugletschers, der wie die meisten

DIE KÖNIGREICHE IM HIMALAJA

Karsha Gompa, ein buddhistisches Kloster in Zanskar

Schwer zugängliche Hochgebirge fördern die Entwicklung kleiner Staaten, die aber meist sehr langlebig sind. In Europa gehört das Fürstentum Andorra in den Pyrenäen zu den kleinen Hochgebirgsländern, im Himalaja haben Bhutan und Nepal ihre feudale Gesellschaft bis in unsere Tage bewahrt. Doch der politische Fortschritt macht nicht mehr an den Gebirgspässen halt. Im Königreich Bhutan kam es in den vergangenen Jahren mehrfach zu blutigen Unruhen, bei denen Demonstranten mehr Demokratie forderten. Seit 1972 wird das kleine Land von König Jigme Tingyhe Wangchuk und den mächtigen Äbten der buddhistischen Klöster im Stil mittelalterlicher Herrscher regiert. Nepal erlebte Anfang der 90er Jahre ebenfalls schwere Unruhen. Unter dem Druck der Opposition mußte der als Gottkönig verehrte Birendra Bir Bikram Schah die absolutistische Monarchie in eine konstitutionelle verwandeln.

Wirtschaftlich steht den beiden Himalajastaaten der Sprung aus dem Mittelalter in das 20. Jh. gleichfalls noch bevor. Etwa 90 % der Erwerbstätigen arbeiten in der Landwirtschaft, Agrarprodukte machen vier Fünftel der Exportgüter aus. Die Industrie ist noch vollkommen unterentwickelt, nur der Tourismus beschert den bettelarmen Ländern dringend benötigte Devisen.

Gletscher des Himalajas hauptsächlich durch Lawinen mit Schnee versorgt wird. Die Lawinen führen jedoch auch große Mengen Gesteinsschutt mit sich, und die Gletscher liegen deshalb unter einer dicken Schicht Moräne.

Der Khumbugletscher endet in 4870 m Meereshöhe rund 18 km von seinem Ursprung entfernt. Auf der anderen Seite des Südpasses bahnt sich der 19,8 km lange Kangchunggletscher einen Weg durch die Schuttmassen. Seine mit Schmelzwassertümpeln übersäte Zunge endet in 4450 m ü. d. M. Die tibetische Nordwestflanke des Mount Everest ist das Ursprungsgebiet des Rongbukgletschers, der eine Fläche von 87 km² bedeckt.

Das Wasser, das milchigweiß aus den Gletschertoren von Kangchung und Rongbuk schießt, strömt in den Pumqu. Als ungestümer Hochgebirgsfluß fließt er zunächst parallel zum Tsangpo nach Osten, wendet sich dann 50 km östlich vom Mount Everest scharf nach Süden und durchquert die nepalesisch-tibetischen Grenzketten in einer tiefen Schlucht. Die Nepalesen möchten die Wasserkräfte des Pumqus, den sie Arun nennen, zur Gewinnung von elektrischer Energie nutzen.

Der Khumbugletscher

Im Vergleich mit anderen Hochgebirgen der Erde ist der Himalaja nur gering vergletschert, denn unter dem Monsunklima Südasiens werden die Gletscher bloß spärlich mit Firn versorgt. In den Wintermonaten, wenn der Nordostmonsun aus dem Innern Asiens weht, fällt kaum Schnee, im Frühling wird dann die spärliche Schneedecke bei der starken Sonneneinstrahlung rasch aufgezehrt, und im Juli und August halten sich die festen Niederschläge und die Verluste durch Verdunstung und Abschmelzung etwa die Waage.

Der Khumbugletscher wurde von einer japanischen Expedition genau untersucht. Er wird jährlich von 1 Mio. t Schnee gespeist, der direkt auf die Gletscheroberfläche fällt. Der größte Teil des Firns bildet

Oben: Tingri (Xegar), 75 km nördlich des Mount Everest im Pumqutal. Hinter den von karger Hochgebirgssteppe überzogenen Flußterrassen und Flußhügeln steigen die vereisten Flanken des Everestmassivs auf.

Links: Der Lhotse (8501 m) ist wie der benachbarte Mount Everest über einem Sockel metamorpher Gesteine aus deutlich geschichteten Sand- und Kalksteinen aufgebaut. Sie wurden im Meer abgelagert und im Lauf der Gebirgsbildung mehr als 8000 m gehoben.

Eine kleine Maultierkarawane auf dem Weg von Namche Bazar zur Klostersiedlung Thame am Ende des Bhote-Kosi-Tals. Der Weg führt von Thame weiter zum Nangpa La, einem früher wichtigen Paß nach Tibet.

sich aus den 2,5 Mio. t Lawinenschnee, die vom Westgrat herabstürzen. Mit den Lawinen gelangen Jahr für Jahr sicherlich einige hunderttausend Tonnen Gesteinsschutt auf den Gletscher, der deshalb stark mit Moräne durchsetzt ist. Im unteren Teil der Gletscherzunge schmelzen die großen und kleinen Geschiebe aus, häufen sich am Rand zu hohen Seitenmoränen an und überziehen das Eis mit einer mächtigen Schuttschicht.

Am Übergang vom Nährgebiet zum Zehrgebiet beträgt die maximale Mächtigkeit des Gletschers 220 m, und er strömt an der Oberfläche mit einer Geschwindigkeit von 60 m pro Jahr. 3,2 km unterhalb dieses Bereichs erreicht die Mächtigkeit 450 m, und die Geschwindigkeit verringert sich auf 20 m pro Jahr. 1,7 km von der Gletscherstirn entfernt beträgt dann die Mächtigkeit des Eises in der Mitte lediglich 115 m und die Geschwindigkeit nur noch 1 m pro Jahr.

Die Gletscherstirn verschwindet vollständig unter Gesteinsschutt – man könnte beinahe von einem Blockgletscher sprechen. Weiter oberhalb, am Rand des Nährgebietes, tritt dagegen schneeweißes Eis in bizarren, bis zu 26 m hohen Pyramiden zutage. Das durch Luftblasen weiß gefärbte, kaum durch Gesteinspartikel verschmutzte Gletschereis reflektiert den größten Teil der Sonnenstrahlung und schmilzt deshalb viel langsamer als das mit Moräne durchsetzte Eis.

Auf der mit Moräne bedeckten Gletscherzunge hört man an warmen Tagen im und auf dem Eis Schmelzwasserbäche rauschen, die sich in zahllosen kleinen und größeren Seen sammeln. Mitunter entstehen hier hinter Moränenwällen sogar große Stauseen. Wenn die natürlichen Dämme dem Druck der Wassermassen nicht mehr standhalten, kommt es zu verheerenden Überschwemmungen, wie vor einigen Jahren am Pumqu oder am Fuß des heiligen Berges Ama Dablam.

Louis Lliboutry

ASIEN

Eispenitentes am Rongbukgletscher in 5400 m ü. d. M. Die Eis- und Firnpyramiden, wegen ihrer Ähnlichkeit mit Büßergewändern auch Büßerschnee genannt, entstehen vor allem in tropischen und subtropischen Hochgebirgen, wo die Sonneneinstrahlung sehr stark ist und die Strahlen nahezu senkrecht einfallen.

DIE HÖHENSTUFEN DER VEGETATION IM HIMALAJA

Rhododendren im Tal von Karma östlich des Everest

Der Himalaja ist eine ausgeprägte Klimascheide. Sie trennt den vom Südwestmonsun reich beregneten indischen Subkontinent im Süden von den Trockengebieten Zentralasiens im Norden. Auch von Westen nach Osten ändert sich das Klima innerhalb des Gebirges beträchtlich. Die trockensten Gebiete liegen im äußersten Nordwesten; nach Osten hin nimmt der Niederschlag generell zu. Dazu kommen auf engstem Raum die Klimaunterschiede von den Tälern zu den höchsten Gipfeln. Diesem Mosaik kleiner und kleinster Klimaräume entspricht das Mosaik der Pflanzengemeinschaften.

Im Gangestiefland am Fuß des Himalajas und auf den Siwalikvorbergen bis zu einer mittleren Höhe von 1800 m waren ursprünglich Laubwälder verbreitet. Heute wird der größte Teil des Landes für den Anbau von Reis genutzt. Darüber folgt bis ungefähr 3200 m Meereshöhe eine Vegetationsstufe, die an das Pflanzenkleid der europäischen Mittelgebirge erinnert. In der unteren Zone gedeihen viele verschiedene Eichenarten; im Koniferen-Laub-Mischwald, der zur Höhe hin anschließt, tritt die Hemlocktanne (Tsuga) hervor. Die Mischwälder, die den Buchen-Tannen-Wäldern in den Alpen gleichen, sind jedoch im Umkreis der Siedlungen bereits größtenteils vernichtet. Um 3500 m trifft man auf Birken-Koniferen-Mischwälder mit der Himalajabirke, der Himalajatanne und anderen Nadelgehölzen. Die Waldgrenze befindet sich meist zwischen 3600 und 4000 m. Typisch für den oberen Grenzsaum des Waldes im Himalaja sind Rhododendren, zu denen sich Wacholder, Berberitzen, Heckenrosen und andere Sträucher gesellen. Oberhalb der Waldgrenze folgen dann Zwergsträucher und Zwergstauden, Polsterpflanzen und Gräser, Flechten und Moose. Jenseits des 5000-m-Niveaus treten Pflanzen fast nur noch in kleineren Gruppen auf; bei einer Vegetationsdauer von 5–7 Wochen erreichen die meisten Pflanzen in dieser Stufe ihre obere Verbreitungsgrenze. Immerhin kommen im zentralen Himalaja in Höhen um 5500 m noch rund 50 Blütenpflanzengattungen vor, darunter einige, die uns vertraut sind, wie die Enziane, die Steinbreche oder die Fingerkräuter. Einige Blütenpflanzen überschreiten die 6000-m-Höhenlinie. Flechten, Moose und Pilze wagen sich gar in die eisige Welt der Gipfel vor.

BRÜCHE UND FALTEN

Die endogenen Kräfte, die aus dem Innern unseres Planeten auf die Erdkruste einwirken, hinterlassen in den Gesteinen häufig bleibende Spuren. Der Zweig der Geologie, der sich mit den endogenen Vorgängen und den von ihnen geschaffenen Bauformen befaßt, heißt nach dem griechischen Wort tektonikós (= Baukunst) Tektonik. Die Geotektonik ist also die Lehre von der Architektur der Erdkruste, und wie in der Architektur der vom Menschen geschaffenen Bauwerke unterscheidet man verschiedene Baustile, die allerdings nicht in bestimmten Epochen, sondern oft gleichzeitig entstanden sind und die eng nebeneinander auftreten.

BIEGETEKTONIK

Durch Bewegungen, die sehr langsam ablaufen, werden selbst die härtesten Gesteinsschichten verbogen. Es gibt drei Gruppen von Verbiegungen: Flexuren oder Kniefalten, Beulen und echte Falten. Im Unterschied zu den Flexuren oder Beulen, die durch Schichtenabbiegungen und weiträumige Aufwölbungen der Erdkruste entstehen, weisen Falten in der Regel auf eine oft beträchtliche Einengung der Erdkruste hin. Die Gesteinsschichten werden dabei in nach oben gespannte Bogen, die Sättel oder Antiklinen, und nach unten gewölbte Bogen, die Mulden oder Synklinen, zusammengeschoben.

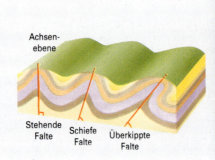

Liegende Falte in Glimmerschiefern des grönländischen Grundgebirges

Echte Falten entstehen nur in Sedimentgesteinen, bei denen sich die einzelnen Schichten auf Schichtfugen gegeneinander verschieben. In magmatischen und metamorphen Gesteinen täuschen Fließvorgänge innerhalb des flüssigen oder halbflüssigen Gesteins oft Verbiegungen vor. In lockeren Sedimenten kommt es außerdem mitunter zu Rutschungen; diese erzeugen dann Bauformen, welche tektonischen Falten gleichen. Ein eindeutiger Beweis für die Biegetektonik ist die ausgeprägte Striemung auf den Schichtflächen.

Der Bergrücken der Montagne Sainte-Victoire bei Aix-en-Provence stellt ein klassisches Beispiel einer überkippten Falte dar, die zusätzlich auf die Schichten im südlichen Vorland des Kalksteinmassivs geschoben ist. Da Brüche und Falten gemeinsam vorkommen, spricht man von einem Bruchfaltengebirge. An der Südseite lagern die mächtigen Kalksteinschichten des Oberen Juras zum Teil über den jüngeren Sandsteinen und Konglomeraten der Kreideformation. Im Innern der Cengle-Mulde sind sogar noch Gesteine des älteren Tertiärs erhalten. Der Scheitel der Falte ist von der Abtragung aufgeschlitzt worden. Hier verläuft nun als Ergebnis einer typischen Reliefumkehr eine langgestreckte Senke.

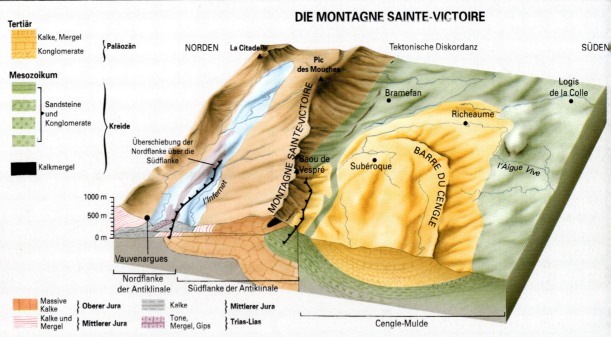

EIN SONDERFALL: DER SALZSTOCK

Der Schweizer Jura, ein Lehrbuchbeispiel eines Faltengebirges, hätte mit Sicherheit keine so schönen stehenden (aufrechten) Falten, wenn nicht im tiefen Untergrund salzhaltige Schichten beim Abscheren und Falten mächtiger Gesteinsserien als Schmiermittel gewirkt hätten. Steinsalz verhält sich wegen seiner im Vergleich mit anderen Sedimentgesteinen geringeren Dichte und der hohen Plastizität vollkommen anders als die übrigen Gesteine des Deckgebirges und erzeugt deshalb besondere Lagerungsformen. Schon bei relativ geringer Belastung wandern die Steinsalzmassen in Schwächezonen der Erdkruste zur Erdoberfläche, durchstoßen die darüberlagernden Schichten und beulen sie auf. Manchmal bildet das Salz langgestreckte Salzsättel, mitunter quillt es wie Lava aus der Tiefe und breitet sich im flachen Krustenbereich pilzartig aus. Unter den „Hüten" solcher Salzstöcke oder Salzdiapire sammeln sich häufig Erdöl und Erdgas zu ergiebigen Lagerstätten.

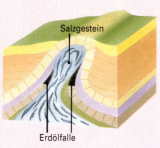

Schnitt durch einen kleinen Salzdiapir innerhalb eines Schichtenstapels, der Salzgesteine enthält

An der Südflanke der Montagne Sainte-Victoire brechen die gefalteten Jurakalke steil zur Cengle-Mulde hin ab.

BRUCHTEKTONIK: VERWERFUNGEN

Ist eine Gesteinsscholle relativ zur anderen in der Einfallsrichtung der Verschiebungsfläche abgesunken, so spricht man von einer Abschiebung, im entgegengesetzten Fall von einer Aufschiebung. Abschiebungen sind Ausweitungsformen, Aufschiebungen dagegen Einengungsformen.

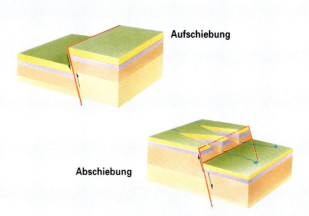

Brüche innerhalb der Erdkruste entstehen, wenn bei der tektonischen Verformung die Grenze der Gesteinsfestigkeit überschritten wird. Sie sind in der Regel das Ergebnis von kleinräumigen und relativ schnellen Verformungen. Die Brüche werden in Klüfte und Spalten sowie in Verschiebungsbrüche eingeteilt. Klüfte sind Risse und Sprünge im Gestein, die als geschlossene, feine Trennflächen die Massive oft in bestimmten Richtungen durchziehen. Bei Spalten haben sich die durchtrennten Gesteinskörper voneinander gelöst, und es hat sich ein Hohlraum gebildet. Falls dieser Hohlraum später von Mineralen oder Gesteinen ausgefüllt wurde, sprechen die Geologen von einem Gang. Bei Verschiebungsbrüchen haben sich die durchtrennten Gesteinskörper gegeneinander verschoben. Je nach der Verschiebungsrichtung und der Neigung der Trennfläche kann man eine ganze Reihe von Verschiebungsbrüchen oder Verwerfungen unterscheiden. Am häufigsten sind Ab- und Aufschiebungen (oben); daneben kommen bei vorwiegend horizontaler Verschiebung an meist geneigten Trennflächen oft auch Seitenverschiebungen sowie bei starker Einengung weiträumige Überschiebungen vor.

Bruchstufe in den Kalksteinschichten Böotiens. Beim Erdbeben 1981 kam es hier wieder zu tektonischen Verschiebungen.

Im Tertiär brach der südliche Oberrheingraben zwischen Schwarzwald und Vogesen ein; gleichzeitig wölbten sich seine Randhöhen auf. Im Kaiserstuhl und an anderen Stellen drangen an den Randverwerfungen des Grabens, der sich durch ganz Europa fortsetzt, Gesteinsschmelzen auf.

DER OBERRHEINGRABEN

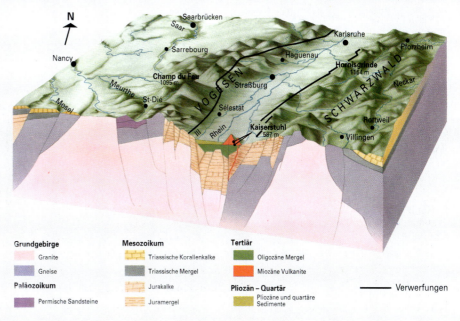

Grundgebirge	Mesozoikum	Tertiär
Granite	Triassische Korallenkalke	Oligozäne Mergel
Gneise	Triassische Mergel	Miozäne Vulkanite
Paläozoikum	Jurakalke	Pliozän – Quartär
Permische Sandsteine	Juramergel	Pliozäne und quartäre Sedimente

—— Verwerfungen

Die Seen von Band-i-Amir

Im zentralen Hochland von Afghanistan liegt am Rand einer Kreidetafel eine Kette tiefblauer Seen, die von rötlichen Felswänden und grünen Hügeln umrahmt wird. Im Volksglauben der Nomaden wird ihre Entstehung übernatürlichen Kräften zugeschrieben.

Die Seen von Band-i-Amir gehören zu den landschaftlichen Höhepunkten Afghanistans, und unter den Naturwundern der Erde gibt es wenige, die so farbenprächtig sind wie die Quellseen des Balkhabs. Sie liegen rund 80 km westlich von Bamian, einer ehem. buddhistischen Klostersiedlung, die durch ihre riesigen, aus einer 60 m hohen Felswand gemeißelten Buddhafiguren bekannt ist.

Seitdem der Bürgerkrieg in Afghanistan wütet, sind die sechs größeren Seen, die sich in Form einer Treppe anordnen, für Besucher aus dem Ausland unzugänglich. Aber auch in friedlichen Zeiten ist der Weg durch das Kuh-i-Baba-Gebirge mühsam. Er führt in Höhen zwischen 2000 und 3000 m durch eine ausgedörrte Hochgebirgswildnis, in der das nackte Gestein mit seinem ungewöhnlichen Farbenreichtum das Landschaftsbild bestimmt. Nur auf den Talsohlen und in kleinen Bewässerungsoasen beleben ein paar grüne Pflanzen die Einöde. Jeder Tropfen Wasser ist hier kostbar, und die wenigen Menschen, die im Hochland des Hazarajats wohnen, müssen mit dem lebenspendenden Element sparsam umgehen.

Nein, die Seen, die urplötzlich rechts der Straße am Fuß einer 700 m hohen gelblichroten Felswand auftauchen, sind keine Fata Morgana, auch wenn sie in dem sonnenverbrannten Hochgebirgstal unwirklich erscheinen. Ihre tiefblaue bis dunkelviolette Oberfläche, auf der sich die weißen Wolken spiegeln, zieht die Blicke mit geradezu magischer Kraft an. Sie haben die Farbe von Lapislazuli, einem Schmuckstein, der vor allem in Afghanistan, aber

Von Juni bis September dauert die Trockenzeit an den Seen von Band-i-Amir; sie werden dann von den schmelzenden Schneefeldern im Kuh-i-Baba gespeist. Bald darauf fällt an den Seeufern der erste Schnee, und die Seen frieren zu.

ASIEN

DIE SEEN DES HERRN

Für die Nomaden im zentralen Hochland Afghanistans sind die Seen von Band-i-Amir keine natürlichen Gebilde, sondern Werke von Ali, dem Schwiegersohn Mohammeds. Im Volksglauben ist ihre Entstehung eng mit den Kämpfen zwischen den Moslems und den Zoroastern, den Anhängern der Lehren Zarathustras, oder Feueranbetern, verbunden.

Ein Kaufmann, dessen Familie von König Zamir, dem Herrscher der Feueranbeter, in die Sklaverei geführt worden war, wandte sich in seiner Not an Mohammed. Der Prophet schickte ihn zu Ali, seinem Schwiegersohn, der dem verzweifelten Kaufmann riet, dem König für die Befreiung der Angehörigen seine Dienste anzubieten. Zamir ließ sich darauf ein und stellte drei Forderungen: Der Kaufmann sollte einen gewaltigen Staudamm errichten, einen gefährlichen Drachen töten und ihm den verhaßten Ali ausliefern.

Mit einem Streich seines Schwertes Zulfikar schuf Ali, der den Kaufmann unerkannt begleitete, den ersten See; um den Wildbach aufzustauen, pflückte er Kräuter und häufte sie zu dem Damm auf, der den zweiten See staut. Das Wildwasser war aber immer noch nicht gebändigt, und so schuf Ali vier weitere Seen. Nachdem er den Drachen getötet hatte, gab er sich zu erkennen. Er wurde in Ketten gelegt und zum Tod verurteilt, konnte sich jedoch mit seinen Riesenkräften befreien. Angesichts solcher Wunder schwor König Zamir dem Feuerkult ab und bekannte sich zum Islam.

Oben links: In den klaren Seen gedeiht eine üppige Flora aus Moosen und Algen, die dem Wasser Kohlendioxid entziehen und so zur Bildung der Sinterdämme beitragen.

auch in China und am Baikalsee gefunden wird. Schon die alten Ägypter stellten aus ihm Schmuck her, und im Mittelalter war das tiefblaue, mitunter weiß oder golden gefleckte Mineral so wertvoll wie Gold. Wie funkelndes Geschmeide liegen die Seen in dieser irdischen Mondlandschaft.

Schmuckstücke der Natur

Die Seen füllen den Grund eines Canyons, den die Quellbäche des Balkhabs in Jahrmillionen in die harten Kalksteine und weicheren Mergel aus der Kreidezeit gekerbt haben. Das Tal selbst ist uralt und zeigt noch die Spuren von Schmelzwasserströmen, die sich im Eiszeitalter aus den Gletschern des Kuh-i-Baba ergossen haben. Die Dämme, hinter denen sich das Wasser staut, sind dagegen erst in den letzten Jahrtausenden, in der Nacheiszeit, entstanden. Sie hatten freilich Vorgänger in älteren Warmzeiten, wie Reste von Travertin und Seesedimenten an den Talhängen, bis 125 m über den heutigen Seespiegeln, beweisen.

ASIEN

Rechts: Am schönsten sind die Seen im Frühjahr, wenn die letzten Eis- und Schneereste unter der heißen Sonne schmelzen.

Unten links: An undichten Stellen schießt das Wasser unter hohem Druck aus den Sinterdämmen und treibt kleine Mühlen an. Im Winter erstarren die Kaskaden zu Eistropfsteinen.

Unten rechts: Die dünnwandigen Dämme zerbersten irgendwann unter dem Druck der aufgestauten Wassermassen. Ein Ingenieur hätte sie freilich auch anders konstruiert: talaufwärts konvex gebogen, damit sich der Druck auf die Talhänge überträgt.

Die Dämme sind natürliche Gebilde, auch wenn man glauben könnte, ein Ingenieur hätte sie auf dem Reißbrett entworfen. Sie entstanden an Gefällstufen im Tal, zunächst als niedrige Sinterterrassen, die dann jedoch verhältnismäßig schnell zu Bogenstaumauern von zum Teil mehr als 30 m Höhe heranwuchsen.

Es gibt sechs Hauptbecken, deren Länge zwischen 100 und 7000 m schwankt; manche sind seicht, teilweise ausgelaufen und mit kalkigen Sedimenten gefüllt, andere bedecken dagegen fast 5 km² und erreichen 25–30 m Tiefe. Die Dämme messen 5–12 m in der Breite und 2,5–30 m in der Höhe. An manchen Stellen sind sie undicht; das Wasser spritzt mit großem Druck heraus und treibt kleine Mühlen an. Nomaden mahlen hier ihr Korn, das sie von seßhaften Bauern erworben haben.

Wachsende Steine

Im allgemeinen verwittern Gesteine an der Erdoberfläche, zerfallen in kleinere Bruchstücke oder lösen sich vollständig auf. Es kommt aber auch das Gegenteil vor, nämlich daß sich festes Gestein aus gelösten Substanzen bildet, daß Staudämme aus Sinter wie Bäume Jahresringe mit einer Dicke von mehreren Millimetern ansetzen.

Das Wasser in den Seen von Band-i-Amir enthält 60–160 mg/l gelöstes Calciumbicarbonat. Der Anteil der gelösten Stoffe hängt dabei vor allem vom Kohlendioxidgehalt des Wassers ab. Kohlendioxidreiches Wasser kann viel Kalk lösen; wenn das Gas aus dem Wasser entweicht, scheidet sich der gelöste Kalk dagegen als poröser Sinter, Kalktuff oder Travertin aus. An Stellen, an denen das Wasser über Stufen im Flußbett stürzt, entweicht Kohlendioxid, ähnlich wie aus einer Sprudelwasserflasche, die man schüttelt. An diesen Stellen setzt sich deshalb verstärkt Kalksinter ab. Die Verringerung des Kohlendioxidgehalts kann allerdings auch mit der Erwärmung des Wassers oder mit dem Entzug von Kohlendioxid durch Algen und andere Pflanzen für die Photosynthese zusammenhängen.

Sobald der Prozeß erst einmal in Gang gekommen ist, nimmt die Sinterbildung sehr rasch zu, denn je höher die Fallhöhe der Sinterstufen wird, um so turbulenter wird der Abfluß und um so mehr Kohlendioxid aus dem Wasser entweicht. Außerdem siedeln sich im Lauf der Zeit Pflanzen auf den natürlichen Dämmen an, die die Ausscheidung von Kalksinter noch verstärken.

Ein Kalktuffdamm kann innerhalb eines Jahres ohne weiteres um einige Millimeter in die Höhe wachsen; bei den Seen von Band-i-Amir beträgt die Wachstumsgeschwindigkeit nach Schätzungen der Wissenschaft 2–3 mm pro Jahr. Die Fundamente der höchsten Dämme sind demnach etwa 10 000–15 000 Jahre alt. Je höher ein See innerhalb der Seentreppe liegt, um so älter ist er. Da in jedem See ein Teil des gelösten Calciumbicarbonats ausgeschieden wird, bleibt für die nächstfolgenden tieferen Seen weniger Kalk übrig. Die Höhe der Dämme und die Tiefe der Seen nehmen daher von den oberen zu den unteren Seen hin ab.

So schnell – nach geologischen Maßstäben – die Travertindämme wachsen, so schnell können sie freilich auch wieder verschwinden und mit ihnen auch die schönen Seen. Der Damm des höchsten Sees von Band-i-Amir muß dem Druck von mehr als 1000 Mio. m³ Wasser widerstehen; irgendwann wird er dieser Belastung nicht mehr gewachsen sein und wird dann bersten. In Erdbebenzonen stürzen die Dämme häufig auch durch Erdstöße ein.

Jean-Pierre Carbonnel

DIE PLITVICER SEEN

Wasserfall an einem Kalksinterdamm der Plitvicer Seen in Kroatien

Der Plitvička-Nationalpark rund 100 km nördlich von Zadar beherbergt im tief eingeschnittenen Tal der Korana eine Seentreppe, die auf ähnliche Weise entstanden ist wie die Seen von Band-i-Amir. Die Länge der Treppe beträgt 7 km; sie umfaßt acht größere und 20 kleinere Seen. Im Vergleich zum afghanischen Hochland ist das Klima in den kroatischen Karstgebirgen feuchter und wärmer; die Lösungs- und Ausscheidungsprozesse verlaufen deshalb wesentlich schneller als im trockenkalten Kuh-i-Baba. Die Travertinbildung beträgt hier jährlich 10–30 mm, die Dämme wachsen folglich viel schneller. Der höchste Damm mißt 50 m; er dürfte in etwa 2500 Jahren entstanden sein. Bei der starken Kalkausfällung überziehen sich Bäume und Äste, die vom Ufer in die Seen gestürzt sind, rasch mit einer hellgrauen Kalkkruste.

Die dichten Wälder von Plitvička, in denen noch Braunbären und Wölfe hausen, bereichern das Farbenspiel der Seenlandschaft: Blau, türkis und lindgrün schimmert die Oberfläche der Seen, in der Gischt der Wasserfälle, die über die Sinterdämme stürzen, bricht sich das Sonnenlicht in allen Regenbogenfarben, und im Herbst verfärben sich die Wälder rostrot und goldgelb. In die Sinterdämme sind kleinere ovale Seebecken eingelassen, in denen Moose und Algen wuchern.

Der Fudschijama

Von 13 Provinzen aus kann man den berühmten Vulkankegel erkennen, der im Zentrum der Insel Honshu über den Wolken zu schweben scheint. Das 3776 m hohe Wahrzeichen Japans wird seit langer Zeit als Wohnsitz der Götter verehrt. Wer als richtiger Japaner gelten will, muß, so heißt es, den Gipfel mindestens einmal im Leben bestiegen haben.

Die Japanischen Inseln liegen in einer unruhigen Zone. Tief unter der Inselkette schieben sich mehrere Platten der festen Erdrinde über- und untereinander, schmelzen im heißen Erdinnern, zerbersten in Bruchstücke und verhaken sich ineinander. Gewaltige Kräfte wirken innerhalb dieser sogenannten Subduktionszone auf die Erdkruste und erzeugen Spannungen im Gestein, die sich immer wieder urplötzlich als Erdbeben entladen. Gleichzeitig zerreißt die Erdrinde, es öffnen sich Spalten, durch die geschmolzenes Gestein aufsteigen und in Vulkankratern als Lava oder Asche austreten kann.

Die japanischen Erdbebenwarten registrieren im jährlichen Durchschnitt rund 5000 Beben. Glücklicherweise liegen die Erdbebenherde unter dem Archipel meist in größerer Tiefe, und die Schäden im Erschütterungsgebiet sind deshalb auch bei stärkeren Beben relativ gering, doch etwa alle zehn Jahre ereignet sich ein schlimmes Beben, das jeweils mehrere hundert oder tausend Menschenleben fordert. Wo sich das nächste ereignen wird, kann niemand voraussagen. Das Gebiet um die Hafenstadt Kobe galt eigentlich als wenig erdbebengefährdet, und doch wurde die Stadt im Januar 1995 vom verheerendsten Erdbeben in Japan seit 1948 heimgesucht. Über 5200 Menschen starben, Zehntausende wurden verletzt, Hunderttausende obdachlos.

Die 83 tätigen Vulkane der Japanischen Inseln, immerhin mehr als ein Zehntel aller aktiven Feuerberge der Erde, sind im Vergleich mit den Erdbebengefahren beinahe harmlos. Sie machen zwar oft viel Getöse, geben den Insulanern aber bei Ausbrüchen

Ein alter japanischer Bauernhof am Fuß des Fudschijamas. Die Südostflanke des Schichtvulkans trägt noch die Spuren des letzten großen Ausbruchs im Dezember 1707.

in der Regel eine faire Chance, sich rechtzeitig in Sicherheit zu bringen. Die Japaner respektieren daher ihre Vulkane, schätzen die angenehmen Begleiterscheinungen wie die heißen Quellen, und der höchste und bekannteste, der Fudschijama, gilt seit alters sogar als heiliger Berg.

Sein Name taucht erstmals in einer Chronik aus dem Jahr 286 v. Chr. auf; 806 n. Chr. ließ der Kaiser den ersten Tempel auf dem Kraterrand errichten. Seither pilgern alljährlich in den Hochsommermonaten, wenn der Gipfel schneefrei ist, Scharen von Wallfahrern und Schaulustigen auf den Berg, heißt es doch in einem alten japanischen Sprichwort, wer den Fudschi nie bestiegen habe, sei kein richtiger Japaner. Am schönsten präsentiert er sich im Frühjahr, wenn an seinem Fuß die Kirschbäume blühen und sich der schneebedeckte Kegel in den fünf Fudschiseen spiegelt.

Die Behörden geben den Gipfel nur in wenigen Sommerwochen zur Besteigung frei, denn Schnee- und Schuttlawinen machen den Aufstieg in den anderen Jahreszeiten zu einem lebensgefährlichen Abenteuer. Von der Straße aus, die an der Nordflanke des majestätischen Gipfels bis auf 2400 m hinaufführt, sieht man im Vorbeifahren, daß die Wälder zu beiden Seiten von Lawinengassen und Wildbachschluchten zerrissen sind.

Vom Parkplatz steigt man dann auf ausgetretenen Pfaden an Schutzhütten und Schreinen vorbei zum Kraterrand auf. Die Waldgrenze verläuft etwa an der 2500-m-Höhenlinie; einzelne Sträucher wagen sich bis auf 3000 m hinauf. Darüber tritt das nackte Gestein, zerborstene Lavaströme, poröse Schlacken und feinkörnige Aschen, zutage.

Gut trainierte Bergwanderer bewältigen Aufstieg und Abstieg an einem Tag. Wer jedoch den Sonnenaufgang auf dem Fudschi erleben möchte, muß in einer der überfüllten Bergsteigerhütten übernachten. Doch der Ausblick entschädigt für die Strapazen. Nachts ist bei klarem Wetter im Norden das Lichtermeer von Tokio zu erkennen, im Osten markieren die Lichter der Hafenstädte die Küstenlinie Honshus. Am Morgen steigt dann die Sonne als roter Ball aus dem grauen Pazifik.

ASIEN

REGENSCHIRMBERGE: DIE ABTRAGUNG JUNGER VULKANE

Barrancos an den Hängen eines Aschenkegels des Sakurajimavulkans auf Kyushu

Schichtvulkane und Aschenkegel haben steile Hänge, die z. B. am Fudschi oberhalb der Waldgrenze ein Gefälle von etwa 35° aufweisen. Solange die Aschen noch nicht zu Tuff verfestigt sind, werden sie von Rinnsalen leicht abgespült oder setzen sich nach Regengüssen als Schlammströme in Bewegung. Diese werden mit einem indonesischen Wort als Lahars bezeichnet; die kerbenförmigen Rinnen heißen Barrancos. In Klimazonen mit reichen Niederschlägen sind die Hänge der Vulkankegel in engem Abstand von Barrancos durchzogen. Aus der Ferne betrachtet, erinnert ein solcher Vulkankegel an einen halbgeöffneten Regenschirm, wobei die Streben des Schirms die schmalen Kämme zwischen den Kerben darstellen. Das durchfeuchtete Lockermaterial, das sich in den Kerben talwärts wälzt, fließt oft kilometerweit ins Vorland und richtet dort schwere Schäden an.

Teeplantagen am südlichen Fuß des Fudschis. Die tiefgründigen, nährstoffreichen Aschen eignen sich hervorragend als Acker- und Gartenland. Unter dem sommerfeuchten Klima Japans wird eine Vielzahl von Nutzpflanzen der subtropischen und gemäßigten Zonen angebaut.

Im Mittelalter drang ständig Rauch aus dem 150 m tiefen Krater, heute gibt es jedoch nur noch am östlichen Rand des Kessels einige schwache Dampfquellen. Der letzte große Ausbruch ereignete sich im Dezember 1707; damals spuckte der Vulkan ungefähr 800 Mio. m³ Lava und Aschen aus. Die drei Nebenkrater am Südhang wurden bei dieser starken Eruption geschaffen; insgesamt liegen 24 kleinere Krater und fast 50 Schlackenkegel über die Hänge des Vulkans verstreut.

Ein schlafender Schichtvulkan

Seit fast 300 Jahren ruht der Fudschi. Trotzdem wird er zu den tätigen Vulkanen Japans gezählt, denn in seiner Geschichte wechselten immer wieder lange Ruheperioden mit Zeiten, in denen es zu Ausbrüchen kam. Die Chroniken berichten über etwa 20 stärkere Ausbrüche in den letzten 2300 Jahren. Sie verliefen meist glimpflich; hin und wieder gingen Aschenregen in der Umgebung von Tokio nieder, verheerende Eruptionen blieben jedoch aus. Lavaergüsse wechselten mit Ascheneruptionen und formten so einen mustergültigen Schichtvulkan, der aus aufeinanderfolgenden Schichten von erstarrter Lava und vulkanischem Lockermaterial besteht.

Gletscher, die bei Ausbrüchen durch die Hitze schmelzen und mit dem Wasserdampf den Eruptionen zusätzliche Sprengkraft verleihen, fehlen am Fudschi. Die klimatische Schneegrenze verläuft 300–400 m über dem Gipfelniveau. Im Eiszeitalter, als die Schneegrenze in den Gebirgen Honshus bei 2500 m lag, war wohl auch der Fudschijama stark vergletschert. Doch die Spuren der eiszeitlichen Gletscher wurden durch die Eruptionen in der Nacheiszeit ausgelöscht.

Wie die meisten Schichtvulkane ist der Fudschi ein zusammengesetzter Vulkan; häufig sind die Vulkane wie beim Vesuv oder beim Teide auf Teneriffa ineinandergeschachtelt, beim heiligen Berg der Japaner dagegen lagern die Vulkane übereinander. Vom ältesten Vulkan, dem Komitake, blieb nur ein kleiner Felsvorsprung an der Nordflanke übrig.

Der nächstjüngere Vulkan entstand im Lauf der letzten Eiszeit, und die Ausbrüche, die den heutigen Kegel schufen, begannen vor etwa 5000 Jahren. Im 10. Jh. entstand am Osthang ein Kegel, der den Namen Ko-Fudschi (Kleiner Fudschi) erhielt; bei dem Ausbruch im Dezember 1707 riß am Südosthang ein Krater auf, über dem sich der Hoeisankegel auftürmte.

Die aufgesetzten Kegel stören die ebenmäßige Gestalt des Hauptkegels ein wenig, und in vollendeter Schönheit zeigt sich der „Berg der Berge" nur aus einem bestimmten Blickwinkel.

Annie Reffay

Blick nach Westen auf den Gipfel des Fudschijamas mit dem Krater, der einen Durchmesser von 600 m hat. In einem Gedicht wird der Gipfel des Vulkans mit einer achtblättrigen Lotusblume verglichen. Die tiefe Senke an der linken Seite ist einer der Krater, die sich beim Ausbruch im Dezember 1707 öffneten.

Die Karstlandschaften von Guangxi

Die zerklüfteten Felskegel und -türme der südchinesischen Provinz Guangxi, die, einzeln oder in Gruppen angeordnet, die grünen Reisfelder überragen, haben ungezählte Maler und Dichter zu berühmten Werken inspiriert. Sie sind von Grotten und Höhlen durchzogen und dienten häufig als Kultstätten.

In der am Rand der Tropen gelegenen Provinz Guangxi herrscht ein feuchtwarmes Klima mit kräftigen Monsunregen von April bis September und einer Trockenzeit im Winter. Sie umschließt eine der ausgedehntesten und schönsten Karstlandschaften der Erde. Guangxi gehört zum Flußgebiet des Hong Shui, der mit seinen Zuflüssen die Bergländer in den südchinesischen Provinzen und an der Grenze zu Vietnam entwässert. Die Berge erreichen im Westen und Norden fast 2000 m ü. d. M.

Von allen Flüssen in dieser Gegend Chinas ist der Gui Jiang der bekannteste. Sein Tal, das bei der Stadt Guilin im Norden der Provinz beginnt, zählt zu den landschaftlichen Höhepunkten Ostasiens. Die in bizarre Türme und Kegel zergliederten Karstmassive am Rand des Tals gleichen den Felskegeln in der Bucht von Ha-Long (Vietnam), nur mit dem Unterschied, daß sie nicht im Meer, sondern auf festem Boden stehen. In Guangxi nehmen Karstlandschaften fast 100 000 km² ein; einschließlich der verkarsteten Gebiete in den benachbarten Provinzen Guizhou und Yunnan bedecken sie eine Fläche von etwa 250 000 km². Der Gesteinsuntergrund besteht aus leicht löslichen Carbonatgesteinen, Kalkstein und Dolomit, in denen sich unter dem feuchtwarmen Monsunklima Südchinas ein typischer Kegel- und Turmkarst entwickelt hat.

Die uralte Stadt Guilin wurde am rechten Ufer des Gui Jiang erbaut. Zu Hunderten ragen hier zerklüftete, 100–400 m hohe Felsen aus der Flußniederung empor, vor allem am rechten Ufer, wo sie einen wahren Felsenwald bilden, den die Chinesen *feng-*

Wie Felsbastionen steigen die Karsttürme bei Guilin aus der Talaue am Gui Jiang auf. Der fruchtbare Lehmboden am Fuß der Felsen wird bis auf den letzten Quadratmeter für den Anbau von Reis und tropischen Feldfrüchten genutzt.

lin nennen. Nach Westen hin rücken die Felsen näher zusammen und gehen in ein geschlossenes Karstmassiv, *fencong*, über.

Unter den steilen, zum Teil sogar überhängenden Felswänden gibt es nur hier und da kleine Flächen, auf denen sich der Boden für die Landwirtschaft eignet. Die Felsen selbst sind entweder kahl oder mit einer dichten Strauchvegetation überwuchert. Sträucher, Lianen und dorniges Gestrüpp verschlingen sich zu undurchdringlichen Dickichten. Darunter lauern tiefe Spalten und messerscharfe Felskanten, die das abrinnende Regenwasser aus dem Gestein geätzt hat.

Xu Xiake, der Vater der chinesischen Geographie

Manche der Karsttürme von Guangxi dienten seit grauer Vorzeit als Kultstätten. Sie sind von Höhlen und Grotten durchzogen, in denen man häufig Buddhafiguren und Inschriften findet, die Generationen von Besuchern in den Fels geritzt haben. Einer der ungezählten Besucher, der Naturforscher Xu Xiake (1587–1640), hat seine Beobachtungen in Guangxi zusammen mit genauen Skizzen in dem Werk *Die Reisen des Xu Xiake* veröffentlicht. Der Vater der chinesischen Geographie steht heute als weiße, aus dem Kalkstein der Karstkegel gemeißelte Statue im Ehrenhof des Instituts für Karstgeologie in Guilin.

Als erster Naturforscher des Fernen Ostens betrachtete Xu Xiake bei seinen ausgedehnten Reisen durch das Reich der Mitte die Landschaften aus dem Blickwinkel eines Wissenschaftlers, beschrieb sie exakt und versuchte, ihre Entstehung zu erklären. Er beschäftigte sich unter anderem mit dem Bergbau, mit Vulkanen, heißen Quellen, Flüssen und deren Rolle im Naturhaushalt. Im Süden Chinas entdeckte er die Karstlandschaften und Höhlen von Guilin. Seine Untersuchungen waren so genau, daß die Höhlenpläne und die Geländeprofile seiner Reiserouten kaum von den Ergebnissen neuerer Forschungen abweichen.

Für Xu Xiake war das Wasser die formende Kraft, welche die Karstlandschaften gestaltete, die Höhlen

Unmittelbar am Fluß hat die Verwitterung die Kalksteinschichten bis auf wenige steile Restberge aufgezehrt. Sie werden bei Guilin häufig von Tempeln gekrönt. Weiter von den Ufern des Gui Jiang entfernt schließen sich die Felsen des Karstturmwaldes zum Massiv des Karstturmgebirges zusammen.

143

ASIEN

Oben: Blick vom Jadehügel auf die südöstlich von Guilin am Gui Jiang gelegene Kreisstadt Yangshuo. In der von den Herrschern der Qin-Dynastie (3. Jh. v. Chr.) gegründeten Stadt werden die als Souvenirs beliebten Miniaturfelsen hergestellt. Eindrucksvoller sind jedoch die Felsen selbst, wie der Grüne-Lotus-Gipfel, der Mondberg oder auch der Berg des lernenden Kindes.

Rechts: Am Ufer des Flusses Gui Jiang ist die durch die Lösungsverwitterung geschaffene Hohlkehle deutlich zu erkennen. Sie geht an Klüften oft in Flußhöhlen über, welche die Karstfelsen durchziehen.

ausspülte und die Tropfsteine schuf. Die Naturforscher in Europa gelangten erst zwei Jahrhunderte später zu dieser Auffassung.

Der Karst: kein Schlaraffenland

Wenn man von verkarsteten Landschaften spricht, dann meint man damit meist kahle, erodierte Gebirge, in denen sich die Menschen nur mehr schlecht als recht ernähren können. Die Karstlandschaften Südchinas bilden in dieser Beziehung keine Ausnahme. Fruchtbarer Boden ist rar, und wo er vorkommt, wird er von den heftigen Monsunregen schnell bis auf das nackte Gestein abgespült.

Die abgeschwemmte Bodenkrume färbt das Wasser der Flüsse erdbraun; erst im Unterlauf, in den großen Küstenebenen, setzen sich die erodierten Bodenpartikel bei Überschwemmungen wieder ab und versorgen die Pflanzen auf den Feldern mit lebenswichtigen Nährstoffen.

Jedes kleine Fleckchen Boden wird in den Karstmassiven Guangxis für den Anbau genutzt. Viele Dörfer liegen auf dem Grund tiefer Dolinen, umgeben von senkrechten Felswänden, fast vollkommen von der Außenwelt abgeschnitten. Es gibt dort keine Quellen, die Zisternen trocknen im Winter aus, und nur wenige Dörfer sind an das Stromnetz angeschlossen. Die Bauern nehmen die Entbehrungen in Kauf, denn am Grund der Dolinen lagern fette Lehmschichten, die ausreichende Ernten hervorbringen.

TROPISCHE KARSTLANDSCHAFTEN

*Entwicklungsschema des tropischen Kegel- und Turmkarsts: **1.** Solange die Klüfte und Spalten in den leicht löslichen Gesteinsschichten noch eng sind, fließt das Wasser zum größten Teil in Flüssen an der Erdoberfläche ab. **2.** Wenn dann der geologische Untergrund durch tektonische Vorgänge gehoben wird oder sich der Abfluß durch Klimaänderungen verstärkt, räumen die Flüsse das lösliche Gestein in breiten Tälern aus und hinterlassen auf den Talsohlen dicke Schichten aus tonigen Lösungsrückständen. **3.** Im Niveau der tonigen, wasserundurchlässigen Schichten greift anschließend die Lösungsverwitterung die Restberge aus löslichen Gesteinen vor allem am Fuß an und formt sie zu Kegeln und Türmen.*

Der Kegel- und Turmkarst ist ausschließlich in den subtropischen und tropischen Zonen der Erde, vor allem in Ost- und Südostasien sowie in der Karibik, verbreitet. Der Hauptunterschied gegenüber den Karstformen der außertropischen Zonen besteht darin, daß die Berge, eben die Kegel und Türme, das Landschaftsbild bestimmen, während beim Karst der mittleren und höheren Breiten kessel-, trichter- und schüsselförmige Senken wie Dolinen und Poljen typisch sind. Beim Tropenkarst sind die bizarren Felsen das Ergebnis der sehr kräftigen Lösungsverwitterung, die hier sogar Gesteine angreift, die außerhalb der Tropen als praktisch unlöslich gelten. Bei der raschen Lösung durch das reichlich vorhandene, kohlensäurehaltige Regenwasser entstehen gleichzeitig große Mengen von tonigen Rückständen, die sich als wasserundurchlässiger Mantel auf den Talsohlen ablagern. Wenn die Flüsse in der Regenzeit über die Ufer treten, kann das Wasser durch die tonigen Schichten nicht mehr im Untergrund versickern, sondern es füllt die Talsohle und greift die Felsen am Rand oder innerhalb des Tales an. Höhlen und nischenartige Vertiefungen am Fuß der Karstkegel und -türme beweisen, daß die Lösungsverwitterung die Felsen untergräbt und auf diese Weise ihre Flanken versteilt. Die Lösungsprozesse enden nicht, sobald das Hochwasser zurückgeht, denn der Boden am Fuß der Felsen bleibt lange Zeit mit Wasser durchtränkt und kann so das lösliche Gestein angreifen. Bei Regengüssen rinnt das Wasser außerdem an den nackten Wänden der Felsen ab und ergänzt die Wasserreserven des Bodens wieder. Durch den ständigen, nur durch kurze Trockenperioden unterbrochenen Angriff der Lösungsverwitterung schrumpfen die Karstfelsen relativ schnell, bis sie ganz verschwinden und einer breiten Karstebene weichen.

Im älteren Tertiär herrschte auch in Mitteleuropa ein Klima, das dem tropischen Klima ähnlich war. Der Gedanke liegt deshalb nahe, in den Karstlandschaften unserer Breiten nach Formen des tropischen Karsts zu suchen, die als steinerne Klimazeugen erhalten geblieben sind. Einige Forscher meinen, fündig geworden zu sein: z. B. in den Kuppen der Schwäbischen und der Fränkischen Alb. Diese sind freilich im Gegensatz zu den Karstkegeln in den Tropen an bestimmte, widerstandsfähige Gesteine gebunden.

Die Höhlen, die über dem Karstwasserspiegel liegen und nicht mehr regelmäßig überflutet werden, dienen seit alters als unterirdische Wohnungen und Kultstätten. Vor allem buddhistische Mönche gründeten viele Höhlenklöster und -tempel, wie diesen bei Guilin, in dem Generationen von Pilgern Felsinschriften hinterließen.

Satellitenbild: Nordöstlich von Guangxi (auf der Karte hellgelb)
Innenseiten: Felsenwald am Ufer des Li, nahe Guilin

ASIEN

SHANSHUI: BERGE UND WASSER

Von allen Landschaften des Reichs der Mitte haben die zerklüfteten Karstlandschaften Südchinas die chinesischen Künstler aller Epochen am stärksten beeindruckt. Auf Tausenden von Gemälden tauchen die bizarren Felsen aus dem Dunst der Täler, klammern sich knorrige Kiefern an die schroffen Wände, versuchen fromme Einsiedler in luftigen Klausen der Erdenschwere zu entrinnen. Bei einer Fahrt auf dem Gui Jiang erscheinen nacheinander die Berge, die den Malern Modell gestanden haben: der Berg aller Farben, der Berg der sieben Sterne, der Berg des kämpfenden Hahnes ... Vor allem die Maler der *Shanshui*-Schule (Berge und Wasser) suchten seit dem 9. Jh. n. Chr. ihre Motive in der freien Natur. Sie wurde jetzt nicht mehr als Kulisse, sondern um ihrer selbst willen dargestellt, und die Landschaftsmalerei nahm einen ungeheuren Aufschwung. Die Künstler strebten dabei nicht nach einer detailgetreuen Wiedergabe der Landschaftsformen, der Gewässer, Pflanzen und Tiere; sie lösten sich mehr und mehr vom realen Motiv, verzichteten auf Farben oder ließen bestimmte Landschaftsteile einfach weg. Ihnen ging es nicht um das Detail, sondern um die Einheit, um die Seele der Natur. Die Philosophie, die sich dahinter verbarg, war das Daodejing, die Lehre vom Dao, vom Ausweg aus der Not und dem Chaos der menschlichen Existenz, dem Weg zurück zur Natur. Die Künstler zogen sich jetzt zurück aus dem Alltagsleben in die Natur, um dort Ruhe und Harmonie zu finden. Und welche Landschaft wäre dafür besser geeignet?

Rechts oben: Bei den Karsttürmen an den Ufern des Gui Jiang ist der Fußknick zwischen der Flußebene und den Felswänden sehr scharf. Sie werden bei jedem Hochwasser umspült und durch die Lösungsverwitterung angenagt.

Rechts unten: In den zerklüfteten Karstmassiven Guangxis sind die Flüsse bis heute wichtige Verkehrsadern. Der Gui Jiang wurde schon im 3. Jh. v. Chr. kanalisiert und mit dem benachbarten Xiang Jiang verbunden. Dieser Kanal war jahrhundertelang der Haupttransportweg von Zentral- nach Südchina.

Ganz rechts unten: Eine Fahrt auf dem Gui Jiang gehört zu den Höhepunkten einer Reise durch China. Man begegnet dabei den Flußfischern, die mit akrobatischem Geschick ihre Stellnetze im Fluß auslegen.

Not macht erfinderisch

Nur langsam zieht der technische Fortschritt in die entlegenen Dolinendörfer ein. Ein besonderes Problem, das es zu lösen gilt, ist die Versorgung der Kulturen mit Wasser. Es gibt im Karst zwar reichlich Grundwasser, freilich nur tief unter der Bodenoberfläche in Höhlen und Spalten. Ingenieure unterstützen die Bauern beim Bau von kleinen Staudämmen und Stollen, welche die unterirdischen Wasseradern bündeln und auf die Felder leiten. Gelegentlich wird sogar ein kleines Wasserkraftwerk errichtet, das Pumpen antreibt und das Dorf mit elektrischem Strom versorgt. In besonders günstigen Fällen eignet sich das Gelände für den Bau eines größeren Wasserreservoirs, das mehrere Millionen Kubikmeter Wasser speichern und damit den Wasserbedarf der Reiskulturen während der gesamten Trockenzeit decken kann.

Die Wasserversorgung ist in Karstlandschaften allgemein ein schwieriges Problem, denn das klüftige Gestein läßt das Regenwasser rasch im Untergrund versickern, und die Wahrscheinlichkeit, mit einer Bohrung eine wasserführende Spalte im Karstgestein zu treffen, ist kaum größer als ein Haupttreffer im Lotto. Umfangreiche Forschungen sind notwendig, um in derartigen Landschaften bei der Wassersuche mit wissenschaftlichen Methoden Erfolge zu erzielen. Das chinesische Ministerium für Geologie und Bergbau gründete deshalb in Guilin das Institut für Karstgeologie, in dem rund 600 Wissenschaftler und Techniker, unterstützt von doppelt so vielen Hilfskräften, die Karstlandschaften Südchinas systematisch erforschen. Seit 1988 besitzt das Forschungsinstitut zudem noch ein in der Welt einzigartiges Karstmuseum.

Die Karsthöhlen Südchinas spielten während der Revolution und im Vietnamkrieg eine besondere Rolle: In den geräumigsten und leichter zugänglichen Höhlen wurden Fabriken und Reparaturwerkstätten für Waffen und andere Rüstungsgüter eingerichtet. Eine der unterirdischen Waffenschmieden bei Yongshui dient heute friedlichen Zwecken. Die Fabrik produziert inzwischen Mofas, die sich in dieser Region mehr und mehr gegenüber den Fahrrädern durchsetzen.

Die faszinierenden Karstlandschaften um Guilin locken Scharen von Touristen an. Sie klettern auf den Elefantenrüsselberg, der von einer Pagode gekrönt wird, genießen den Ausblick auf die von vielen Dichtern besungene Landschaft, lassen sich nachts mit dem Boot den Gui Jiang hinuntertreiben und bestaunen die Tropfsteinwälder, welche die Grotten in den Karsttürmen füllen. Die einheimische Industrie steckt noch immer in den Kinderschuhen, auch wenn die Ansiedlung von Industriebetrieben mit staatlichen Mitteln gefördert wird. Dafür beschert der Tourismus den Chinesen die begehrten Devisen.

Michel Bakalowicz

Die Takla-Makan

Das Tarimbecken im zentralasiatischen Hochland umschließt eine der größten und gefürchtetsten Sandwüsten der Erde: die Takla-Makan mit ihren schier endlosen Dünenfeldern. Nicht ohne Grund bedeutet ihr uigurischer Name soviel wie „Aus der du nicht heimkommst".

Die Takla-Makan-Wüste nimmt innerhalb der chinesischen Provinz Xinjiang ein Gebiet von fast genau der Größe Deutschlands ein. Hochgebirgsketten mit mehr als 7000 m hohen Gipfeln umgeben das über 1000 km lange und bis 500 km breite Wüstenbecken: der Pamir im Westen, der Tien Shan im Norden und der Kunlun Shan im Süden. Nach Osten hin öffnet sich die Senke zu den Wüsten und Steppen der Inneren Mongolei und geht dann allmählich in die Salztonebenen um den Salzsee Lop Nur über.

Ein Sandmeer

Am Fuß des Gebirgsrahmens der Takla-Makan erstrecken sich Geröllwüsten, die man in Zentralasien Gobis nennt; im Innern der ausgedörrten Senke, die allenfalls 50 mm Niederschlag im Jahr erhält, dominiert der Shamo, der feinkörnige, helle Sand. Staub- und Sandstürme, die gefürchteten Karaburans, wirbeln ihn 5000–6000 m hoch in die Atmosphäre und türmen ihn zu bis zu 300 m hohen Dünen auf.

Im Frühjahr und Sommer, wenn sich der Erdboden bei der starken Sonneneinstrahlung stellenweise auf mehr als 70 °C erhitzt und Heißluft wie Blasen in einer siedenden Flüssigkeit vom Boden aufsteigt, wehen die „schwarzen Stürme" am heftigsten. Die Sichtweite sinkt dann innerhalb kürzester Zeit auf wenige Meter; wie Marco Polo berichtet, leiden die Wüstenreisenden bei solchen Stürmen unter Atemnot und fürchten zu ersticken.

Im Durchschnitt erreichen die Dünen der Takla-Makan 100–200 m Höhe. Wegen der stark wechselnden Winde haben sie die unterschiedlichsten Formen: Im Osten, in der Wüste von Qargan, trifft man vor allem auf Barchane (Sicheldünen), die sich zu Ketten anordnen und durch Dünengassen, sogenannte Bahirs, voneinander getrennt sind; im Westen kommen mehrere Dutzend Kilometer lange Längsdünen vor; in der Wüste von Belkum südlich der Ruinenstadt Mazar Tagh beherrschen massige Sanddome das Landschaftsbild; dort, wo sich entgegengesetzte Winde treffen, häuft sich der Sand zu Stern- und Pyramidendünen auf.

Die Salztonebenen um den Lop Nur sind an der

Im Norden der Oase von Tuzlugh findet gegenwärtig ein erbitterter Kampf zwischen dem Wald und der Wüste statt; der Wald wird wahrscheinlich bald unterliegen. Die Pappeln zehren noch vom Grundwasser in den Flußsedimenten des Hotan He, doch immer weiter dringen niedrige Schilddünen von der Takla-Makan in den früheren Waldgürtel ein.

Gegenüberliegende Seite: Neuanpflanzungen von Pappeln schützen die von den chinesischen Volkskommunen in Tawakul und anderen Orten Xinjiangs angelegten Oasen vor den Wüstenstürmen. Zwischen den Windschutzstreifen bauen die Bauern Weizen, Reis, Mais und Baumwolle an.

Oberfläche von glitzernden Salzkrusten überzogen und durch tiefe Schrumpfungsrisse zergliedert. Noch bizarrer ist die Landschaft am Unterlauf des Tarim He, der im Lop Nur endet. Sandstürme haben hier mit einem natürlichen Sandstrahlgebläse tiefe Furchen in die tonigen Seesedimente gegraben und walrückenförmige Hügel modelliert, die rund 40 m Höhe erreichen und mit ihrer Längsachse von Nordost nach Südwest in der vorherrschenden Windrichtung angeordnet sind. Hier liegt die sagenhafte Stadt des Drachen, die in den chinesischen Chroniken erwähnt wird.

Ein Land wird zur Wüste

Gegenwärtig verwandeln sich in vielen Teilen der Erde Steppen und Savannen in öde Wüsten. Die Desertifikation, die Ausbreitung der Wüsten, ist heute meist das Ergebnis der Umweltzerstörung durch den Menschen. Fruchtbares Land kann sich aber auch auf natürlichem Weg in eine Wüste verwandeln; dafür gibt es in der Erdgeschichte zahllose Beispiele.

Die Desertifikation des Tarimbeckens begann bereits im Tertiär und verstärkte sich dann im Quartär. Nach und nach verlor der Tarim He seine rechten Nebenflüsse; sie erreichten den Hauptfluß nicht mehr, sondern versickerten im Sand. Die Seen im Lop-Nur-Becken schrumpften beträchtlich oder verschwanden sogar vollständig von der Landkarte. Verlassene, von Wanderdünen überrollte Städte entlang der Seidenstraße zeugen vom Vormarsch der Wüste nach Süden während der letzten beiden Jahrtausende.

Über die Ursachen der jüngsten Periode der Wüstenbildung im Tarimbecken sind sich die Fachleute allerdings nicht einig. Wurden die Städte, wie manche Forscher behaupten, von ihren Bewohnern verlassen, weil das Klima Zentralasiens immer trocke-

Einer der „grünen Korridore", welche die Takla-Makan durchziehen: die Dutzende von Kilometern lange Flußoase des Yurungkax. Im Sommer wird sie von den schmelzenden Schneefeldern im Kunlun Shan ausreichend mit Wasser zur Bewässerung der Felder versorgt.

SICHOU ZHILU: DIE SEIDENSTRASSE

Die Handelsroute, die China mit Zentral- und Westasien und über Samarkand und Baktra mit Europa verband, war keine Straße im heutigen Sinn, sondern ein weitmaschiges Geflecht von Karawanenpisten. Seide war auch keineswegs das einzige Handelsgut. Tee und Gewürze waren im Westen beinahe ebenso begehrt. Auf der 10 000 km langen interkontinentalen Handelsroute ging die Seide in der Regel durch mehrere Hände und wurde mehrfach gegen andere Güter eingetauscht, bevor sie endlich ihren Bestimmungsort erreichte. Die Hauptabnehmer chinesischer Seide waren die Märkte des kaiserlichen Rom; die Chinesen lieferten während der Blütezeit der Han-Dynastie aber auch große Mengen des kostbaren Gewebes nach Indien.

Die Sichou Zhilu, in China meist Kaiserstraße genannt, nahm in Xi'an ihren Anfang und führte zunächst bis zum westlichsten Tor der Großen Mauer. Hinter dem Tor fächerte sich die Handelsroute in drei getrennte Straßenzüge auf, die am Rand des Tarimbeckens und zwischen der heute verfallenen Stadt Lou-lan und Kharashahr auch durch das Zentrum des Beckens führten. In Kashgar vereinigten sich die drei Zweige wieder, um als gemeinsamer Strang die Pässe des Pamirs zu überwinden. In den Tiefländern von Turkmenistan und Usbekistan verlief eine südliche Route nach Baktra im heutigen Afghanistan; eine nördliche Route führte nach der im Jahr 329 v. Chr. von Alexander dem Großen eroberten Handelsstadt Samarkand in der heutigen Republik Usbekistan. Westlich des zentralasiatischen Gebirgsknotens zerfaserte die Seidenstraße in mehrere Karawanenpisten, von denen die, welche in Tyrus an der syrischen Mittelmeerküste endete, am bedeutendsten war.

Der Fernhandel auf der Seidenstraße erlebte vom 2. Jh. v. Chr. bis zum 2. Jh. n. Chr. seinen Höhepunkt. Später wurden die Karawanenpisten häufig unterbrochen, obwohl die chinesischen Kaiser sie über Hunderte von Kilometern gegen Überfälle aus der Mongolei und Tibet befestigen ließen. Der Verkehr verlagerte sich mehr und mehr auf den Seeweg. Nur unter der Mongolenherrschaft erlebten die alten Handelswege im 13./14. Jh., als Marco Polo auf der Seidenstraße nach China reiste, einen neuen Aufschwung.

ner wurde, zerfielen die Bewässerungsanlagen in kriegerischen Zeiten, oder hat der Mensch seinen Lebensraum selbst verwüstet?

Diese Fragen werden wohl nie mehr eindeutig beantwortet werden können. Wahrscheinlich spielen bei der fortschreitenden Ausbreitung der Wüsten in Zentralasien ohnehin mehrere Faktoren eine Rolle. Zweifellos sind die von hohen Gebirgsketten umschlossenen Becken dieses Gebiets sehr anfällig für die Desertifikation. Keine Gegend der Erde ist weiter vom feuchtigkeitspendenden Meer entfernt als das Tarimbecken. Die Entfernung von der Stadt Urümqi am Nordrand des Beckens zum nächsten offenen Meer beträgt etwa 2400 km, eine Strecke, auf der die Wolken ihre Wasserfracht zum größten Teil abgeben. Unter dem sommerheißen Klima der Takla-Makan könnte die Verdunstung im Jahr ohne weiteres 2500–3000 mm aufzehren; die Niederschläge betragen jedoch nur 1–2 % solcher Verdunstungsverluste. Dazu kommen die strengen Fröste im Winter, die zusammen mit der Trockenheit selbst die robustesten Pflanzen ausrotten.

Grüne Korridore – ein Geschenk des Wassers

Wasser ist hier ein wahres Lebenselixier. In grünen Bändern zieht sich die Vegetation an den Flüssen entlang, die im Sommer zum Teil noch von Gletschern und Schneeflecken im Hochgebirge gespeist werden. Wo die Wasserläufe in den Sommermonaten austrocknen, versorgt häufig das Grundwasser unter den Talauen tiefwurzelnde Pflanzen mit dem unentbehrlichen Nährstoff. Die Sanddünen sind im allgemeinen vollständig kahl; in den Dünengassen, unter denen der Grundwasserspiegel schon in 4 bis

Oben: Zäh klammert sich die alte Pappel mit ihren Wurzeln an den Boden, der ringsum bereits metertief erodiert ist. Die vernarbten Wunden dieses Baumveteranen zeugen vom Kampf zwischen dem Wald und der Wüste.

Links: Hinter den Geröllwüsten am nördlichen Rand des Tarimbeckens steigen mit scharfem Fußknick die von Erosionsfurchen zerkerbten Vorberge des Tien Shan auf. Das Himmelsgebirge nimmt etwa ein Viertel der Autonomen Region Xinjiang Uygur ein. Sein höchster Gipfel, der Shengli Feng, erreicht fast 7500 m.

ASIEN

Der Wochenmarkt vor den Toren der alten Oasenstadt Kashgar oder Kashi am westlichen Ende des Tarimbeckens. Mit 150 000 Besuchern, die an jedem Sonntag von nah und fern auf Eselkarren, Kamelen, Traktoren und Fahrrädern in die Stadt strömen, gehört der Markt von Kashgar zu den größten der Welt.

5 m Tiefe liegt, gedeiht dagegen eine Steppenvegetation von Gräsern und verschiedenen Sträuchern wie der Tamariske oder dem Saxaulstrauch. Wie Galeriewälder tropischer Savannen begleiten Auenwälder mit Ölweiden, Pappeln, Tamarisken und Schilfröhricht die wenigen Flüsse.

Das sind also die sogenannten grünen Korridore der chinesischen Geographen. Der längste von ihnen führt 2000 km am Tarim He entlang, von den Salzsümpfen am Lop Nur bis zu den Quellflüssen in den Randgebirgen. Ein weiterer grüner Korridor folgt dem Lauf des Hotan He quer durch die Dünenfelder vom Kunlun Shan zur Mündung in den Tarim. Die übrigen sind Sackgassen, die in den Dünenfeldern blind enden.

Viele Gebirgsflüsse versickern und verdunsten am Rand der Sandwüste in mit kleineren Seen übersäten Sümpfen. Der Salzgehalt der Böden in der Umgebung der Endseen ist hoch; dort können meist nur salzunempfindliche Pflanzen existieren. Andere, wie die Tamarisken, ziehen sich auf niedrige Sandhügel zurück, aus denen der seltene Regen die schädlichen Salze auswäscht.

Der Mensch in der Takla-Makan

Am Rand der Wüste reihen sich die Oasen auf. Jeder noch so kleine Wasserlauf aus dem Gebirge wird angezapft. Zwischen den zerkerbten Gebirgsketten und den Dünenfeldern liegt ein schmaler, mit Kies und Geröll bedeckter Streifen, dem uralte Karawanenwege folgen.

Der Fernhandel und die Landwirtschaft auf bewässerten Feldern ließen die Oasenstädte schon vor Jahrtausenden erblühen. Kashi, das legendäre Kashgar, das früher eine der wichtigsten Stationen des Seidenhandels zwischen Asien und Europa war, zählt heute rund 120 000 Einwohner. Turpan am nördlichen Rand des Tarimbeckens, mitten im asiatischen Kontinent und 154 m unter dem Meeresspiegel gelegen, versorgt seine Bewässerungskulturen durch ein 3000 km langes Netz unterirdischer Kanäle, die die Grundwasservorkommen anzapfen.

Flüsse, die von Schneefeldern und Gletschern gespeist werden, haben gerade im Sommer den größten Abfluß und ermöglichen so einen ertragreichen Anbau. Turpan ist beispielsweise durch die „drei Schätze der Turpansenke", zuckersüße Trauben und Melonen sowie Baumwolle, in ganz China bekannt.

Seit 1955 gehört die Takla-Makan zur Autonomen Region der Uiguren, mit einer Fläche von über 1,6 Mio. km² die größte Autonome Region der Volksrepublik China. Innerhalb der 13 Millionen Einwohner stellen die Uiguren die größte Bevölkerungsgruppe; ihnen folgen die Kasachen, Kirgisen, Tadschiken, Usbeken, Mongolen und sieben weitere ethnische Minderheiten.

Während die Uiguren als seßhafte Ackerbauern in erster Linie Getreide und Obst anbauen, führen die Kasachen und Mongolen zum Teil als Viehzüchter noch ein Nomadenleben. Sie versorgen das Reich der Mitte vor allem mit Schafwolle.

In den letzten Jahrzehnten ist der Anteil der Han-Chinesen an der Bevölkerung Xinjiangs kräftig gestiegen, nicht zuletzt durch den Ausbau der Industrie im fernen Westen Chinas. Der geologische Untergrund enthält unter dem unfruchtbaren Wüstensand reiche Vorkommen von Erdöl, Kohle, Eisenerz und Uran.

Roger Coque und Pierre Gentelle

ASIEN

Mit Pappelholz beladene Kamele auf dem Weg zur Tawakuloase. Brenn- und Bauholz werden im Umkreis der Siedlungen von Jahr zu Jahr knapper, und die Uiguren müssen immer weitere Wege auf der Suche nach Holz zurücklegen. Die Abholzung der letzten Bäume ist eine der Ursachen der Desertifikation.

GRUNDFORMEN DER WÜSTENDÜNEN

Sicheldünen schließen sich häufig zu Querdünen zusammen.

Sicheldünen im Süden Tunesiens

Dünen sind Aufschüttungsformen, die vom Wind geschaffen werden. Sie bestehen meist aus Sand, gelegentlich trifft man jedoch auf Dünen aus Lockersedimenten. Sanddünen kommen hauptsächlich in den Trockengebieten der Erde sowie an sandigen Küsten vor. Insgesamt sind sie in den Wüsten freilich seltener, als vielfach angenommen wird. So ist nur ein Drittel der Rub al-Khali, des größten geschlossenen Flugsandgebietes der Erde, Sandwüste mit Dünenfeldern.

Der Wind kann nur in Regionen mit spärlichem Pflanzenwuchs seine volle Kraft entfalten. Er nimmt dort von der nackten Bodenoberfläche Staub und Sand auf und führt die Gesteinspartikel fort. Während der Staub oft bis in höhere Schichten der Atmosphäre aufgewirbelt wird, treiben die Winde den Sand dicht über die Bodenoberfläche dahin. Im Windschatten von Grasbüscheln oder größeren Steinen lagern sich die Sandkörner ab und bilden die zungenförmigen Primärdünen, die an der deutschen Küste Kupsten oder Zungendünen genannt werden.

In völlig vegetationslosen Wüsten entstehen als erste Dünenformen flachgewölbte Flugsandhügel von einigen Dezimetern bis Metern Höhe, die Schild- und Säbeldünen. Auf flachem, hartem Stein- und Geröllboden oder auf durchfeuchteten Böden, die der Windabtragung widerstehen, bilden sich als nächstgrößere Dünenform einzelne Sicheldünen oder Barchane. Bei stärkerer

Die Stern- oder Pyramidendünen in der Sahara erreichen nicht selten mehrere hundert Meter Höhe.

Sandzufuhr schließen sich die Barchane, deren First quer zur vorherrschenden Windrichtung verläuft, zu mehrere Kilometer langen und bis etwa 30 m hohen Quer- oder Transversaldünen zusammen. Häufiger kommen jedoch die in der Hauptwindrichtung verlaufenden Längsdünen vor. Sie erreichen in der Sandwüste Mauretaniens teilweise eine Länge von 300–400 km. Wo mehrere Längsdünen, Querdünen und Barchane zusammentreffen, entstehen die Stern- oder Pyramidendünen, deren Kämme sternförmig von einem Punkt ausstrahlen.

Die Lößlandschaften Chinas

Huang tu, gelbe Erde – so nennen die Chinesen den Löß, das gelbliche Gestein, das im zentralen Teil Nordchinas in viele Meter dicken Schichten ein Gebiet von nahezu der doppelten Größe Deutschlands bedeckt. Der Löß, der zu nährstoffreichen, tiefgründigen Lehmböden verwittert, ist ein Geschenk der Eiszeiten von unschätzbarem Wert.

Die Straße verläuft schnurgerade zwischen dichten Hecken durch eine flache, eintönige Agrarlandschaft, die der Mensch in winzige Parzellen eingeteilt hat. Wenn man mit dem Auto durch die Dörfer fährt, legt sich eine dicke Staubschicht auf das geerntete Getreide, Mais, Sorghum und Weizen, das die Bauern auf der Straße ausgebreitet haben, damit die Fahrzeuge mit den Rädern wie einst die Esel mit ihren Hufen das Getreide dreschen und gleichzeitig die Spreu von den Körnern trennen. Plötzlich öffnet sich neben der Straße eine mehr als 100 m tiefe Schlucht, die das Wasser in den Löß und das darunter anstehende Gestein gegraben hat. Hier ist das mittlere Becken des Gelben Flusses, im Zentrum des chinesischen Lößhügellandes, das insgesamt eine Fläche von 630 000 km² einnimmt.

Vielfältige Landschaftsformen

Das unter dem Löß begrabene ursprüngliche Relief spiegelt sich noch in den heutigen Oberflächenformen wider. Wo die „gelbe Erde" als 100–200 m dicker Mantel auf ebenem Untergrund lagert, bildeten sich Plateaus mit steilen Flanken, die weiten Yuans. Gebirgszüge aus Kalk- und Sandsteinen treten unter dem Lößmantel in langgestreckten Kämmen, den Liangs, oder in Ketten abgerundeter Hügel, den Maos, in Erscheinung. Die fossilen Gebirgszüge gliedern die Lößlandschaft in verschiedene Becken. Manchmal ragen ihre Gipfel aus dem Löß hervor, meist sind sie jedoch von einer mehrere Dutzend Meter dicken Schicht bedeckt.

Geologische Gräben durchziehen die Lößplateaus. Die Verwerfungen am Rand der Senken sind noch aktiv; hin und wieder kommt es zu heftigen Erdbeben. Der Gelbe Fluß und seine Nebenflüsse Wei He und Fen He folgen den Gräben. Auf den Flußterrassen, die durch die Senkung der Krustenschollen entstanden, lagern die Lößschichten. Je älter und höher eine Terrasse ist, um so mehr Löß hat sich in der Regel auf ihr abgelagert. Auf einer Terrasse oberhalb der Stadt Lanzhou erreicht die Lößmächtigkeit 315 m – fast zehnmal soviel wie die maximalen Mächtigkeiten in Mitteleuropa.

Tiefe Spalten, die messerscharf in die Yuans einschneiden, begleiten die Täler. An ihnen brechen ganze Hangstücke ab. Zurück bleiben senkrechte Abrißwände und einzelne Lößschollen, die wie Türme vor den Wänden stehen.

Die Steilhänge sind mit langen Erosionskerben überzogen; hier und da enden die Kerbtälchen in runden Schächten, in denen das Wasser bei Wolkenbrüchen verschwindet. Im unteren und mittleren Hangbereich graben sich verzweigte Schluchten in den weichen Löß. Die Erosion macht freilich nicht an der Erdoberfläche halt; sie setzt sich im Untergrund fort, spült dort röhrenförmige Höhlen aus, die irgendwann einstürzen und an der Oberfläche tiefe Einsturzkrater hinterlassen. Manchmal bleibt zwischen zwei eingestürzten Höhlengängen ein Teil der Höhlendecke als natürliche Brücke stehen. Insgesamt haben die Formen des Lößhügellandes viel Ähnlichkeit mit Karstlandschaften, auch wenn bei ihrer Entstehung die Lösung der Kalkpartikel im Löß bloß eine untergeordnete Rolle gegenüber der ober- und unterirdischen Erosion spielt.

Nach Starkregen oder bei Erdbeben kommt es zu gewaltigen Erdrutschen, die senkrechte Nischen in die Hänge reißen. Mitunter setzen sich die Erdmassen so heftig in Bewegung, daß sie das gesamte Tal durchqueren, sich wie eine Welle am gegenüberliegenden Talhang brechen und einen natürlichen Damm bilden, hinter dem sich das Wasser staut. Die locker aufgeschütteten Dämme existieren in der Regel nicht lange. Irgendwann bahnt sich das Wasser einen Weg und läßt den Damm bersten.

Bei der Besiedlung des Lößhügellands haben die Menschen natürliche Höhlen zu unterirdischen Behausungen erweitert oder selbst Grotten in den lockeren, aber standfesten Löß gegraben. Überall sieht man die Eingänge: inmitten der Felder, auf den Plateaus, auf den Kämmen der Liangs, auf den Flußterrassen oder in den Schuttmassen der Erdrutsche. Die Anbauterrassen steigen treppenförmig die Flanken der Lößplateaus hinauf und werden durch Ackerraine voneinander getrennt, sind jedoch nicht so regelmäßig wie in anderen chinesischen Agrarlandschaften. Nur entlang den großen Tälern findet man auf den weniger zu Rutschungen neigenden Flußsedimenten perfekte Terrassen.

Das Gestein, das aus der Kälte kam

Das chinesische Lößhügelland gehört zu der Kette von Lößgebieten, die sich in den mittleren Breiten der Nordhalbkugel quer durch Eurasien und Nordamerika zieht. Auf der Südhalbkugel findet man Löß vor allem in den Tiefländern Südamerikas beiderseits des La Plata. Hinter dem Begriff Löß verbirgt sich freilich eine ganze Reihe von Sedimenten unterschiedlicher Entstehung; der eigentliche primäre, vom Wind abgelagerte Löß kommt hauptsächlich in den Vorländern der Gletscher vor, die im Quartär mehrmals weite Gebiete der Nordhalbkugel unter sich begruben.

Die Lößlandschaften am Mittellauf des Gelben Flusses zeichnen sich innerhalb des eurasischen Lößgürtels durch die außergewöhnliche Mächtigkeit der Sedimente aus. Die besondere Lage und Gestalt des Ablagerungsgebietes ließen hier die Mächtigkeit der Lößschichten (meist nur einige Meter dick) auf mehrere hundert Meter wachsen. Wie ein Hufeisen öffnet sich der Gebirgsrahmen des chinesischen Lößhügellandes nach Norden, zu den Wüsten und Trockensteppen der Inneren Mongolei. Aus diesen Trockengebieten wurde der feinkörnige Gesteinsstaub während der quartären Kaltzeiten durch Nordwinde ausgeweht, nach Süden verfrachtet und im chinesischen Lößhügelland wie in einer riesigen Sedimentfalle abgelagert.

Auch heute noch treibt der Wind an manchen Tagen dichte Staubwolken aus der Wüste Gobi und dem Ordosplateau über Nordchina. Die chinesischen Chroniken berichten in den vergangenen drei Jahrtausenden immer wieder über „Lößregen", die im Reich der Mitte niedergingen. Die schon damals

Oben: Ackerterrassen in den Lößhügeln bei Lanzhou. Im Herbst, wenn der trocken-kalte Nordwestmonsun in Ostasien einsetzt, trocknet der Lößlehm rasch aus. Die unteren Schichten der Bodenkrume, die der Pflug an die Oberfläche befördert, sind noch von den Regen des Sommermonsuns durchfeuchtet und deshalb dunkler gefärbt.

Links: Am oberen Ende einer tiefen Schlucht, die das Lößplateau von Luochuan (Shaanxi) zerschneidet, liegt ein in den Löß gegrabenes Höhlendorf. Die Wohnungen und Scheunen führen auf kleine Höfe, auf denen Getreide getrocknet wird. Die Höhlenwohnungen werden allerdings zunehmend von Lehm- und Backsteinhäusern verdrängt.

ASIEN

SHAANXI, EIN HISTORISCHES FREILICHTMUSEUM

Eine Abteilung der Terrakottaarmee in der Grabanlage des Qin Shihuang etwa 30 km östlich von Xi'an

Die Provinz Shaanxi am Südrand des Lößhügellands gehört zu den frühestbesiedelten Gegenden Chinas. Einige Kilometer östlich der Provinzhauptstadt Xi'an entdeckte man in den 50er Jahren die Reste einer jungsteinzeitlichen Siedlung, in der vor rund 6000 Jahren seßhafte Bauern lebten. Nicht weit davon entfernt befinden sich die berühmten Thermalquellen Huaqing Chi, in denen schon vor 3000 Jahren die Herrscher der Zhou-Dynastie badeten.

Das bedeutendste historische Monument in Shaanxi ist jedoch die Grabanlage des Qin Shihuang (259–210 v. Chr.), des ersten Kaisers von China. 36 Jahre lang sollen 700 000 Handwerker und Arbeiter die letzte Ruhestätte des Kaisers, einen pyramidenförmigen Grabhügel, errichtet haben. Das bis heute noch nicht geöffnete Kaisergrab soll nach alten Chroniken ungeheure Schätze bergen.

Eine Vorstellung von der Pracht der chinesischen Kaisergräber gibt ein Fund, den Bauern im Frühjahr 1974 östlich des Grabhügels beim Brunnenbohren machten. Sie stießen auf eine Armee von etwa 6000 lebensgroßen tönernen Krieger- und Pferdefiguren, die den Kaiser im Jenseits beschützen sollte. Zwei Jahre später entdeckte man in der Nähe eine 1000 Mann starke Reitertruppe, bewaffnet mit Streitwagen, Bogen und Armbrüsten. Der Boden in der Umgebung von Xi'an, der Hauptstadt von elf Dynastien, birgt noch weitere Schätze, wie die Gräber der Tang-Kaiser am Berg Liangshan.

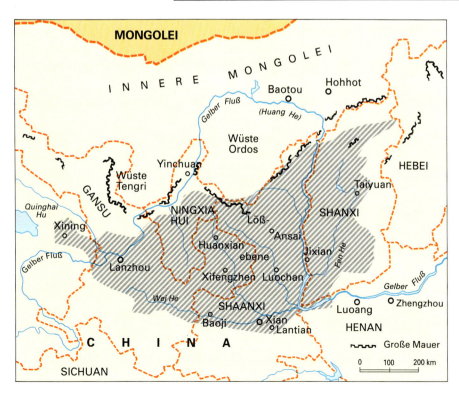

geäußerte Vermutung, daß der Flugstaub aus dem Wüstengürtel Zentralasiens stammen könnte, wurde jetzt durch Satellitenaufnahmen eindeutig bestätigt.

Löß ist ein typisches Gestein trockenkalter Klimazonen. Die Frostverwitterung zerkleinert das Gestein bis auf die Größe von Staubkörnern, Schmelzwässer spülen die Partikel aus dem Verwitterungsschutt und lagern sie am Rand der Flußbetten und in geschlossenen Senken ab. Dort wird der Staub dann vom Wind aufgenommen und über Hunderte von Kilometern transportiert.

Spuren der Bodenerosion

Ein Gestein, das vom Wind abgelagert wurde, kann umgekehrt bei höheren Windgeschwindigkeiten wieder aufgenommen werden, wenn die schützende Pflanzendecke vom Menschen zerstört wird. Die Bodenerosion durch den Wind hinterläßt deshalb in den Randgebieten der zentralasiatischen Trockensteppen und Wüsten tiefe Spuren. Im chinesischen Lößhügelland selbst sind dagegen die Abspülung und Erdrutsche die wichtigsten Abtragungskräfte. Vier Fünftel des Hügellandes weisen heute schwere Erosionsschäden auf. Im Sommer, während der Monsunzeit, gehen oft heftige Wolkenbrüche über dem Hügelland nieder. Bei einem einzigen Starkregen kann ein Viertel des gesamten Jahresniederschlags fallen. Durch die vorher wasserlosen Schluchten schießen dann Sturzbäche, mit Wasser durchtränkte Hänge rutschen talwärts, die ganze Landschaft scheint zu zerfließen.

Das Lößhügelland am Gelben Fluß wurde schon in prähistorischer Zeit vom Menschen besiedelt. Auf 800 000–1 150 000 Jahre schätzen Wissenschaftler das Alter des im Tal des Wei He gefundenen Lantianmenschen. Vor rund 7000 Jahren wurden die Jäger und Sammler der Steinzeit seßhafte Bauern, gründeten Dörfer und rodeten die Wälder, die den erosionsanfälligen Löß bislang vor der Abtragung geschützt hatten. Zwar versuchten die Bauern, die Bodenerosion durch die Anlage von Terrassen und eine geeignete Fruchtfolge zu mindern, gegenüber bewaldeten Flächen ist die Abtragung im Ackerland jedoch um mindestens 80 % höher. Ziegeleigruben, tiefe Geländeeinschnitte für Straßen, neue Wohnsiedlungen und die Tagebaue, in denen Kohle gefördert wird, machen das Lößhügelland heute für die Erosion anfälliger denn je.

Bevor der Huang He, der Gelbe Fluß, auf seinem Weg vom Tibetischen Hochland zum Pazifischen Ozean das Lößhügelland durchquert, ist er ein normaler, je nach Gefälle blaugrauer bis weißer Fluß. Seine charakteristische Farbe erhält er erst durch den gelblichen Lößschlamm, den er in seinem Mit-

Oben: Mit verschiedenen Maßnahmen versucht man, die Bodenerosion wie hier in der Nähe von Ansai (Shaanxi) einzudämmen. Am Fuß von Flachhängen werden Anbauterrassen angelegt. Die Lößhügel im Hintergrund dienen nur als Weideland; an den Steilhängen und in den Erosionskerben werden Sträucher gepflanzt, damit sich in ihrem Schutz eine geschlossene Boden- und Pflanzendecke entwickeln kann. Kleine Staudämme fangen die abgespülte Bodenkrume auf.

Linke Seite: Die Bodenerosion spült im Löß Höhlen aus, die irgendwann einstürzen. Gelegentlich bleibt zwischen zwei eingestürzten Höhlengängen ein Teil der Höhlendecke als natürliche Brücke stehen.

ASIEN

tellauf aufnimmt. Der über 4000 km lange Fluß führt riesige Mengen von Schwebstoffen mit sich: jährlich 1,6 Mrd. t; davon stammen 80–90 % aus dem Lößhügelland. Ein Viertel dieser Fracht lagert er in den Ebenen am Unterlauf ab, drei Viertel gelangen in den Ozean und verleihen dem Gelben Meer den typischen Farbton. Durch die Ablagerung der Schwebstoffe hat sich das Bett des Huang He über das Niveau der benachbarten Ebenen erhöht. Früher kam es häufig vor, daß der Fluß bei Hochwasser seine natürlichen Uferdämme durchbrach, sich einen anderen Lauf suchte und ganze Landstriche unter Wasser setzte. Seit 2200 v. Chr. soll es kein Jahrzehnt gegeben haben, in dem der „Kummer Chinas" nicht über die Ufer trat. Hunderttausende ertranken bei den Überschwemmungen; zuweilen wurden die Deiche absichtlich geöffnet, um feindliche Heere zu vernichten. Seit dem Bau von Deichen, Auffangbecken und Staudämmen hat er viel von seinem Schrecken verloren.

Armelle Billard und Tatiana Muxart

Der Steilhang an einem Flußufer bei Lanzhou zeigt den Aufbau der Flußterrasse: Kiesschichten wechseln mit hellbraunem Schwemmlöß. In bestimmten Niveaus ziehen sich dunkelbraune fossile Böden durch die Sedimente. Sie sind Zeugen wärmerer Klimaphasen mit geschlossener Vegetation und geringer Abtragung.

LÖSSLANDSCHAFTEN IN CHINA: SPIEGEL DER KLIMASCHWANKUNGEN

Die Lößsedimente im Norden Chinas sind in den vergangenen Jahrzehnten eingehend wissenschaftlich untersucht worden, nicht zuletzt weil die Lößablagerungen mit fossilen Böden wechseln, die Aufschluß über die Klimaschwankungen im Quartär geben.

Die roten Tonschichten, die vielfach unter den Lößdecken lagern, setzten sich größtenteils schon vor mehr als 2,4 Millionen Jahren in flachen Seen ab. Innerhalb der Lößschichten sind zwei Schichtenstapel zu unterscheiden, die vor 730 000 Jahren abgelagert wurden.

Die Lößablagerung muß immer wieder für einige Jahrtausende durch Perioden unterbrochen worden sein, in denen kein oder nur sehr wenig Flugstaub über dem Lößhügelland ausgebreitet wurde. Zwischen die Lößsedimente, die Reste von Pflanzen und Tieren einer Kältesteppe enthalten, schiebt sich nämlich mehr als ein Dutzend fossiler Böden. Diese Böden können nur in wärmeren und feuchteren Klimaperioden entstanden sein. Insgesamt kommen 14 deutlich ausgeprägte Böden vor, die sich im Lauf von 1,2 Millionen Jahren gebildet haben. Die Ergebnisse der geologischen Untersuchungen sprechen also für einen wiederholten Wechsel zwischen Kaltzeiten mit vorherrschenden Winden aus nördlichen und nordöstlichen Richtungen und Warmzeiten, in denen sich wie heute der feuchtwarme Süd- oder Südostmonsun im Sommer über Ostasien durchsetzen konnte.

Im Lauf des Eiszeitalters wurde das Klima Nordchinas zusehends trockener und kälter, wahrscheinlich als Folge der Hebung der süd- und zentralasiatischen Hochgebirgsketten, die dem feuchtwarmen Sommermonsun aus südlichen Breiten den Weg versperrten. Damit trockneten auch die Beckenlandschaften Zentralasiens immer weiter aus, fast alle grünen Korridore verschwanden, und heftige Winde erodierten den ungeschützten Boden.

Die Klimaschwankungen des Quartärs sind demnach in den Lößschichten Nordchinas wesentlich detaillierter als in manchen Lehrbüchern aufgezeichnet, in denen noch von vier Eiszeiten und drei Warmzeiten gesprochen wird. Nach Ansicht chinesischer Geologen begann das Eiszeitalter vor etwa 2,4 Millionen Jahren; damit wäre das Quartär ebenfalls wesentlich länger, als man noch vor wenigen Jahren annahm.

Oben: Im Osten Lanzhous steigen Ackerterrassen treppenförmig bis zu den Kämmen der Liangs hinauf. Der Lößmantel ist hier nur dünn – man erkennt es an den hellen Stellen auf den Äckern, an denen der darunter lagernde Kalkstein und Mergel zutage treten. Das Regenwasser wird auf den Terrassen gesammelt und durch Fallschächte in Kerben geleitet. Auf diese Weise können stärkere Erosionsschäden vermieden werden.

Linke Seite: Kaum ein anderer Fluß der Erde ist so stark mit Schwebstoffen beladen wie der Gelbe Fluß, nachdem er das Lößhügelland durchquert hat. Bei Lanzhou beträgt die Sedimentfracht noch 3 kg/m³ Wasser; im Unterlauf kann die Sedimentkonzentration bis auf 666 kg/m³ ansteigen.

Die Schwefelquellen des Kratersees Kawah Idjen auf der Insel Java sind für die Wissenschaftler interessante Forschungsobjekte und für Touristen ein faszinierendes, wenngleich auch beunruhigendes Naturschauspiel. Seit Generationen wird aus den Solfataren Schwefel gewonnen, ein Rohstoff, der hier nie zur Neige geht.

Die Solfataren des Kawah Idjen

Der Idjen-Vulkankomplex bildet das östlichste Glied einer nahezu geschlossenen Kette von rund 30 aktiven Vulkanen, die sich als Teilstück des pazifischen Feuergürtels und gebirgiges Rückgrat der Insel quer durch Java zieht. Im Osten des indonesischen Archipels setzt sich die Vulkankette auf Bali und weiter auf den Kleinen Sundainseln am Südrand der Bandasee in Richtung Neuguinea fort. Nach Westen hin wird der Feuergürtel bis in den äußersten Norden der Insel Sumatra verlängert. Die gesamte Kette ist ein Musterbeispiel eines vulkanischen Inselbogens, unter dem innerhalb einer Subduktionszone eine Platte der festen Erdrinde im Erdinnern verschlungen wird und dort zum Teil zu Magma schmilzt. In diesem Fall verschwindet die ozeanische Kruste des Indischen Ozeans unter der kontinentalen Erdkruste Eurasiens.

Der schlummernde Vulkan

Indonesien erlebte in den vergangenen Jahrhunderten mit den Eruptionen des Krakataus und des Tamboras zwei der verheerendsten Vulkankatastrophen in historischer Zeit. An diesen Ausbrüchen gemessen, gebärdete sich der Idjen friedlich. Seit dem 18. Jh. brach er nur fünfmal aus, das letztemal 1952. Alle Eruptionen verliefen relativ glimpflich, denn die Ebenen, über denen er aufragt, waren früher viel dünner besiedelt als heute. Außerdem zeigt er eine wesentlich schwächere Aktivität als der gefürchtete Merapi in Mitteljava (nicht zu verwechseln mit dem bereits erloschenen Merapi-Idjen), der häufig ausbricht und dabei viele Menschenleben fordert. Trotzdem wird der Idjen in der Liste der 129 aktiven Vulkane Indonesiens geführt. Er kann nämlich jeden Augenblick wieder ausbrechen, und der mit saurem Wasser gefüllte Kratersee stellt eine ständige Gefahr für die Bewohner des Umlandes dar.

Der Gipfel, oder genauer, die Gipfel des Idjenvulkans markieren den Rand einer annähernd ovalen Caldera, eines riesigen vulkanischen Kessels mit einem Durchmesser von etwa 20 km. Diese Caldera ist wahrscheinlich gegen Ende des Eiszeitalters beim Einsturz einer entleerten Magmakammer entstanden. Sie wird heute von Wäldern, Feldern und Kaffeeplantagen bedeckt. Von der vulkanischen Aktivität des Idjens zeugen mehrere Vulkankegel, darunter der rührige Raung und innerhalb der Caldera der Krater des Idjens, in der indonesischen Sprache der Kawah Idjen. Dort konzentriert sich gegenwärtig die vulkanische Aktivität.

36 Mio. m³ stark sauren, schwefel-, gips- und alaunhaltigen Wassers füllen den Krater. Beim nächsten größeren Ausbruch könnte sich ein gewaltiger Strom kochendheißen, ätzenden Vulkanschlamms in die Kaffee- und Tabakplantagen, in die Reisfelder

Graue, völlig erstarrte Lava und mit strohgelben Schwefelausblühungen überzogene Lavaströme umgeben diesen natürlichen Schwefeltiegel. Der geschmolzene Schwefel leuchtet goldgelb aus den Spalten. Die Schwefelkrusten werden von den Arbeitern in kleinere Stücke gebrochen und abgebaut.

und vielleicht sogar bis in die Städte Sempol und Licin ergießen. Der hohe Säuregehalt des Wassers, der sogar für einen vulkanischen See ungewöhnlich ist, geht auf die zahllosen Gasquellen am Grund zurück. Die Gase lösen sich im Wasser und verwandeln es in eine ätzende Säure. Einige der Quellen treten am Südostufer des Sees aus und können dort mit dem notwendigen Sicherheitsabstand bewundert werden.

Die Schwefelquellen steigen von der Tiefe aus natürlichen Schmelztiegeln auf, in denen die Temperatur bei 300 °C liegt. An der Oberfläche tritt der Schwefel zunächst wie Lava als Schmelze aus und erstarrt dann zu einer festen Masse, die sich mit ihren gelben Farbtönen von der pechschwarzen, völlig erstarrten Lava abhebt. Hier und da zeigen ein paar orangerote Ströme, daß die Temperatur des geschmolzenen Schwefels noch über 250 °C beträgt. Wenn der Dampf der Fumarolen mit dem Sauerstoff der Luft in Berührung kommt, kondensiert der Schwefeldampf, der Schwefelwasserstoff oxidiert und bildet im Umkreis der Quellen glitzernde Kristalle.

Früher strömte das saure Wasser nach starken Regenfällen aus dem Kratersee über die niedrigste Stelle im Kraterrand hinweg und ergoß sich in den Banjuputihfluß. Danach war das Flußwasser für die Bewässerung der Felder nicht mehr zu gebrauchen. Wenn das saure Wasser auf die Felder gelangte, wurden die Ernten vernichtet. In den 20er Jahren baute man deshalb in die Abflußstelle im Kraterrand eine Schleuse ein, die nur geöffnet werden darf, wenn alle Bewässerungskanäle am Banjuputih geschlossen sind.

Oben: Der Wasserdampf kondensiert dicht über der Oberfläche des salz- und schwefelsäurehaltigen Sees. Die Arbeiter, die den Schwefel fördern, müssen sich einen Weg durch die Lavafetzen am Kraterrand bahnen.

Links: An manchen Stellen scheidet sich elementarer Schwefel direkt in fester Form aus den Gasen aus und bildet feine, funkelnde Kristalle, die leider sehr zerbrechlich sind.

VULKANISCHE LAGERSTÄTTEN

Im Unterschied zur Verwitterung, zur Abtragung oder zur Ablagerung, Vorgängen, bei denen die Minerale nach ihren physikalischen und chemischen Eigenschaften sortiert und angereichert werden, fördern Vulkane Minerale als buntes Gemenge. In den Lavaströmen und Aschenschichten kommt daher nur selten ein wirtschaftlich interessantes Mineral in so konzentrierter Form vor, daß sich ein Abbau in großem Umfang rentieren würde.

Die vulkanischen Gase hingegen sind das ideale Transportmedium für eine ganze Reihe flüchtiger Elemente, die sich an der Erdoberfläche im Umkreis der Fumarolen absetzen oder bei untermeerischen Vulkanen im Kontakt mit dem Meerwasser ausfallen. Gerade den untermeerischen Vulkanen verdanken wir einige der wertvollsten Kupfer-, Blei- und Zinklagerstätten der Erde wie die Erze des Rammelsbergs bei Goslar, die über 1000 Jahre abgebaut wurden.

Noch lange nach dem Ende der Eruptionen dringen in Vulkangebieten heiße Wässer an die Oberfläche, lösen auf ihrem Weg lösliche Minerale aus dem Gestein und scheiden sie an anderen Stellen wieder in konzentrierter Form aus. Diese sogenannten hydrothermalen Lagerstätten enthalten eine Vielzahl wertvoller Substanzen: Oxide, Silicate, Carbonate und Sulfide, aber auch gediegene Erze wie Gold und Silber. Das heiße Wasser selbst wird vielerorts in Thermalbädern genutzt, in manchen Ländern treibt heißer vulkanischer Dampf auch die Turbinen von Erdwärmekraftwerken an.

ASIEN

Die Hölle als Arbeitsplatz

Der Besucher wird sich wohl nicht länger als nötig an den Solfataren des Kawah Idjen aufhalten. Es stinkt fürchterlich nach faulen Eiern, die Luft ist zum Ersticken, und direkt neben den Schwefelquellen kann man sie überhaupt nicht einatmen. Häufig liegen dichte Wolken über dem Kratersee in 2150 m Meereshöhe; zum Nebel kommen noch die vulkanischen Dämpfe und das Wasser der tropischen Regengüsse, das auf dem kochendheißen Boden sofort verdampft. Die Fumarolen und die Becken mit geschmolzenem Schwefel sind dann unsichtbar: tödliche Fallen für den sorglosen Besucher. Der blaugrüne See dampft und wabert; stellenweise ist er durch feinverteilten Schwefel milchig oder gelb gefärbt: eine höllische Szenerie.

Es gibt freilich Menschen, die in dem infernalischen Kessel arbeiten. Sie tragen keine festen Schuhe und keine geeignete Kleidung, die sie vor dem ätzenden Schlamm, der Hitze der vulkanischen Gase und den kalten tropischen Regengüssen schützen könnten. Dennoch machen sie sich jeden Tag auf den Weg, um die 15 km von ihrem Dorf bis zu dem rauchenden Krater in ein paar Stunden zu bewältigen. Auf ihren Schultern tragen die Arbeiter

VULKANISCHE DÄMPFE UND GASE

Die Schlammkessel am Kawan Kamojang in Mitteljava befinden sich über Solfataren, in denen die Temperatur unter dem Siedepunkt liegt.

Solfataren, Fumarolen, Mofetten und Geysire gehören zu den postvulkanischen Erscheinungen, den Phänomenen, die auch Jahrhunderte und Jahrtausende nach den eigentlichen Eruptionen in den Vulkangebieten zu beobachten sind. Fast immer besteht der Dunst, der aus den Kratern und Spalten quillt, aus einem Gemisch verschiedener Gase und Dämpfe: Wasserdampf, Wasserstoff, Kohlendioxid, Kohlenmonoxid, Schwefelwasserstoff, Schwefeldioxid, Fluor- und Chlorwasserstoff. Je nach dem vorherrschenden Bestandteil und den Temperaturen unterscheiden die Geologen verschiedene Arten postvulkanischer Exhalationen (Aushauchungen). Dampfquellen mit Temperaturen zwischen 200 und 800 °C nennt man Fumarolen. Sie bestehen größtenteils aus verdampftem Grundwasser; nur ein geringer Teil stammt, wie an bestimmten Elementen zu erkennen ist, aus dem Magma. Postvulkanische Dampfquellen mit Temperaturen unterhalb 200 °C heißen nach der berühmten Solfatara bei Neapel Solfataren. Sie führen neben 90 % Wasser vor allem Schwefelwasserstoff und Kohlendioxid. Kohlendioxidquellen geringer Temperatur werden Mofetten genannt; wenn das Gas unter dem Grundwasserspiegel austritt, entstehen Mineralquellen mit natürlicher Kohlensäure. Besonders spektakulär sind die Geysire, die heißen Springquellen. Sie schleudern in bestimmten Zeitabständen, sobald der Siedepunkt in der Aufstiegsröhre überschritten wird, Wassersäulen als hohe Fontänen aus. Zu den postvulkanischen Erscheinungen gehören auch die Thermalquellen.

zwei Körbe, die an einem Bambusstock hängen und in denen man überall auf Java Lasten befördert. Im Krater schneiden sie mit primitiven Werkzeugen unterschiedlich große Blöcke aus den Schwefelkrusten. In jeder Schicht müssen mindestens 50 kg abgebaut, über den Kraterrand gehievt und schließlich über einen steilen, rutschigen Pfad nach unten zur Wiegestation transportiert werden. Dort erhält der Arbeiter für seine Mühen einen kärglichen Tageslohn. Auf einer riesigen Balkenwaage häuft sich der Schwefel: 4 t werden täglich ohne maschinelle Hilfe an den Solfataren des Kawah Idjen abgebaut. Am Fuß des Vulkans wird die Fracht auf klapprige Fahrzeuge geladen und weiterbefördert. So gelangt der vulkanische Schwefel in die chemischen Fabriken Javas, wo er hauptsächlich zu Schwefelsäure, einem wichtigen Grundstoff der chemischen Industrie, verarbeitet wird.

Jean-Christophe Sabroux

Links oben: Die Schwefelträger erklimmen den Rand des Kraters, steigen an der Außenflanke des Vulkans hinunter und lassen ihre Ausbeute wiegen. Trotz der geringen Löhne, die für die gefährliche und mühsame Arbeit gezahlt werden, ist der Schwefelabbau eine bedeutende Einnahmequelle für die Bewohner der Umgebung.

Links unten: Der heiße Schwefel ist rot. Vollständig abgekühlt ist der außergewöhnlich reine Schwefel von Kawah Idjen gelb.

OZEANIEN UND DER PAZIFIK

Das Große Barriereriff
Ayers Rock
Der Pazifische Ozean
Die heißen Quellen von Neuseeland
Die Gletscherwelt des Mount Cook
Mauna Loa und Kilauea auf Hawaii
Das Tetiaroa-Atoll

Das Große Barriereriff

Das größte Korallenriff der Welt, das sich vor der Ostküste Australiens erstreckt, wurde von ungezählten Generationen winziger Tiere geschaffen.

Das Große Barriereriff begleitet die Küste von Queensland in Australien auf einer Länge von rund 2000 km vom Golf von Papua bis über den südlichen Wendekreis hinaus.

Auf seiner gesamten Breite sitzt das große Wallriff dem Kontinentalschelf auf. Im Süden reicht es bis 320 km in den Pazifik hinaus, stellenweise mißt der Riffgürtel jedoch in der Breite nur 30 km. Nördlich von Cairns bilden die Korallenriffe einen kompakten Wall, sonst ist das Große Barriereriff in ein Labyrinth von Einzelriffen, Inseln, Lagunen und schmalen Fahrrinnen aufgelöst. Seine Gesamtfläche wird auf 460 000 km² geschätzt.

Innerhalb des Riffgürtels, in dem ganz Deutschland bequem Platz hätte, sind fast alle Rifftypen vertreten: die Saumriffe, die Steilküsten säumen und vom Land nur durch eine Rinne getrennt werden, die Barriere- oder Wallriffe, die sich weit von der Küste entfernen und eine Art Randmeer umschließen, und schließlich die Flecken- oder Fransenriffe, untermeerische Kalksteinklötze mit flachem Gipfel und unregelmäßigen Umrissen. Ein Rifftyp kommt innerhalb des Großen Barriereriffs allerdings nicht vor: die Atolle oder Ringriffe, die in anderen Regionen des Pazifischen Ozeans weit verbreitet sind.

Ein gefährlicher Irrgarten

In diesem auf der Welt einzigartigen Riffgürtel landeten wahrscheinlich vor 12 000 Jahren die Aborigines, die Ureinwohner Australiens. Sie hinterließen Felsmalereien und Haufen von Schnecken- und Muschelschalen. Später durchstreiften die Chinesen das Riffgebiet auf der Suche nach Seewalzen oder Seegurken, dicken, wurstförmigen Tieren, die auch heute noch in vielen asiatischen Ländern als Leckerbissen verzehrt werden.

Der erste europäische Seefahrer, der in das Labyrinth des Großen Barriereriffs geriet, war der englische Weltumsegler James Cook. Prompt lief seine *Endeavour* in der Nacht zum 12. Juni 1770 dann auch auf ein Korallenriff und konnte nur mit Mühe wieder flottgemacht werden. Fast 20 Jahre später, im Jahr der Französischen Revolution, querte William Bligh mit einem kleinen Boot die unsicheren Gewässer des Großen Barriereriffs. Er war selbst Opfer einer kleinen Revolution geworden, denn er hatte sein Schiff, die *Bounty*, durch Meuterei verloren und konnte sich in wochenlanger Irrfahrt mit einigen Getreuen auf die Insel Timor retten. Bligh kehrte im September 1792 noch einmal in den Riffgürtel zurück, um genauere Karten aufzunehmen, wobei ihn sein Leutnant Matthew Flinders, später selbst ein berühmter Forscher, unterstützte.

Genaue Seekarten sind in dem Gewirr von Inseln und Riffen unbedingt notwendig. Der Ruf des Großen Barriereriffs als Schiffsfriedhof bestätigte sich allzuoft; mindestens 500 Schiffe sind in dem gefährlichen Labyrinth gestrandet oder gesunken. Die Kartierung des gesamten Archipels dauerte mehr als ein Jahrhundert.

Gebirge aus Korallenkalk

„Wir fühlen Erstaunen, wenn uns Reisende von den gewaltigen Ausmaßen der Pyramiden und anderer großer Ruinen berichten; aber wie außerordentlich unbedeutend sind die größten von ihnen, wenn man sie mit den steinernen Gebirgen vergleicht, die durch die Tätigkeit verschiedenartiger kleiner und zarter Tierchen aufgehäuft werden. Das ist ein Wunder, welches zunächst nicht so sehr das körperliche, sondern – wenn wir nachdenken – das geistige Auge erstaunt wahrnimmt", notierte Charles Darwin am 12. April 1836 in sein Tagebuch. Schon James Cook war von dem riesigen Wallriff tief beeindruckt; er sah in ihm „einen Korallenwall, der senkrecht aus den unauslotbaren Tiefen des Ozeans aufsteigt".

Das gigantische Gebäude aus ineinandergeschachtelten Korallenriffen ruht auf einem vom Meer überfluteten Felssockel, der stufenförmig wie eine Treppe in die Tiefe führt und dann jäh zu den Tiefsee-Ebenen der Korallensee abbricht. Es ist von den starken Meeresspiegelschwankungen gezeichnet, die im Eiszeitalter auftraten.

Die Fundamente des Großen Barriereriffs liegen auf dem Schelf der Korallensee, oft in 180 m Tiefe, gelegentlich sogar noch darunter. Dieser Schelf fiel während der quartären Kaltzeiten zum Teil trocken, denn riesige Wassermassen häuften sich in den Inlandeisen an, und der Meeresspiegel sank in den kältesten Perioden um mehr als 100 m. Die Riffe tauchten dann allmählich aus dem Meer auf und wurden von der Brandung und den Gezeitenströmungen abgetragen. Der Korallenkalkschutt sammelte sich in benachbarten untermeerischen Tälern. Auf diesem Untergrund konnten neue Generationen von Korallentieren Fuß fassen und neue Riffe aufbauen.

Neben den Meeresspiegelschwankungen beeinflußten weitere Faktoren die Entwicklung der Korallenriffe im Quartär – und beeinflussen sie heute

Ein Korallengarten: Oberhalb eines hellvioletten Baum- oder Geweihkorallenstocks (Acropora), eines wichtigen Riffbildners, erkennt man rote Lederkorallen, die mit Kalknadeln bedeckt sind. Diese Weichkorallen werden durch den Druck des Wassers im Körperinnern verstärkt. Daneben wachsen Korallen in Hirn- (Hirn- oder Mäanderkorallen) oder Schirmform sowie Seelilien.

OZEANIEN, PAZIFIK

Oben: Die Gorgonaria *oder Hornkorallen gehören zu den Achtstrahligen Korallen (Polypen mit acht Tentakeln). Diese Bewohner warmer Meere bilden mehr oder minder verästelte, fächerförmige oder strauchartige Stöcke, welche die Unterwasserlandschaften mit ihren Orange- oder Rosatönen beleben.*

Links: Jenseits des Hardyriffs, nordöstlich von Mackay, fällt das Wallriff jäh in große Tiefen ab. Der Ozean hat dort hinter dem schaumkronenverzierten Rand des Riffs eine tiefblaue Farbe. Die seichteren Gewässer des Großen Barriereriffs leuchten dagegen in türkisfarbenen Tönen; in ihnen liegen Korallenbänke verstreut, die bei Ebbe wenige Dezimeter aus dem Meer auftauchen.

OZEANIEN, PAZIFIK

Oben: Der äußere Rand des Großen Barriereriffs, das eigentliche Wallriff, nördlich von Mackay. Dahinter erstreckt sich die Riffplattform mit Lagunen. Das Wallriff ist hier durch eine natürliche Fahrrinne, die Whitsundaypassage, unterbrochen, in der Korallen wegen ungünstiger Strömungen nicht existieren können.

Rechts: Bei Ebbe tauchen die Korallenstöcke aus dem Meer auf. Im Vordergrund eine Mäanderkoralle, dahinter eine Wespennestkoralle und Baumkorallenstöcke.

Die riffbildenden Steinkorallen messen weniger als 10 mm. Sie sitzen auf einem Kalkskelett (Theka). Der Weichkörper besteht aus dem Mund mit Tentakelkranz, dem Schlundrohr und dem Magen-Darm-Raum. Weichkorallenpolypen und Lederkorallen sondern lediglich Kalknadeln ab.

noch. Einer der wichtigsten ist die Absenkung des Kontinentalschelfs. Senkt sich der überflutete Rand der Kontinente rasch, dann geraten die Korallentiere in Tiefen, in denen sie nicht mehr existieren können, sie sterben ab, und die Riffbildung kommt somit zum Stillstand. Meist senkt sich der Felssockel jedoch ganz allmählich, und die Korallen können mit dem Aufbau neuer Riffschichten die Senkung ausgleichen.

Wunderwerke der Natur

Die Baumeister des Großen Barriereriffs und aller anderen Korallenriffe der Erde sind Steinkorallen, zarte Polypentiere, die becherförmige Kalkgehäuse bilden. Die erwachsenen, zylinderförmigen Korallentiere sind 2,5–10 mm kleine Lebewesen, die nur aus drei Organen bestehen: aus Mund, Armen (Ten-

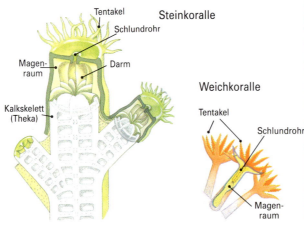

OZEANIEN, PAZIFIK

korallen, deren Form an das Gehirn eines Menschen erinnert.

Korallenpolypen sind sehr anspruchsvolle Tiere. Sie brauchen warmes, salz-, kalk- wie sauerstoffreiches und klares Meerwasser. Die meisten Korallentiere gedeihen nur bei Wassertemperaturen über 21 °C; sie kommen deshalb hauptsächlich in tropischen und subtropischen Gewässern vor. In warmen Klimazonen ist das Meerwasser im allgemeinen mit gelöstem Kalk gesättigt, den die Tiere zum Aufbau des Kalkskeletts benötigen. Küsten, an denen größere Flüsse münden, werden von Korallentieren gemieden, denn die Flüsse „verwässern" mit ihrem Süßwasser das von den Polypen geschätzte Salzwasser. Außerdem bringen Flüsse meist Schlamm mit, auf dem die zarten Lebewesen nicht Fuß fassen und sich vermehren können. Diese Bedingungen sind vor der Küste Nordostaustraliens geradezu ideal erfüllt, und deshalb konnte sich hier auch das größte Korallenriff der Welt entwickeln.

Korallenpolypen sind auch gesellige Tiere. Sie leben in riesigen Kolonien und können sich nur mit Hilfe mikroskopisch kleiner einzelliger Algen, der Zooxanthellen, entwickeln. Die Grünalgen, die Photosynthese betreiben, leben mit den riffbildenden Korallenpolypen in einer Art Symbiose zusammen. Die Zooxanthellen benötigen das Kohlendioxid, das als natürliches Produkt bei der Atmung der Korallenpolypen entsteht; umgekehrt versorgen die Grünalgen die Polypen mit Sauerstoff und Nährstoffen, die sie bei der Photosynthese erzeugen. Wenn die Algen fehlen, kann das Wachstum der Korallen um 90 % abnehmen.

Links: Der Dornkronenseestern (Acanthaster planci) erreicht einen Durchmesser von 60 cm. Er ist der größte natürliche Feind der Korallen. Die Verdauungssäfte in seinem Magen lösen den Weichkörper der Polypen auf, und nur das unverdauliche Kalkskelett bleibt zurück. Ein Dornkronenseestern kann pro Jahr den Korallenbestand auf einer Fläche von 6 m^2 vernichten.

Unten: Diese Hartkoralle (Turbinaria mesenterina) formt breite „Blätter", die es den Zooxanthellen ermöglichen, das Licht optimal für die Photosynthese zu nutzen. Zwischen den steinernen Blättern finden viele Fische Unterschlupf.

takeln) und dem Magen-Darm-Raum. Mit den Tentakeln wedeln sie dem Mund tierisches Plankton zu und töten die winzigen Organismen. Sobald die erwachsenen Tiere eine bestimmte Größe erreicht haben, vermehren sie sich entweder geschlechtlich durch Larven, die aus befruchteten Eizellen entstanden sind, oder ungeschlechtlich durch Knospung. Dabei entstehen winzige Tochterpolypen, die mit dem Mutterpolypen verbunden bleiben und so ausgedehnte Korallenkolonien bilden.

Wenn die Tiere absterben, verwest der gallertartige Weichkörper, und nur das Kalkgerüst bleibt übrig. Myriaden von Kalkskeletten bilden im Lauf der Zeit Korallenstöcke in den unterschiedlichsten Formen und Farben: Scheiben, Pilze, ästig verzweigte Geweihkorallen oder die kopfgroßen Hirn-

Oben: South Island (im Vordergrund) und Palfrey gehören zu den Lizard Islands nördlich von Cooktown. Die aus Granit aufgebauten kontinentalen Inseln werden von Saumriffen umgeben. Im klaren Wasser ist die Riffplattform deutlich zu erkennen.

Oben rechts: Der Clown-Drückerfisch, ein Bewohner der Korallenriffe. Mit seinen plattenartigen hinteren Zähnen kann er Muscheln aufbrechen. Bei Gefahr sucht er in Höhlen Schutz und verankert sich dort mit dem vordersten Stachelstrahl seiner Rückenflosse.

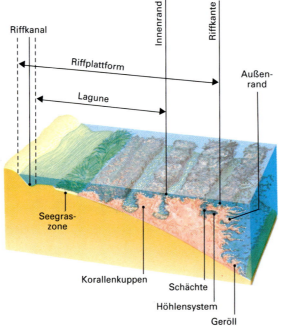

Saumriffe, der häufigste Rifftyp, wachsen von der Küstenlinie ins Meer hinaus. Bei langem, ungestörtem Wachstum entwickeln sie breite Riffplattformen, die ähnlich wie Wallriffe Lagunen umschließen können. Wallriffe wachsen allerdings hauptsächlich in die Höhe.

Da die Algen am besten in den oberen, vom Sonnenlicht durchfluteten Zonen des Meeres gedeihen, wachsen die Steinkorallen hier auch am besten. Zur Tiefe hin oder in trübem Wasser geht dagegen das Wachstum rasch zurück.

Gärten am Meeresboden

Innerhalb des Großen Barriereriffs gibt es zwei grundverschiedene Arten von Inseln: die Cays oder Korallenkalkinseln und die aus Gesteinen der kontinentalen Erdkruste aufgebauten Inseln. Die kontinentalen Inseln bestehen überwiegend aus Granit; während der quartären Kaltzeiten waren sie mit dem australischen Festland verbunden, jetzt ragen sie als Inseln bis 1000 m über den Meeresspiegel. Ihre Fauna und Flora unterscheiden sich kaum von denen des australischen Kontinents.

Die Cays sind hingegen echte, aus Korallenkalk aufgebaute ozeanische Inseln. Sie erheben sich allenfalls 6–10 m aus dem Meer. Eine dieser *low islands*, der niedrigen Inseln, wie die Seeleute die Cays nennen, wurde 1943 wegen ihrer einzigartigen Pflanzen- und Tierwelt zum Nationalpark erklärt: die kleine Heron Island am südlichen Rand des Großen Barriereriffs.

Diese „Reiherinsel" sitzt auf einer ausgedehnten Riffplattform, die über 11 km lang und bis 5 km breit ist. Sie besteht aus Korallensand, Kalksand, den die Brandungswellen an einer geschützten Ecke am

OZEANIEN, PAZIFIK

EIN WELTWUNDER IN GEFAHR

Der bunte Korallengarten ist kein irdisches Paradies; zwischen den Riffen tobt täglich ein erbarmungsloser Kampf auf Leben und Tod. Viele gefährliche Tiere leben in dem untermeerischen Dschungel, das gefährlichste Geschöpf ist freilich der Mensch, der die Naturschätze rücksichtslos ausbeutet und durch die Verschmutzung der Umwelt das ökologische Gleichgewicht stört. Dies ist wahrscheinlich die Ursache der raschen Ausbreitung des Dornkronenseesterns, der die Korallenbänke abfrißt, bis nur das kahle Gestein übrigbleibt. Tonnenweise wurden früher Korallen und Muscheln in den Riffen gesammelt und als Souvenirs an Touristen verkauft. Unternehmer möchten den Korallenkalk als Düngemittel abbauen, und die Bodenschätze unter den Riffen (Erdöl, Erdgas und Erze aller Art) locken internationale Konzerne an.

Einmal lief ein Öltanker auf ein Riff, doch es gelang, die Ölladung abzupumpen, so daß nur ein kleines Gebiet verseucht wurde. Nach diesem Unfall verabschiedete die australische Regierung unter dem Druck der Öffentlichkeit und der Naturschutzverbände ein Gesetz zum Schutz des Großen Barriereriffs. Es gliedert das Riff in verschiedene Schutzzonen. In manchen darf man fischen und tauchen, andere Zonen sind dagegen für die Öffentlichkeit nicht zugänglich, die Strände werden während der Eiablage der Schildkröten für menschliche Besucher gesperrt, und einige Gebiete sind sogar für Wissenschaftler tabu.

westlichen Rand der Riffplattform aufgehäuft haben. Zuerst lag hier nur eine Sandbank, auf der sich Seevögel zum Rasten niederließen. Mit ihrem Mist düngten sie den unfruchtbaren Sand, und es bildete sich eine dünne Bodenkrume, in der angespülte oder angewehte Samen keimten. Gräser überzogen allmählich den lockeren Sand, danach faßten sukkulente Pflanzen wie die Eiskrautgewächse (*Mesembryanthemum*) auf der Insel Fuß. Es folgten Bäume wie die merkwürdige Schraubenpalme (*Pandanus*), die auf stelzenartigen Wurzeln steht, oder die malerische *Casuarina* mit Rutenzweigen, deren feine, zarte Blätter den Sandstrand mit einem dichten Teppich bedecken.

Heron Island und die übrigen Cays sind die Heimat von Tausenden von Vögeln. Weißköpfige Noddiseeschwalben nisten hier, Sturmtaucher, die „Schafsvögel" der Einheimischen, brüten unterirdisch in Gängen, die sie in den Sand graben; auf dem höchsten Baum der Insel hält der Weißbrustseeadler Ausschau. Tagsüber tummeln sich Scharen von Wattvögeln, braunen Seeschwalben, kleinen und großen Möwenarten und Reihern am Strand.

In manchen Nächten kommen grünliche Riesenschildkröten an Land, um ihre Eier in den Sand zu legen. Nach zehn Wochen schlüpfen die Jungen. Sofort machen sie sich auf den Weg zum schützenden Meer. Doch Möwen und Reiher lauern ihnen am Strand auf, und zwischen den Riffen kreisen hungrige Haie.

Wenn sich das Meer bei Ebbe zurückzieht, werden gelbe, rote und malvenfarbene Rinnen in der Riffplattform freigelegt. Mit ihren leuchtenden Farben heben sie sich von den Pastelltönen der Korallenstöcke ab. In den Lagunen und im offenen Meer leben purpurrote Seelilien, Seehasen, hellbraune Seeanemonen, Schwämme in allen Farben des Regenbogens, Portugiesische Galeeren und Würfel- oder Feuerquallen, leuchtendrote Schnecken, Tigerschnecken und silbrig schimmernde Schwärme zahlloser kleiner Fische, aber auch Haie und Makrelen, Muränen und Zackenbarsche, in Alarmfarben gestreifte Clownsfische und Harlekin-Stoßzahnfische, hochgiftige Steinfische, Flötenmäuler und Rotfeuerfische: eine schillernde Unterwasserwelt, das achte Weltwunder unseres Planeten.

Richard Moreau

Links: Blaue und braungefleckte Seesterne ernähren sich von Korallenpolypen. Jeder Arm kann sich zu einem neuen, vollständigen Seestern regenerieren.

Unten: Der baumbestandene Kern der Heron Island ist von einer breiten, mit Korallenbänken übersäten Riffplattform umgeben. Wind und Wellen häufen am Rand der Insel den schneeweißen Korallensand an.

Ayers Rock

Im Herzen des australischen Kontinents erheben sich markante Inselberge über die wüstenhaften Ebenen: die Quarzitrücken der Macdonnell Ranges, die Granitmonolithe des Mount Hart und vor allem die Sandsteinfelsen des Mount Olga und des Ayers Rock. Er ist der berühmteste Berg Australiens und wird von den Ureinwohnern der Gegend als Heiligtum verehrt.

Rund 300 km südwestlich von Alice Springs steigt ein einsamer Berg wie eine gebirgige Insel 348 m hoch aus den mit einzelnen Bäumen und Sträuchern bestandenen Ebenen. Das aus roter Arkose, einer Sandsteinart, aufgebaute Massiv ist 1,6 km breit und 2,5 km lang. Sein Umfang beträgt 9 km.

Ein Fels im toten Herzen Australiens

Der Rock (Fels), wie ihn die Australier nennen, oder Uluru in der Sprache der Aborigines, erinnert aus der Ferne an einen riesigen Wal, der auf dem roten, von der Sonne ausgedörrten Sandboden Zentralaustraliens gestrandet ist: Seine Flanken fallen steil ab, sein von jahrtausendelanger Abtragung geglätteter Rücken bildet eine fast ebene Fläche, die ohne scharfe Kanten in die Steilhänge übergeht. Nackt und kahl, ohne eine Pflanzen- und Bodendecke, ragt der Felsen aus den Ebenen empor. Seine prächtigen, je nach Lichteinfall wechselnden Farben machen aus dem einsamen Monolithen eines der eindrucksvollsten Naturwunder der Erde. Bei Sonnenaufgang erstrahlt er vor dem noch nicht von Staub getrübten Wüstenhimmel in tiefem Rot; im Lauf des Tages wechselt seine Farbe zu Ocker und geht dann in Orange über; am Abend, wenn die letzten Strahlen der Sonne den Felsen treffen, erglüht er wieder für einige Augenblicke in diesem einzigartigen Purpur- oder Karminrot, das den Betrachter regelrecht verzaubert.

Wind und Wetter haben den Ayers Rock aus viele hundert Meter mächtigen, nahezu senkrecht stehenden Sandsteinschichten des ältesten Erdaltertums modelliert. Das Gestein platzt in gewaltigen Schalen von den Felswänden ab; bei Regengüssen fließt das Wasser in Sturzbächen über die Flanken und wäscht die etwas weicheren Schichten in tiefen Rinnen aus. Durch die Wasserzufuhr von den kahlen Hängen ist der Boden unmittelbar am Fuß des Felsens stärker durchfeuchtet als in der Umgebung. In der feuchteren Zone gedeihen sogar Bäume, während sonst allenfalls Dorngestrüpp und harte Gräser den Boden bedecken.

Das zerklüftete Felsmassiv von Mount Olga

Der Ayers Rock überragt spärlich bewachsene Roterdeebenen. Deutlich sind auf dem Foto die nahezu senkrecht gestellten Arkoseschichten zu erkennen, die je nach ihrer Härte von der Verwitterung herausmodelliert werden.

30 km westlich des Uluru besteht aus den gleichen uralten Schichten, die mit ihren Rot- und Orangetönen die Blicke auf sich ziehen. Hier konnte die Abtragung den Verwitterungsschutt allerdings nicht vollständig wegräumen; das Massiv erstickt deshalb förmlich in seinem eigenen Abfall.

Beide Felsmassive sind mustergültige Inselberge, charakteristische Landschaftsformen der tropischen Zone. Wie vom Meer umspülte Inseln erheben sie sich mit ihren steilen Wänden über die schier endlosen Ebenen. Bei den Sandsteinschichten der beiden Massive – mal feinkörnigeren, mal gröberen Sandsteinen, die einen hohen Anteil unverwitterter Feldspatminerale enthalten – handelt es sich vermutlich um Schmelzwassersedimente vergangener Gletscher. In diesem Fall freilich nicht um die Gletscher des Eiszeitalters, sondern um Eismassen, die sich an der Wende von der Erdurzeit zum Erdaltertum über die damaligen Kontinente ausbreiteten. Die Schichten müssen noch im Erdaltertum vor mindestens 500 Millionen Jahren verfestigt und steil aufgerichtet worden sein. Das heutige Erscheinungsbild des Massivs ist dagegen kaum 50 Millionen Jahre alt. Es bildete sich wahrscheinlich im älteren Tertiär, als das Klima in Zentralaustralien deutlich feuchter als gegenwärtig war und das umliegende Gestein tiefgründig zermürbt und abgetragen wurde. Darauf weisen die tiefroten, stark verwitterten Böden am

Flora und Fauna der australischen Wüste sind perfekt an ihre Umgebung angepaßt. Der Körper des Dornteufels (Moloch horridus) *ist z. B. mit Dornen besetzt, zwischen denen sich Furchen befinden, die wie Regenrinnen das Regenwasser bis zur Schnauze leiten. Als feste Kost bevorzugt die bizarre Echse Ameisen und Termiten.*

OZEANIEN, PAZIFIK

Fuß des Ayers Rock sowie etliche Pflanzen- und Tierarten feuchterer Klimazonen hin, die heute noch in der Umgebung des Felsens vorkommen, etwa Palmfarne oder ein Laubfrosch, der unter den Wüsten- und Steppentieren so fremd wie ein Geschöpf von einem anderen Planeten wirkt.

Ein Wahrzeichen Australiens

Die Höhlen am Fuß des Felsens sind nicht, wie gelegentlich behauptet wird, Brandungshöhlen, die ein längst vergangenes Meer aus dem Sandstein spülte, sondern Verwitterungshöhlen. Solche Höhlen werden von den Hirten auf Korsika *tafoni* genannt; sie entstehen unter einem Klima, bei dem Regenzeiten mit ausgeprägten Trockenzeiten wechseln. In den Höhlen, in denen oft Quellen austreten, trafen sich früher die Aborigines, die australischen Ureinwohner, um ihre Götter zu verehren.

Auf den Landkarten Australiens ist das einsame Felsmassiv erst seit etwa einem Jahrhundert verzeichnet. 1872, über 80 Jahre nachdem die ersten englischen Schiffe in der Botany Bay vor Anker gegangen waren, erblickte der englische Forscher Ernest Giles den roten Felsen am Horizont. Er untersuchte ihn jedoch nicht näher, sondern setzte seinen Weg nach Osten fort. Der erste Weiße, der den heiligen Berg der Aborigines im darauffolgenden Jahr besuchte, war der Vermessungsingenieur William Gosse aus Adelaide. Von dem „wunderbarsten Naturgebilde", das er je gesehen hatte, tief beeindruckt, schrieb er in sein Tagebuch: „Wie groß war mein Erstaunen zu finden, daß er aus einem einzigen, schroff aus der Ebene steigenden Felsen von ungeheuren Dimensionen bestand." Als ein Mann, der der Obrigkeit den nötigen Respekt zollte, benannte er den Felsen nach dem damaligen Premierminister von Südaustralien, Sir Henry Ayers. Der Öffentlichkeit blieb das „Weltwunder" in der Wüste jedoch lange verborgen. Erst nachdem man 1940 eine befestigte Straße von Alice Springs bis zu dem Massiv gebaut hatte, wurde es zum Hauptanziehungspunkt für Touristen in Australien.

Joël Bonnemaison

Maggie Springs – Mutitjula in der Sprache der Aborigines – ist der symbolträchtige Ort, an dem die legendäre Schlacht zwischen den Kuniya und den Liru stattfand. In tiefen Rinnen soll sich das Blut der Krieger über die von Speeren durchbohrten Flanken des heiligen Berges ergossen haben. Am Fuß befindet sich ein Wasserloch, eine natürliche Zisterne für das in Wasser verwandelte Blut der Kuniya.

AYERS ROCK: DER HEILIGE BERG DER ABORIGINES

Felsmalerei der Aborigines in einer der vielen Grotten am Fuß des Ayers Rock

Eine Stelle an den Hängen des Ayers Rock wird das Gehirn (Brain) genannt. Die Verwitterungsformen im Sandstein, die an Gehirnstrukturen erinnern, entstehen dort, wo die feste Außenkruste des Massivs durchbrochen ist und der Wind das zu Sand zermürbte Gestein im Innern ausbläst.

Alles begann im Zeitalter der Träume, als die Urahnen, halb Menschen – halb Tiere, die Welt der Aborigines, der australischen Ureinwohner, schufen. Aus dem Westen kamen die ungiftigen Wüstenschlangen, die als Totem verehrten Ahnen der Sippe der Kuniya. Sie ließen sich auf einem Sandhügel nieder, auf dessen Gipfel sich eine Wasserstelle befand, und machten den Hügel zum Mittelpunkt ihres Reiches. Der Sandhügel verwandelte sich in den Berg Uluru und mit ihm die Frauen der Kuniya, die an einem Lagerfeuer das Essen bereiteten. Sie wurden zu den großen Steinen, die aus der Tjukikischlucht gerollt sind. Die Männer der Sippe – die großen Felsen, die über der Schlucht thronen – bewachen das Lagerfeuer und ihre Frauen. In einem tiefen Loch auf dem Gipfel schläft die Ahnenschlange Wanambi: Wird sie gestört, richtet sie sich auf und verwandelt sich in einen Regenbogen. Die Aborigines der Liru verehren hingegen die Giftschlange vom Mount Olga als Totem. Zwischen ihnen und den Kuniya wurden viele blutige Kriege ausgefochten, deren Geschichte sich in den Formen des Felsens widerspiegelt. Andere Sippen, wie die Wala, die die Wallabys, eine Känguruhart, als Urahnen verehren, kamen aus dem Norden hierher, um im Rahmen der Initiationsriten ihre Kinder zu beschneiden.

Ayers Rock oder besser Uluru, wie er von den Ureinwohnern genannt wird, ist ein wahres Pantheon, in dem die Symbole, die Geschichte und die Mythen dieser Völker für immer bewahrt sind. Der heilige Berg wurde 1986 von der Regierung in einen Nationalpark verwandelt und den Aborigines zurückgegeben, die den Nationalpark an den australischen Staat verpachten.

Der Pazifische Ozean

Der größte Ozean der Erde ist keineswegs so still und friedlich, wie uns sein Name weismachen will. Im Süden toben die Stürme der Brüllenden Vierziger, in den tropischen Zonen wüten Taifune, und seine Ufer werden vom berüchtigten Feuergürtel gesäumt, in dem Dutzende von Vulkanen Lava und Aschen ausspeien.

Am 25. September 1513 erblickte der spanische Eroberer Vasco Núñez de Balboa, nachdem er die Landenge von Panama überquert hatte, als erster Europäer das neue Weltmeer. Er taufte es nach seiner Lage zum nördlicheren Atlantik Mar del Sur. Vier Tage später stieg er, ohne seine Rüstung abzulegen, am Unterlauf des Sabanaflusses in die salzigen Fluten, schwang dabei sein Schwert und die Flagge mit dem kastilischen Wappen und ergriff im Namen seiner Monarchen von dem „Südmeer" und allen seinen Ländern Besitz.

Mehr als drei Jahrhunderte vergingen, bis Generationen von Seefahrern und Forschern die 267 Inselgruppen des Pazifiks entdeckt hatten; 1859 sichtete der Kapitän des amerikanischen Schiffs *Gambia* als letzte die Midwayinseln 2200 km nordwestlich von Hawaii.

Als erster Europäer durchquerte der portugiesische Weltumsegler Ferdinand Magellan (1480–1521) die Südsee. Am 28. November 1520 verließ er die nach ihm benannte Meeresstraße durch die Südspitze Südamerikas, nahm Kurs nach Nordwesten und landete am 6. März 1521 auf Guam. Weder die Fahrt durch die unbekannten Gewässer noch der Empfang durch die Insulaner waren angenehm. Immerhin herrschte gutes Wetter, der Chronist, der das Logbuch führte, nannte den Ozean deshalb den „Stillen", und dabei ist es bis heute geblieben. Magellan wurde wenige Wochen später auf den Philippinen erschlagen. Viele berühmte Entdecker setzten sein Werk fort: Zwischen 1568 und 1595 entdeckte der spanische Südseefahrer Álvaro de Mendaña de Neyra die Salomonen, die Marquesas und die Santa-Cruz-Inseln. Die beiden Holländer Schouten und Le Maire entdeckten, nachdem sie die Südspitze Südamerikas (von ihnen Kap Hoorn genannt) umsegelt hatten, die Samoainseln, die Tongainseln, Wallis und Futuna.

Das 18. Jh. war das Zeitalter der englischen Entdecker: James Cook unternahm 1768–79 drei län-

Die Gesellschaftsinseln bilden eine Inselkette über dem noch aktiven Hot spot von Teahitia südöstlich von Tahiti. Vor 2–3 Millionen Jahren wurde die Lava gefördert, welche die Insel Raiatea aufbaut. Das auf großen Flächen durch die Bodenerosion verwüstete Eiland wird wie viele Südseeinseln von einem Korallenriff gesäumt.

gere Forschungsreisen. Er erforschte etwa 30 Inseln, darunter die Gesellschaftsinseln, die nach ihm benannten Cookinseln, Neukaledonien und die Sandwichinseln (der heutige Hawaii-Archipel), wo er 1779 ermordet wurde. Im Lauf des 18. Jh. taten sich auch die Franzosen La Pérouse, Bougainville, Marion Dufresne und Kerguelen de Trémarec als Seefahrer und Entdecker hervor. Mit den Reisen von Ross und Urmont d'Urville nahmen dann im 19. Jh. die wissenschaftlichen Expeditionen in die Antarktis ihren Anfang. Die Geburtsstunde der Tiefseeforschung im eigentlichen Sinn schlug mit den Fahrten des britischen Forschungsschiffes *Challenger* im Jahr 1872.

Der große Ozean

Der Pazifische Ozean bedeckt einschließlich seiner Nebenmeere eine Fläche von 181 Mio. km² oder etwa die Hälfte der von den Meeren eingenommenen Erdoberfläche. Von Nord nach Süd erstreckt er sich über 15 850 km und von West nach Ost über 17 120 km. Seine mittlere Tiefe beträgt 3940 m; die tiefste Stelle befindet sich im Marianengraben. Die Vitiastiefe, gewissermaßen der Anti-Mount-Everest, mißt dort 11 022 m. Mit dem Tauchboot *Trieste* erreichten der Schweizer Jacques Piccard und der Amerikaner Don Walsh im Januar 1960 innerhalb des Marianengrabens eine Rekordtiefe von 10 916 m.

Zum Pazifischen Ozean gehört etwa ein halbes Dutzend Randmeere wie das Beringmeer, das Ochotskische Meer, das Ostchinesische Meer und das Japanische Meer. Das Australasiatische Mittelmeer trennt den Pazifik vom Indischen Ozean.

Rund 700 Mio. km³ Wasser faßt das riesige Meeresbecken. Es ist so gewaltig, daß manche Geowissenschaftler früher meinten, der Mond habe sich vor Urzeiten vom Erdkörper losgerissen und diesen gigantischen Krater hinterlassen. Wegen der riesenhaften Dimensionen können sich im Pazifischen Ozean ungestört von größeren Landmassen regelmäßige Zirkulationssysteme entwickeln. Das Wasser zirkuliert mit den Oberflächenströmungen, aber auch in der Tiefe, etwa mit dem großen Stromsystem beiderseits des Äquators, mit dem Nordäquatorialstrom, dem Äquatorialen Gegenstrom oder dem Südäquatorialstrom. Im Ostteil quillt kaltes Wasser aus der Tiefe auf, an der Antarktischen Konvergenz taucht dagegen kaltes, salzarmes und sauerstoffreiches Wasser unter der 200–500 m dicken Schicht warmen Oberflächenwassers ab.

Die Tongainseln im südwestlichen Pazifik: Der vulkanische Inselbogen besteht aus elf Vulkanen, von denen vier in geringer Tiefe unter dem Meeresspiegel liegen. Zwischen den vulkanischen Inselkernen und den Korallenriffen erstrecken sich Lagunen.

OZEANIEN, PAZIFIK

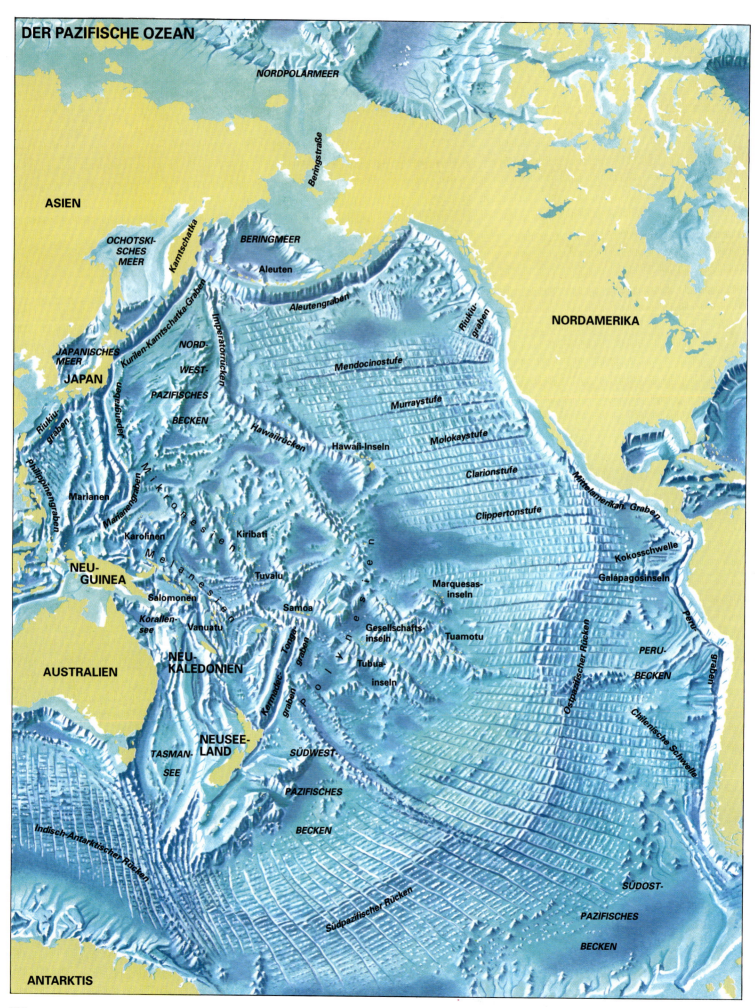

OZEANIEN, PAZIFIK

Der Ostpazifische Rücken in 2620 m Tiefe: Im Vordergrund ist eine riesige Seeanemone zu erkennen, die erst seit den Erkundungsfahrten der Tauchboote bekannt ist, dahinter die erstarrte Oberfläche eines Lavasees. Beim Kontakt mit dem kalten Meerwasser ist die Schmelze schnell erstarrt. Wenn die Lava unter der festen Kruste weiterströmt und sich ein Hohlraum bildet, bricht das Dach der Lavakammer irgendwann unter der Last der Wassermassen ein.

Die tiefblauen subtropischen Gewässer des Pazifiks sind biologisch gesehen Wüsten mit nur geringer Produktivität; dagegen ist die Produktion von Biomasse in den antarktischen Zonen sehr hoch, da hier aufsteigende Meeresströmungen verstärkt Nährstoffe in die oberen Wasserschichten befördern und das Oberflächenwasser mit Sauerstoff anreichern. Die größere Produktivität spiegelt sich dort auch in den Sedimenten wider.

Platten auf Wanderschaft

Als der südliche Urkontinent Gondwanaland im Erdmittelalter in kleinere Kontinente zerbrach, begann eine wahre geologische Revolution. Die Platten der festen Erdrinde drifteten in alle Himmelsrichtungen davon. An den Stellen, an denen sie sich voneinander entfernten, entstand frische ozeanische Kruste; an anderen Stellen, wo sich die Platten übereinanderschoben, schmolz alte Kruste im heißen Erdinnern auf.

Der geologische Untergrund des Pazifischen Ozeans besteht aus der riesigen Pazifischen Platte. Sie ging vor 175–180 Millionen Jahren aus drei kleineren Platten hervor (die freilich immer noch größer als die größten heutigen Kontinente waren): der Izanagiplatte im Nordwesten, der Farallonplatte im Nordosten und der Phoenixplatte im Süden. Ursprünglich grenzten diese drei Platten im Zentrum des heutigen Pazifiks an einer Triple Junction, einer Art Dreiplatteneck, aneinander. Dann jedoch setzten sich die Platten von dem Berührungspunkt aus in Bewegung; zwischen ihnen rissen Spalten auf, die von basaltischer Schmelze ausgefüllt wurden. Eine neue Platte entstand, während gleichzeitig die alten Platten in den am Rand des Ozeans verlaufenden Subduktionszonen verschwanden. Die Farallonplatte zerbrach, es entstanden vor der Küste Amerikas die Gorda-, die Juan-de-Fuca-, die Cocos- und die Nazcaplatte, die sich bei ihrer Drift nach Osten unter die Amerikanische Platte schoben und vom Erdinnern verschlungen wurden. Strömungen im Erdmantel trieben die Phoenixplatte nach Süden, wo sie in der antarktischen Subduktionszone verschwand; die Izanagiplatte löste sich auf ähnliche Weise am westlichen Rand des Pazifiks in Magma auf. Die großräumigen Verschiebungen wurden von Vulkanausbrüchen und Erdbeben begleitet; zahllose

DIE TSUNAMIS

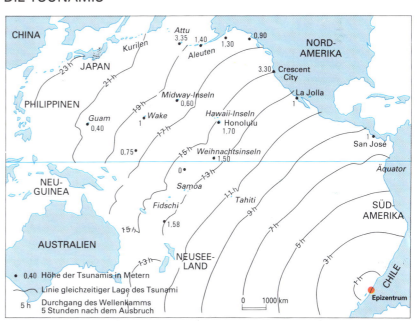

Laufzeiten der Tsunamis vom Mai 1960 im Pazifischen Ozean

Das japanische Wort Tsunami bedeutet soviel wie hohe, lange Welle im Hafen. Von solchen verheerenden Wogen werden insbesondere die Küsten des Pazifiks heimgesucht. Sie gehen auf heftige Vulkanausbrüche oder, noch häufiger, auf plötzliche Verschiebungen des Meeresbodens und untermeerische Rutschungen bei Erdbeben zurück. Tsunamis sind unberechenbar. Manche treten nur lokal auf, wieder andere breiten sich mit 800 km/h quer über die Ozeane aus. Auf hoher See sind die sehr langen (bis 150 km) und niedrigen (30 cm) Wogen kaum zu spüren, doch in seichteren Küstengewässern und vor allem in engen, trichterförmigen Buchten können Tsunamis Höhen von mehr als 20 m erreichen; im April 1971 brach sich sogar ein 85 m hoher Tsunami an einer der Riukiu-Inseln. Der von Erdbeben erschütterte Pazifik ist mit 370 großen Tsunamis in den letzten 80 Jahren am meisten betroffen. In Japan führt man seit 850 n. Chr. über verheerende Tsunamis Buch; allein in den vergangenen 100 Jahren wurde die Küste von mindestens einem Dutzend katastrophaler Wogen getroffen: Im Juni 1896 starben an der Sanrikuküste in wenigen Minuten 29 000 Menschen, die Tsunamis des Chile-Erdbebens 1960 machten 167 000 Menschen obdachlos.

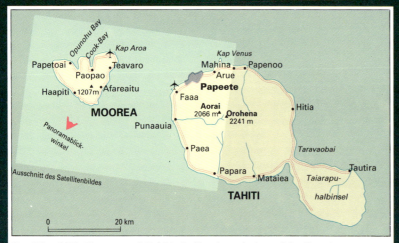

Satellitenbild: Moorea und Tahiti (heller Ausschnitt auf der Karte)
Innenseiten: Die Insel Moorea, Französisch-Polynesien

OZEANIEN, PAZIFIK

Rechts: Manganknollen wurden bereits im 19. Jh. entdeckt. Sie enthalten neben Mangan und Eisen auch Nickel, Kupfer, Kobalt und Molybdän.

Gegenüberliegende Seite: Eine Wolke aus Wasserdampf und sauren Gasen quillt aus dem Krater des Yasurs, eines der zehn aktiven Vulkane der Neuen Hebriden (Vanuatu).

Unten: Heiße Tiefseequellen, sogenannte Schwarze Raucher (Black Smokers), auf dem Ostpazifischen Rücken. Das Meerwasser dringt durch Spalten bis zum Meeresboden auf. Dort scheiden sich die darin gelösten Substanzen größtenteils aus und formen bis zu 20 m hohe Schlote aus Schwefeleisen.

Unten Mitte: Eine Spalte im Meeresboden des Südpazifischen Rückens. Innerhalb des Risses erkennt man die zu Säulenbasalt erstarrte Lava.

erloschene oder noch aktive Vulkane unter dem Meeresspiegel, Tausende von Kilometern lange Bruchzonen innerhalb der ozeanischen Erdkruste wie die 8000 km lange Clippertonbruchzone zeugen von der langen und im wahrsten Sinn des Wortes bewegten Geschichte des Pazifiks.

Der Feuergürtel des Pazifiks

Der Stille Ozean wird im Südwesten, Westen, Norden und Osten von einem Gürtel tätiger Vulkane umgeben, dem berühmt-berüchtigten Feuergürtel des Pazifiks. Er markiert an der Erdoberfläche die Zonen, an denen die Platten der Erdrinde zusammenstoßen, sich an schräg geneigten Bruchzonen unter- und übereinanderschieben, im Erdinnern ganz oder zum Teil aufschmelzen und dabei die Gesteinsschmelzen liefern, die schließlich von den Feuerbergen emporgeschleudert werden. Am Ostrand, von den Aleuten über Mittelamerika bis hinunter nach Feuerland, zeichnen Vulkane die Subduktionszonen nach. Die Vulkane, die sich über ihnen aufreihen, sind meist besonders gefährlich. Sie neigen zu verheerenden explosiven Ausbrüchen, weil ihr Magma relativ zähflüssig ist und oft schon in den Förderspalten zu einem Lavapfropfen erstarrt, der irgendwann von den vulkanischen Gasen zerfetzt und als Aschenregen ausgespien wird.

Doch damit nicht genug: Im pazifischen Feuergürtel ereignen sich zugleich die meisten Erdbeben unseres Planeten, oft von unvorstellbarer Gewalt wie das am 1. September 1923 in und um Tokio, das mehr als 100 000 Menschenleben forderte. Die Krustenverschiebungen gehen in der Regel nicht rei-

bungslos vonstatten, sondern es entstehen Spannungen im Gestein, die sich in zahlreichen schwächeren und stärkeren Beben entladen.

Innerhalb des Pazifischen Ozeans kommt es auf den Inseln und am Meeresgrund auch zu häufigen Vulkanausbrüchen. Sie ereignen sich hauptsächlich an den Spalten, die durch Zerrung der spröden und unter den Ozeanen nur dünnen Erdkruste entstanden sind. Im Unterschied zu den heftigen Eruptionen über den Subduktionszonen verlaufen die Ausbrüche hier meist glimpflich, denn das geförderte

Heiße Tiefseequellen (hier auf dem Ostpazifischen Rücken in 2620 m Tiefe) bilden fruchtbare Oasen für viele Tierarten: Weiße Zehnfußkrebse, Röhrenwürmer, große Muscheln und Bartwürmer, die in Wohnröhren hausen, leben im Umkreis. Von ihnen ernähren sich Fische und Krebse.

Eine Hornkorallenkolonie auf einem Lavakissen. Wenn die Gesteinsschmelze am Meeresboden austritt, erstarrt ihre Oberfläche rasch zu vulkanischem Glas. Im Innern bleibt die Lava jedoch flüssig und bläht den Lavastrom kissenförmig auf.

basaltische Magma ist dünnflüssig, es läßt die vulkanischen Gase allmählich entweichen und richtet deshalb nur selten größere Schäden an.

Hot spots und Guyots

Die untermeerischen Vulkane und Vulkaninseln des Pazifiks ordnen sich oft in langen Ketten an, die von Nordwesten nach Südosten verlaufen. Die geförderten Lavagesteine werden dabei innerhalb einer bestimmten Kette nach Südosten hin immer jünger; gewöhnlich liegen die aktiven Vulkane am südöstlichen Ende.

Diese Beobachtungen führten in den 60er Jahren zur Entwicklung der Theorie der Hot spots innerhalb der festen Erdkruste. Unter einem solchen „heißen Fleck" muß man sich eine Stelle im Erdmantel vorstellen, in der ein heißer Materiestrom mit hoher Konzentration aus dem Erdinnern aufsteigt und mit seiner Hitze die Gesteine des oberen Erdmantels und der Erdkruste in glutflüssiges Magma verwandelt. Die Gesteinsschmelze steigt dann in Spalten zum Meeresboden oder zur Erdoberfläche auf und bildet einen Vulkan.

Wenn die Platten der Erdkruste über dem ortsfesten Hot spot im Untergrund fest verankert wären, würde sich im Lauf der Jahrmillionen durch die kontinuierliche Zufuhr von Magma ein gewaltiger Vulkan bilden. So aber gleiten die Platten in einer bestimmten Richtung über den Hot spot hinweg, und der heiße Fleck hinterläßt ähnlich wie eine brennende Kerze in einem Stück Papier, das man dicht über die Flamme hinwegbewegt, eine Kette von Brandlöchern in der Erdkruste. Bei den vulkanischen Inselketten im Pazifik bewegt sich die Platte vermutlich von Südosten nach Nordwesten; der heiße Fleck liegt jetzt jeweils unter dem südöstlichen Ende.

Rund 530 tätige Vulkane zählt man gegenwärtig auf der festen Erdoberfläche; wie viele am Meeresgrund aktiv sind, ist unbekannt. Es müssen jedoch sehr viele sein, denn bei der Kartierung der Formen des Meeresbodens entdeckten die Wissenschaftler eine sehr große Zahl von untermeerischen Bergen, die von der Gestalt her Vulkane sein könnten. Dazu gehören auch etwa 300 000 größere Guyots, das sind Bergkegel mit abgeflachtem Gipfel, die mehr als 500 m über den Meeresboden emporragen. In manchen Gebieten kommen in einem Areal so groß wie Deutschland 350 derartige Bergkegel von mehr als 1000 m Höhe vor.

Der Boden des Ozeans

Ein sicheres Merkmal von Lavadecken, die unter dem Meeresspiegel erstarrten, ist ihre kissen- oder tropfenförmige Oberfläche. Jahr für Jahr werden mehr als 100 km³ Lava am Meeresboden gefördert. Größere Mengen von Sedimenten lagern sich vor allem am Rand der Kontinente, auf den Schelfen, am Fuß der untermeerischen Canyons und in den Tiefseesenken ab. Bei den typischen Sedimenten der ausgedehnten Tiefsee-Ebenen ist die Ablagerungsgeschwindigkeit dagegen meist sehr gering. Der rote Tiefseeton setzt sich beispielsweise in einer Größenordnung von 1 mm pro Jahrtausend am Meeresboden ab. Kalkreicher, bräunlicher oder rötlicher Globigerinenschlamm sowie silicatreicher Diatomeen- und Radiolarienschlamm erreichen in einem Jahrtausend einige Millimeter bis Zentimeter.

In den mit rotem Tiefseeton und Globigerinenschlamm gefüllten Becken findet man auch die Eisen-Mangan-Knollen. Die rundlichen Konkretionen, die neben den beiden Elementen Eisen und Mangan geringere Anteile von Nickel, Kupfer, Kobalt und Molybdän enthalten, bedecken etwa ein Viertel des Meeresbodens in Tiefen zwischen 4000 und 6000 m. Sie könnten eines Tages als Rohstoffquellen interessant werden.

Jean-Louis Cheminée

Links: Isla Bartolomé, eine der Galápagosinseln, ist ein vulkanisches Freilichtmuseum. Über die schwarzen Lavaströme erheben sich Schlacken- und Aschenkegel. Am rechten Bildrand ist ein von der Brandung aus dem weicheren Schlackenmantel herauspräparierter Lavapfropfen zu erkennen.

DIE OSTERINSEL

Eine Reihe von moai *auf der Osterinsel*

Die 165 km² große Osterinsel liegt im Südpazifik, 3700 km von der südamerikanischen Küste und 4050 km von Tahiti entfernt; sie bildet den Gipfel eines riesigen untermeerischen Vulkankomplexes, der zum Ostpazifischen Rücken gehört. Der Basaltboden der nahezu baumlosen Insel ist mit Gräsern und Sträuchern bewachsen.

Die Herkunft der Ureinwohner der Osterinsel ist nicht restlos geklärt, aber wahrscheinlich stammen sie wie die übrigen Polynesier vom asiatischen Kontinent. Wissenschaftliche Untersuchungen unterstützen die Theorie, daß sich die ersten Einwohner um 500 n. Chr. auf der Insel niedergelassen haben. Die Angehörigen der ersten Einwandererwelle, die sogenannten Langohren, schufen relativ kleine Steinfiguren, die denen der Marquesasinseln gleichen. Im 14. Jh. traf eine zweite Einwandererwelle, die Kurzohren, unter Führung von Hotu Matua ein. Die beiden Völker lebten friedlich zusammen und entfalteten im 14. und 15. Jh. eine hochentwickelte Kultur.

Zu jener Zeit wurden auch die großen Statuen, die *moai*, errichtet, von denen es etwa 1000 gibt. Einige, die *pukao*, tragen einen Zylinder aus rotem Tuffstein; in ihre Gesichter sind Augen aus Korallen eingelassen. Sie stellen vermutlich die Geister der Ahnen dar und sind in Reihen auf den *ahus*, Begräbnisplattformen, angeordnet.

Im 16. und 17. Jh. kam es zu Konflikten zwischen den beiden Gruppen der Insulaner, möglicherweise weil die Bevölkerung rasch wuchs und der Boden knapp wurde. Die Langohren setzten sich bei diesem Streit durch; nach Schätzungen von Historikern wurden die Kurzohren um 1680 ausgelöscht. Zu Beginn des 18. Jh., kurz bevor die ersten Europäer auf der Insel landeten, entstanden die letzten Steinskulpturen.

Wenig später erschienen Sklavenhändler aus Peru und verschleppten über 1000 der 3000 Insulaner in die Guanogruben auf den Inseln vor der peruanischen Küste. Die wenigen, die lebend auf ihre Heimatinsel zurückkehrten, brachten Seuchen mit, denen viele Insulaner zum Opfer fielen.

Bis heute hat die Osterinsel noch nicht alle ihre Geheimnisse preisgegeben.

Die heißen Quellen von Neuseeland

Thermalquellen werden oft als Nachwehen des Vulkanismus angesehen, denn sie treten noch aus, wenn die Feuerberge schon längst erloschen sind. In Neuseeland findet man jedoch beides eng beieinander: feuerspeiende Vulkane und siedendheiße Quellen.

Die Vulkane Neuseelands gehören wie die Feuerberge auf den japanischen Inseln und in den Anden zum pazifischen Feuergürtel. Allerdings kam es nur auf der nördlichen der beiden neuseeländischen Hauptinseln in historischer Zeit zu Eruptionen. Drei Vulkane taten sich dabei besonders hervor: Tongariro, Ngauruhoe und Ruapehu. Sie fördern zähflüssige andesitische Lava und neigen daher zu explosiven Ausbrüchen. Der Ngauruhoe als jüngster dieser Troika brach in den letzten 100 Jahren nicht weniger als 60mal aus. Sein Ruf hat darunter allerdings nicht gelitten, im Gegenteil, die Neuseeländer verehren ihn beinahe so sehr wie die Japaner den Fudschijama, und in der Tat ist der Ngauruhoe dem berühmtesten Vulkankegel Japans ein wenig ähnlich. Der im Winter schneebedeckte Ruapehu, mit knapp 2800 m der höchste der drei, wird zum Skilaufen besucht, und um den Tongariro wurde schon vor Jahrzehnten ein wunderschöner Nationalpark eingerichtet, in dem die Einwohner der beiden Großstädte Auckland und Wellington im Urlaub und an den Wochenenden wandern.

Auf den ersten Blick gesehen, wirkt das vulkanische Bergland im Zentrum der Nordinsel freilich nicht gerade einladend. Man könnte es fast für ein Industriegebiet halten. Überall steigen weiße Dampfwolken in den Himmel, dazwischen liegen zahllose Vulkankrater verstreut, die mit dunklem Wasser gefüllt sind. Wasser und Wasserdampf gibt es in diesem Teil Neuseelands reichlich. Die Maori fügten deshalb vielen ihrer Ortsnamen die Vorsilbe *wai* (schwarzes Wasser) an. So fährt man hier von Waiotapu nach Waikorohihi, von dort weiter nach Waikite oder Waimangu. Der Reichtum an heißem

Die heißen Quellen von Whakarewarewa. Sie gehören zusammen mit den Geysiren von Waiotapu und Waimangu zu den eindrucksvollsten postvulkanischen Erscheinungen auf dem Vulkanplateau der Nordinsel. In diesem Hexenkessel brodelnder Quellen und zischender Geysire empfiehlt es sich, die markierten Wege nicht zu verlassen.

Wasserdampf wird seit etwa 40 Jahren zur Stromerzeugung in Erdwärmekraftwerken genutzt. Neuseeland verfügt damit über schier unerschöpfliche, umweltfreundliche Energiereserven. In vielen Häusern wird die unterirdische Wärme zur Heißwasserversorgung und Heizung genutzt, und natürlich kann man in den mit warmem Wasser gefüllten Becken auch herrlich baden. Die hohen Niederschläge, die durch das poröse vulkanische Gestein versickern, füllen die Grundwasservorräte immer wieder auf, und der Wärmeinhalt einer Magmakammer reicht aus, um das Wasser jahrhunderte- bis jahrtausendelang zu erhitzen.

Nachruf auf ein Naturwunder: Rotomahana

Neben Island und dem Yellowstone-Nationalpark im Westen der USA ist das südöstlich von Auckland gelegene Vulkanplateau der neuseeländischen Nordinsel eines der drei Gebiete der Erde, die für heiße Quellen und Geysire weltweit bekannt sind. Die Weltöffentlichkeit nahm allerdings erst spät von den Naturwundern in jenem entlegenen Teil der Welt Notiz. Ende des 19. Jh. veröffentlichten Zeitungen in Europa und Amerika Fotos, auf denen die weißen Sinterterrassen von Rotomahana sowie Maori zu sehen waren, die in den heißen Quellen ihr Essen kochten. Diese Fotos sind alles, was von den prächtigen Sinterterrassen und dem Riesengeysir Waimangu übriggeblieben ist.

Die Terrassen formten ein viele Meter hohes Gebäude aus Dämmen, Becken, Kuppen und tropfsteinähnlichen Gebilden, die von dampfendheißem Wasser durch- und überflossen wurden. Der Sinter bestand hier hauptsächlich aus Kieselsinter, in heißem Wasser gelöster Kieselsäure, die sich im Umkreis der Quellen ausschied. Eisenminerale und andere gelöste Stoffe verliehen dem Sinter von Rotomahana jenen unvergleichlichen rosafarbenen Ton, der in den Berichten der ersten Besucher gepriesen wird. Sinterterrassen kommen auch in anderen Teilen der Erde vor, beispielsweise am „Baumwollschloß" Pamukkale im westlichen Anatolien, in Mittelitalien oder an den Heißen Mammutquellen im Yellowstone-Nationalpark, keine hat jedoch bisher die Vollkommenheit der weißen und rosafarbenen Terrassen von Rotomahana erreicht. Gewöhnlich handelt es sich bei dem ausgeschiedenen Sinter auch um Kalksinter oder Travertin.

Feuer und Wasser

Zuweilen zerstört die Natur das, was sie in Jahrtausenden mit so viel Geduld geschaffen hat, in

Seit dem 10. Juni 1886 durchzieht diese Spalte den 1100 m hohen, aschebedeckten Gipfel des Vulkans Tarawera – Ergebnis einer gewaltigen phreatischen Eruption, bei der das Wasser mit dem heißen Magma in Berührung kam, blitzschnell verdampfte und eine Kette von Kratern in den Untergrund sprengte.

OZEANIEN, PAZIFIK

Rechts: Geysir in Rotorua. Um die in regelmäßigen Zeitabständen ausbrechenden Springquellen lagern sich aus dem heißen Wasser Schichten von Kalk- und Kieselsinter ab, die häufig schöne Sinterterrassen bilden.

Unten: In den Schlammtöpfen von Waiotapu brodelt und blubbert ein Gemisch aus grauem Schlamm und heißem Wasser. Große Gas- und Dampfblasen steigen in dem zähflüssigen Brei auf und zerplatzen an der Oberfläche.

wenigen Augenblicken. Von Juni bis August 1886 kam es in der Umgebung des Rotomahanasees zu mehreren heftigen Eruptionen des Vulkans Tarawera. Grundwasser war mit der heißen Lava im Untergrund in Berührung gekommen, war blitzschnell verdampft und hatte durch den Dampfdruck tiefe Spalten und Krater in das Gestein gesprengt. Auf ähnliche Weise sind wohl auch die meisten Maare in der Eifel entstanden. Die berühmten Terrassen wurden zerfetzt, und eine 5 km lange Spalte öffnete sich am Gipfel des aschebedeckten Vulkans. Zehn Dampfquellen reihen sich heute entlang der Spalte auf; heiße, stark mineralhaltige Quellen treten aus und speisen kleine Seen, die hin und wieder austrocknen.

Bei den phreatischen Eruptionen, wie die Wasserdampfexplosionen genannt werden, wird kaum Magma, sondern vor allem älteres Gestein gefördert. Die Folgen solcher Ausbrüche sind deshalb nicht weniger verheerend; gerade die Forschungen in den letzten Jahrzehnten haben gezeigt, daß phreatische Ausbrüche eine weitaus größere Bedeutung haben, als bisher angenommen wurde. Besonders brisant sind Vulkane, die wie die Vulkangipfel der Anden vergletschert sind, denn durch die Hitze des aufsteigenden Magmas schmilzt das Eis, sickert in das Vulkangebäude und verwandelt sich in Dampf. Der Rest des Schmelzwassers vermengt sich mit den

Aschen zu Schlammlawinen. Am 10. Juni 1886 wurden etwa 100 Menschen in dem Maoridorf Te Wairoa unter solchen Schlammassen begraben, und am Weihnachtsabend 1953 zerstörte ein Schlammstrom aus dem Krater des Ruapehu eine Eisenbahnbrücke der Linie Auckland–Wellington. Ein vollbesetzter Schnellzug stürzte in die Tiefe. 151 Menschen kamen ums Leben.

14 Jahre nach den Eruptionen im Juni 1886 erwachte der Waimangugeysir im Vulkanplateau Neuseelands zu einem kurzen, aber intensiven Leben. In einem der Explosionskrater erschien ein Geysir, der etwa alle 30 Stunden eine bis 457 m hohe Fontäne aus heißem Wasser, Dampf und Schlamm ausstieß. Sein Weltrekord wurde bis heute nicht überboten. Der Service Steam Boat Geysir im Yellowstone Nationalpark erreichte in den 60er Jahren unseres Jahrhunderts bestenfalls 115 m. Die Aktivität des Waimangugeysirs dauerte allerdings bloß vier Jahre; 1904 schlief er ein. Wenigstens tat er so, als ob er schlafe, denn am 1. April 1917 brach er noch einmal unerwartet aus und tötete vier Menschen. Heute erinnern dampfende Seen und eine Vielzahl von Fumarolen an die glorreiche Vergangenheit. Möglicherweise legen die Geysire und Vulkane hier nur eine Ruhepause ein, um uns eines Tages wieder zu überraschen.

Jean-Christophe Sabroux

OZEANIEN, PAZIFIK

DIE WEHRDÖRFER DER MAORI

Ein originalgetreu wiedererrichtetes Maorihaus

Die Fachleute sind sich einig darin, daß die Ureinwohner Neuseelands vor rund 1000 Jahren an den Küsten der Nordinsel landeten. Sie stammten vermutlich von den Inseln Ostpolynesiens. Eine zweite Einwandererwelle folgte um 1350 von den zentralpolynesischen Inseln. In diese Zeit fällt wohl die Entstehung der *pa*, der befestigten Maoridörfer: Die alteingesessenen Insulaner mußten sich mit den Neuankömmlingen um die Naturschätze, den Boden, das Wild und die Fische streiten. Außerdem wirkte sich wahrscheinlich ein Klimaumschwung ungünstig auf die Landwirtschaft der Maori aus. Immer häufiger kam es zu Fehden und Kriegen zwischen den einzelnen Stämmen. Die Bauern und Fischer entwickelten sich zu Kriegern, die den ersten europäischen Seefahrern, die auf den Inseln landeten, unerschrocken entgegentraten.

Zunächst häuften die Maori einfache Erdwälle um ihre Häuser auf und errichteten Palisaden; 300 Jahre später entstanden wahre Festungen. Sie waren von Bollwerken aus Baumstämmen umgeben, besaßen Wehrgänge, tiefe Wälle und unterirdische Stollen. Die schon lange vor der Ankunft der Europäer errichteten Festungen wurden später noch verstärkt, und nur mühsam gelang es den Briten, im 19. Jh. die Bastionen der Maori zu erobern. Gegen die Feuerwaffen der Europäer boten sie nur geringen Schutz; noch gefährlicher waren indes die eingeschleppten Infektionskrankheiten, denen die Maori beinahe bis auf den letzten Mann zum Opfer gefallen wären. Erst in diesem Jahrhundert wuchs die Bevölkerungsgruppe durch die verbesserte medizinische Versorgung wieder an.

Die Neuseeländischen Alpen, das steinerne Rückgrat der Südinsel, gipfeln im 3764 m hohen Mount Cook. Der scharfe, weithin vergletscherte Grat des höchsten Bergs von Neuseeland liegt im Zentrum eines vielbesuchten Nationalparks.

Die Gletscherwelt des Mount Cook

Im Vergleich mit unseren Alpen sind die Neuseeländischen Alpen zwar niedriger und kleiner, dafür steigen sie jedoch fast unmittelbar aus Meereshöhe auf, werden von tiefen Fjorden zerschnitten und tragen wegen der starken Niederschläge (zum Teil über 7000 mm) außergewöhnlich viele Gletscher. Innerhalb des Hauptkamms, der durch die gesamte Südinsel verläuft und nur von wenigen Paßstraßen gequert wird, gibt es mehr als 20 Dreitausender und über 360 Gletscher. Die Eisströme bedecken eine Gesamtfläche von etwa 1000 km².

Die Berge der Seefahrer

In Neuseeland, wo kein Ort mehr als 120 km vom Meer entfernt liegt, erinnern die Namen der Berge und Gletscher oft an berühmte Seefahrer. Der Tasmangletscher, der größte Gletscher der gemäßigten Zonen der südlichen Breiten, trägt beispielsweise den Namen Abel Janszoon Tasmans, des niederländischen Seefahrers, der 1642 als erster Europäer die Küsten des fernen Archipels sichtete, allerdings nicht an Land ging. Der fast 30 km lange Eisstrom sucht sich einen Weg durch die Täler an der Westflanke der Südlichen Alpen, der Southern Alps, wie das Hochgebirge von den Insulanern genannt wird. Über ihm ragt ein Massiv auf, das nach dem Forscher benannt ist, der am 9. Oktober 1769 als erster Europäer neuseeländischen Boden betrat: der Mount Cook. Das Sandstein- und Tonschiefermassiv wurde am Weihnachtstag 1894 erstmals von drei neuseeländischen Bergsteigern bezwungen.

Der Mount Cook vom Firnfeld des Foxgletschers aus gesehen. Hinter dem Hauptkamm zeigen einige Linsenwolken (Föhnfische) an, daß gerade ein Föhnsturm über die Gipfel fegt. Auf dem dreigipfligen Felsgrat wird der Schnee hoch in die Luft geblasen.

OZEANIEN, PAZIFIK

DIE GLETSCHERTYPEN

Gegenwärtig sind ungefähr 10 % der Festlandsoberfläche der Erde von Gletschereis bedeckt. Man unterscheidet zwei große Gruppen von Gletschern: die dem Relief der Erdoberfläche übergeordneten und solche, die sich in die Landschaftsformen einfügen. Die größten Gletscher der Erde, das antarktische und das grönländische Inlandeis, begraben das Relief der Erdoberfläche nahezu vollständig unter sich; der feste Gesteinsuntergrund beeinflußt die Form und Bewegungen der Inlandeise kaum, er wird im Gegenteil unter ihrer Last verformt. Kleinere, reliefunabhängige Gletscher wie der Vatnajökull in Island, der größte Gletscher Europas, oder der Jostedalsbre in Norwegen werden Eisschilde und Plateaugletscher genannt. Die dem Relief übergeordneten Gletscher kommen fast ausschließlich in den Polargebieten vor.

Die Gletscher in den meisten Hochgebirgen der Erde fügen sich dagegen in die Geländeformen ein. Die drei Gletscher Deutschlands liegen z. B. in Karen, vom Eis ausgehobelten Nischen in Felswänden. In Österreich, der Schweiz und den anderen Alpenländern findet man oberhalb der klimatischen Schneegrenze ebenfalls zahlreiche Kargletscher, daneben gibt es Talgletscher wie den Aletschgletscher, die mit ihren Zungen Täler ganz oder zum Teil ausfüllen. In den Eiszeiten schlossen sich die Talgletscher in den Alpen zu Eisstromnetzen zusammen; an manchen Stellen reichten sie bis ins Alpenvorland hinaus und bildeten dort Vorland- oder Piedmontgletscher.

Ewiges Eis unter südlicher Sonne

Der bekannteste Gletscher des Landes, der Tasmangletscher, erstreckt sich auf eine Länge von 29 km und eine maximale Breite von 9 km. Die eigentliche Gletscherzunge mißt in der Länge allerdings nur 2–3 km.

Mit seinem blauschimmernden Eis hebt sich der Gletscher scharf von den ockerfarbenen Felswänden ab. Das Gestein, das an den Wänden zutage tritt, ist verhältnismäßig weich und wird schnell abgetragen; auf der Gletscherzunge häuft sich deshalb der Gesteinsschutt meterdick. Sie endet in einer langen Stirnmoräne, einer Art grauem Wall, der in spärlich mit Gräsern und Kräutern bewachsene Geröllfelder übergeht.

Am unteren Ende bewegt sich der Tasmangletscher im Winter durchschnittlich um 50 cm und im Sommer um 60 cm pro Tag talwärts. Die höchste Fließgeschwindigkeit wurde in der Mitte der Zunge gemessen; zu den Gletscherrändern hin nimmt die Geschwindigkeit rasch ab, denn dort ist die Reibung am Moränengeröll und am Felsbett des Gletschers am größten.

Aus demselben Grund bewegen sich auch die oberen Schichten des Eisstroms schneller als die Gletschersohle; dort unten, in einer Tiefe von mehreren hundert Metern, muß das Eis auf seinem Weg ins Tal Erosionsarbeit leisten, den Fels abhobeln und polieren. Durch die Geschwindigkeitsunterschiede entstehen Spannungen im Eis, die sich in den vielen tiefen Gletscherspalten und den Eis- und Firnzacken der Seracs widerspiegeln.

Aus dem Gletschertor an der Stirn des Tasmangletschers schießt milchigweißes Wasser. Es ist durch das feinzerriebene Gesteinsmehl der Grundmoräne getrübt. Talabwärts nimmt der Schmelzwasserbach weitere Wasserläufe auf und wird zum Tasman River, der in den tiefen Pukakisee mündet. Die von den Eis- und Firnfeldern der Neuseeländischen Alpen gespeisten Seen und Flüsse werden an vielen Stellen in Wasserkraftwerken zur Stromerzeugung genutzt. Neuseeland kann auf diese Weise drei Viertel seines Energiebedarfs durch die heimischen Reserven an „weißer" umweltfreundlicher Energie decken.

Der Foxgletscher fließt mit einer mittleren Geschwindigkeit von 150 cm pro Tag vergleichsweise schnell. Bei derartigen Fließgeschwindigkeiten gleitet der Gletscher oft in kompakten Eisschollen, in einer sogenannten Blockschollenbewegung, durch sein Felsbett. Wegen der starken Reibung am Rand zerbirst der Eisstrom dort in zahllose Seracs.

OZEANIEN, PAZIFIK

Mittlerer Teil der Zunge des Franz-Josef-Gletschers, dem Lawinen von den Steilhängen große Mengen von Gesteinsschutt zuführen und der daher viel Obermoräne führt. Der Gletscher wurde von einem aus Österreich stammenden Geologen erforscht und nach dem beliebten Kaiser der Donaumonarchie benannt.

WANDERN UND BERGSTEIGEN AM MOUNT COOK

Aus Neuseeland stammt Sir Edmund Hillary, der Bezwinger des Mount Everest. Er hatte für die Besteigung des höchsten Bergs der Erde in den Neuseeländischen Alpen trainiert. Mit 3764 m Höhe ist der Mount Cook zwar noch nicht einmal halb so hoch wie der Mount Everest, die heftigen Niederschläge und das stürmische, wechselhafte Wetter machen jedoch Bergtouren in den neuseeländischen Hochgebirgen oft sehr schwierig. Die Besucher des Mount-Cook-Nationalparks begnügen sich deshalb meist mit Bergwanderungen oder Skitouren, für die die Bedingungen am Zusammenfluß des Mueller-, des Hooker- und des Tasmangletschers ideal sind. Hier liegt das Mount Cook Village, ein Touristendorf, von dem man weite Wanderungen in die noch nahezu unberührten Naturlandschaften unternehmen kann.

Flugzeuge bringen Skiläufer auf den Tasmangletscher.

OZEANIEN, PAZIFIK

Gletscher auf dem Rückzug

Die neuseeländischen Gletscher sind überwiegend Talgletscher, die in einem ausgedehnten Firnfeld wurzeln und mit ihren Zungen mehr oder weniger weit in die Täler vorstoßen. Der Tasmangletscher ist zwar der längste, aber nicht der schnellste und spektakulärste Eisstrom. Der Fox- und der Franz-Josef-Gletscher, die durch die Täler an der Westflanke des Gebirges strömen, erreichen noch größere Fließgeschwindigkeiten und enden erst 25 km vor der Küste auf nur etwa 250 m über dem Meer. Ihre Zungen werden von dichten Wäldern mit Baumfarnen, Flechten und blühenden Lianen umrahmt – ein einzigartiges Landschaftsbild.

Die hohen Fließgeschwindigkeiten und der Vorstoß bis in die Waldstufe deuten auf gut genährte Gletscher hin. In der Tat häufen sich in den Nährgebieten oberhalb der klimatischen Schneegrenze Jahr für Jahr gewaltige Schneemassen an. Auf 7500 mm schätzen die Meteorologen den Jahresniederschlag am Mount Cook; wenn er ausschließlich als Schnee fiele, würden in einem Jahr insgesamt etwa 75 m Schnee fallen. Dennoch macht sich auch in dieser schneereichen Region der Erde der weltweite Gletscherschwund der letzten Jahrzehnte bemerkbar. Zwischen 1950 und 1965 schrumpften die neuseeländischen Gletscher beträchtlich, und schon seit 1900 hatte man einen allgemeinen Gletscherrückgang beobachtet. In den Jahren 1966–67 kam es dann zu einem kurzfristigen Vorstoß, der inzwischen jedoch wieder in das Gegenteil umgeschlagen ist. Möglicherweise hängt der Rückzug der Gletscher mit der Erwärmung der Erdatmosphäre durch den Treibhauseffekt zusammen.

Benoît Antheaume

Die letzten Ausläufer des Fox- und des Franz-Josef-Gletschers reichen bis in die Waldstufe der Neuseeländischen Alpen. Hier in der Nähe des Foxgletschers führt der Pfad Ngai-Tahu auf Bohlenstegen durch ein Moor, in dem die Torfmoosteppiche mehr als 50 cm dick sind. In diesen immergrünen Regenwäldern leben die Kiwis, die berühmten Laufvögel Neuseelands.

Die größte Insel des Hawaii-Archipels liegt am südöstlichen Ende der Inselkette mitten in den Weiten des Pazifischen Ozeans. Sie besitzt zwei aktive Schildvulkane, die immer wieder glutflüssige Lava ausspeien.

Mauna Loa und Kilauea auf Hawaii

Die Hauptinsel Hawaii, die dem ganzen Archipel den Namen gegeben hat, verdankt ihre Existenz fünf Vulkanen, von denen gegenwärtig noch zwei tätig sind: der riesige Mauna Loa und der viel kleinere Kilauea. Die drei übrigen Vulkane, Kohala, Hualalai und Mauna Kea, gelten als erloschen. Der Name des 4205 m hohen Mauna Kea, des höchsten Gipfels von Hawaii, bedeutet Weißer Berg, denn er trägt zuweilen eine Schneedecke.

Hawaii liegt auf einem untermeerischen Rücken südlich vom Wendekreis des Krebses, etwa 3500 km vor der kalifornischen Küste. Das Klima der Sandwichinseln, wie der Archipel von seinem Entdecker James Cook ursprünglich genannt wurde, ist tropisch-warm. Die Passatwinde treiben von Nordosten her Regenwolken gegen die Insel und überschütten sie an der Nordostseite mit wahren Sintfluten von zum Teil mehr als 7000 mm pro Jahr; die Hänge im Regenschatten der Gipfel erhalten dagegen oft kaum ein Zehntel dieser Niederschlagsmenge, die zudem noch schnell in den lockeren vulkanischen Aschen versickert. Auf engstem Raum wechseln auf der Insel deshalb tropische Regenwälder und öde Aschenwüsten, die Mondlandschaften im Umkreis der aktiven Krater mit grünen Wiesen, Zuckerrohr- und Ananasplantagen. In den Gärten blühen tropische Orchideen, die Hawaii den Namen Orchideeninsel eingetragen haben.

Die höchsten Berge der Erde

Der Mauna Loa ist ein Lehrbuchbeispiel eines Schildvulkans, einer sanft ansteigenden Kuppel aus zahllosen übereinandergeschichteten Basaltdecken. Sie erreicht mit 4171 m etwa die Höhe des Matterhorns – über dem Meeresspiegel, wohlgemerkt,

Ausbruch des Mauna Loa am 25. März 1984. Damals förderte der Vulkan etwa 220 Mio. m³ dünnflüssige Lava. Die gewaltigen Lavafluten brachen aus einer Spalte im südwestlichen Kraterbereich hervor. Über der Spalte türmte sich der Pohaku Hanalei, ein kleiner Schlackenkegel, auf. Nach Ansicht der Wissenschaftler ist in den nächsten Jahren wieder mit einem größeren Ausbruch zu rechnen. Mit Hilfe von Satelliten wird beobachtet, wie Magma im Innern des Vulkans aufsteigt.

denn unter dem Meeresniveau setzt sich das riesige Vulkangebäude noch bis in Tiefen von 5000 m fort. Insgesamt erreicht es eine Höhe von mehr als 9000 m. Der Mauna Loa und sein Zwillingsbruder, der Mauna Kea, sind damit die höchsten Berge der Welt. Der Mauna Loa ist zugleich der größte tätige Vulkan unseres Planeten und einer der aktivsten dazu. Auf seinem flachgewölbten Gipfelplateau ist eine 5 km lange, 2,5 km breite und 200 m tiefe Caldera eingebrochen, die von den Insulanern Mokuaweoweo, der Ort des roten Feuers, genannt wird. Von ihr ziehen sich zwei mehrere Kilometer lange Förderspalten nach Nordosten und Südwesten.

Während einer der letzten Eruptionen im März/April 1984 spie der Vulkan 220 Mio. m³ Lava aus, die sich in rotglühenden Fontänen und feurigen Wildbächen aus dem Krater ergossen. Der Ausbruch begann in der Nacht zum 25. März mit heftigen Erdstößen, die durch den raschen Aufstieg des Magmas innerhalb des Vulkangebäudes ausgelöst wurden. Gleichzeitig brach an der südwestlichen Flanke eine Spalte auf. Sie dehnte sich in kürzester Zeit nach Nordosten aus. Aus ihr stiegen bis zu 50 m hohe Feuersäulen in den nächtlichen Himmel. Kurz darauf öffneten sich weitere Spalten im Ostteil der Caldera. Die Lavaströme, die aus den Rissen quollen, vereinigten sich mit anderen Lavamassen und bedrohten den Ort Hilo. Erst am Ortsrand kam der glühende Strom zum Stillstand. Schätzungsweise 2 Mio. m³ Lava wurden auf dem Höhepunkt der Eruption pro Stunde ausgeworfen.

Das Haus des Feuers

An der Südostflanke des Mauna Loa befindet sich der zweite aktive Vulkan der Insel, der Kilauea. Man könnte ihn als Nebenkrater betrachten, jedoch fördert er unabhängig von den Ausbrüchen des Mauna Loa Lava (beispielsweise 1982 und 1992) und gilt daher als eigenständiger Vulkan. In ihn ist ein fast 250 m tiefer Kessel eingesenkt, den die Insulaner Halemaumau, das Haus des Feuers, nennen. Nach der Überlieferung ist er der Sitz der Vulkangöttin Pele, einer temperamentvollen Dame, die mitunter wütend auf den Boden stampft und damit den unterirdischen Lavamassen den Weg ans Licht bahnt. Die dünnflüssige Lava schießt mehrere hundert Meter in Fontänen aus dem Krater und erstarrt oft schon in der Luft zu faden- und tropfenförmigen Gebilden. Peles Tränen nennen die Einheimischen die pechschwarzen, glänzenden Tropfen aus vulkanischem Glas; die hauchdünnen Lavafäden, die der Wind über die Insel verteilt, werden Peles Haar genannt.

Im Vergleich mit dem Mauna Loa hat der 1247 m hohe Kilauea eine eher bescheidene Höhe. Seine Gipfelsenke, eine 100 m tiefe Caldera mit einem Durchmesser von 3,5 km, barg bis 1924 einen brodelnden Lavasee. Jahrzehntelang konnten die Wis-

Lavatunnel in einem der Lavaströme des Kilauea. Die Oberfläche eines Lavastroms erstarrt oft zu einer festen Kruste, während die Lava im Innern noch lange glutflüssig bleibt. Wenn die Förderung nachläßt, leert sich der manchmal mehrere Kilometer lange Hohlraum und bildet einen Lavatunnel, der mit kleinen Lavatropfsteinen geschmückt ist.

VULKANISMUS

Die Feuerberge der Erde reihen sich vor allem an den Rändern der Platten auf: in der Mitte der Ozeane, an den Inselbogen und an manchen Küsten. Der Vulkanismus innerhalb der Platten läßt sich nur schwer in dieses Verbreitungsmuster einordnen.

In den Verzeichnissen der in historischer Zeit auf den Festländern der Erde tätigen Vulkane sind etwa 500–550 Feuerberge aufgeführt. Wenn man dazu noch die Vulkane zählt, die in den letzten 3000–4000 Jahren aktiv gewesen sind und jederzeit wieder zu neuem Leben erwachen könnten, so steigt die Zahl auf weit über 1200. Der Vulkanismus konzentriert sich gegenwärtig auf etwa 50 Vulkangebiete. Sie liegen vor allem an den konstruktiven Plattenrändern in den mittelozeanischen Rücken und an den destruktiven Plattenrändern im Bereich der Subduktionszonen. Innerhalb der Lithosphärenplatten befinden sich nur verhältnismäßig wenige aktive Vulkane, in erster Linie auf der Pazifischen Platte und auf der Afrikanischen Platte. Die Australische Platte und die Eurasische Platte sind heute nahezu frei von Vulkanen. Noch im jüngeren Tertiär und Quartär kam es allerdings auch in Mitteleuropa zu heftigen Vulkanausbrüchen. Die jüngsten Vulkane Deutschlands sind etwa 10 000 Jahre alt.

Das derzeit aktivste Vulkangebiet der Erde liegt im Nordatlantik auf Island, dann folgen in der Intensität des Vulkanismus mit großem Abstand Zentralamerika und Neuseeland sowie Java und die Aleuten. Unter den Vulkangebieten stehen also die ozeanischen Inseln und die dem Festland vorgelagerten Inselbogen klar an der Spitze. Die Kontinente haben an der jährlichen Förderleistung aller Vulkane der Erde lediglich einen Anteil von 1–2 %. Das Verhältnis würde sich noch weiter zuungunsten der Festländer verschieben, wenn man die untermeerischen Vulkanausbrüche in dieser Rechnung mit berücksichtigte. Immerhin schätzen die Fachleute die jährliche Förderleistung der untermeerischen Vulkane auf mindestens 1 Mrd. m³ Lava. Der ozeanische Vulkanismus könnte 100mal mehr Lava fördern als sämtliche Vulkane auf dem festen Land.

Gemessen an ihrer gewaltigen Förderleistung, erregen die untermeerischen Vulkane und die Feuerberge auf den vulkanischen Inseln nur wenig Aufsehen. Die Vulkane auf den Kontinenten und den Inselbogen unmittelbar vor dem Festland machen dagegen um so häufiger Schlagzeilen mit ihren verheerenden Ausbrüchen. Im Unterschied zu den Vulkanen über konstruktiven Plattenrändern oder auch über den Hot spots, die sich meist als friedliche Riesen erweisen, sind die festländischen Vulkane oft ausgesprochen tückisch. Mit Aschenregen, Glutwolken, Schlammströmen und Eislawinen machen sie ihre Umgebung unsicher. Insgesamt hat die Förderung von Tephra, also von vulkanischem Lockermaterial, an der Förderleistung aller Vulkane der Erde bloß einen Anteil von 15–20 %. Die Aschen werden allerdings hauptsächlich von den Vulkanen auf den Kontinenten und den Inselbogen vor ihren Küsten ausgespien; die Vulkane der Inselbogen werfen beispielsweise über 95 % der Förderprodukte als Tephra aus, und gerade diese überwiegend explosive Tätigkeit macht die Vulkane der Kontinente und kontinentalen Inseln so gefährlich.

Mount St. Helens: Bei dem Ausbruch im Mai 1980 verwüstete der Vulkan ein 550 km² großes Gebiet mit Glutwolken und Schlammströmen.

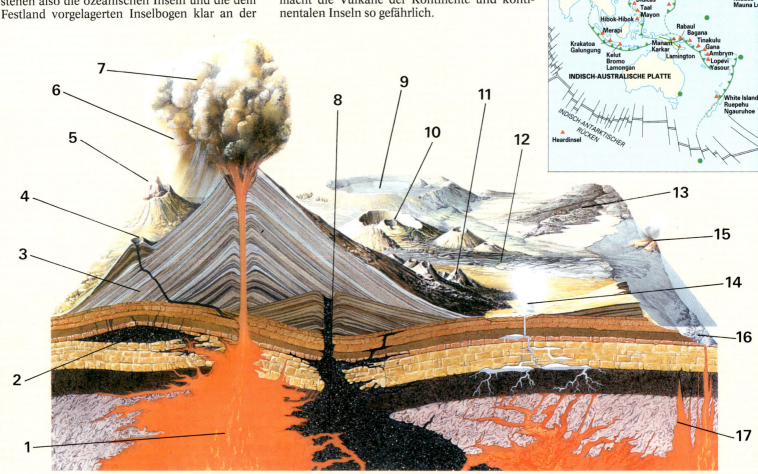

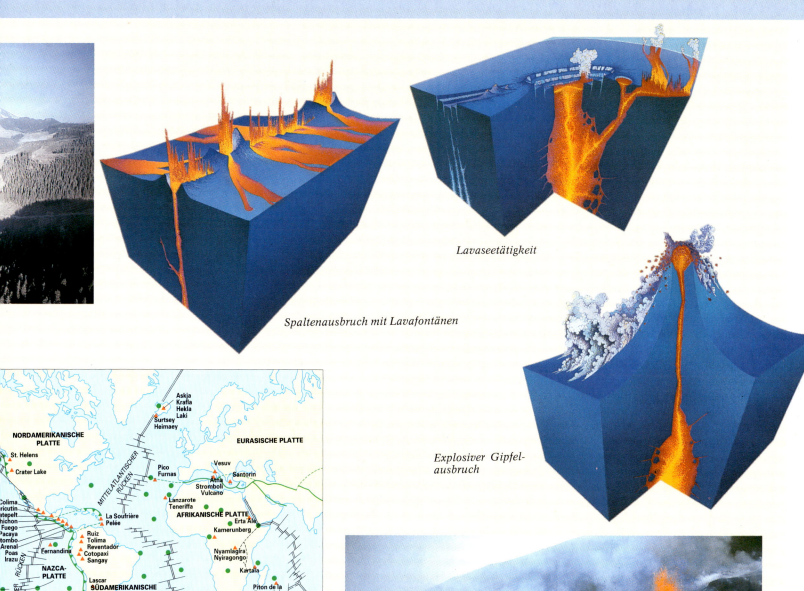

Lavaseetätigkeit

Spaltenausbruch mit Lavafontänen

Explosiver Gipfelausbruch

1. Magmakammer

2. Magma dringt auf Schichtfugen in das Deckgebirge ein und bildet einen Lagergang

3. Schichtvulkan aus wechselnden Schichten von Lava und Tephra

4. Nebenkrater oder parasitärer Krater

5. Staukuppe aus zähflüssiger Lava

6. Lavafetzen erstarren im Flug zu vulkanischen Bomben und Schlacken

7. Explosiver Gipfelausbruch

8. Magmakammer eines erloschenen Vulkans

9. Calderasee

10. Wiederbelebte Caldera mit Zentralkegel

11. Kleinvulkan

12. Basaltdecke

13. Lavastrom

14. Heiße Quellen, Geysire

15. Untermeerischer Vulkanausbruch

16. Kissenlava untermeerischer Ausbrüche

17. Vulkanischer Gang

Piton de la Fournaise auf der Insel Réunion: 1986 brach an der Südflanke eine kilometerlange Spalte auf; aus ihr quoll ein Basaltstrom, der bis ins Meer floß.

Almannagjá im Südwesten Islands: Die Felsenschlucht im Thingvellir entspricht den Scheitelgräben der mittelozeanischen Rücken. Sie liegt über der Nahtstelle zwischen der Eurasischen und der Amerikanischen Platte.

209

Das Tetiaroa-Atoll

Wie ein Kollier aus Perlmutt und Türkis liegt der Riffkranz des Tetiaroa-Atolls auf dem samtblauen Wasser des Südpazifiks. Im angenehmen tropischen Inselklima fühlen sich Menschen und Tiere wohl.

In der Sprache der Polynesier bedeutet der Name des winzigen, knapp 50 km nördlich von Tahiti gelegenen Atolls Großer Ozean. Es gehört zu den Inseln über dem Winde, der östlichen der Gesellschaftsinseln, die 1769 von James Cook nach der Königlich Geographischen Gesellschaft in London benannt wurden. Ein Riffkranz mit 55 km Umfang umschließt seine Lagune; nur an einer Stelle gibt es eine schmale Fahrrinne für kleine Boote. Die zwölf kokospalmenbestandenen Eilande des Atolls tragen klangvolle tahitische Namen wie Glitzernder Sand oder Ruhende Hand. Sie nehmen insgesamt nur eine Fläche von 2 km² ein.

Früher war das Atoll die Sommerfrische der Könige von Pomaré, die bis 1880 über die Gesellschaftsinseln herrschten. Für die Prinzessinnen war es zugleich eine Art Schönheitsfarm. Sie kamen hierher, um möglichst etliche Kilogramm Gewicht zuzunehmen, denn die polynesischen Prinzen schätzten mollige Frauen. 1965 kaufte Marlon Brando eines der Eilande (Motu Onetahi) und ließ dort ein Luxushotel mit einem eigenen Flugplatz errichten.

Wie Atolle entstehen

Atolle, kranzförmige Korallenriffe, sind typische Inseln tropischer Meere, insbesondere des Pazifischen Ozeans. Ihre Entstehung war lange Zeit rätselhaft, denn wie können mitten in den Ozeanen aus großen Tiefen vom Meeresboden Korallenriffe emporwachsen, wo doch bekannt ist, daß die riffbildenden Korallentiere nur in seichten Gewässern vorkommen?

Luftbild des Tetiaroa-Atolls, von Südwesten her aufgenommen: Die niedrigen Riffinseln, hier Motu genannt, umschließen die 5–6 km breite Lagune. Im Vordergrund Motu Horoatera und Hiraanae; rechts Motu Tiaraunu; im Hintergrund Motu Rimatiai, Onetahi und Honuea.

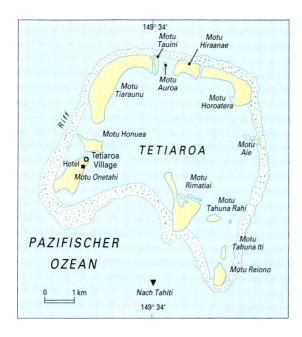

Erst Charles Darwin gelang es, die Entstehung dieser sonderbaren Inseln einleuchtend zu erklären. Seine Theorie, die er während seiner Weltumseglung 1831–36 erarbeitete, wurde von anderen Naturforschern heftig bestritten, neuere Forschungen konnten jedoch die Darwinsche Lehre in den entscheidenden Punkten bestätigen.

Nach Darwin entsteht ein Atoll aus einem Saumriff, das der Küstenlinie einer – meist vulkanischen – Insel vorgelagert ist. Wenn sich der feste Inselkern senkt (oder der Meeresspiegel steigt), entwickelt sich das Saumriff zu einem Wallriff, das zwischen sich und der Insel eine Lagune einschließt. Bei weiterer Senkung (oder weiterem Anstieg des Meeresspiegels) verschwindet schließlich der Inselkern innerhalb der Lagune, und das Wallriff verwandelt sich in ein Kranzriff.

Diese Entwicklung von einem Saumriff über ein Wallriff zum Kranzriff oder Atoll kann freilich nur ablaufen, wenn die Senkung des Inselkerns (oder umgekehrt der Anstieg des Meeresspiegels) so langsam und stetig abläuft, daß die Korallentiere die Niveauänderungen durch die Bildung neuer Riffkalkschichten ausgleichen und damit in dem für sie günstigen Stockwerk des Meeres bleiben können. Nicht immer gelingt den riffbildenden Korallentieren dieses Kunststück, und oft liegen abgestorbene Korallenstöcke in den finsteren Tiefen des Meeres, in denen die Polypen nicht existieren können, wie umgekehrt Korallenriffe häufig auch durch tektonische Bewegungen aus ihrem lebenswichtigen Element hoch über den Meeresspiegel gehoben werden. So tauchten mehrere hunderttausend Vulkaninseln einfach unter, ohne an der Meeresoberfläche irgendwelche Spuren zu hinterlassen, und nur ein verschwindend kleiner Teil von ihnen hat sich in Atolle verwandelt.

Die Frage bleibt jedoch, warum so viele vulkanische Inseln unter dem Meeresspiegel verschwunden sind. Vermutlich hängt die Senkung der ozeanischen Erdkruste mit der Abkühlung der festen Erdrinde nach dem Ende des Vulkanismus zusammen. Wie die meisten Stoffe dehnen sich die Gesteine bei Erwärmung aus und schrumpfen bei Abkühlung wieder. Durch die starken Temperaturschwankungen – glutflüssige Basaltlava ist 1000–1200 °C heiß – und die große Mächtigkeit der betroffenen Krustenschichten können sich die Ausdehnungs- und Schrumpfungsbeträge durchaus in Hebungen und Senkungen von mehreren hundert Metern äußern.

Das feuchtwarme Klima läßt die Pflanzen üppig wachsen; am häufigsten sind Palmen, die fast alle Inseln bedecken. Das stille Wasser der Lagune umspült den Sandstrand der Motu Onetahi, auf der sich der Flugplatz, das einzige Hotel und einige Fare (traditionelle polynesische Häuser) für Touristen befinden.

OZEANIEN, PAZIFIK

Entstehung eines Atolls nach der Theorie von Darwin

Eine Vulkaninsel ist von einem Saumriff umgeben

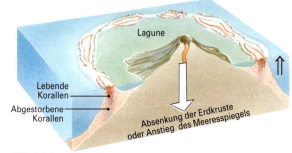

Wallriff und Lagune

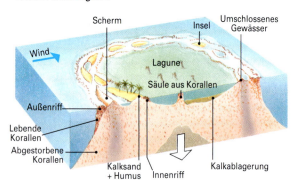

Atoll und Lagune

Rechts: Zwischen der kristallklaren Lagune und dem tiefblauen Ozean erstrecken sich die Motu Tauini und Hiraanae sowie die kleine, langgezogene Motu Auroa, die von einem Sandsaum eingefaßt ist. Die Riffinseln sind durch enge, seichte Passagen voneinander getrennt, die nur von Booten mit geringem Tiefgang durchfahren werden können.

Unten: Das Eiland Motu Tahuna Iti wird wegen der vielen Seevögel, die zum Brüten hierherkommen, die Vogelinsel genannt. Über den Mangrovegehölzen an der Küste lassen sich Seeschwalben in der leichten Brise treiben.

Ein Platz für Tiere

Auf dem Tetiaroa-Atoll herrscht das ganze Jahr über ein angenehmes tropisches Inselklima. Die Temperaturen schwanken mit den Jahreszeiten allenfalls um 2–3 °C, es gibt reichliche Niederschläge, und eine leichte Seebrise vertreibt die Schwüle. Tropische Wirbelstürme, die regelmäßig andere Inseln des Pazifiks verwüsten, sind auf den Gesellschaftsinseln relativ selten. Der letzte große Taifun fegte 1906 über Tetiaroa.

Bei einem solchen Klima fühlen sich Menschen und Tiere wohl, zu Land und im Wasser. Die Riffe und die Lagune sind Lebensraum für eine Vielzahl von Meerestieren, vor allem für Fische. In allen möglichen Größen, Farben und Formen tummeln sie sich in den Gewässern um Tetiaroa. Die zahllosen Fische locken große Raubfische an, für die der Tisch in der Lagune reich gedeckt ist. Wenn die Räuber dann nach dem Mahl wieder durch die Fahrrinnen ins offene Meer entweichen wollen, werden sie wiederum von den Menschen gejagt. In der Lagune

und auf der Riffplattform, die bei Ebbe trockenfällt, sammeln die Insulaner Muscheln, Schnecken und anderes genießbares Meeresgetier.

Auf Motu Tahuna Iti, einem Eiland im Südosten des Atolls, rasten und brüten Seevögel: schwarze Fregattvögel mit ihren Jungen, die wie Kugeln aus weißem Flaum aussehen, braunweiße Tölpel, Sturmvögel, schwarze Seeschwalben, Tropikvögel. Es wimmelt überall von Schildkröten, Eidechsen, Insekten und Krebsen. Zwischen den Korallenstöcken hausen die hochgiftigen Seeschlangen, die glücklicherweise nur selten zubeißen; an den Sandstränden und auf den mit Palmen bestandenen Inseln macht hin und wieder einer der seltenen Touristen unfreiwillig Bekanntschaft mit einem Hundertfüßer, der sein Reich mit Giftklauen verteidigt. Messerscharfe Riffe dicht unter der Wasseroberfläche verwehren den großen Segelyachten die Einfahrt in die Lagune. Besucher sind deshalb selten, und manche Eilande werden nur von Arbeitern aufgesucht, die Kokosnüsse ernten.

R. Moreau

RÄTSELHAFTE POLYNESIER

Der Name Polynesien, Land der vielen Inseln, wurde für die Inselwelt zwischen Hawaii, Neuseeland und der Osterinsel geprägt. Die Bewohner selbst haben keine zusammenfassende Bezeichnung für ihr Volk und ihre Heimat; sie nennen sich jeweils nach ihrer Insel. Stammesnamen sind ebenfalls unbekannt. Trotzdem wirkt die Kultur der Polynesier geschlossen und einheitlich. Die Sprachen haben offenbar eine gemeinsame Wurzel, die religiösen Vorstellungen sind (oder waren) im gesamten polynesischen Raum ähnlich, und in der Lebensweise gibt es zwischen weit voneinander entfernten Eilanden häufig erstaunliche Gemeinsamkeiten. Was ist die Erklärung für diese Ähnlichkeiten? Gehen sie etwa auf einen verschwundenen Kontinent wie das sagenhafte Atlantis zurück, oder sind die Insulaner in grauer Vorzeit alle aus einem bestimmten Gebiet eingewandert? Wo lag dieses Gebiet? Stammten die Polynesier, wie die Mehrheit der Forscher annimmt, vom asiatischen Kontinent oder aber, wie der norwegische Völkerkundler Thor Heyerdahl mit den Fahrten der *Kon-Tiki* beweisen wollte, aus Amerika? Alle diese Fragen sind heute noch ungelöst.

NORD-AMERIKA UND DER ATLANTIK

Die San-Andreas-Verwerfung
Der Grand Canyon des Colorados
Die Geysire des Yellowstone-Parks
Das Labyrinth der Mammuthöhle
Die Großen Seen Nordamerikas
Der Columbiagletscher
Die Appalachen
Die Azoren

Die San-Andreas-Verwerfung

Die berühmteste geologische Verwerfung auf der Erde durchzieht Kalifornien als schnurgerade Linie, an der sich zwei Platten der festen Erdrinde hauptsächlich horizontal gegeneinander verschieben. Immer wieder kommt es an dieser langen Bruchlinie zu schweren Erdbeben.

Die häufigen Erdbeben, die den Bundesstaat an der Westküste der USA erschüttern – das letzte größere ereignete sich im Januar 1994 –, schreckten bisher noch niemanden ab: weder die Goldgräber, die dort im vorigen Jahrhundert ihr Glück machen wollten, noch die Wissenschaftler und Techniker, die nach dem Zweiten Weltkrieg aus allen Teilen der Welt nach Kalifornien kamen, um die berühmte Raumfahrt- und Elektronikindustrie aufzubauen, weder die Hippies, die in den 60er Jahren mit Blumen im Haar in das Gelobte Land an der Bucht von San Francisco pilgerten, noch die zahllosen Touristen, für die Kalifornien mit seinen vielen Naturwundern und faszinierenden Städten den Höhepunkt jeder Amerikareise darstellt.

In der Tat ist das Risiko, in Kalifornien Opfer eines Erdbebens zu werden, sehr gering, und zwar viel geringer, als beispielsweise im Straßenverkehr zu verunglücken.

Das Mekka der Erdbebenforscher

Manche Besucher kommen sogar gerade wegen der Erdbeben nach Kalifornien: die Seismologen, die Erdbebenforscher, denn in keinem anderen Land der Erde sind die Beziehungen zwischen der Tektonik und den Erdbeben so klar erkennbar wie im Gebiet zwischen San Francisco und dem Kalifornischen Golf. Die Beben gehen hier von der San-Andreas-Verwerfung aus, einer Bruchlinie, die sich auf einer Länge von 1100 km quer durch Kalifornien verfolgen läßt. An dieser Verwerfung kommt es zu

Steilküste am Pazifischen Ozean bei Daly City südwestlich von San Francisco. Entlang der San-Andreas-Verwerfung, die hier die Küstenlinie quert, hat sich durch Erdrutschungen eine Kerbe gebildet. Sie greift immer tiefer ins Land ein und zerstört ein Haus nach dem andern.

zahlreichen schwächeren Beben, glücklicherweise aber nur relativ selten zu katastrophalen Erdstößen.

Aus historischer Zeit sind vier Katastrophenbeben bekannt: das Beben von 1857 in Südkalifornien, das große Erdbeben am 18. April 1906 in San Francisco und im Gebiet des Loma Prieta, wo im Oktober 1989 die Erde nochmals heftig bebte, und schließlich das Los-Angeles-Beben im Januar 1994. Die wenigen heftigen Erdbeben zeigten allerdings auch, daß selbst in den reichen Industrieländern, die sich durch „erdbebensichere" Architektur auf den Ernstfall vorbereiten können, die Schäden mitunter verheerend sind. 57 Todesopfer, mehr als 8000 Verletzte und 11 000 zerstörte Häuser und Wohnungen waren die Folgen des Erdbebens im Gebiet um Los Angeles im Januar 1994.

Dank der Arbeit der Seismologen des berühmten Californian Institute of Technology in Pasadena gehört Kalifornien zu den besterforschten Gebieten der Erde. Die Ergebnisse dieser Untersuchungen können freilich nur zu einem Teil auf andere Erdbebenzonen des Globus übertragen werden. Die San-Andreas-Verwerfung, an der sich die Erdbebenherde aufreihen, ist nämlich eine Ausnahme: Gewöhnlich werden Erdbeben von Krustenverschiebungen in vertikaler oder zumindest vorwiegend vertikaler Richtung ausgelöst; bei der San-Andreas-Verwerfung handelt es sich jedoch um eine Horizontalverschiebung, bei der die Krustenschollen hauptsächlich in waagrechter Richtung gegeneinander verschoben werden. Nach dem großen Beben von San Francisco waren deshalb beispielsweise Straßen und Zäune unterbrochen und die Bruchstücke jeweils um mehrere Meter gegeneinander versetzt. Die Spalten, die sich bei den Erdbeben öffneten, zeigten auch, daß die San-Andreas-Verwerfung in Wirklichkeit keine einzige große Bruchlinie, sondern ein Bündel aus mehr oder weniger parallel verlaufenden Störungen ist. Diese Bruchzone erstreckt sich vom Kap Mendocino (330 km nordwestlich von San Francisco) bis zum Kalifornischen Golf. Zuerst folgt sie der Küste, verläuft westlich der Millionenstadt San Francisco, quert die Küstenkette, knickt dann in Richtung Santa Barbara ab, zieht an San Bernardino vorbei zum äußersten Nordosten von Los Angeles und weiter zum Nordostufer des Salzsees Salton Sea.

Ein zerrissenes Land

Die San-Andreas-Verwerfung bildet die Grenze zwischen der Nordamerikanischen Platte und der Pazifischen Platte. Der Südwesten Kaliforniens gehört zur Pazifischen Platte, die sich gegenwärtig

Durch das ebene Schwemmland von Carrizo nordwestlich von Los Angeles verläuft die San-Andreas-Verwerfung schnurgerade. Im Licht der Abendsonne sind die Bruchstufen deutlich zu erkennen. Ebenso deutlich erkennt man den mehrfach geknickten Lauf der im Sommer ausgetrockneten Bäche, ein Hinweis auf die aktiven Horizontalverschiebungen.

NORDAMERIKA, ATLANTIK

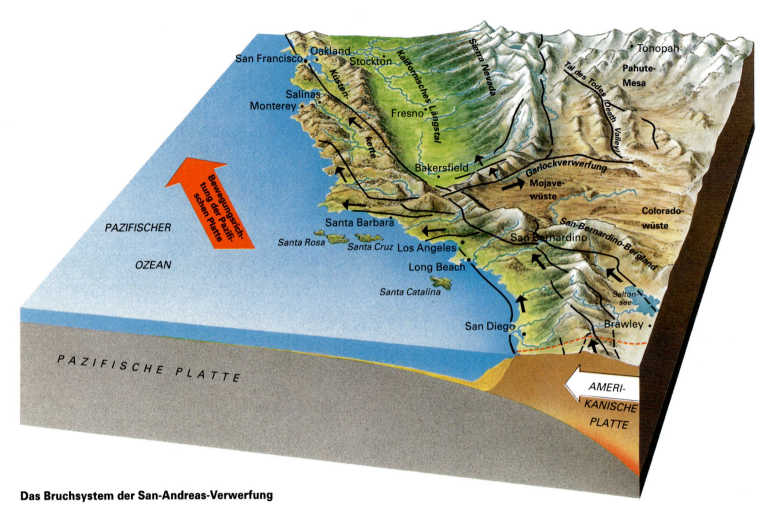

Das Bruchsystem der San-Andreas-Verwerfung

mit einer mittleren Geschwindigkeit von 5,6 cm pro Jahr entlang der Bruchzone nach Nordwesten verschiebt. Weiter im Süden bewegt sich eine dazwischenliegende Platte der Erdrinde, die Cocosplatte, mit einer Geschwindigkeit von 7 cm pro Jahr in Richtung Nordnordost und verschwindet dann im Acapulcograben.

Verschiebungsbeträge von 5–7 cm pro Jahr reichen aus, um im Landschaftsbild deutliche Spuren zu hinterlassen. Beispielsweise sind Täler, welche die San-Andreas-Verwerfung queren, oft an der Schnittstelle gekappt und setzen sich erst nach einigen Metern weiter fort. Im Lauf geologischer Zeiträume summieren sich die Zentimeterbeträge zu vielen Kilometern, bei der gegenwärtigen Geschwindigkeit der Krustenbewegungen etwa innerhalb einer Million Jahre auf 56 km. Auch wenn die Horizontalbewegungen an der Bruchzone wahrscheinlich nicht immer so stark waren wie heute, belaufen sich die Verschiebungen während des Erdmittelalters und der Erdneuzeit doch auf mehrere hundert Kilometer, in den letzten 100 Millionen Jahren beispielsweise auf 510 km. Zu den Horizontalbewegungen kommen geringere Verschiebungen in vertikaler Richtung sowie Bewegungen an Brüchen, welche die San-Andreas-Verwerfung ungefähr im rechten Winkel schneiden.

Wenn sich die Erde öffnet

Bei Erdbeben werden oftmals auch Haustiere von den Trümmern einstürzender Gebäude erschlagen. Nur selten kommt es jedoch vor, daß ein Tier in eine der Spalten stürzt, die sich bei Beben an der Erdoberfläche öffnen. Dieses Schicksal ereilte am 18. April 1906 eine Kuh, als sie gerade friedlich auf einer Weide bei San Francisco graste. Nach dem

Erdbeben von San Francisco, für das die Seismologen eine Magnitude von 8,2 errechneten, war der Verlauf der San-Andreas-Verwerfung auf einer Länge von 460 km zwischen dem Kap Mendocino und San Juan Bautista, einem Dorf östlich von Santa Cruz, an Spalten zu erkennen. Die Bruchspalten waren nur etwa 1 m breit, aber über 2,4 m tief. Beim Beben von Loma Prieta im Oktober 1989 (Magnitude 6,9) riß die Kruste in dem Abschnitt, der sich 1906 schon einmal verschoben hatte, auf 40 km Länge nochmals auf. Jetzt kam es an der Erdoberfläche auch zu meßbaren vertikalen Verschiebungen. Die Schollen westlich der Verwerfung wurden gegenüber den östlichen Randschollen um 30 cm gehoben. Im Vergleich mit den Hebungsbeträgen bei Erdbeben in anderen Regionen sind die vertikalen Verschiebungen bei Beben an der San-Andreas-Verwerfung freilich gering. Bei einem Erdbeben im März 1964 in Alaska hob sich der Boden beispielsweise um nicht weniger als 15 m.

Vorhersage von Erdbeben

Einige Zeit vor dem Beben am 17. Oktober 1989 registrierten die Erdbebenwarten mehrere schwächere Erschütterungen in dieser Gegend Kaliforniens, von denen zwei eine Magnitude über 5,0 erreichten. Das erste Vorbeben ereignete sich etwa ein halbes Jahr vor dem Hauptbeben, das zweite zwei Monate vorher. Nicht immer kündigen sich Katastrophenbeben durch schwächere Erdstöße an: Das Beben am 27. Juli 1976 brach beispielsweise völlig unerwartet über China herein und tötete 242 000 Menschen.

Verläßliche Methoden zur Vorhersage von Erdbeben sind den Wissenschaftlern bis heute nicht be-

LITHOSPHÄRENPLATTEN UND PLATTENRÄNDER

Die Erdkruste und der Erdmantel bestehen bis in Tiefen von 2900 km überwiegend aus fester Materie, die im Erdinnern jedoch plastisch verformt und aufgeschmolzen werden kann. Vor allem im äußeren Mantel vermuten die Erdwissenschaftler eine Zone, in der die Materie des Erdballs eine geringere Festigkeit hat und durch Kräfte aus dem Erdinnern verformt werden kann. Diese sogenannte Asthenosphäre bildet die Gleitschicht, über die sich die Platten der Lithosphäre, der festen Erdrinde, bewegen. Hier wird das feste Gestein an Stellen mit erhöhter Wärmezufuhr aus dem Erdinnern zu Magma aufgeschmolzen, das in höhere Schichten oder bis zur Erdoberfläche aufsteigt und dort zu magmatischen Gesteinen erstarrt.

Die Lithosphäre, die äußere feste Schale des Erdkörpers, setzt sich aus etwa ein bis zwei Dutzend größeren und vielen kleineren, verhältnismäßig starren Platten zusammen. Sie sind unter den Kontinenten etwa 150 km, in der Mitte der Ozeane dagegen mitunter nur wenige Kilometer dick. Von langsamen Strömungen im Erdmantel getrieben, driften die Platten und mit ihnen die Kontinente langsam über den Globus. Sie bewegen sich innerhalb eines Jahrhunderts um einige Meter.

Erdbeben und Vulkanausbrüche ereignen sich hauptsächlich an den Plattenrändern. Nach der Bewegungsrichtung unterscheidet man drei Arten: Ränder, an denen die Platten auseinanderdriften oder divergieren, heißen konstruktive Plattenränder, weil sich an ihnen aus der Schmelze, die aus den Zerrspalten quillt, neue Kruste bildet; wenn sich die Platten aufeinander zubewegen oder konvergieren, spricht man von destruktiven Plattenrändern, weil dort die schwerere ozeanische Kruste unter die leichtere kontinentale Kruste abtaucht und aufgelöst wird; an konservativen Plattenrändern verschieben sich zwei Platten seitlich aneinander, ohne daß dabei neue Lithosphäre erzeugt oder bestehende zerstört wird. Die San-Andreas-Verwerfung markiert eine solche Plattengrenze.

Nördlich von Los Angeles quert ein Straßeneinschnitt bei Palmdale die Verwerfungszone annähernd im rechten Winkel. Neben der Bruchtektonik ist in diesem Abschnitt auch die Faltentektonik wirksam. Sie hat die schönen Harmonika- und Fächerfalten geschaffen, die bereits wieder von der Erosion gekappt wurden.

NORDAMERIKA, ATLANTIK

In der Nähe von San Juan Bautista, etwa 130 km südlich von San Francisco, zeichnet die San-Andreas-Verwerfung mit Bruchstufen und Vegetationsstreifen ihre Spur an der Erdoberfläche. In dem von den Bruchrändern eingefaßten Streifen sammelt sich das Regenwasser und speist feuchtigkeitsliebende Pflanzen.

kannt. Tiere sind in dieser Beziehung offenbar bessere Propheten. Einige Tage vor dem großen Beben, das am 29. Februar 1960 die marokkanische Hafenstadt Agadir in Schutt und Asche legte, sollen sich die Esel und Kamele auf dem Marktplatz der Stadt so unruhig gebärdet haben, daß der Wochenmarkt vorzeitig abgebrochen werden mußte. Den genauen Ort und Zeitpunkt des bevorstehenden Bebens wußten sie wohl ebensowenig wie die Seismologen, sie fühlten nur instinktiv die drohende Gefahr. Und selbst wenn es gelänge, ein Erdbeben einige Tage oder Stunden vorher mit Gewißheit vorauszusagen, wie wollte man etwa eine Zehnmillionenstadt wie Los Angeles evakuieren? Daher ist es sinnvoller, geeignete Bauvorschriften zu erlassen und für deren strikte Einhaltung zu sorgen. Nicht ohne Grund fordern Erdbeben vor allem in den Ländern der dritten Welt, wo erdbebensichere Gebäude nahezu unbekannt sind, die meisten Opfer.

Louis Lliboutry

In einem Tal südlich von San Francisco hat man einen Stausee genau über der Verwerfungszone angelegt. Bei einem stärkeren Erdbeben könnte der Staudamm brechen und eine Flutkatastrophe auslösen. Schon einmal lag hier das Epizentrum eines Bebens.

ERDBEBEN: MAGNITUDE, INTENSITÄT, AUSWIRKUNG

Das pyramidenförmige Transamerica Building in San Francisco ist ein eindrucksvolles Beispiel erdbebensicherer Architektur – seine große Bewährungsprobe steht freilich noch aus.

Die Magnitude ist ein Maßstab für die während eines Erdbebens freigesetzte Energie. Sie wird in den Erdbebenwarten mit einem genormten Gerät gemessen und in arabischen Ziffern angegeben. Ein Erdbeben der Magnitude 5,2 setzt so viel Energie frei wie eine Atombombe von 1 kt; nach dem Alaskabeben vom Karfreitag 1964 ereigneten sich im Anschluß an das Hauptbeben noch mindestens 130 Nachbeben dieser Stärke. Ein Erdbeben der Magnitude 7,2 entspricht der verheerenden Energie einer Wasserstoffbombe von 1 Mt oder 1 Mio. t herkömmlichen Sprengstoffs. Das Erdbeben von Assam am 15. August 1950, das sich glücklicherweise in einer dünnbesiedelten Gegend ereignete, setzte eine Energie in der Größenordnung einer Bombe von 120 Mt frei.

Die Intensität eines Bebens wird dagegen vor Ort im Schüttergebiet, dem von den Stößen eines Erdbebens erfaßten Bereich der Erdoberfläche durch Befragung der Einwohner und Begutachtung der Schäden ermittelt und in römischen Ziffern angegeben. Erdbeben des Intensitätsgrades I werden auch direkt über dem Bebenherd von Menschen überhaupt nicht wahrgenommen; bei Beben der Intensität XII herrscht totale Zerstörung.

Weltweit ereignen sich pro Jahr schätzungsweise 500 000 Erdbeben; davon ist nur jedes fünfte spürbar, und nur jedes fünfhundertste richtet Schäden an. Erdbeben mit großer Magnitude richten nicht unbedingt auch immer die schwersten Schäden an. Entscheidend für den Umfang der Schäden sind vielmehr die Lage des Erdbebenherds, der Zustand der Gebäude sowie die Böden und die Geländeformen im Schüttergebiet.

Ein besonders heftiges Beben der Magnitude 8,6 forderte 1968 in Japan 48 Todesopfer, eine vergleichsweise geringe Zahl, weil die Bebenherde auf den japanischen Inseln verhältnismäßig tief liegen und die dortige Fachwerkbauweise gegenüber Erdbeben sehr widerstandsfähig ist. Fünf Jahre zuvor ließ dagegen ein flachgründiges Beben der Magnitude 6 in Jugoslawien ganze Ortschaften einstürzen und tötete über 1000 Menschen.

Der Grand Canyon des Colorados

Die größte Schlucht unseres Planeten beeindruckt durch ihre riesenhaften Dimensionen, mehr aber noch durch die phantastische Szenerie von Formen und Farben. Die Farbpalette der Landschaft reicht von Rot über Gold, Rosa, Grün, Braun bis zu einem kräftigen Orange und dunklen Violett.

Der Grand Canyon des Colorados wurde schon 1540 von dem spanischen Konquistadoren García López de Cárdenas entdeckt. Im Jahr 1771 stieg erstmals ein Weißer, der spanische Franziskanermönch Francisco Garcés, auf einer Missionsreise zu den Havasupai-Indianern in das einzigartige Tal hinab. Er nannte den durch die Schlucht strömenden Fluß nach seiner roten Farbe, die ihm der mitgeführte Schlamm verleiht, Colorado, den Gefärbten oder Bunten. Während des folgenden Jahrhunderts besuchten nur einige Jäger das Tal. Die Navajo-Indianer fürchteten sich vor dem Fluß: Das reißende Wasser war für sie die Sintflut, vor der sich ihre Vorfahren nur retten konnten, indem sie sich in Fische verwandelten.

Um die Mitte des vorigen Jahrhunderts ließ die amerikanische Regierung das Flußgebiet des Colorados durch Landvermesser erkunden. Ihre Expeditionen trugen allerdings nur wenig zur besseren Kenntnis des Canyons bei, auch wenn sie dabei zum Teil völlig neue Wege beschritten. Edward Fitzgerald Beale, Beauftragter für Indianerangelegenheiten, hatte beispielsweise die Idee, Kamele aus Nordafrika bei den Expeditionen einzusetzen. Den Tieren behagte die Neue Welt freilich nicht; nur ein einziges, Hadji Ali, wollte dort bleiben. Die Amerikaner setzten dem tapferen Kamel, von ihnen Hi Jolly genannt, ein Denkmal. Seine unglücklichen, halb verwilderten Artgenossen wurden später getötet. Im Frühjahr 1858 fuhr der Ingenieurtopograph Joseph Christmas Ives mit einem Dampfschiff den Colorado hinauf, gelangte jedoch nicht bis zum Grand Canyon. Als eigentlicher Erforscher der Schlucht gilt der amerikanische Major John Wesley Powell, der 1869 den Fluß in einer wagemutigen Expedition mit dem Boot hinunterfuhr.

Ein Gebirge nach unten

Das Coloradoplateau im trockenen Südwesten der USA wird von zahllosen anderen Canyons zerschnitten, keiner erreicht jedoch die Dimensionen

Rechts: Nur die obersten Bergspitzen, Türme und Pyramiden ragen aus den stillen Wassern des Lake Powell. Der Stausee wurde angelegt, um die Wasserführung des Colorado River zu regulieren. Sein Abfluß schwankt beträchtlich; bei Hochwasser beträgt er das Sechsfache des mittleren Abflusses.

Ganz rechts: In der Nähe der Einmündung des Toroweaps schaut man durch eine Felsspalte auf den Grund des Canyons, der fast ganz vom Colorado River eingenommen wird. Der harte rote Sandstein, der im Vordergrund zutage tritt, trägt die ausgedehnten Felsplattformen zwischen dem Engtal und den Randhöhen.

des Grand Canyon, eines wahren „Gebirges nach unten", wie ihn ein deutscher Geologe einmal nannte. Auf 260 km Länge hat sich der reißende Fluß nämlich 1400–1700 m tief in das Tafelland eingeschnitten und dabei ein Tal geschaffen, das an der Sohle 15–270 m, an der Oberkante aber 6–30 km breit ist.

An den Hängen der Schlucht wechseln Felsterrassen, Klippen und Geröllhalden; in der Tiefe stürzt der Fluß über insgesamt 150 Stromschnellen. Staudämme haben ihn streckenweise gebändigt und ihm die Schwebstoffe geraubt, denen er seinen Namen verdankt. Der rote Schlamm lagert sich jetzt hinter dem Glen-Canyon-Staudamm im Lake Powell ab. Am Ausgang der Schlucht staut der Boulder-Canyon-Damm den Fluß zum Lake Mead auf. Zwischen den beiden Stauseen quert der Colorado bis zur Einmündung vom Little Colorado den Marble Canyon, unterhalb des Zusammenflusses dann den eigentlichen Grand Canyon.

In der trockenen, klaren Luft kommen die Formen und Farben der Landschaft klar zur Geltung. Je nach dem Stand der Sonne verändern sich die Farben der Gesteine entsprechend ihrer Zusammensetzung und Entstehungsweise: Der Sandstein ist weiß, hellrot oder braun, der Schiefer rot, der Kalkstein fahlrot, rot, grau, rostfarben oder grünlich, der Granit grau...

Dieser grandiosen Landschaft konnte man einfach keine gewöhnlichen, blassen Namen geben. Die Geologen und Kartographen ließen sich deshalb von den Religionen und Mythen der Völker in-

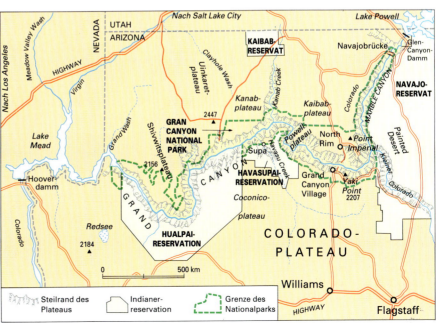

NORDAMERIKA, ATLANTIK

Rechts: Das Powellplateau vom Südrand des Grand Canyon aus gesehen. An den Talflanken ist der rote Coconinosandstein aufgeschlossen, darüber lagert der hellgraue Kaibabkalk. Die beiden Schichtenserien wurden im Perm (250–280 Millionen Jahre vor heute) abgelagert.

Unten: Der Lake Powell im Glen Canyon faßt knapp 35 Mio. m³ Wasser. Sein Spiegel schwankt im Lauf des Jahres allerdings beträchtlich, wie an den Wasserstandsmarken zu erkennen ist. Die halbwüstenhafte Vegetation ist typisch für den Süden Utahs.

spirieren, als sie im vorigen Jahrhundert die Formen und Gesteinsschichten des Canyons benannten. So gibt es hier einen Tempel des Schiwa, des Horus, des Ra, der Venus und des Jupiter; die ältesten Schiefer am Grund der Schlucht tragen den Namen Wischnus; pittoreske Felsformationen sind nach Buddha und Konfuzius benannt.

Das Tagebuch der Erdgeschichte

Der Fluß hat die Schlucht in Jahrmillionen eingekerbt und dabei einen riesenhaften geologischen Aufschluß geschaffen, der wie eine Chronik die Schichtenserien vom Beginn des Erdmittelalters bis weit in die Erdurzeit hinein, einen Zeitraum von mehreren Milliarden Jahren, dokumentiert. Zuoberst lagern Kalksteine der Trias, dann geht es durch das gesamte Erdaltertum hinunter zum Kambrium, dessen Schichten über schräggestellten Ablagerungen der Erdurzeit liegen. Ganz unten treten kristalline Schiefer zutage, die von Granitadern durchzogen sind. Jedes Gestein verhält sich unter-

NORDAMERIKA, ATLANTIK

INDIANERKULTUREN AUF DEM COLORADOPLATEAU

Felder der Havasupai-Indianer auf dem Grund des Havasu-Creek-Canyons

Auf dem Coloradoplateau leben die Navajo-Indianer, deren Stamm heute etwa 100 000 Menschen zählt, die Hopi-Indianer (4500) und drei weitere kleine Stämme. Ihre Reservate umfassen insgesamt etwa eine Fläche von der Größe Bayerns; das Land ist jedoch zum größten Teil wüstenhaft und verkarstet.

Die Navajo wohnen in verstreuten Hogans, Blockhütten und kleinen Lehmhäusern; im Sommer ziehen sie manchmal in luftige Hütten aus Zweigen und Ästen um. Die Hopi, deren Reservat im Navajo-Gebiet liegt, bevorzugen größere Siedlungen, die oft auf den Mesas, den Tafelbergen im trockenen Südwesten der USA, liegen. Ihre Häuser mit den Flachdächern sind meist aus Feldsteinen oder Adobe (luftgetrockneten Ziegeln) errichtet. Die berühmten *cliff dwellings*, die sich an den Fuß von Felswänden schmiegen, liegen seit der großen Dürre gegen Ende des 18. Jh. verlassen.

Das karge Land kann nur wenige Menschen ernähren. Es hat zwar eine sehr geringe Bevölkerungsdichte, ist aber trotzdem überbevölkert, und der Druck auf die natürliche Umwelt nimmt ständig zu. Neben der Landwirtschaft sind die Herstellung und der Verkauf von handwerklichen Erzeugnissen wie Wolldecken und -teppichen, Töpfer- und Korbwaren, Armbändern, Ringen und türkisbesetzten Silberbroschen eine weitere Einnahmequelle. Hinzu kommen die Erträge aus den Schürfrechten und die Löhne der Bergleute.

Die Förderung von Uran hat jedoch zu einer sehr hohen Strahlenbelastung und Sterblichkeit geführt. Die Kontakte mit der Außenwelt bringen einen Wandel in der Lebensweise der Indianer mit sich. Wenn auch die Navajo und Hopi ihren alten Göttern treu geblieben sind, so ist doch bereits vieles von ihrer Kultur unwiderruflich verloren.

schiedlich gegenüber der Verwitterung und Abtragung: Weichere Gesteine bilden Hangverflachungen und Terrassen, härtere zeichnen sich als Felskanten an den Hängen ab.

Das Tal selbst ist sehr viel jünger als die Gesteine, die es durchschneidet. Es entstand nach Ansicht der Wissenschaftler gegen Ende des Tertiärs während der Hebung des Coloradoplateaus. Bis zum Beginn des Quartärs hatte der Fluß den größten Teil der Erosionsarbeit bereits geleistet. Die Eintiefung im Eiszeitalter dürfte höchstens noch 430 m betragen haben.

Im Unterschied zu vielen anderen Schluchten ist der Grand Canyon nicht mehr oder weniger geradlinig, sondern in stark ausgeprägten Mäandern in den Untergrund geschnitten. Diese Flußschlingen sind eigentlich ein typisches Merkmal von Flachlandsflüssen. Sie stammen noch aus der Zeit, als sich der Colorado vor einigen Millionen Jahren nur wenig über dem Meeresspiegel durch eine Ebene schlängelte. Als dann die Hebung einsetzte, furchte der Fluß seinen gewundenen Lauf tiefer aus und blieb gewissermaßen in seinem alten Bett gefangen, obwohl er bei dem nun größeren Gefälle gern einen kürzeren Lauf genommen hätte. Nur hier und da gelang es ihm, den Hals einer Mäanderschlinge zu durchstoßen und den Lauf zu verkürzen.

Flußarbeit in einer trockenen Gegend

Die größte von fließendem Wasser geschaffene Schlucht der Welt liegt merkwürdigerweise in einem Teil der Erde, in dem – wenigstens heute – Wasser sehr knapp ist. Das Coloradoplateau gehört zu den trockensten Gegenden Nordamerikas. In den Tälern und auf den niedrigeren Plateaus fallen pro Jahr etwa 250 mm Niederschlag; sie sind von einer schütteren Trockensteppe bedeckt.

Auf den Hochplateaus, wie dem Kaibabplateau (2700 m), beträgt der jährliche Niederschlag dagegen rund 500 mm. Sie sind zum Teil bis in den Juni hinein verschneit. An ihren Hängen wachsen Kiefern und Wacholder, auf dem Gipfel Espen, Rottannen und Douglasien.

Die Plateaus werden von Trockentälern zerschnitten, die allenfalls bei der Schneeschmelze und nach Starkregen Wasser führen. Der größte Teil des Niederschlags versickert im klüftigen Kalkgestein, und nur wenig fließt oberirdisch ab. Lediglich zwei der Flüsse, die innerhalb des Grand Canyon in den Colorado münden, führen ständig Wasser. Beide,

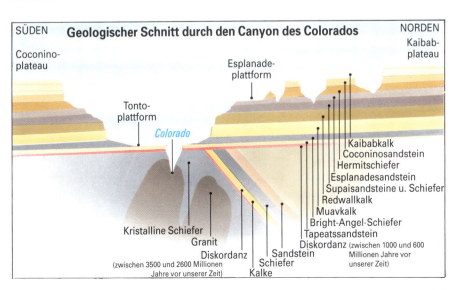

Satellitenbild: Grand Canyon des Colorados (auf der Karte hellgelb markiert)
Innenseiten: Ein Abhang des Canyons

der Kanab Creek und der Little Colorado, entspringen auf den niederschlagsreicheren Hochplateaus. Das Grundwasser, das einige kräftige Quellen im Canyon speist, stammt größtenteils von den Plateaus am nördlichen Ufer. Die Gesteinsschichten unter den Hochflächen fallen nämlich nach Süden, zum Canyon hin, ein und leiten so das über wasserstauenden Schichten angesammelte Sickerwasser zum Fluß. Bei heftigen Regengüssen fließt an den Steilhängen das Wasser oberirdisch ab, spült die Bodenkrume fort und legt auf diese Weise ständig frisches, unverwittertes Gestein in allen Farben des Regenbogens frei. Sturzbäche rinnen über die Felswände und lassen den Pegel des Colorados in wenigen Stunden um Meter steigen. Diese gelegentlichen Hochwasser, von den Einheimischen *washes* genannt, können in kurzer Zeit beträchtliche Erosionsarbeit leisten.

Die Eigenart des Grand Canyon besteht allerdings weniger in der Form des Flußbetts und der Talsohle als in den treppenförmig gestuften Talhängen. Sie werden vor allem von der mechanischen Verwitterung, durch Hitze und Frost, geformt. Diese Art der Verwitterung greift weichere Gesteine bevorzugt an, verschont dafür die härteren. Selbst geringste Unterschiede in der Gesteinshärte spiegeln sich deshalb in den Hangformen wider.

Die harten Kalksteine und die weißen und roten Sandsteine der Trias und des Perms wittern als schroffe Steilhänge heraus; die darunterlagernden Schiefer setzen der Verwitterung geringeren Widerstand entgegen und bilden deshalb auf dem Fundament einer härteren Sandsteinschicht Hangverflachungen. Besonders an der Nordseite sind auf den Terrassen noch isolierte Reste der härteren Gesteine als Deckschichten von Zeugenbergen erhalten.

Scharf tritt im Querschnitt des Canyons vor allem die Grenze zwischen den annähernd horizontal gelagerten Sedimentgesteinen des Erdaltertums und den schräg lagernden oder senkrecht gestellten Gesteinen der Erdurzeit hervor. Der Einschnitt in das Grundgebirge ist viel enger als das Tal in seiner jüngeren Schichtenfolge.

Pierre Biays

Oben: Imperial Point und Ostflanke des Kaibabplateaus. Ganz im Hintergrund tritt der hellgraue Kaibabkalkstein zutage, darunter der mächtige Redwallkalk aus dem Perm und Karbon; der Bright-Angel-Schiefer an der Basis der Schichtenfolge stammt aus dem Kambrium (500–590 Millionen Jahre vor heute).

Rechte Seite: Die Südflanke des Grand Canyon vom South Kaibab Trail aus gesehen, einem langen Wanderweg, der vom Grund der Schlucht bis zum Yaki Point (2207 m ü. d. M.) hinaufführt.

Rechts: Der Colorado nördlich von Supai. Am Rand der Schutthalden treten dunklere magmatische Gesteine zutage. Sie durchsetzen stellenweise das Grundgebirge.

GEOLOGIE FÜR MILLIONEN

Ein Teil des Grand Canyon wurde 1908 zum Nationalmonument, sein Oberlauf im Jahr 1920 zum Nationalpark erklärt. Heute lassen sich Jahr für Jahr mindestens zwei Millionen Menschen von der größten Schlucht unseres Planeten und dem tiefen Blick in die Geschichte der Erde faszinieren.

Zwei Panoramastraßen führen an den Rändern des Canyons entlang. Die kurvenreiche Straße am Südrand kann während des gesamten Jahres durchgehend befahren werden; am Nordrand werden dagegen die Stichstraßen, die zu den Aussichtspunkten hoch über der Schlucht führen, im Winter gesperrt. Noch schöner ist es freilich, den Canyon wie seine Entdecker vom Rücken eines Pferdes oder zu Fuß zu erkunden. Wie einst John Wesley Powell kann man mit dem Boot oder einem Gummifloß den schäumenden Fluß hinunterfahren oder mit kleinen Flugzeugen Rundflüge über oder, besser, durch den Canyon unternehmen. Die Verwaltung des Nationalparks veranstaltet geführte Exkursionen und informiert mit Vorträgen und Ausstellungen über das einzigartige Naturwunder.

Floßfahrt (Rafting) auf dem Colorado River

Die Geysire des Yellowstone-Parks

Die innere Glut unseres unruhigen Planeten läßt glühendheiße Lava aus Vulkanen quellen und Berge explodieren. Sie beschert der Menschheit aber auch heiße Quellen und das imposante Schauspiel der Geysire. Die größte Ansammlung von heißen Quellen und Geysiren auf der Erde liegt im Yellowstone-Nationalpark im Westen der USA.

„Das ganze Land ist vernebelt von den Dämpfen der heißen Quellen und verbrannt von dem Gas, das zischend in hohen Fontänen aus kleinen Kratern ausströmt. Die Landschaft ist sanft und wellig: ein Plateau mit kegelförmigen Hügeln. Oben auf diesen Hügeln öffnen sich kleine Krater mit einem Durchmesser von 4–6 Fuß [1–2 m]; zwischen diesen Hügeln, in der Ebene, liegen große Krater, von denen einige . . . einen Durchmesser von 4–6 Meilen [6–10 km] erreichen. Aus diesen Kratern steigen blaue Flammen und geschmolzener Schwefel empor."

Mit diesen Worten beschrieb Joseph Meek im Jahr 1829 das Plateau in den Rocky Mountains, das heute zu den Höhepunkten einer Reise durch den Westen der USA gehört.

Narrenfreiheit für Geologen

Joseph Meek war einer der wenigen Weißen, die zu Beginn des vorigen Jahrhunderts das entlegene Gebiet an der kontinentalen Wasserscheide Nordamerikas besuchten. Die wildreichen Wälder waren beliebte Jagdreviere der Schwarzfuß- und der Dickbauchindianer. Sie hatten es nicht zuletzt auch auf die Skalps der weißen Jäger und Waldläufer abgesehen. Der amerikanische Geologe Ferdinand V. Hayden, der in den 70er Jahren des 19. Jh. eine detail-

Das Thermalwasser, das an den Ufern des Firehole River im Upper Geyser Basin (Oberes Geysirbecken) des Yellowstone-Nationalparks austritt, ist über 50 °C heiß. Bei dieser natürlichen Heißwasserheizung gefriert der Erdboden im Winter nicht, und das Gras wächst weiter. Die Bisons finden deshalb hier auch in der kalten Jahreszeit noch Nahrung.

NORDAMERIKA, ATLANTIK

lierte Aufnahme des Yellowstone-Parks durchführte, wurde dagegen nie von Indianern angegriffen. Sein Geheimnis: Er trug fast immer einen Sack mit Gesteinsproben mit sich, wenn er durch das Gebirge wanderte. Wer so etwas Unsinniges tat, mußte in den Augen der Indianer einfach verrückt sein, und Geisteskranke waren für die Indianer tabu. Hayden machte die Naturwunder des Yellowstone bekannt und drängte darauf, daß sie unter Schutz gestellt wurden. So wurde im Jahr 1872 der Yellowstone-Nationalpark als der erste Nationalpark der USA gegründet.

Wo sich Feuer und Wasser treffen

Die geheimnisvollen gelben Steine, von denen die Waldläufer berichteten, sind Zeugen des Vulkanismus, der vor etwa 15 Millionen Jahren hier seinen Höhepunkt erreichte. Der letzte Ausbruch ereignete sich vor etwa 600 000 Jahren. Er bedeckte das Land nach einem verheerenden Glutwolkenausbruch, vergleichbar mit dem des Mont Pelée auf der Karibikinsel Martinique, mit einer dicken Schicht von gelblichen Schmelztuffen. Nachdem sich die Magmakammer entleert hatte, brach ihr Dach ein, und

THERMALQUELLEN UND HYDROTHERMALE ABLAGERUNGEN

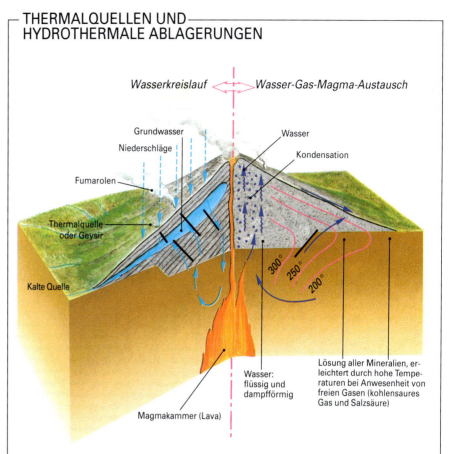

Wasser und Gase in Vulkanen: ein Beispiel für hydrothermale Zirkulation

Ein Teil des Regenwassers versickert, speist die Grundwasserreserven und zirkuliert in den Gesteinsschichten. Im Prinzip sind nahezu alle Gesteine wasserdurchlässig, nur die Geschwindigkeit, mit der sich das Wasser ausbreitet, schwankt sehr stark. Bei Tonstein braucht es für wenige Meter vielleicht Jahre oder Jahrzehnte; in porösen und klüftigen Gesteinen wie Kies oder verkarstetem Kalkstein legt es dieselbe Strecke in Minuten oder Stunden zurück.

Auf dem Weg nach unten steigt die Temperatur des Sickerwassers durch die Erdwärme an. In Deutschland wird es im Durchschnitt pro 33 m um 1 °C wärmer, auf 1000 m also um 30 °C. In manchen Gegenden, etwa an den Rändern des Oberrheingrabens, in der Schwäbischen Alb oder in der Umgebung der Salzstöcke unter dem Norddeutschen Tiefland, ist allerdings ein Temperaturanstieg stellenweise von 60–90 °C/1000 m zu beobachten.

Wenn das Wasser, das in Quellen oder Brunnen austritt, wärmer als 20 °C ist, spricht man bei uns von Thermalquellen. In anderen Ländern, etwa in Japan, das mit besonders vielen heißen Quellen gesegnet ist, gelten erst solche mit höheren Temperaturen als Thermalquellen. Mit steigender Temperatur nimmt in der Regel auch die Lösungsfähigkeit des Wassers für mineralische Substanzen zu, mit denen die Grundwasserströme auf ihrem Weg durch die Gesteinsschichten in Berührung kommen. Mit dem Prädikat Mineralquelle dürfen sich nur Quellen schmücken, deren Wasser mehr als 1 g/l gelöste Substanzen enthält. Oft enthalten Thermal- und Mineralquellen auch größere Anteile gelöster Gase, neben Schwefelwasserstoff und Methan vor allem Kohlendioxid, das die Lösungsfähigkeit des Wassers und damit auch den Gehalt an gelösten festen Stoffen beträchtlich erhöht.

Sobald das warme Wasser in Quellen das Erdreich verläßt, kühlt es sich ab, das Gas entweicht in die Atmosphäre, und das Wasser muß einen Teil seiner gelösten Fracht ausscheiden. An der Erdoberfläche scheidet sich Sinter in verschiedenen Varianten ab; am Meeresboden bilden sich oft wertvolle Lagerstätten von Schwefelkies, Schwerspat und Roteisenstein.

NORDAMERIKA, ATLANTIK

Rechts: Der Castle Geyser im Upper Geyser Basin ist zweifellos die älteste aktive Springquelle des Nationalparks. Durch den hohen Dampfdruck wird das erhitzte Grundwasser aus dem Förderkanal in den Himmel geschleudert. Die im Wasser gelösten Stoffe scheiden sich in der nächsten Umgebung des Förderkanals als sogenannter Geysirit aus und bilden niedrige Kegel.

es entstand ein riesiger vulkanischer Kessel, eine Caldera, von 50 km Breite und 70 km Länge, die heute zum Teil von einem See ausgefüllt wird. Im Untergrund stecken freilich noch Magmaherde, vielleicht in einer Tiefe von 1–2 km, die mit ihrer Hitze das Grundwasser in Dampf verwandeln und Kohlendioxid und andere vulkanische Gase abgeben.

Durch Spalten und Klüfte strömen die Gase und Dämpfe zur Erdoberfläche und entweichen als Fumarolen. Das Wasser der heißen Quellen sammelt sich in Becken und scheidet bei der Abkühlung die gelösten Stoffe als Kalksinter ab. In den mit lauwarmem Wasser gefüllten Becken leben Bakterien- und Algenkolonien. Sie ernähren sich von den gelösten Mineralsalzen. Algenkrusten, Eisen- und Schwefelverbindungen überziehen den Sinter und färben ihn in gelben, rötlichen und grünen Farbtönen.

Rhythmisches Sieden

Rund 200 Geysire springen im Yellowstone-Park, die meisten allerdings nur 1–2 m hoch. Sie liegen jeweils über einem Förderkanal, der in ein verzweigtes Hohlraumsystem im Untergrund mündet. In diesen Hohlräumen spielt sich das ab, was die Wissenschaftler als rhythmisches Sieden bezeichnen. Kaltes Grundwasser sammelt sich nach einem Geysirausbruch in den Hohlräumen, wird beim Kontakt mit dem heißen Gestein erhitzt, bis es siedet und sich in Wasserdampf verwandelt. In dem Augenblick, in dem der Dampfdruck im Innern des Hohlraumsystems größer wird als der Druck der Wassersäule im Förderkanal, beginnt die Eruption. Der eingeschlossene heiße Wasserdampf bahnt sich mit Gewalt einen Weg nach außen und schleudert dabei das über ihm angestaute Wasser in den Himmel. Wenn der Dampfausbruch vorbei und der Förderkanal leer ist, strömt wieder Grundwasser nach, und das Spiel beginnt von neuem.

Das rhythmische Sieden erklärt auch die Regelmäßigkeit, mit der viele (allerdings nicht alle) Geysire ausbrechen. Manche entwickeln dabei eine geradezu preußische Pünktlichkeit, wie der berühmteste Geysir des Yellowstone-Parks, der den Namen Old Faithful trägt. Der Alte Getreue springt nun schon seit mindestens 120 Jahren unermüdlich im Einstundentakt, Jahr für Jahr etwa 8000mal, also rund 1 000 000mal seit seiner Entdeckung im Jahr 1870. Seine Ausbrüche dauern zwischen zwei und fünf Minuten. Dabei schleudert er heißes Wasser bis zu einer Höhe von 45 m, gelegentlich bis 55 m, in den Himmel.

Michel Bakalowicz

HEILQUELLEN

Thermalquellen, die hauptsächlich in Gebieten mit aktivem oder erloschenem Vulkanismus vorkommen, werden u. a. zur Behandlung von Rheuma sowie Verschleißerscheinungen der Wirbelsäule und der Gelenke verwendet. Säuerlinge, normale oder auch heiße Quellen, die Kohlensäure enthalten, fördern die Verdauung und die Durchblutung. Solquellen, die gerade in Deutschland häufig sind, enthalten meist gelöste Salze aus Salzlagerstätten im geologischen Untergrund. Das Wasser heilt und lindert Erkrankungen der Atemwege, Hautkrankheiten und Stoffwechselstörungen. Eisenwässer, die gegen Bleichsucht helfen, entstehen durch Einwirkung von kohlensäurehaltigem Grundwasser auf den im Boden feinverteilten Eisengehalt. Als Mittel gegen Arterienverkalkung gelten Jodquellen, die in der Nähe von Erdöllagerstätten auftreten. Radioaktive Quellen haben eine ähnliche Wirkung wie Thermalquellen. Sie werden meist aus Granitmassiven gespeist. Kieselbrunnen sind ein altes Naturheilmittel gegen Tuberkulose, Arsenwässer helfen bei Blut- und Hautkrankheiten.

Während die gelösten mineralischen Substanzen und die Gase aus den Gesteinsschichten stammen, ist das Wasser, das in den Quellen austritt, zum größten Teil normales Sickerwasser. Nur ein geringer Anteil ist sogenanntes juveniles – junges – Wasser, das von den Gesteinsschmelzen im Untergrund abgegeben wird.

NORDAMERIKA, ATLANTIK

Links: Heiße Quelle am Ufer des Gibbon River im Westen des Parks. Der Sinter, Kieselsinter oder Kalksinter, formt hier tropfsteinähnliche Gebilde, die durch Eisenminerale und Algenüberzüge gefärbt sind.

Oben: Der Morning Glory Pool im Oberen Geysirbecken. Deutlich ist der Förderkanal zu erkennen, der zuweilen einige Dutzend Meter Tiefe erreicht. Die leuchtendblaue Farbe des Wassers kommt von winzigen Kristallen in der übersättigten Lösung. Unmittelbar vor der Eruption wölbt sich die Wasseroberfläche über dem Förderkanal halbkugelförmig empor – spätestens dann sollte man sich in Sicherheit bringen.

Links: Die Heißen Mammutquellen am Nordrand des Parks scheiden vor allem Travertin aus. Der Kalksinter formt hier versteinerte Kaskaden und Terrassen.

Das Labyrinth der Mammuthöhle

Im Caveland Corridor im Südwesten Kentuckys liegt die Mammoth Cave (Mammuthöhle), die zusammen mit der Flint Ridge Cave (Feuersteinberghöhle) die längste Höhle der Erde bildet. Das unterirdische Labyrinth wurde bisher auf über 400 km Länge vermessen, und noch ist kein Ende abzusehen.

Der Mammoth-Cave-Nationalpark im amerikanischen Bundesstaat Kentucky lädt zu ausgedehnten unterirdischen Exkursionen ein. Auf sechs verschiedenen, insgesamt 10 km langen Routen kann der staunende Besucher die riesige Mammuthöhle erkunden.

Hier gibt es herrliche Tropfsteinformationen wie die Gefrorenen Niagarafälle zu sehen, die an versteinerte Wasserfälle erinnern, einen kristallklaren Höhlensee (Crystal Lake), der am Grund eines tiefen Schachts liegt mit schwindelerregenden Wänden, die absolut senkrecht abfallen, Gänge, aus denen im Unabhängigkeitskrieg Salpeter für die Herstellung von Schießpulver gefördert wurde, indianische Mumien, den Echo River, auf dem man faszinierende Bootsausflüge unternehmen kann, wahre Höhlenboulevards und interessante Gips- und Kalkspatablagerungen.

Das bewaldete Plateau, in das sich der Green River in schönen Mäandern mehr als 100 m tief eingeschnitten hat, besteht zuunterst aus Mergeln, die von einer Karbonkalkschicht und wasserdurchlässigen Sandsteinen bedeckt sind. Die gesamte Schichtenserie fällt leicht nach Nordwesten, zum Tal hin, ein.

Im Südosten, wo die wasserundurchlässigen Mergel zutage treten, fließt das Wasser oberirdisch ab und hat ein normales Talnetz geschaffen. Wenn die Wasserläufe auf ihrem Weg nach Nordwesten zum Green River die Kalksteinschichten erreichen, versickern sie jedoch in Spalten des verkarsteten Gesteins und setzen ihren Weg unterirdisch fort. Seit über 200 Jahren hat man nun den Lauf der Höhlenflüsse von den Flußschwinden bis zu den etwa 20 km entfernt gelegenen Karstquellen im Tal des Green River erforscht. Noch ist kein Ende der Entdeckungen abzusehen.

Entdeckungsreisen in der Finsternis der Unterwelt

In den Pforten der Höhlen suchten schon vor 2500 Jahren Indianer Unterschlupf, sie gruben bereits auch nach den schönen Gipskristallen in den Höhlen. Als erster Weißer soll dann ein Jäger im Jahr 1798 auf das unterirdische Labyrinth gestoßen sein, als er einem verwundeten Bären nachstellte. Später entdeckte man die Salpeterlager, die bis 1819 abgebaut wurden.

Bald darauf erwarb ein Unternehmen die Mammuthöhle und ging daran, sie als touristische Attraktion zu vermarkten. Der erste Höhlenführer war Stephen Bishop, ein Negersklave, der die ersten Seitengänge erkundete. Um 1870 zeichnete der junge deutsche Ingenieur Max Kamper einen detaillierten Höhlenplan, in dem unterirdische Gänge in einer Länge von 56 km eingetragen sind.

Ende des vorigen Jahrhunderts stieß man einige Kilometer nordöstlich der Mammoth Cave durch Zufall auf die Flint Ridge Cave. Die sensationelle Entdeckung löste sogleich bei den Forschern einen wahren Höhlenrausch aus. Als dann im Jahr 1917 Floyd Collins, der Sohn des Eigentümers der Flint Ridge Cave, bei einem dramatischen Unfall ums Leben kam, machten die Höhlen in ganz Amerika Schlagzeilen.

Im Jahr 1941 wurde der Mammoth-Cave-Natio-

Bootsfahrt auf dem Echo River, in dem viele Blindfische leben. Der Höhlenfluß mündet wie der River Styx in den Green River, der das untere Stockwerk des Höhlensystems der Mammoth Cave und der Flint Ridge Cave durchfließt.

Der Crystal Lake, der Kristallsee, liegt am Grund eines schwindelerregend steilen Schachts. Derartige absolut senkrechten Schächte sind typisch für die Höhlen im Mammoth-Cave-Nationalpark. Sie entstanden und entstehen durch die Lösungsverwitterung unter der Schicht aus Quarzsandstein, welche die Kalktafel bedeckt.

nalpark gegründet, und unter der Aufsicht der Nationalen Speläologischen Gesellschaft der USA begann man mit der systematischen Erforschung des ausgedehnten Höhlensystems. Schon Mitte der 50er Jahre waren die Gänge der Flint Ridge Cave auf 72 km und die der Mammoth Cave auf 70 km vermessen. Im Jahr 1972 entdeckte man dann einen Verbindungsgang zwischen den beiden Riesenhöhlen. Augenblicklich umfassen die bekannten Höhlengänge eine Gesamtlänge von über 400 km. Amerikanische Höhlenforscher hoffen sogar, Verbindungsgänge zu benachbarten, wahrscheinlich ebenfalls mehrere hundert Kilometer langen Höhlen zu finden.

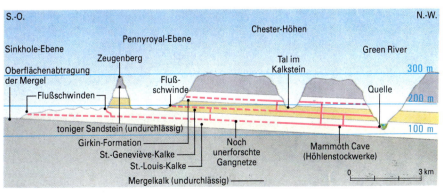

NORDAMERIKA, ATLANTIK

Die Gothic Avenue wird schon längst nicht mehr von Wasser durchflossen. Von der Höhlendecke brechen an Schichtfugen Kalksteinplatten ab, die sich über dem rotbraunen Höhlenlehm am Boden des Gangs auftürmen. Bergleute haben zu Beginn des vorigen Jahrhunderts bei der Suche nach Salpeter den Gesteinsschutt zusammengetragen und ihn sorgfältig zu Pfeilern aufgestapelt.

Der Boden der Gänge innerhalb des Höhlensystems der Mammoth Cave und der Flint Ridge Cave ist mit Flußsedimenten – Lehm, Sand und Kies – bedeckt. Neben den Ablagerungen haben die Höhlenflüsse auf ihrem Weg zum Green River auch Erosionsmarken an den Höhlenwänden hinterlassen. Sie geben Aufschluß über die Richtung der alten Wasserläufe und ihre Fließgeschwindigkeit.

Viele Gänge und Säle sind bis unter die Decke mit Flußsedimenten gefüllt, denn die Mergelschichten im oberirdischen Einzugsgebiet der Wasserläufe werden leicht erodiert. Die Flüsse schleppten ihre Fracht durch die Flußschwinden bis in den Untergrund und lagerten sie dort ab. Sickerwasser kleidete die Hohlräume mit Tropfsteinen aus, nachdem sich der Fluß einen neuen Weg in einem tieferen Höhlenstockwerk gesucht hatte. Insgesamt unterscheidet man fünf bis sechs Stockwerke in dem bis 110 m tiefen Höhlensystem. Bei den Gängen der oberen Stockwerke ist oft die Decke eingebrochen, und eine Einsturzdoline bietet den Höhlenforschern einen bequemen Einstieg in die Unterwelt.

Das verwirrende Labyrinth der Höhlengänge

Die meisten der bisher erforschten Gänge folgen der allgemeinen Fließrichtung der Wasserläufe von der Sinkhole Plain, der Schluckloch-Ebene, im Südosten zum Tal des Green River im Nordwesten. In dieser Richtung fallen gleichzeitig die Schichten ein.

Einige quer verlaufende Gänge stellen Verbindungen zwischen den parallel verlaufenden Gangsystemen her. Alle Gänge der beiden Höhlen liegen, wie bereits erwähnt, in fünf oder sechs Etagen übereinander. Die unterste Zone befindet sich heute noch unter dem Karstwasserspiegel; in ihr strömt das Wasser von den Schlucklöchern am Rand des Kalksteinmassivs zu den Quellen im Tal des Green River. Einige dieser Karstquellen haben eine beachtliche Schüttung von mehreren hundert Liter Wasser pro Sekunde; wenn die Flüsse im Mergelgebiet Hochwasser führen, speien die Quellen wahre Ströme aus. Die stockwerkartige Anordnung der Höhlengänge spiegelt die etappenweise Eintiefung des Green River wider. Sie wurde wahrscheinlich durch Klimaschwankungen ausgelöst.

DAS KARSTRELIEF

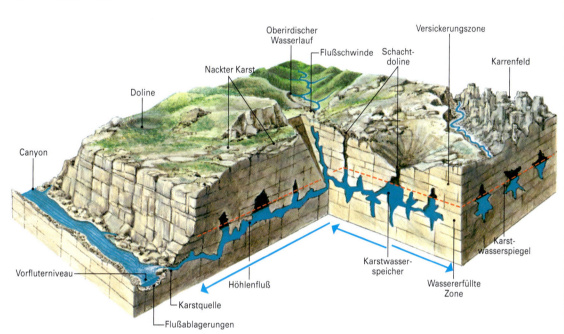

Im Rotondesaal sind die Becken erhalten geblieben, in denen man Salpeter für die Herstellung von Schießpulver gewann. Die Nitraterden bilden sich aus den Stickstoffverbindungen organischer Stoffe, die von Wasserläufen in die Höhlen geschwemmt werden oder sich als Mist unter den Ruheplätzen von Fledermäusen ablagern.

Die Karstlandschaften der Erde sind nach dem Karstgebirge zwischen Kroatien und Slowenien benannt, das die typischen Landschaftsformen des Karstes besitzt: Trockentäler, die allenfalls nach Starkregen von einem Wasserlauf durchflossen werden, Flußschwinden und Schlucklöcher, wenige, meist kräftig sprudelnde Quellen, Höhlen sowie Erdfälle und Dolinen, schacht-, trichter- und schüsselförmige Vertiefungen der Erdoberfläche. Das entscheidende Merkmal ist dabei die lückenhafte, auf weite Strecken oft sogar fehlende oberirdische Entwässerung.

Wenn ein Gebirgsmassiv aus Kalkstein oder anderen leicht löslichen Gesteinen über den Meeresspiegel gehoben wird, gibt es noch Bäche und Flüsse an der Erdoberfläche. Erst im Lauf der Verkarstung suchen sie sich unterirdische Wege, versickern in Flußbetten, stürzen in Schlucklöcher, um dann irgendwo nach vielen Kilometern wieder in Quellen aufzutauchen. Die Lösungsverwitterung ebnet den Weg in den Untergrund. Das mit Kohlensäure und anderen organischen Säuren angereicherte Sickerwasser greift das Gestein entlang der Klüfte an, löst es auf und führt die gelösten Bestandteile fort. Im Lauf der Zeit erweitern sich so feine Haarrisse zu klaffenden Spalten und schließlich zu ausgedehnten Höhlensystemen. Manche Karstlandschaften sind bei fortgeschrittener Verkarstung regelrecht durchlöchert von Karsthöhlen, die oft einstürzen und an der Erdoberfläche Dolinen und Erdfälle hinterlassen.

Die Lösungsverwitterung findet nicht nur im Untergrund statt: Wenn die löslichen Gesteine an der Erdoberfläche zutage treten, ätzt das abrinnende Regenwasser zentimeter- bis metertiefe Lösungsfurchen in das Gestein. Diese sogenannten Karren oder Schratten verwandeln manche Kalkmassive wie das Gottesackerplateau in den Allgäuer Alpen in schwer passierbare Felslabyrinthe; bei anhaltender Verkarstung entstehen bizarre Felsenstädte wie die Ciudad Encantada, die Verzauberte Stadt, in der Sierra de Cuenca in Spanien. Die Karren münden oft an Schnittpunkten von Klüften in Lösungsdolinen, die sich mitunter im Lauf der Zeit durch seitliche Lösungsverwitterung zu Poljen erweitern. Aus dem Dinarischen Gebirge stammt auch der Name der Poljen; er bedeutet Feld, denn in der kargen Karstlandschaft eignen sich meist nur die mit lehmigen Böden bedeckten Sohlen der Poljen als Acker- und Gartenland.

Gefahren für die unterirdischen Wasserläufe

Karstlandschaften wie der Caveland Corridor in Kentucky leiden oft besonders stark unter der Gewässerverschmutzung, weil die natürliche Filterwirkung des Bodens in den verkarsteten Gesteinsschichten nur sehr gering ist. Vor ungefähr 20 Jahren verunglückte beispielsweise auf der Straße, die mitten durch das Gebiet führt, ein mit einer hochgiftigen Flüssigkeit beladener Tanklastwagen, und die Flüssigkeit floß auf eines der zahlreichen Schlucklöcher der Ebene zu. Da die Behörden nicht wußten, ob das Schluckloch eventuell mit einer der Trinkwasserquellen in Verbindung stand, wurde Großalarm ausgelöst und die Wasserversorgung unterbrochen. Mehrere hunderttausend Einwohner Kentuckys erhielten stundenlang kein fließendes Wasser. Inzwischen kennt man das Netz der unterirdischen Flüsse in Kentucky, und alle Vorkehrungsmaßnahmen wurden getroffen, um einen Unfall mit ähnlichen Folgen zu vermeiden. Ein Hauptproblem in den kommenden Jahren wird der Schutz der unterirdischen Wasservorkommen in den Karstlandschaften vor der zunehmenden Verschmutzung sein. Karsthydrologische Untersuchungen werden deshalb immer wichtiger.

Michel Bakalowicz

DIE HÖHLENFAUNA

Blindfisch (Typhlichthys) im Echo River

Höhlen sind extreme Lebensräume, in denen viele Pflanzen- und Tierarten nicht existieren können. Verschiedene Arten haben sich jedoch auf das Höhlenleben spezialisiert.

Die Wasserfauna ist artenreich; von den Wirbellosen sind beispielsweise verschiedene Krebstiere in Höhlen beheimatet. An Wirbeltieren finden sich mehrere Fisch- und einige Amphibienarten wie der Grottenolm, der in den Höhlen Südeuropas vorkommt. Die einzigen größeren Tiere, denen man begegnet, sind die Fledermäuse. Sie gelten allerdings nicht als echte Höhlentiere, sondern suchen die Höhlen nur als Schlafstelle auf.

Die ausschließlich in Höhlen lebenden Tiere sind oft blind und besitzen dafür zur Orientierung in der Dunkelheit besondere Organe wie verlängerte Fühler oder Tasthaare. Gelegentlich verfügen die Troglobionten (Höhlentiere) über einen ungewöhnlich gut ausgeprägten Geruchssinn. Hautpigmente als Schutz vor dem Sonnenlicht sind in der Dunkelheit überflüssig; der Grottenolm hat daher eine weißliche, durchsichtige Haut, durch die man am Kopf die unentwickelten Augen erkennen kann. Höhleninsekten haben im Lauf der Evolution zuweilen ihre Flügel verloren. Sie zogen sich zum Teil schon vor einigen Millionen Jahren, zu Beginn der großen Eiszeiten, in die wärmeren Höhlen zurück, während ihre nahen Verwandten an der Erdoberfläche ausstarben.

Links: Collins Avenue auf dem Grund eines unterirdischen Canyons. Hier ruht der Forscher Floyd Collins, der 1917 von herabstürzenden Steinen erschlagen wurde.

Ganz links: Wenn kohlendioxidhaltiges Sickerwasser in eine Karsthöhle dringt, entweicht das Gas, und der gelöste Kalk scheidet sich als Sinter aus. So sind die Tropfsteingebilde der Gefrorenen Niagarafälle entstanden.

Unten: Schluchtgänge wie die Boone Avenue weiten sich gelegentlich im oberen Teil und formen ein sogenanntes Schlüssellochprofil.

Die Großen Seen Nordamerikas

An der Grenze zwischen Kanada und den Vereinigten Staaten bilden die fünf Großen Seen die größte zusammenhängende Süßwasserfläche unseres Planeten. Die Seen sind vergleichsweise junge Gewässer: Sie sind erst in den Eiszeiten entstanden, als gewaltige Gletscher tektonischen Mulden innerhalb des Kanadischen Schildes folgten und sie aushobelten.

Durch vier der fünf Großen Seen Nordamerikas, durch den Oberen See, den Huron-, den Erie- und den Ontariosee, verläuft die Grenze zwischen den Vereinigten Staaten und Kanada. Nur einer, und zwar der Michigansee, liegt ganz im Staatsgebiet der USA.

Der Obere See ist der größte des Seenquintetts. In seinem westlichen Arm befindet sich eine der abgeschiedensten und wohl auch unberührtesten Landschaften der Vereinigten Staaten, die Isle Royale, die Königsinsel, die von französischen Trappern zu Ehren des Sonnenkönigs Ludwig XIV. benannt wurde. Heute ist die 550 km² große Insel ein Nationalpark. 1300 km weiter im Osten bildet das Gebiet der Thousand Islands, der Tausend Inseln, den Auslauf des Ontariosees und den Ursprung des Sankt-Lorenz-Stroms.

Die Großen Seen können bis in die innersten Zipfel von Ozeanschiffen befahren werden; im Innern des nordamerikanischen Kontinents erstreckt sich ein wahres Binnenmeer. Insgesamt bedecken

Die Whitefish Bay ist eine der zahllosen Buchten der Großen Seen. Sie liegt am Ausgang des Sookanals, der den Huronsee mit dem Oberen See verbindet.

die fünf Großen Seen eine Fläche von 245 000 km²; ihr Wasservolumen beläuft sich auf ungefähr 22 800 km³ oder etwa das 450fache des Wasserinhalts des Bodensees. Mit einer Fläche von 81 459 km² und einer maximalen Tiefe von 407 m ist der Obere See der größte der Großen Seen.

Vom Eise befreit ...

Die Großen Seen Nordamerikas sind hauptsächlich in der jüngsten Eiszeit entstanden. Unter der Last der Eismassen, die vor etwa 10 000–20 000 Jahren Kanada und den Norden der Vereinigten Staaten bedeckten, wurden die Seebecken tief ausgefurcht. Mit Ausnahme des Eriesees liegt der felsige Grund der Becken deutlich unter dem Meeresspiegel, beim Oberen See sogar 220 m. Vor der jüngsten Eiszeit, der Weichseleiszeit (in Nordamerika Wisconsineiszeit genannt), gab es im Gebiet der heutigen Großen Seen bereits einige größere Seen, die zum Mississippi hin entwässerten.

Am Ende des Eiszeitalters, vor etwa 10 000 Jahren, hatten die Großen Seen annähernd ihre heutigen Umrisse eingenommen. Sie entwässerten schon zum Sankt-Lorenz-Golf, der sich damals noch landeinwärts bis weit über Montreal hinaus erstreckte. Heute hat der Sankt-Lorenz-Strom, der ein Areal von der doppelten Fläche Deutschlands entwässert, an seinem Ursprung einen sehr beständigen Abfluß von 6700 m³/s, mehr als das Dreifache der mittleren Abflußmenge des Rheins an der deutsch-niederländischen Grenze. Hunderte kleinerer Flüsse speisen die Lebensader Nordamerikas, und allein der Obere See besitzt ungefähr 200 Zuflüsse.

Nach dem Rückzug der eiszeitlichen Gletscher, die um 9400 v. Chr. nochmals mehrere hundert Kilometer nach Süden vorgestoßen waren und drei Viertel des Michigansees unter sich begraben hatten, begann die Hebung der von den Eismassen entlasteten Erdkruste. Die einstigen Strandlinien an der Georgian Bay, einem Nebenbecken des Huronsees, belegen eine Hebung während der Nacheiszeit von 130 m. Der maximale Hebungsbetrag in den früher vergletscherten Gebieten Nordamerikas dürfte wohl über 500 m liegen. Gegenwärtig liegt der Betrag der Landhebung am Südrand der Wisconsinvereisung bei 10 cm pro Jahrhundert.

Junge, unausgeglichene Gewässer

Im Unterschied zu anderen großen Seen der Erde, beispielsweise denen Ostafrikas, sind die Großen Seen junge und – was die Höhendifferenzen zwischen ihnen betrifft – sehr unausgeglichene Gewässer: zum Nachteil der Schiffahrt, die deshalb weite Umwege und hohe Schleusengebühren in Kauf nehmen muß. Zwischen dem Ontario- und dem Eriesee, die 100 Höhenmeter trennen, müssen die Ozeanschiffe die Niagarafälle auf dem Wellandkanal umfahren. Der Anstieg zum Huron- und zum Michigansee beträgt dann aber nur noch 3 m und zum Oberen See nochmals 6 m.

Blick vom 343 m hohen John Hancock Center, einst höchster Wolkenkratzer der Welt, über die Millionenstadt Chicago, die sich am Südwestufer des Michigansees erstreckt. Der „Knotenpunkt Amerikas" entstand aus dem Fort Dearborn, das 1803 an der Mündung des Chicago River gegründet wurde.

NORDAMERIKA, ATLANTIK

Die Gezeiten in den Großen Seen sind schwach; im Eriesee beträgt der Tidenhub beispielsweise nur 4–5 cm. Stärkere Schwankungen der Wasserhöhe werden durch Luftdruckschwankungen und Stürme hervorgerufen. Diese sogenannten Seiches können den Pegel innerhalb eines Tages um 2,5 m steigen oder fallen lassen. Bei Sturm kann der Seegang auf den riesigen Gewässern auch großen Ozeanschiffen Probleme bereiten. Dazu kommen der häufige Nebel, das Eis und die Klippen, die dicht unter der Wasseroberfläche liegen.

In den 80er Jahren dieses Jahrhunderts erreichte der Wasserstand der Großen Seen Rekordmarken. Die sandigen Ufer des Eriesees wurden in Ohio um durchschnittlich 20 m pro Jahr abgetragen. Stürme mit Wellenhöhen von 5 m werden deshalb für die Ufergemeinden zu einer wachsenden Gefahr. Noch beunruhigender ist freilich die Tatsache, daß Geologen vor kurzem in älteren Seesedimenten Hinweise auf regelmäßige Schwankungen des Seespiegels entdeckten. Diese erreichten innerhalb von nur 300 Jahren eine Amplitude von 14 m. Wer wird sich derartigen Veränderungen der natürlichen Umwelt besser anpassen können: die Wölfe auf der Isle Royale oder die Wolkenkratzer in Chicago?

Umweltverschmutzung – eine Gefahr für die Seen

Die Ufer der Großen Seen, an denen einst nur einige zehntausend Indianer lebten, sind heute vor

Die Black Bay am Nordufer des Oberen Sees ist mit ihren stark zergliederten Ufern, ihrer geringen Wassertiefe und den zahlreichen von Eis rundgeschliffenen Schären typisch für die Seenlandschaften des Kanadischen Schilds. Nicht weit davon entfernt streifen auf der Isle Royale wieder Wolfsrudel durch die dichten Wälder.

DIE NIAGARAFÄLLE

Jahr für Jahr lassen sich Millionen von Touristen von den 54 m hohen Hufeisenfällen am westlichen und den 55 m hohen Amerikanischen Fällen am östlichen Ufer des Niagaras faszinieren, unternehmen eine Bootsfahrt bis an den Fuß der tosenden Fälle oder werfen aus dem Helikopter einen Blick darauf.

Als erster Europäer durfte der belgische Pater Hennepin den grandiosen Anblick im Jahr 1678 genießen. Damals befanden sich die Fälle noch 200 m weiter flußabwärts. Durch die rückschreitende Erosion sind sie seither flußaufwärts gewandert. Im Durchschnitt stürzen 5600 m³ Wasser pro Sekunde über die Fallkante, und seit 1890 werden die Kräfte zur Stromerzeugung genutzt. Zwei Drittel der Abflußmenge werden in ein unterirdisches Kraftwerk geleitet, besonders nachts und im Winter, um die Besucher nicht zu enttäuschen. Wegen der Umleitung der Wassermassen wird das großartige Naturwunder ein paar tausend Jahre länger erhalten bleiben. Ungebremst würde das Wasser die harte Dolomitschicht, die den Fall bildet, nämlich in rund 20 000 Jahren bis zum Eriesee abgetragen haben.

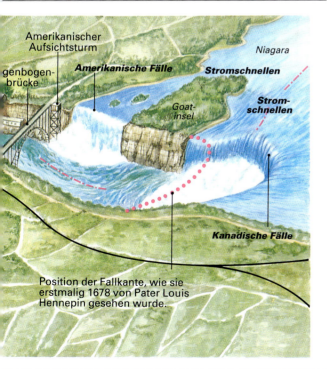

Position der Fallkante, wie sie erstmalig 1678 von Pater Louis Hennepin gesehen wurde.

Allein die Georgian Bay am Nordostufer des Huronsees ist weit größer als der Bodensee. Die kahlen Rundhöcker am Seeufer zeigen noch deutlich Gletscherschrammen. Sie tauchten erst vor einigen Jahrhunderten aus dem See auf, denn seit dem Abschmelzen der eiszeitlichen Gletscher hebt sich die von der Last der Eismassen befreite Erdkruste. An der Küste der Hudson Bay beträgt die Hebung derzeit etwa 50 cm pro Jahrhundert, am Oberen See dagegen nur noch 10 cm.

DIE LEBENSADER NORDAMERIKAS

Der Wellandkanal bildet zwischen dem Ontariosee und dem Eriesee die Verlängerung des Sankt-Lorenz-Seeweges.

Die Großen Seen und der Sankt-Lorenz-Strom, die Lebensader Nordamerikas, stellen die Schifffahrt vor Probleme. Da sind zunächst die Höhenunterschiede. Der Obere See (183 m ü. d. M.) wird durch die Stromschnellen von Sault-Sainte-Marie vom Huronsee und Michigansee (177 m) getrennt. Die Höhenunterschiede zwischen dem Huronsee und dem Eriesee betragen 3 m, zwischen dem Eriesee und dem Ontariosee knapp 100 m. Sie werden vom Saint Clair River und vom Niagara in Stromschnellen und von einem imposanten Wasserfall überwunden.

Ein weiteres natürliches Hindernis stellt die Vereisung der Seen dar, die gewöhnlich von Dezember bis April dauert. Der Obere See, die Nordhälfte des Michigansees, die Georgian Bay des Huronsees und der Eriesee sind regelmäßig von einer geschlossenen Eisschicht bedeckt. Beim Ontariosee, dem Huronsee und der südlichen Hälfte des Michigansees bleibt meist eine Fahrrinne frei.

Der Verkehr mit größeren Schiffen beschränkte sich zunächst auf den Eriesee, den Huronsee und den Michigansee. Im 19. Jh. entstand der Wellandkanal, der die Niagarafälle umgeht. Seit der Fertigstellung des Kanals von Sault-Sainte-Marie 1855 können Schiffe den Oberen See erreichen. Der New York State Barge Canal verbindet seit 1825 die Großen Seen mit dem Hudson River. Schließlich wurde in den 50er Jahren durch ein neues Kanal- und Schleusensystem zwischen Montreal und dem Ontariosee der bereits seit dem 17. Jh. geplante Sankt-Lorenz-Seeweg verwirklicht, der Ozeanschiffen die Fahrt bis zu den über 3000 km vom Atlantik entfernten Häfen an den Großen Seen ermöglicht.

Auf den Großen Seen und dem Sankt-Lorenz-Seeweg werden hauptsächlich Kohle, Eisenerz und Getreide transportiert. Die Kohle aus den Appalachen wird einerseits zu den Zentren der Schwerindustrie in Chicago und Duluth gebracht, andererseits im kanadischen Hamilton verschifft. In Duluth, Two Harbors und Marquette am Oberen See werden die Frachter mit Eisenerz für die Hochöfen in Chicago, Ohio und Pennsylvania beladen. Der wichtigste Verschiffungshafen für das Getreide der Great Plains und der kanadischen Prärieprovinzen ist Thunder Bay am Oberen See. Insgesamt werden jährlich rund 160 Mio. t Güter auf den Großen Seen transportiert, allein durch den Wellandkanal 65 Mio. t.

allem in den Vereinigten Staaten dicht besiedelt. Das Wachstum der Bevölkerung und der Wirtschaft blieb nicht ohne Folgen für die Gewässer. Sie werden zunehmend durch die Abwässer der Industrie, der Landwirtschaft und der Privathaushalte verschmutzt.

Über den Seen und den Wäldern an ihren Ufern gehen saurer Regen und Schnee nieder; die Einwaschung von Kunstdünger von den Feldern hat ein übermäßiges Algenwachstum zur Folge; bestimmte Tierarten wie das Neunauge vermehren sich sehr stark; andererseits kommt es immer wieder zum Massensterben von Fischen – das gesamte Ökosystem droht in absehbarer Zeit zusammenzubrechen.

Seit 1970 führen Umweltschützer einen Kampf gegen die in Waschmitteln enthaltenen Phosphate, die das Seewasser besonders stark verschmutzen. Inzwischen ist der Gebrauch von phosphathaltigen Waschmitteln im gesamten Seenbereich verboten, und beim Eriesee sind erste Erfolge zu erkennen.

Das Wasser des relativ kleinen Eriesees erneuert sich rasch, und zwar einmal innerhalb von zweieinhalb Jahren; beim Ontariosee dauert der vollständige Wasseraustausch etwa acht Jahre. Dem schnellen Wasseraustausch der beiden Seen, der die Verschmutzung in Grenzen hält, steht allerdings die dichte Besiedlung ihrer Ufer gegenüber. Insgesamt leben hier rund 40 Millionen Menschen. Die Wassermassen der drei anderen Großen Seen erneuern sich wesentlich langsamer: Beim Oberen See dauert ein vollständiger Austausch nicht weniger als 180 Jahre, beim Michigansee 85 Jahre und beim Huronsee 23 Jahre. Dafür ist hier die Umweltbelastung aber auch geringer.

Michel Meybeck

DAS LAND DER TAUSEND SEEN

Vor 18 000–20 000 Jahren war Kanada fast vollständig unter Gletschereis begraben. Damals entstanden die Geländesenken, in denen sich beim Rückzug der Gletscher das Schmelzwasser sammelte.

Heute zählt man in Kanada mehr als zwei Millionen Seen. Ihre Größe reicht von wenigen Hektar bis zu Zehntausenden von Quadratkilometern. Die Seen auf dem Kanadischen Schild, dem uralten Kern Nordamerikas, haben meist nur eine geringe Tiefe (1–50 m), ihre Umrisse sind sehr unregelmäßig mit vielen Buchten und Inseln, häufig ordnen sie sich zu Ketten an. Dort, wo weniger widerständige Sedimentgesteine zutage treten oder tektonische Mulden den Eisströmen den Weg wiesen, konnte das Eis mehrere hundert Meter tiefe Senken ausfurchen.

In der Provinz Quebec gibt es unter ungezählten glazialen Seen zwei Außenseiter, die wahrscheinlich außerirdischen Kräften ihre Existenz verdanken: der New Quebec Crater auf der Ungavahalbinsel nordöstlich der Hudson Bay und der Manicouaganstausee, dessen ringförmige Wasserfläche einen Durchmesser von 70 km aufweist. Die beiden Seen füllen vermutlich Senken, die beim Aufprall von Meteoriten oder Kometen entstanden.

An den Ufern der Großen Seen häuft der Wind wie an der Meeresküste Sand zu hohen Dünen auf. Stürme können über den weiten Wasserflächen hohe Wellen erzeugen. Die Strecke, auf der der Wind das Wasser aufwühlen kann, beträgt je nach Windrichtung und See bis zu 600 km.

Der Columbiagletscher

Der riesige Gletscher schiebt sich aus den Hochgebirgen im Süden Alaskas bis an die Küste des Pazifischen Ozeans und zerfällt dort in große Eisberge, die mit den Meeresströmungen durch den Prince-William-Sund aufs offene Meer treiben. Die schwimmenden Eisklötze bilden eine ständige Gefahr für die vielen Öltanker, die am Endpunkt der Trans-Alaska-Pipeline beladen werden.

Nach dem Entdecker der Neuen Welt sind mehrere Gletscher benannt. Einer der eindrucksvollsten wird von den Firnfeldern knapp 200 km östlich von Anchorage im gebirgigen Hinterland des Prince-William-Sunds ernährt.

Die Zungen des Columbiagletschers erstrecken sich von den 3000 m hohen Chugach Mountains über einen in den Prince-William-Sund mündenden Fjord, den sie vollständig ausfüllen, bis zum Pazifischen Ozean. 1978 war er insgesamt 66,6 km lang und bedeckte 1100 km^2, mehr als die doppelte Fläche des Jostedalsbres, des größten Gletschers auf dem europäischen Festland. Seine Nachbarn, das Bagley-Columbus-Bering-Eisfeld und der Seward-Malaspina-Gletscher, sind zwar noch größer, allerdings weniger bekannt als der Columbiagletscher, der als der am besten erforschte Gletscher Alaskas gilt. Die Untersuchungen, die vor allem an der 20 km langen Zunge durchgeführt wurden, die in den Ozean mündet, dienten nicht nur der Wissenschaft. Man wollte die Gefahren ergründen, die von dem Gletscher für die Schiffahrt ausgehen. Die Routen der Öltanker zum Endpunkt der Trans-Alaska-Pipeline nahe Valdez führen nämlich in nur 10 km Entfernung an der Gletscherstirn vorbei.

Die Gletscher an der Südflanke der Chugach Mountains werden durch ergiebige Schneefälle genährt, denn die Luftmassen über dem warmen Alaskastrom enthalten viel Wasserdampf. Winde aus südlichen Richtungen treiben die feuchte Luft gegen das Gebirge, wo sie aufsteigt, kondensiert und sich ihrer weißen Fracht entledigt. Außerdem wird durch die dichte Bewölkung an der Südseite des Gebirges die Sonneneinstrahlung und damit auch die Ablation, die Abschmelzung und Verdunstung von Eis und Schnee, deutlich vermindert. Daher befindet sich die Firnlinie beim Columbiagletscher nur in etwa 600 m ü. d. M. – beim Jostedalsbre liegt sie dagegen mindestens 600 m höher.

Oberhalb der Firnlinie ist bei einem Gletscher der Zuwachs von Firn und Eis größer als die Verluste durch Ablation. Beim Columbiagletscher beträgt der

Im Prince-William-Sund ist der Columbiagletscher gewissermaßen auf einer Untiefe gestrandet. Von hinten drängen die Eismassen jedoch nach und üben einen gewaltigen Druck auf die Gletscherstirn aus. Von der zerklüfteten Eiswand lösen sich ab und zu Blöcke, die mit viel Getöse ins Wasser stürzen. Das Touristenboot hält daher respektvollen Abstand.

DIE GLETSCHERBEWEGUNGEN

Ein Gletscher ist eine Eismasse, die sich ständig erneuert. Der Massenhaushalt des Eisstroms errechnet sich dabei aus der Differenz zwischen dem Zuwachs und der Ablation, dem Massenverlust durch Abschmelzung und Verdunstung. Die Bilanz ist im oberen Teil des Gletschers, im Nährgebiet, positiv, im unteren Teil, dem Zehrgebiet, dagegen negativ.

Die Geschwindigkeit, mit der ein Gletscher den Weg vom Nährgebiet zum Zehrgebiet zurücklegt, hängt von vielen verschiedenen Faktoren ab. Sie ist auch innerhalb eines bestimmten Eisstroms nicht überall gleich, sondern wechselt von Ort zu Ort und von Zeit zu Zeit. Unsere Alpengletscher legen je nach Größe 30–200 m pro Jahr zurück; ein polarer Gletscher bewältigt diese Strecke mitunter in einer Woche.

Strenggenommen sollte man nicht von der Fließgeschwindigkeit eines Gletschers, sondern allgemein von seiner Geschwindigkeit sprechen, denn er bewegt sich nur zum Teil im festen Zustand wie eine zähe Flüssigkeit. Ein mehr oder weniger großer Anteil der Gletscherbewegungen sind physikalisch gesehen Gleitungen, Verschiebungen, die bereits innerhalb der Eiskristalle beginnen und sich über die Bewegungen an den Scherflächen innerhalb der Eismasse bis zu Blockschollenbewegungen größerer Eisblöcke auf dem felsigen Gletscherbett fortsetzen. Am besten kann man sich die Bewegungen eines Gletschers vorstellen, wenn man einen dicken Papierstoß nimmt und ihn über eine geneigte Fläche gleiten und sich verformen läßt. Gegen das plastische Fließen der Eismassen sprechen beispielsweise die tiefen Spalten, die vor allem am Rand und über Felsbuckeln im Untergrund aufreißen.

Kleinere Eisströme, die in den Columbiagletscher einmünden, bringen ihren Gesteinsschutt mit, der sich nun als Mittelmoräne kilometerweit talabwärts verfolgen läßt. Der Hauptstrom enthält dagegen nur wenig Moräne, ist dafür jedoch von zahlreichen Querspalten durchzogen. Diese Spalten reißen auf, wenn die Fließgeschwindigkeit talwärts schnell zunimmt.

Die Gewässer an der Südküste Alaskas sind reich an Fischen und anderen Meerestieren. Einer der bedeutendsten Fischereihäfen ist das malerisch gelegene Valdez. Gerade der nach dem Hafen benannte Öltanker brachte jedoch mit der Ölpest viele Fischer im Prince-William-Sund um ihre Existenz. Die Gesellschaft, der der Tanker gehört, muß jedes Jahr Millionen als Schadensersatz an die Fischer zahlen.

jährliche Zuwachs etwa 1,5 m Eis. Unterhalb der Firnlinie sind die Verluste zwar größer als der Zuwachs, aber diese negative Bilanz im Zehrgebiet reicht nicht aus, um ihn vollständig aufzuzehren. Er schob sich bis vor wenigen Jahren als ein bis zu 500 m mächtiger Eisstrom mit einer Geschwindigkeit von etwa 1000 m pro Jahr auf 5 km Breite vorwärts und „kalbt" schließlich im Meer. Mindestens zwei Drittel seiner Eismassen gelangen so bis in den Ozean und schmelzen dort als Eisberge.

Ein unerwarteter Rückzug

Seit dem Jahr 1794, als der englische Seefahrer George Vancouver den Columbiagletscher entdeckte, hatte sich bis zum Jahr 1978 die Gletscherstirn nicht wesentlich verändert. An der Fjordmündung überragte eine 50 m hohe Eismauer den Spiegel des Prince-William-Sunds; im Zentrum drang der Eisstrom in Richtung Heather Island vor. Radarlotungen ergaben, daß der Fjord tief ausgeschürft ist: Sein Grund liegt 240 m, im Zentrum sogar bis zu 360 m unter dem Meeresspiegel. An seiner Mündung jedoch, wo die Gletscherzunge bis 1978 endete, steigt der Meeresboden bis auf 20 m Tiefe an; er besteht dort aus Moränen und Schmelzwassersedimenten, die auf einem Felsriegel ruhen. Die Gletscherzunge lag vollständig auf dem Meeresboden und erodierte die felsige Sohle.

1978 begann das Gletschereis im Zehrgebiet verstärkt zu schmelzen, und die Gletscherstirn zog sich allmählich zurück. Die Rückzugsstrecke betrug acht Jahre später bereits 3 km. Da die Zunge jetzt in tieferem Wasser endete und das Widerlager der Felsschwelle am Fjordausgang somit fehlte, nahm die Fließgeschwindigkeit beträchtlich zu. Die zurückgelegte Strecke beträgt nun 2000 m pro Jahr, und der Gletscher wird nur noch durch die Reibung der Eismassen am Felsbett gebremst. Damit nahm auch die Produktion von Eisbergen zu, was schwerwiegende Konsequenzen haben sollte.

Die schwarze Flut

Als der Supertanker *Exxon Valdez* am 24. März 1989 einem großen, vom Columbiagletscher abgebrochenen Eisberg ausweichen wollte, lief er auf ein Riff. Über 40 Mio. l Erdöl strömten aus den Tanks und ergossen sich in den Prince-William-Sund. Das Wasser und die Küsten der Bucht, in der neben großen Schwärmen von Fischen und Wasservögeln auch noch viele Robben leben, mußten in langwieriger Arbeit gesäubert werden – eine ökologische und ökonomische Katastrophe, die ungezählte Tiere das Leben und die verantwortliche Ölgesellschaft mehrere Milliarden Dollar an Bußgeldern und Schadensersatz kostete.

Louis Lliboutry

NORDAMERIKA, ATLANTIK

GLETSCHERWOGEN

Im Sommer schmelzen der Firn und das Gletschereis an der Oberfläche; das Schmelzwasser sickert bis zum Gletscherbett und bildet dort einen Wasserfilm über dem Fels oder fließt in Bächen über die blanke Eisfläche ab. Diese Bäche stürzen in Gletscherspalten, kolken sie weiter aus und erreichen so die Gletschersohle. Dort vereinigen sich die Rinnsale zu größeren Wasserläufen, die in Eistunneln zum Rand der Eismassen fließen und in sogenannten Gletschertoren austreten. Wenn der Druck groß genug ist, kann sich das Wasser als geschlossene Schicht zwischen das Eis und die Felssohle pressen und die gesamte Eismasse vom festen Untergrund abheben. Dadurch verringert sich die Reibung schlagartig, und der Gletscher bewegt sich buchstäblich wie geschmiert mit wesentlich größerer Geschwindigkeit talwärts.

Bei einigen Gletschern erfolgt in Abständen von 20–60 Jahren regelmäßig ein sprunghafter Anstieg der Geschwindigkeit: Die Gletscherstirn bewegt sich in wenigen Monaten mehrere Kilometer vorwärts und begräbt alles unter sich, was ihr im Weg steht.

Derartige Vorstöße nennt man *surges* (Gletscherwogen). Sie kommen in Alaska etwa bei jedem 50. Gletscher vor, insbesondere bei solchen auf sehr flachem Gesteinsuntergrund, wo das Wasser unter dem Eis nur langsam abfließt. Es staut sich häufig hinter Felsriegeln und kann den für die Gletscherwogen nötigen Auftrieb geben. Sobald es abgeflossen ist, sinkt die Eismasse wieder auf den Felsuntergrund, die Geschwindigkeit nimmt wegen der verstärkten Reibung stark ab, und ein neuer Zyklus beginnt.

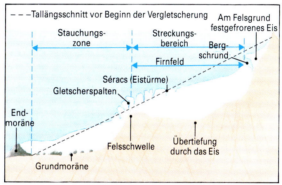

Die Gletscherstirn des Columbiagletschers an der Einmündung in den Prince-William-Sund – ausnahmsweise einmal bei klarem Himmel. Gewöhnlich hängen über dem Gebirge dichte Wolken, die den Gletscher mit Schnee versorgen.

Die Appalachen

Das von Laub- und Nadelwäldern bedeckte Mittelgebirge bildet eine natürliche Barriere zwischen dem Meer und dem Binnenland. Nur an wenigen Stellen werden die Kämme von tiefen Einschnitten unterbrochen, durch die uralte Indianerwege führen.

Die Appalachen durchziehen den Osten der Vereinigten Staaten und trennen mit ihren langgestreckten Kämmen die atlantische Küstenebene von den Tiefländern im Innern des nordamerikanischen Kontinents. Das Mittelgebirge beginnt in Alabama, mitten im Alten Süden der USA, folgt dann in gewissem Abstand der Atlantikküste und endet etwa 15 Breitenkreise von seinem südlichen Ende entfernt am Sankt-Lorenz-Golf. Lange Zeit ließen sich die Siedler von den dichten Wäldern der Appalachen abschrecken; erst nach und nach wurden die Wege in den Westen der Union geöffnet. Noch heute sind Gebirgstäler nur dünn besiedelt, und ihre Bewohner gelten vielerorts als *hillbillies*, als rückständige Hinterwäldler.

Das rund 2600 km lange und bis 300 km breite Mittelgebirge gliedert sich in mehrere Gebirgsketten, die annähernd in Nordost-Südwest-Richtung verlaufen. Im äußersten Nordosten ziehen die Monts Notre-Dame quer durch Quebec und Maine; weiter nach Südwesten spalten sie sich in zwei Massive auf, die als White Mountains durch New Hampshire und als Green Mountains durch Vermont zu verfolgen sind. Jenseits des Hudsontals setzt sich die Kette mit den Allegheny Mountains und der Blue Ridge, den von bläulichem Dunst umwallten Blauen Bergen, bis zu den Great Smoky Mountains und dem Mount Mitchell (2037 m) als höchstem Gipfel fort. Im Westen grenzen die Ketten an die Adirondack Mountains und die Catskill Mountains, weiter im Südwesten dann an das Appalachenplateau, das zum Ohio und zu den Großen Seen hin abfällt. Im Osten schließt sich an den Gebirgsfuß ein ausgedehntes Vorland an, das mit einem deutlich ausgeprägten Gefällknick, der sogenannten Fallinie, an die Küstenebene grenzt.

Ein Gebirgsveteran

Die Appalachen erinnern den Besucher aus Deutschland vom Waldkleid und von den Landschaftsformen her an heimatliche Mittelgebirge, etwa an den Thüringer oder den Bayerischen Wald. Geologisch sind die Mittelgebirge diesseits und jen-

Die Presidential Range im nördlichen Zentrum der White Mountains. Ein 300 000 ha großer Wald umgibt diese Gebirgskette in New Hampshire. Sie gipfelt im 1917 m hohen Mount Washington.

NORDAMERIKA, ATLANTIK

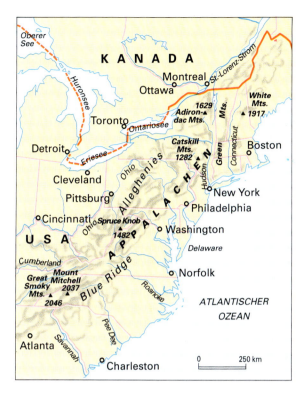

seits des Atlantiks ebenfalls eng miteinander verwandt. Hier wie dort bestehen die höheren Kämme und Kuppen zum größten Teil aus Gesteinen des Erdaltertums, und hier wie dort wurden die Gesteinsstrukturen bereits vor mehr als 300 Millionen Jahren geprägt. In den Appalachen treten allerdings neben den Gesteinen des Erdaltertums verbreitet auch weit ältere Gesteine zutage. Sie enthalten keine Fossilien und sind durch Druck und Hitze intensiv umgewandelt. Die jüngeren Gesteine, hauptsächlich gefaltete Sandsteine, Schiefer und Kalke, haben dagegen ihre ursprünglichen Merkmale besser erhalten und können mit Hilfe von Pflanzen- und Tierresten in die Formationen des Erdaltertums eingeordnet werden. Wie in Mitteleuropa schloß das Erdaltertum an der Ostküste Nordamerikas mit einer Periode, in der sich riesige Kohlelagerstätten bildeten. Neben hochwertiger Steinkohle, die im Unterschied zu den Vorkommen in Mitteleuropa dicht unter der Erdoberfläche lagert und deshalb kostengünstig gefördert werden kann, bescherte diese Periode den USA auch ergiebige Erdölfelder. Nach der Faltung der Gesteinsschichten wurde das Gebirge langsam gehoben und durch die Abtragung vollkommen eingeebnet. Das heutige Gebirge ist viel jünger als seine geologischen Bauformen. Es entstand erst im Tertiär, als sich die Kruste erneut hob und sich die Flüsse in die weicheren

Innerhalb der Appalachen stoßen die Flüsse zwischen weicheren Gesteinsschichten immer wieder auf harte Gesteine, durch die sie sich in mühsamer Erosionsarbeit graben müssen. Die Crabtree-Wasserfälle am Blue Ridge Parkway liegen über einem solchen harten Gesteinspaket.

255

Schichten des gefalteten Untergrunds einkerbten. Die härteren Gesteine wurden dabei als Kämme herausmodelliert. Diese Anpassung der Geländeformen an die wechselnde Härte der gefalteten Gesteine ist in den Appalachen so deutlich wie sonst in kaum einer anderen Gegend der Erde entwickelt. Man spricht deshalb bei parallel verlaufenden Tälern und Schichtkämmen vom appalachischen Relief. Nur an wenigen Stellen durchbrechen Flüsse die Kämme in engen Schluchten; ehemalige Durchbruchstäler, die jetzt nicht mehr von einem Wasserlauf durchflossen werden, bilden die trockenen *gaps*, die Lücken oder Scharten in den Gebirgskämmen. Durch diese Pässe führen die Wege, welche die Pioniere bei ihren Trecks nach Westen benutzten.

Die Vielfalt der Flora und Fauna

Der Hauptunterschied zu den Mittelgebirgslandschaften diesseits des Atlantiks ist der wesentlich größere Artenreichtum der Pflanzen- und Tierwelt, eine Eigenart der Appalachen, die bei einer Fahrt durch das Gebirge sofort auffällt. Durch die Artenfülle der Waldbäume bietet die Landschaft

NORDAMERIKA, ATLANTIK

DER ERDÖLBOOM

Im Jahr 1858 begann Edwin Laurentine Drake bei Titusville, einem Landstädtchen im nordwestlichen Pennsylvania, nach Erdöl zu bohren. Mit Mühe hatte er der Pennsylvania Rock Oil Company die Genehmigung zu Probebohrungen auf ihrem Gebiet abgerungen. Am 27. August 1859 stieß er in nur 21 m Tiefe auf Erdöl. Leider besaß Drake keine Förderlizenz, und so starb er als armer Mann.

Die Bürger von Titusville wurden dagegen durch die Erdölfunde reich. Dank der modernen Bohrtechniken Drakes entwickelten sich der Ort und andere Gemeinden im Nordwesten Pennsylvanias zu wichtigen Industriezentren. In Titusville wurde z. B. die erste Erdölraffinerie der USA errichtet, und um 1872 entstand hier die amerikanische Erdgasindustrie. Nach Erschöpfung der Erdölfelder wurde 1950 die letzte Erdölraffinerie in Titusville geschlossen. Im Drake Well Memorial Park ist noch eine Nachbildung des ersten Bohrturms zu sehen.

ein ungemein farbiges Bild, im Sommer in fein abgestuften Grüntönen, im Herbst, zur Zeit des *Indian summer*, von leuchtendem Gelb bis zu feurigem Rot.

Charakteristischer Nadelbaum ist die Weymouthskiefer *(Pinus strobus)*. Sie kommt zusammen mit Birken, Buchen und Ahornen in bunten Mischwäldern vor. Auf den höchsten Erhebungen, die durchweg unter der klimatischen Waldgrenze bleiben, bestimmen verschiedene Fichten- und Tannenarten das Landschaftsbild. Die mittleren und unteren Gebirgslagen werden von ausgedehnten Eichenwäldern eingenommen, soweit sie nicht gerodet und in Wiesen und Felder umgewandelt sind. Im bunten Wechsel wachsen Eichen, Nußbäume, Kastanien, Birken, Erlen, Haselsträucher, Hainbuchen, Weiden, Pappeln, Magnolien, Tulpenbäume, Lorbeer und viele andere Gehölzarten.

Der im Vergleich mit Mitteleuropa größere Artenreichtum der Flora und Fauna hängt mit dem wärmeren Klima, aber auch mit den Landschaftsformen an der Ostküste Nordamerikas zusammen: Während die höheren Gebirge in Mitteleuropa annähernd in westöstlicher Richtung verlaufen, sind die Hauptkämme der Appalachen, wie bereits gesagt, von Nordosten nach Südwesten angeordnet. Als in den Eiszeiten des Quartärs Nordamerika von Eismassen überflutet wurde, konnten die kälteempfindlichen Arten durch die Längstäler der Appalachen in den wärmeren Süden ausweichen und dann in den Warmzeiten an ihren ursprünglichen Standort zurückkehren. In Mitteleuropa gerieten die Arten im Eiszeitalter dagegen in den eisigen Zangengriff des nordischen Inlandeises und der Alpengletscher, den die meisten nicht überlebten.

Landschaften mit unberührter Natur sind freilich auch in den Appalachen selten geworden. Im Lauf der Besiedlung wurden die Urwälder größtenteils abgeholzt; eine verheerende Bodenerosion und schwere Überschwemmungen im Gebirgsvorland waren die Folgen. Die heutigen Wälder sind meist aufgeforstet. Ursprüngliche Naturlandschaften kann man vor allem noch in den beiden Nationalparks Shenandoah und Great Smoky Mountains erleben.

Richard Moreau

Das appalachische Relief

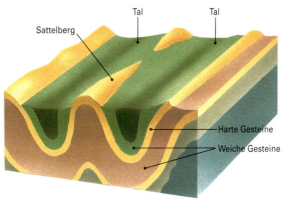

Faltung der Sedimentschichten

Einebnung des Gebiets durch flächenhafte Abtragung

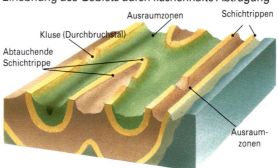

Hebung des Gebirges und Belebung der Tiefenerosion

Oben: Im Herbst schmücken sich die Adirondack Mountains zwischen dem Sankt-Lorenz-Strom und dem Hudson mit den Farben des Indian summer. *Ein Mischwald aus Ahorn, Birken, Buchen, Fichten und Hemlocktannen bedeckt das größtenteils aus Granit aufgebaute Massiv.*

Links oben: Die Great Smoky Mountains in Tennessee. Das bis über 2000 m hohe Gebirge ist nach den Dunst- und Nebelschleiern benannt, die oft wie Rauchschwaden über den Bergen und Tälern hängen.

Links unten: Ein Blick aus dem Flugzeug auf die Blue Ridge, die Blauen Berge. 46 Gipfel dieser Gebirgskette erreichen mehr als 2000 m Höhe. Sie tragen wie die Grate und Spitzen im Vordergrund oft Spuren der eiszeitlichen Vergletscherung.

Die Azoren

Die Gruppe der „Habichtsinseln" liegt mitten im Atlantik, in einer Zone der Erde, die mit einem milden subtropischen Klima gesegnet ist. Tief unter dem Archipel bewegen sich freilich die Schollen der Erdkruste und suchen die Inseln mit Erdbeben und Vulkanausbrüchen heim.

Der Archipel der Azoren, seit dem 15. Jh. in portugiesischem Besitz, liegt 1400–1800 km vor der Küste Portugals. Er besteht aus neun größeren Inseln, die zwischen dem 37. und dem 39. Breitenkreis drei Inselgruppen bilden. Im Südosten liegen die 97 km² große Insel Santa Maria und São Miguel, mit 770 km² die größte Insel des Archipels. Auf ihr befindet sich auch die Hauptstadt der Autonomen Region Ponta Delgada. Die mittlere Gruppe setzt sich aus insgesamt fünf Inseln zusammen: Terceira (397 km²), Graciosa (62 km²), São Jorge (238 km²), Pico (433 km²) mit der höchsten Erhebung der Azoren (und ganz Portugals), dem 2351 m hohen Vulkan Pico Alto, und schließlich Faial (178 km²), wegen der dort üppig wachsenden Hortensien auch die Blaue Insel genannt. Die kleine Inselgruppe im Westen besteht aus den Eilanden Flores (142 km²) und Corvo, der 17,5 km² großen Rabeninsel.

Auf den Azoren herrscht ein mildes subtropisches Klima, das mit dem von der Wetterkarte her bekannten Azorenhoch auch Mitteleuropa hin und wieder einige Tage schönes Wetter beschert. Man darf sich allerdings das Klima nicht als ewigen Frühling vorstellen. Nach einem Sprichwort der Insulaner können an einem einzigen Tag alle vier Jahreszeiten Einzug halten. Das Wetter ist unberechenbar, heiße Tage wechseln mit Sturm, die durchschnittliche Sonnenscheindauer im Jahr beträgt knapp 1600 Stunden, geradesoviel wie im Ruhrgebiet, und im Durchschnitt regnet es an jedem zweiten Tag des Jahres. Die Temperaturen schwanken dagegen wegen der ausgleichenden Wirkung der Wassermassen nur wenig.

Unter diesem ozeanischen Klima gedeiht eine üppige Vegetation. Ab April gleichen die Inseln Blumenteppichen. Dickichte aus rosaleuchtenden Aza-

Rechts: Corvo ist mit 7 km Länge und 4 km Breite die kleinste Azoreninsel. Die Hänge des 750 m hohen Vulkankegels fallen steil ab. Auf dem Gipfel öffnet sich eine große Caldera mit 6 km Umfang. Die Hügel, die aus dem See am Grund der Caldera auftauchen, erinnern in ihren Umrissen an die Inselformen des Archipels.

Ganz rechts: Der Süden von São Miguel ist typisch für die niedrigen Küstenlandschaften der Azoren. Die Strandterrassen brechen mit Basaltkliffen steil zu kleinen Buchten ab; auf dem recht nährstoffreichen Braunerdeboden baut man eine Vielzahl verschiedener Kulturpflanzen – Weizen, Mais, Gemüse, Bananen, Ananas – an. Die ursprüngliche Vegetation des Archipels – immergrüne Lorbeerwälder – ist vollständig vernichtet.

NORDAMERIKA, ATLANTIK

leen bedecken die Hügel, und an den Sonnenhängen werden sogar tropische Früchte wie Bananen und Ananas angebaut.

Gipfel untermeerischer Vulkane

An den von der Brandung unterspülten Steilküsten des Archipels treten vulkanische Gesteine mit ihren tristen grauen und schwarzen Farbtönen zutage. Sämtliche Inseln sind vulkanischen Ursprungs und bestehen aus übereinandergetürmten Lava- und Aschenschichten. Vorherrschendes Gestein ist der blauschwarze Basalt; daneben kommen auch Andesit und Trachyt mit großen Feldspatkristallen vor. Eine seltene Ausnahme unter den vulkanischen Gesteinen sind die Kalke aus dem mittleren Tertiär, die auf der Insel Santa Maria in kleineren Schollen verbreitet sind. Sie beweisen, daß die Entstehung des Archipels mindestens 20 Millionen Jahre zurückreicht.

Die Azoren werden oft von Erdbeben heimgesucht: Auf Faial und Pico bebt die Erde durchschnittlich 21mal pro Jahr; andere Inseln werden dagegen nahezu verschont. Die ehemalige Insel-

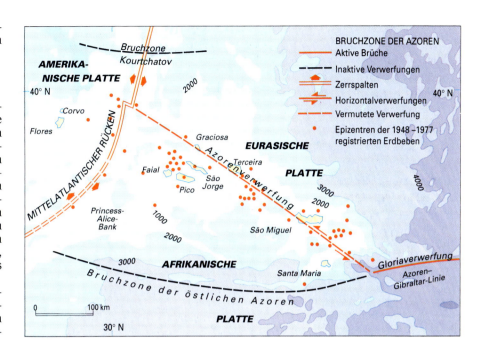

Oben: Die aus Lavagestein aufgebaute Nordküste von São Miguel wird von der Brandung zurückgedrängt. Die ehemaligen Förderkanäle der Vulkane sind mit besonders hartem Gestein gefüllt und trotzen deshalb als kleine Felsnadeln den Wellen noch einige Jahrzehnte länger.

Rechts: Eine 750 m lange Mole schützt den Hafen von Faial vor Brandung. Dahinter der Vulkankegel Pico Alto (2351 m), die höchste Erhebung der Azoren.

hauptstadt Vila Franca do Campo auf São Miguel wurde 1522 durch Erdstöße völlig zerstört, Beben richteten 1964 in Vila das Velas auf São Jorge schwere Schäden an, und auf Faial ereignete sich das letzte stärkere Beben am Neujahrstag 1980.

Die Regionen mit der stärksten vulkanischen Aktivität verlagerten sich innerhalb des Archipels im Lauf der Jahrmillionen von Osten nach Westen. Das Vulkangestein im Osten von São Miguel ist zwischen 200 000 und 4 Millionen Jahre alt. Als Nachwehen des großen Vulkanausbruchs von 1630 treten hier im Vale Furnas, dem Tal der Gluthitze, heiße Quellen, Solfataren und Geysire aus. In der Talsenke, einer Caldera von 6 km Durchmesser und steilen, bis zu 300 m tief abfallenden Flanken, gedeihen Araukarien und Palmen besonders gut; man baut in dem vor den Stürmen geschützten Kessel auch Orangen, Ananas, Bananen, Tee und viele an-

DIE ENTSTEHUNG DES ATLANTISCHEN OZEANS

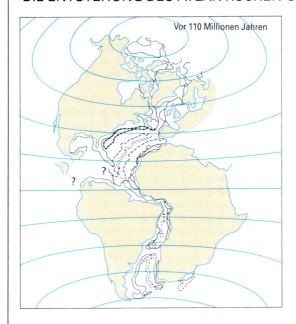
Vor 110 Millionen Jahren

Die Geschichte des Atlantiks begann vor rund 200 Millionen Jahren, als der Superkontinent Pangäa auseinanderbrach. Zunächst rissen Gräben auf, die sich im Lauf der Zeit erweiterten und schließlich vom Meer überflutet wurden.

110 Millionen Jahre vor heute: Der Nordatlantik hat sich bis zum Nördlichen Eismeer geöffnet; Südamerika und Afrika driften auseinander; erstmals entsteht eine Verbindung zwischen dem Nord- und dem Südatlantik.

21 Millionen Jahre vor heute: Die Labradorsee bildet sich, und durch die Drehung der Iberischen Halbinsel öffnet sich die Biskaya. Afrika und Südamerika driften weiter auseinander.

Heute: Die Bruchstücke des Urkontinents haben sich weit voneinander entfernt, aber die Drift geht weiter. Im Norden entstand eine Meeresstraße zum Nordpolarmeer, während die Verbindung zum Pazifischen Ozean durch die Hebung der mittelamerikanischen Landbrücke unterbrochen wurde.

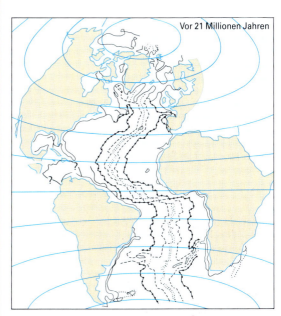
Vor 21 Millionen Jahren

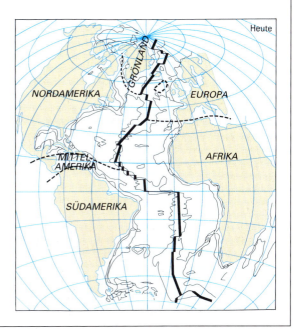
Heute

Diese heiße Quelle ist eine der insgesamt 22 im berühmten Tal der Gluthitze auf São Miguel. Daneben gibt es in der Caldera auch Geysire und Schwefelquellen. In der feuchten, warmen Luft gedeihen die Pflanzen besonders gut.

Rechts: Einblick in einen Vulkan. Der 1957/58 an der Westspitze der Insel Faial entstandene Vulkan Capelinhos besteht größtenteils aus vulkanischem Lockermaterial, das von der Brandung leicht abgetragen wird. Nur im Kern steckt ein Pfropfen aus erstarrter Lava, der 100 m hohe Klippen bildet.

Unten: Nach der Sage sollen in der Caldera das Sete Cidades an der Westspitze der Insel São Miguel sieben Städte versunken sein, die einst von aus Spanien vertriebenen Bischöfen gegründet wurden.

EXPEDITIONEN AUF DEM MEERESGRUND

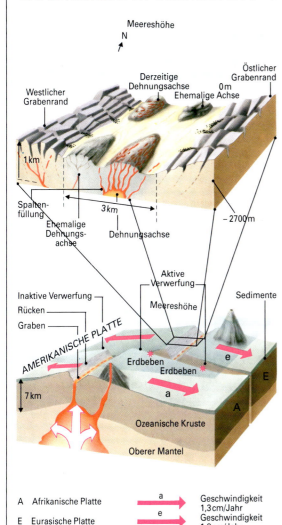

Entnahme von Basaltlavaproben auf dem Mittelatlantischen Rücken

Noch bis zum Beginn der 70er Jahre waren die Vorgänge, die neue ozeanische Kruste und die Formen des Meeresbodens entstehen lassen, weitgehend unbekannt. Seither haben mehrere große Forschungsprojekte buchstäblich Licht in das Dunkel der Tiefsee gebracht, darunter ein franko-amerikanisches Forschungsprojekt, bei dem Frankreich das Forschungstauchboot *Archimède* einsetzte, das zuvor bereits mehr als 10 000 m Meerestiefe erreicht hatte. Darüber hinaus wurde das beweglichere und mit verbesserter Technik ausgestattete Tauchboot *Cyana* entwickelt, das bis in 3000 m Tiefe vordringen konnte. Die Amerikaner benutzten ihr bewährtes Tauchboot *Alvin*, das für Tiefen bis 4000 m umgerüstet wurde.

Die Forscherteams wählten drei Untersuchungsgebiete auf dem Mittelatlantischen Rücken in der Nähe der Azoren aus. Der Scheitelgraben des Rückens ist dort über 3000 m breit und schneidet mehr als 1500 m tief in den vulkanischen Rücken ein. Sein Grund liegt 2600 m unter dem Meeresspiegel. Die Forscher fanden entlang der Achse des Grabens viele Kilometer lange Lavarücken, die bis zu 1000 m breit und 200 m hoch werden. Sie entstehen offenbar aus Lava, die aus Magmakammern in vergleichsweise geringer Tiefe durch Spalten bis zum Meeresboden aufdringt und beim Kontakt mit dem kalten Wasser rasch erstarrt. Die jungen Vulkanbauten sind nicht von Spalten durchzogen, wohl aber die etwas älteren Lavakämme an den Flanken des Mittelatlantischen Rückens. Je weiter sie vom Scheitelgraben entfernt sind, um so mehr Spalten weisen sie auf. Diese Spalten werden wahrscheinlich durch vertikale Krustenverschiebungen geschaffen. Einzelne Krustenbruchstücke driften nach außen und verschmelzen mit den Flanken des Mittelatlantischen Rückens.

dere Pflanzen warmer Klimazonen an. Die im Westen der Insel gelegene Caldera das Sete Cidades (Kessel der Sieben Städte) birgt dagegen zwei Seen: die grüne Lagoa Verde und die tiefblaue Lagoa Azul. Das Gestein der Kraterwände ist nur zwischen 10 000 und 180 000 Jahre alt.

Die Feuerberge der Azoren sind seit Jahrhunderten bekannt. Manche gaben nur ein kurzes Gastspiel wie der Vulkan Sabrina, der 1812 westlich von São Miguel für einige Wochen aus dem Meer auftauchte und dann verschwand. Im Herbst 1957 erhob sich an der Westspitze von Faial der Vulkan Capelinhos aus dem kochenden Meer. Erdbeben, die den Ausbruch ankündigten, setzten am 16. September ein; am 27. September gegen 8 Uhr stiegen die ersten Dampfwolken aus dem Meer; zwei Tage später schossen 7000 m hohe Aschenwolken aus dem Krater und häuften einen Kegel auf, tonnenschwere vulkanische Bomben wurden 800 m weit geschleudert, sintflutartige Regengüsse gingen nieder, glühende Aschen fielen vom Himmel und verwandelten den Tag zur Nacht. Vier Wochen später hatten die Wellen des Atlantiks den neuen Vulkan bereits wieder vollständig eingeebnet. Ab Mitte November entstand dann ein zweiter Kegel, der zum Teil bis heute erhalten blieb.

Die Wurzeln der Vulkane liegen auf den Azoren wie auf den anderen ozeanischen Inseln des Atlantiks in den Bruchzonen auf dem Scheitel oder an den Flanken des Mittelatlantischen Rückens. Diese gewaltige untermeerische Gebirgskette zieht sich von Island im Norden bis hinunter nach Tristan da Cunha durch den gesamten Ozean. Sie markiert im Nordatlantik die Grenzen zwischen der Eurasischen Platte im Osten und der Amerikanischen Platte im Westen. Die Azoren liegen dabei etwa an der Stelle, an der von Osten her die Grenznaht zwischen der Eurasischen Platte und der Afrikanischen Platte auf dem Mittelatlantischen Rücken trifft.

Maurice Gennesseaux

DIE KLIMAZONEN

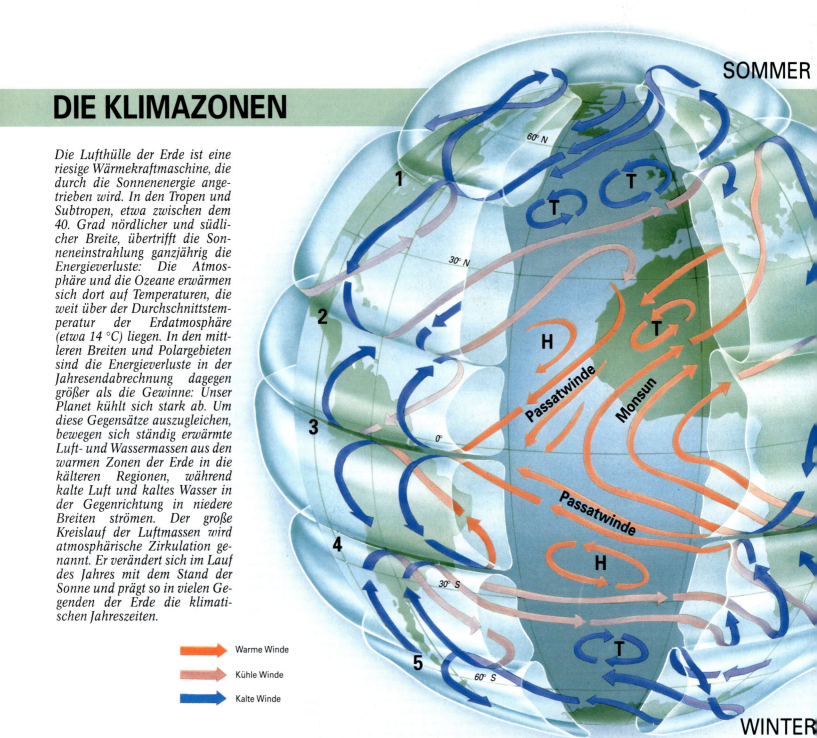

Die Lufthülle der Erde ist eine riesige Wärmekraftmaschine, die durch die Sonnenenergie angetrieben wird. In den Tropen und Subtropen, etwa zwischen dem 40. Grad nördlicher und südlicher Breite, übertrifft die Sonneneinstrahlung ganzjährig die Energieverluste: Die Atmosphäre und die Ozeane erwärmen sich dort auf Temperaturen, die weit über der Durchschnittstemperatur der Erdatmosphäre (etwa 14 °C) liegen. In den mittleren Breiten und Polargebieten sind die Energieverluste in der Jahresendabrechnung dagegen größer als die Gewinne: Unser Planet kühlt sich stark ab. Um diese Gegensätze auszugleichen, bewegen sich ständig erwärmte Luft- und Wassermassen aus den warmen Zonen der Erde in die kälteren Regionen, während kalte Luft und kaltes Wasser in der Gegenrichtung in niedere Breiten strömen. Der große Kreislauf der Luftmassen wird atmosphärische Zirkulation genannt. Er verändert sich im Lauf des Jahres mit dem Stand der Sonne und prägt so in vielen Gegenden der Erde die klimatischen Jahreszeiten.

→ Warme Winde
→ Kühle Winde
→ Kalte Winde

DIE KLIMATYPEN

Hochgebirge

Das Klima ist der mittlere Zustand der Atmosphäre und der gewöhnliche Verlauf des Wetters an einem bestimmten Ort der Erde. Strenggenommen hat jeder Ort sein individuelles Klima; um die Beschreibungen zu vereinfachen, ist es aber zweckmäßig, die Klimate nach bestimmten Merkmalen zu ordnen und zu Gruppen zusammenzufassen. Die Klassifikation, die der Darstellung auf der Karte zugrunde liegt, berücksichtigt vor allem die Temperaturen und Niederschläge im Wechsel der Jahreszeiten.

TYP	HAUPTMERKMALE		DARSTELLUNG IN DER KARTE
	Sommer	Winter	
Tropischfeucht	Warm und feucht während des ganzen Jahres		
Tropischwechselfeucht	Warm Feucht	Warm Trocken	
Trockenwarm	Warm Trocken	Mild Trocken	
Trockenkalt	Warm Trocken	Kalt Trocken	
Kühlgemäßigt	Mild Feucht	Mild Feucht	
Mediterran	Warm Trocken	Mild Feucht	
Warmgemäßigt	Warm Feucht	Kühl Trocken	
Kontinental	Warm Feucht	Kalt bis sehr kalt Trocken	
Polar	Schwache Erwärmung	Kalt bis sehr kalt Trocken	

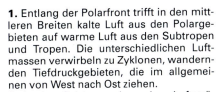

1. Entlang der Polarfront trifft in den mittleren Breiten kalte Luft aus den Polargebieten auf warme Luft aus den Subtropen und Tropen. Die unterschiedlichen Luftmassen verwirbeln zu Zyklonen, wandernden Tiefdruckgebieten, die im allgemeinen von West nach Ost ziehen.
2. In den Subtropen herrschen Luftströmungen aus höheren Stockwerken der Atmosphäre zum Erdboden hin vor. Beim Abstieg erwärmen sich die Luftmassen und erzeugen Gebiete hohen Luftdrucks, die den Tiefdruckwirbeln den Weg versperren und so für schönes Wetter sorgen.
3. Am Äquator fließen die Passatwinde beider Erdhalbkugeln in der Innertropischen Konvergenz zusammen. Die Luftmassen steigen auf, ihre Feuchtigkeit kondensiert und führt in der äquatorialen Zone zu ergiebigen Regenfällen.
4. Wie nördlich des Äquators zieht sich unter dem Südlichen Wendekreis ein Gürtel von Hochdruckgebieten um die Erde.
5. Die Polarfront ist in den mittleren Breiten der Südhalbkugel besonders stark ausgeprägt und sorgt für heftige Stürme.
6. Die Luftmassen, die in der äquatorialen Zone aufsteigen, fließen in getrennten Zweigen nach Norden oder Süden, sinken in den Subtropen ab und kehren als Passatwinde zum Äquator zurück.

Rechts oben: Vom Nordatlantik her nähert sich ein Tiefdruckwirbel.
Rechts: Ein Hochdruckgebiet über Mitteleuropa sorgt für schönes Wetter.

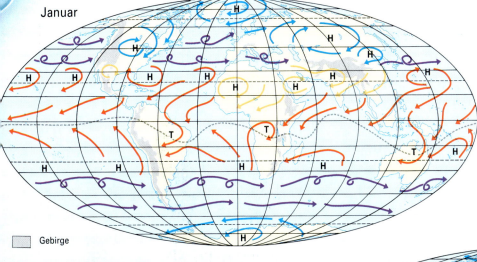

DIE ATMOSPHÄRISCHE ZIRKULATION IM JANUAR UND JULI

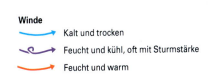

Winde
→ Kalt und trocken
→ Feucht und kühl, oft mit Sturmstärke
→ Feucht und warm
→ Trocken und warm

Druckgebiete
H   Hochdruckgebiet
T   Hitzetief
- - T - -   Innertropische Konvergenz

Im Januar liegen über dem Innern der Kontinente der Nordhalbkugel kräftige Hochdruckgebiete, aus denen zuweilen kalte Luftmassen in südlichere Breiten vorstoßen. Die Subtropen werden von den Tiefdruckwirbeln innerhalb der Polarfront gestreift. Die Mittelmeerländer erleben nun ihre winterliche Regenzeit. An der Südostseite des eurasischen Kontinents ist es dagegen in dieser Jahreszeit ausgesprochen trocken, denn aus dem Kältehoch über Sibirien strömt trockenkalte Luft als Nordostmonsun und weiter als Nordostpassat zur weit nach Süden verlagerten Innertropischen Konvergenz.

Im Juli haben sich die Gürtel der atmosphärischen Zirkulation wieder nach Norden verschoben. In den Tropen der Nordhalbkugel ist jetzt Regenzeit; der Südwestmonsun beschert Süd- und Südostasien kräftige Regengüsse, während die Mittelmeerländer im Einflußbereich der subtropischen Hochdruckgebiete liegen und deshalb viel Sonnenschein, aber nur wenig Regen erhalten. Die Aktivität der Tiefdruckwirbel an der Polarfront verstärkt sich, und in Mitteleuropa regnet es oft tagelang.

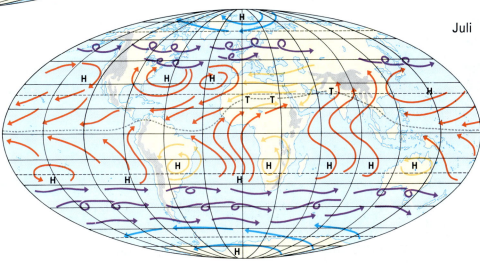

SÜD-AMERIKA UND DIE ANTILLEN

Barbados
Die tropischen Anden
Die Iguaçufälle
Die Bucht von Rio
Der Cerro Fitz Roy
Der Amazonas

Barbados

Nach einem Vulkanausbruch 1902 auf St. Vincent ging ein Aschenregen über Barbados nieder, der für die Böden wie eine natürliche Düngung wirkte. Die Insel selbst zeigt jedoch nur geringe vulkanische Tätigkeit.

Barbados, die östlichste der Westindischen Inseln, wurde erstmals im Jahr 1536 von portugiesischen Seefahrern erwähnt. Ab 1627 ließen sich britische Siedler dort nieder, und die Insel blieb britische Kolonie bis 1966.

Die Insel besteht zum größten Teil aus Mergeln und Kalken des Tertiärs. Mit einer Fläche von 431 km² taucht sie wie ein niedriger Tafelberg aus dem Meer auf. Sie liegt 160 km von St. Vincent, der nächsten vulkanischen Insel des Antillenbogens, entfernt.

Unter der Insel verläuft ein untermeerischer Gebirgsrücken wie ein großer, nach Osten gerichteter Bogen von Puerto Rico bis zur südamerikanischen Küste bei Trinidad. Dieser Gebirgsrücken ist ein Teil des Antillenbogens: Von Osten nach Westen gliedert sich der Inselbogen in das Barbadosbecken, den Barbadosrücken, das Tobagobecken, das an manchen Stellen eine Tiefe von bis zu 2400 m erreicht, und schließlich die Kette der Vulkaninseln von Saba im Norden bis Grenada im Süden. Eine solche Anordnung von Rücken, Becken und Vulkaninseln ist typisch für diejenigen Zonen der Erde, in denen eine Lithosphärenplatte unter einer anderen verschwindet. Bei den Kleinen Antillen taucht die ozeanische Kruste des Atlantiks unter die Karibische Platte.

Ein Querschnitt durch eine Insel

An der Westseite der Insel bilden sieben ausgeprägte Geländestufen eine Art Treppe. Sie führt von der Küste bis in 300 m Höhe zum zentralen Hochland der Insel hinauf. Die Stufen sind meist in westöstlicher Richtung von Tälern durchzogen, die fast das ganze Jahr über trocken liegen, während der Regenzeit jedoch von Sturzbächen durchflossen werden. Die Küste ist im Westen sandig und nur durch wenige Buchten gegliedert. Hier findet man die wohl schönsten Strände der Insel.

Im Norden und Süden setzen sich die Geländestufen in etwa 50 m dicken Kalksteintafeln fort, die zum Meer hin steil abfallen. Die Brandung hat vor allem an der Nordseite bei der Animal Flower Cave in Zusammenarbeit mit dem Sickerwasser zahlreiche tiefe Grotten im Kalkstein ausgespült. Auf den verkarsteten, wasserdurchlässigen Kalken ist die Bodenkrume dünn und steinig; hier können nur Agaven und andere Pflanzenarten gedeihen, die sich an die Trockenheit angepaßt haben.

Die Hügel im Süden der Insel sind gewöhnlich nicht höher als 115 m. Sie werden vom St.-George-Tal zerschnitten. Weiter nach Süden hin schließen sich das Hügelland von Christchurch und die Ebene

Blick vom zentralen Hochland auf die grüne Küstenlandschaft des Scotland District. Ursprünglich bedeckten tropische Regenwälder die sanft zum Meer hin abfallenden Hänge. Heute hat der Wald an der Gesamtfläche der Insel nur noch einen Anteil von 2 %.

SÜDAMERIKA, ANTILLEN

von Silver Sands an. Dort befinden sich große Zuckerrohrplantagen; in der Umgebung von Woodbourne wird auch Erdöl gefördert.

Die Südostküste von Barbados ist zwischen Seawell House und Salt Cave Point steil und durch viele Buchten zerschnitten. Inmitten einer üppigen tropischen Vegetation aus Manzanillabäumen (*Hippomane mancinella*), Kokospalmen, Filaos (Strandkasuarinen) und Mahagonibäumen liegen hier kleine Fischerdörfer und Luxushotels für Touristen aus aller Welt. Vor der Küste ziehen sich zwischen South Point und Kitridge Point gefährliche Korallenriffe entlang.

Das zentrale Hochland

Im Zentrum von Barbados erstreckt sich auf mehreren Quadratkilometern ein kuppiges Plateau in Form eines Halbmondes. Höchster Punkt dieses Plateaus und damit auch der Insel ist mit einer Höhe von 340 m ü. d. M. der Mount Hillaby; andere markante Erhebungen sind Castle Grant (338 m) und der Mount Misery (325 m). Am östlichen Rand des zentralen Hochlands fällt das Plateau jäh zum Meer hin ab, und Hackleton's Cliff beherrscht mit seinen weißen Felswänden die Küste und den Scotland District.

Im zentralen Hochland der Insel war der Korallenkalk, der über den älteren Gesteinsschichten lagert, der Verkarstung besonders stark ausgesetzt. Die Kalktafeln sind durchlöchert von Dolinen und Karsthöhlen. Die größte für Besucher zugängliche Höhle, Harrison's Cave, liegt im Süden des Mount Misery bei St. Thomas. Nicht weit vom Welchman Hall Gully liegt eine weitere sehenswerte Höhle, die Cole's Cave, die allerdings nicht als Schauhöhle ausgebaut ist.

Vom Hochland aus gesehen, bietet der Scotland District am Fuß von Hackleton's Cliff bei schönem

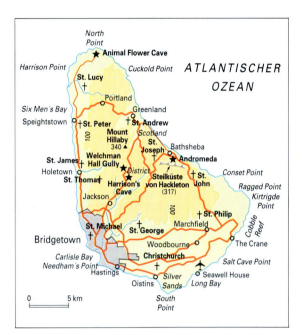

Seit der politischen Selbständigkeit im November 1966 hat sich die in der Kolonialzeit entwickelte Gesellschaftsstruktur kaum verändert; die Klassenunterschiede sind nach wie vor groß. Die Besitzer der Zuckerrohrplantagen, die das wichtigste Agrarprodukt der Insel erzeugen, residieren in prächtigen Herrenhäusern; die Landarbeiter leben dagegen in erbärmlichen Hütten.

SÜDAMERIKA, ANTILLEN

1 Rand der Subduktionszone
2 Barbadosschwelle
3 Vulkankette
A Barbadosbecken
B Tobagobecken

Wetter einen überwältigenden Anblick. Mit seinen von Mahagonibäumen und Königspalmen gesäumten Serpentinenstraßen, den ehemaligen Maultierpfaden, mit den tief eingekerbten Tälern und grünen *gullies* (tiefe, enge Schluchten), den bewaldeten Hügeln, auf denen Affen hausen, und den weißen Dünen hinter den Stränden ist er die faszinierendste Landschaft der dichtbevölkerten Insel. In der Nähe von Bathsheba liegt Andromeda, ein beliebter Ausflugsort. Dort kann man in den Andromeda Gardens eine Vielzahl tropischer und subtropischer Zierpflanzen wie Orchideen, Hibiskus und wilde Bananen sowie zahllose Vogelarten bewundern.

Das idyllische Landschaftsbild kann freilich nicht darüber hinwegtäuschen, daß Barbados eine der ärmsten Inseln der Kleinen Antillen ist. Die Böden auf den Kalksteinen sind trocken und steinig, die Mergelböden werden vom Wasser rasch abgespült.

Oben: Die künstliche Beleuchtung der Harrison's Cave bringt den Tropfsteinschmuck der Karsthöhle besonders gut zur Geltung. Der fast 2 km lange Gang wurde von einem Höhlenfluß geschaffen.

Ganz rechts: Hinter dem Riffgürtel erstrecken sich in der Crane Bay an der Südostküste von Barbados herrliche Strände aus weißem Korallensand.

Rechts: An der Ostseite der Insel nehmen gehobene Brandungsplattformen große Flächen ein. Die jüngsten Strandterrassen, die nur spärlich bewachsen sind, werden von der Abtragung an den niedrigen Kliffen wieder aufgezehrt.

Den Bewohnern war der Aschenregen, der im Jahr 1902 nach dem Ausbruch des Vulkans Soufrière von Saint Vincent auf der Insel niederging, gar nicht unwillkommen. Die 1 cm dicke Aschenschicht versorgte den Boden nämlich mit wertvollen Pflanzennährstoffen.

Am äußersten Rand des Inselbogens

Im Unterschied zu den vulkanischen Inseln der Kleinen Antillen liegt Barbados am äußeren, seewärtigen Rand der Subduktionszone, noch auf der ozeanischen Kruste. Der mit dem Aufschmelzen der Kruste verbundene Vulkanismus hat hier deshalb kaum Spuren hinterlassen; es gibt vulkanische Gesteine aus dem frühen Tertiär, und im August 1831 brach vor der Küste der Insel ein untermeerischer Vulkan aus.

Vom Inselsockel bis zum höchsten Punkt unterscheiden die Geologen vier Gesteinsformationen aus der Erdneuzeit: als jüngste den Korallenkalk, der den Großteil der Insel mit einer durchschnittlichen Mächtigkeit von 60 m bedeckt; eine Serie von Mergeln, die vor 1,5–12 Millionen Jahren abgelagert wurden; rund 25 Millionen Jahre alte Kalksteine; und schließlich das Fundament der Insel, das aus Gesteinen des älteren Tertiärs besteht. Die Geologen vermuten, daß es sich bei dem ältesten Gesteinskomplex um Sedimentgesteine handelt, die einst über der ozeanischen Kruste abgelagert wurden. Sie gerieten allerdings nicht in die Subduktionszone, sondern wurden bei der Drift der Kontinente keilförmig von ihrem Untergrund abgeschert und gehoben.

Maurice Burac

TROPISCHE WIRBELSTÜRME

Barbados liegt unter den Zugbahnen tropischer Wirbelstürme, in der Karibik Hurrikane und im Pazifik Taifune oder Willy-Willys genannt. Sie sind eng mit den Tiefdruckwirbeln verwandt, die unseren Breiten häufig stürmisches Wetter und Regen bescheren. Ihr Energieinhalt ist allerdings wesentlich größer, denn sie tanken sich über den tropischen Meeren mit Wärmeenergie voll. Während wir schon ab Windstärke 9 von einem Sturm sprechen, muß ein tropischer Wirbelsturm mindestens Windstärke 12 (120 km/h) erreichen.

Tropische Wirbelstürme entstehen ausschließlich über den Ozeanen, vorwiegend zwischen dem 6. und dem 15. Breitenkreis; auf dem Südatlantik fehlen sie ganz. Von ihrem Ursprungsort ziehen sie auf parabelförmigen Bahnen nach Westen, biegen dann nach Norden und Osten um. Die stärksten Verwüstungen richten die Sturmwirbel auf den Inseln und an den Küsten an; über dem Festland nimmt ihre Energie dagegen rasch ab. Wegen der allgemeinen Erwärmung der Erdatmosphäre als Folge des Treibhauseffekts muß man in den kommenden Jahrzehnten mit häufigeren und schwereren Wirbelstürmen rechnen. Wahrscheinlich werden auch häufiger Hurrikane den weiten Weg über den Nordatlantik zurücklegen und als Orkane über die europäischen Küsten toben.

Die tropischen Anden

Kein anderes Hochgebirge unseres Planeten ist landschaftlich so vielgestaltig wie die südamerikanischen Kordilleren, das 7500 km lange Kettengebirge, das vom Karibischen Meer quer durch alle Klimazonen der Südhalbkugel bis nach Feuerland verläuft. In den Tropen umschließt es weite Hochländer, die Kernräume uralter Indianerkulturen.

Die Anden sind nur ein Teilstück des längsten Gebirges der Welt, das sich von den Aleuten im Norden bis zum Kap Hoorn im Süden erstreckt. In Südamerika folgt es in geringem Abstand der Pazifikküste, in den gemäßigten und subtropischen Zonen zunächst als relativ schmales Kettengebirge, das dann aber in Bolivien und Peru rasch an Breite zunimmt und sich zum 500–600 km breiten Dach der Neuen Welt entwickelt. Zum Äquator hin wird es dann wieder schmaler und mißt in Ecuador kaum noch 150 km. Im Norden Kolumbiens spalten sich die Anden in mehrere Zweige, von denen der östliche quer durch Venezuela bis zur Insel Trinidad verläuft; der mittlere endet in der Sierra Nevada de Santa Marta am Karibischen Meer, der westliche setzt sich dagegen in den Gebirgen der mittelamerikanischen Landenge fort und stellt so die Verbindung mit den nordamerikanischen Kordilleren her.

Extreme Höhenunterschiede

Die Kordilleren der Neuen Welt sind mit einer Gesamtlänge von rund 14 000 km das längste Gebirge auf den Festländern der Erde (von den untermeerischen Gebirgsketten werden sie allerdings noch weit übertroffen). Sie liegen aber auch in der Zone mit den größten Höhenunterschieden: Unmittelbar vor der Küste verlaufen Tiefseegräben mit Tiefen bis zu etwa 8000 m, während landeinwärts die vereisten Vulkankegel der Anden Höhen von fast 7000 m erreichen.

Das unmittelbare Nebeneinander von Tiefseegräben, Kettengebirgen und Vulkanen ist kein Zufall. Die Senkung der ozeanischen Kruste, der Vulkanismus und die Gebirgsbildung gehen auf einen Vorgang zurück, der sich tief unter der Erdoberfläche abspielt: die Subduktion, das Abtauchen der ozeanischen Platten unter der kontinentalen Südamerikanischen Platte. Unter den tropischen Anden werden die Cocos- und die Nazcaplatte im Erdinnern verschlungen und schmelzen zum Teil auf.

Die starken tektonischen Hebungen der Anden im jüngeren Tertiär und Quartär sind letztlich auch eine Folge der Subduktion. Der aus verhältnismäßig leichten Gesteinen aufgebaute Gebirgskörper schwimmt gewissermaßen wie ein Eisberg im dich-

Der Huandoy (6342 m) in Peru, einer der etwa 20 Sechstausender der Cordillera Blanca. Das imposante Granitmassiv tauchte gegen Ende des Tertiärs aus dem Mantel weicherer Gesteine auf. Den letzten Schliff erhielt es von den Gletschern des Eiszeitalters. Die steilen Felswände sind zum Teil noch heute vereist.

SÜDAMERIKA, ANTILLEN

teren Erdmantel und erhält dadurch den notwendigen Auftrieb.

In manchen Abschnitten wurde das Gebirge um bis zu 6000 m gehoben, ein Vorgang, der natürlich Brüche und Verschiebungen zur Folge hatte. Die Kordilleren sind deshalb durch Verwerfungen regelrecht zerstückelt. Die wichtigsten Brüche verlaufen in der Längsrichtung der Anden. Sie gliedern das Gebirge in zwei bis fünf annähernd parallel verlaufende Ketten, die zwischen sich Hochbecken einschließen. Keinem tropischen Fluß ist es bisher gelungen, diesen Strang von Gebirgsketten zu durchschneiden, und nur im äußersten Süden queren einige Flüsse, die in den Pazifik münden, das gesamte Gebirge in *quebradas*, in tief eingekerbten, engen Schluchten.

Die zwei Gesichter der Anden

Hochgebirge bilden oft Klimascheiden. In den mittleren Breiten des Globus haben vor allem die in westöstlicher Richtung verlaufenden Kettengebirge wie unsere Alpen großen Einfluß auf das Klima; in den Tropen und Subtropen wirken sich dagegen die von Nord nach Süd angeordneten Ketten am stärksten aus.

Bei den tropischen Anden ist auf der Südhalbkugel die Ostflanke sehr niederschlagsreich, denn hier müssen die aus den Tiefländern herangeführten feuchtwarmen Luftmassen aufsteigen und einen Teil des Wasserdampfs als Regen abgeben. Am westlichen Fuß des Gebirges erstreckt sich hingegen die chilenisch-peruanische Küstenwüste, eine der extremsten Wüsten der Erde.

Nördlich des Äquators ist die Niederschlagsverteilung in den kolumbianischen Anden genau umgekehrt: Hier erhält die Westliche Kordillere weit mehr Niederschlag als die östlichen Ketten. Dieser Teil der Anden gehört sogar zu den niederschlagsreichsten Gebieten der Erde. Im Jahr 1936 wurde hier im Hinterland von Buenaventura die Rekordniederschlagsmenge von 19 839 mm gemessen.

Die umgekehrte Niederschlagsverteilung beweist, daß neben der Anordnung des Gebirges zu den vor-

Der Río Magdalena folgt in Kolumbien einer Grabensenke zwischen der Östlichen und der Mittleren Kordillere. Von den einst im Tal verbreiteten tropischen Regenwäldern sind nur winzige Reste erhalten geblieben. Auf den gerodeten Flächen erkennt man die Spuren der Bodenerosion.

SÜDAMERIKA, ANTILLEN

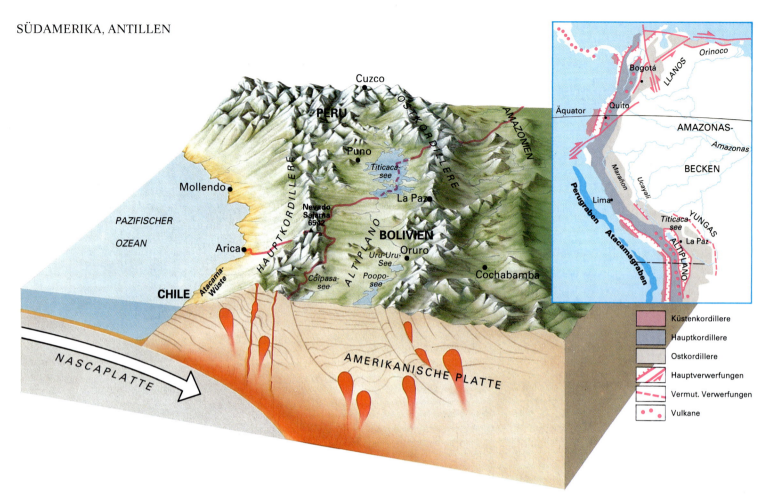

Schnitt durch die Ketten der tropischen Anden und den Altiplano: Die ozeanische Kruste der Nazcaplatte schmilzt in der Subduktionszone; das Magma steigt bis zur Erdoberfläche auf und speist Vulkane oder erstarrt bereits in der Tiefe als Tiefengestein (rot). An den Rändern der Tiefengesteinsmassive, die inzwischen zum Teil freigelegt sind, findet man wertvolle Lagerstätten.

herrschenden Winden auch andere Ursachen für die ausgeprägte Klimaasymmetrie der tropischen Anden verantwortlich sein müssen. Bei der Entstehung der Küstenwüste in Chile und Peru spielt beispielsweise der kalte Humboldtstrom eine ganz entscheidende Rolle. Die Luftmassen kühlen sich über dem kalten Meerwasser ab, werden dadurch schwerer und sinken dann ab, anstatt aufzusteigen, Regenwolken zu bilden und die reichlich vorhandene Feuchtigkeit auszuregnen.

Wie feucht die Luft über der trockenen Küstenwüste ist, erkennt man an den dichten Nebelschwaden, die in der Breite von La Paz, der Hauptstadt Boliviens, gegen die Fußhügel der Westlichen Kordillere treiben. Trotzdem fallen hier im Durchschnitt pro Jahr nur 2–3 mm Regen. Die Ostflanke der bolivianischen Anden wird dagegen von 1000–2000 mm Niederschlag buchstäblich überschüttet. Unterhalb der eisgepanzerten Gipfel der Königskordillere sind die Hänge daher von Bergwäldern überzogen, die vor Feuchtigkeit triefen, und in den tieferen Lagen breiten sich üppige tropische Regenwälder über die Randketten der Anden aus.

Beiderseits der Avenue der Vulkane

Kein anderes Hochgebirge der Erde besitzt so viele tätige Vulkane wie die Anden. Vom Nevado del Ruiz in Kolumbien, der 1985 mit Schlammlawinen fruchtbare Täler verwüstete, über die Feuerberge beiderseits der legendären Avenida de los Volcánes, der Avenue der Vulkane, in Ecuador bis hinunter zum Mount Burney reihen sich majestätische Vulkankegel aneinander. Die von Gletschern gekrönten Feuerberge zählen zu den gefährlichsten Vulkanen unseres Planeten. Sie fördern zum einen relativ zähflüssige andesitische Lava, die nach dem Gebirge benannt ist und oft schon im Krater zu einem festen Pfropfen erstarrt; zum andern schmelzen ihre Eishauben bei den Eruptionen und setzen schlagartig riesige Mengen von Schmelzwasser frei.

Andesitische Lava, Eis und Wasser sind eine äußerst brisante Mischung, die mit verheerenden Eruptionen, Glutwolken, Aschenregen, Eislawinen und Schlammströmen oft katastrophale Folgen hat. Vor einigen Jahren wurde Armero, eine kleine kolumbianische Stadt am Fuß des Nevado del Ruiz, mit Tausenden von Menschen unter gewaltigen Schlammströmen begraben. Nicht ohne Grund nannten die spanischen Chronisten einst die Anden das Land der unruhigen Erde, denn Vulkanausbrüche und Erdbeben suchen das Hochgebirge immer wieder heim.

Der bolivianische Altiplano – eine Welt für sich

Die Küstenkordillere und die Cordillera Real umschließen etwa zwischen dem südlichen Wendekreis und dem Titicacasee ein riesiges Hochbecken, das sich über Jahrmillionen allmählich eingesenkt hat und im jüngeren Tertiär und Quartär von mehrere tausend Meter mächtigen Sedimentschichten aufgefüllt wurde. Diese Ablagerungen bestehen aus dem Gesteinsschutt der von der Verwitterung und Abtragung angegriffenen Gebirgsketten.

Weite Gebiete des Hochlandes von Bolivien haben keinen oberirdischen Abfluß zum Meer; die Gebirgsbäche enden in Senken, in denen ihr Wasser unter der heißen Sonne verdunstet und im Lauf der Jahrhunderttausende dicke Salzschichten hinterläßt. Am Rand der Salzseen hat der Wind große Dünenfelder aufgehäuft; mit seinem natürlichen Sandstrahlgebläse bearbeitet er die Rücken aus festverschweißten Glutwolkensedimenten, welche das Hochland in kleinere, geschlossene Beckenlandschaften untergliedern. Einige wenige Seen wie der 8786 km² große Titicacasee, das heilige Meer der Inka, am Nordrand des Altiplanos schon jenseits der Grenze zu Peru gelegen, sind mit Süßwasser gefüllt. Die übrigen haben salziges Wasser oder trock-

DAS SALZ DES ALTIPLANOS

Salzgewinnung im Salar de Uyuni, einer der größten Salzpfannen der bolivianischen Anden

Der bolivianische Altiplano ist wie viele Trockengebiete der Erde zum großen Teil eine Region mit Binnenentwässerung: Die Bäche und Flüsse, die in den Gebirgsketten entspringen, finden nicht den Weg zum Meer, sondern enden in Salzseen und -pfannen, hier *salares* genannt. Diese Gewässer liegen meist in Senken über geologischen Gräben, manche wurden auch von Moränen und Lavaströmen abgedämmt oder vom Wind ausgeblasen. Zunächst setzen sich aus dem Wasser die festen Schwebstoffe, vor allem feinkörnige Tonpartikel, ab, die den Untergrund praktisch wasserundurchlässig machen. Wie in der Siedepfanne einer Saline verdampft dann das Wasser und scheidet dicke Salzkrusten aus. Die jährlichen Niederschläge betragen gegenwärtig im trockensten Teil des Altiplanos weniger als 50 mm – buchstäblich ein Tropfen auf den heißen Stein, der von der Verdunstung rasch aufgezehrt wird und die Senken meist gar nicht erreicht. Die mächtigen Salzlager im Untergrund der *salares* stammen überwiegend aus dem Eiszeitalter mit seinem ausgeprägten Wechsel von Kalt- und Warmzeiten.

Der Río Loa entspringt in der Küstenkordillere, quert nach einem verwickelten Lauf die Atacamawüste im Norden Chiles und mündet nördlich von Antofagasta in den Stillen Ozean. Im Hintergrund der Flußoase sind mehrere Vulkankegel zu erkennen. Ihre Lavaströme werden in der Wüste von horizontal gelagerten Kalksteinschichten überdeckt.

SÜDAMERIKA, ANTILLEN

Oben: Ein zertaltes Hochbecken bei Ibarra im nördlichen Ecuador. Auf den sorgfältig bestellten Feldern sind Tabakblätter zum Trocknen ausgelegt. Am Horizont ist der eisgepanzerte Gipfel des Cayambes hinter den niedrigeren Bergkämmen zu erkennen.

Rechts: Südlich von Quito krönt der Riesenkegel des Cotopaxis die in Ecuador eng benachbarten Randkordilleren. Der höchste aktive Vulkan der Erde (5897 m) ist wegen seiner verheerenden Schlammströme gefürchtet, die sich nach den Ausbrüchen über die steilen Hänge ins Vorland ergießen.

nen wie der 10 000 km² große Salar de Uyuni zu Salzpfannen aus.

Unter dem trockenen Hochgebirgsklima gedeihen Bäume nur noch an einigen günstigen Standorten; die meisten sind schon vor Jahrhunderten den Äxten der Bergleute zum Opfer gefallen. Man brauchte das Holz, um die geförderten Erze zu schmelzen. Inzwischen ist der Mangel an Brennholz so groß, daß man die dünnen Stengel von Zwerg- und Polstersträuchern sammelt und verbrennt.

Hoch über den kargen Steppen hält einer der berühmtesten Greifvögel der Erde, der majestätische Andenkondor, Ausschau nach Beute. Die Inka, für die er den Gott der Lüfte verkörperte, verehrten ihn als heiliges Wesen mit dem Quechuanamen *kúntur-kúntur*. Die spanischen Eroberer machten daraus *condor*.

Trotz der nächtlichen Fröste sind auch mehrere Kolibriarten auf dem Altiplano beheimatet sowie größere Schwärme rosafarbener Flamingos, die man vor allem in der Nähe der Thermalquellen antrifft. In den Wintermonaten der Südhalbkugel Juli und August schlafen sie dicht aneinandergedrängt und bilden so mit ihrem Gefieder auf dem weißen Eis große, bunte Kreise. Sie ernähren sich von den zahlreichen kleinen, an das Leben im Salzwasser angepaßten Kiemenfußkrebsen, den sogenannten Salinenkrebsen, die das Wasser der Thermalquellen bevölkern.

Von der *Tierra caliente* zur *Tierra nevada*

Wie in den anderen Hochgebirgen der Erde unterscheidet man seit den Forschungsreisen Alexander von Humboldts in den tropischen Anden mehrere Höhenstufen der Vegetation. Diese Anordnung der Pflanzenarten in bestimmten Stockwerken des Gebirges hängt vor allem mit den zur Höhe hin abnehmenden Luft- und Bodentemperaturen zusammen. Im Durchschnitt sinkt die Lufttemperatur auf 1000 Höhenmetern etwa um 5–6 °C. Die von der Temperatur abhängigen Verbreitungsgrenzen der Pflanzenwelt sind in den tropischen Hochgebirgen besonders scharf gezogen, denn die Tropen haben im Unterschied zum Jahreszeitenklima unserer Breiten ein ausgeprägtes Tageszeitenklima. Das bedeutet, daß die tageszeitlichen Temperaturschwankungen größer sind als die jahreszeitlichen. Neben der Temperatur spielen allerdings auch der Niederschlag und die Bewölkung wichtige Rollen.

Die Tierra helada *im südbolivianischen Altiplano mit den typischen Tussockgräsern auf dem vom Wind ausgeblasenen Schuttpflaster. Diese steifen, harten Gräser, die sogar die Schafe und Lamas verschmähen, fangen mit ihren Horsten vom Wind erodierte, nährstoffreiche Humuspartikel auf und können deshalb in der unwirtlichen Umgebung existieren. Die beiden mehr als 5000 m hohen Vulkankegel San Pedro und San Pablo am Horizont waren Ende des vorigen Jahrhunderts noch tätig.*

SÜDAMERIKA, ANTILLEN

Die Höhenstufen, in denen ähnliche Temperaturen herrschen und deshalb Pflanzen mit ähnlichen Ansprüchen an das Klima gedeihen, werden in Südamerika bereits seit der Kolonialzeit mit bestimmten Namen bezeichnet. In Kolumbien beispielsweise unterscheidet man in der Höhenspanne zwischen dem Meeresspiegel und dem höchsten Gipfel des Andenlandes, dem 5800 m hohen Pico Cristóbal Colón, fünf große Klima- und Vegetationsstockwerke.

Das unterste Stockwerk, die *Tierra caliente* (heißes Land), reicht bis etwa 1000 m ü. d. M. Die natürliche Vegetation ist der tropische Regenwald; auf den gerodeten Flächen baut man hier typische Nutzpflanzen der äquatorialen Zone wie Kakao, Zuckerrohr oder Reis an. In der *Tierra templada*, dem lauwarmen Land, waren bis in Höhen um 2000 m ursprünglich üppige Bergregenwälder mit vielen Orchideen, Baumfarnen, Moosen und Flechten verbreitet. Heute prägt in diesem Gebirgsstockwerk Kolumbiens vor allem der Kaffeestrauch das Landschaftsbild. Die *Tierra fría* zwischen 2000 und 3500 m ist mit Mitteltemperaturen von 10–17 °C für tropische Verhältnisse schon verhältnismäßig kalt. Im kalten Land der Anden gedeihen jedoch viele Nutzpflanzen gemäßigter Breiten wie Weizen, Gerste oder die in den Anden heimische Kartoffel. Die natürliche Vegetation, die aus lichten Wäldern und Gebüschen mit eingestreuten Grasfluren besteht, ist weitgehend vernichtet. Oberhalb der Waldgrenze bei 3500 m trifft man innerhalb

Oben: Der eis- und schneebedeckte Huascarán ist mit einer Höhe von 6768 m die höchste Erhebung der tropischen Anden. Verheerende Bergstürze, Eislawinen und Schlammfluten haben dem Hauptgipfel der Cordillera Blanca in Peru einen schlechten Ruf eingetragen. Am 31. Mai 1970 wurden hier nach einem Erdbeben zwei Städte mit mindestens 18 000 Menschen unter einem Strom aus Eis und Gesteinsschutt begraben.

Rechts: Als höchstgelegener schiffbarer See der Erde gehört der Titicacasee zu den Weltrekordlern. Der Spiegel des stillen Gewässers liegt 3812 m über dem Meeresniveau. Die Uferhänge sind terrassiert, um das Regenwasser aufzufangen und die Bodenerosion einzudämmen. Viele Terrassenfelder werden nicht mehr bestellt, weil sich die mühsame Arbeit bei den geringen Erträgen nicht lohnt.

der *Tierra helada*, im gefrorenen Land, auf die sonderbaren Pflanzengestalten der Páramoheiden, dichtbehaarte Stauden und Zwergschopfbäume, die dem allnächtlichen Frost und der starken Sonneneinstrahlung am Tag trotzen. Die klimatische Schneegrenze, der Grenzsaum der *Tierra nevada*, verläuft bei 4500 m. Im verschneiten Land dominieren Schnee, Gletschereis und nackter Fels.

In den tropischen Anden sind abseits der Küsten die mittleren Höhenstufen des Gebirges seit jeher am dichtesten besiedelt. Etwa drei Viertel der Einwohner Kolumbiens leben in der Andenregion, hauptsächlich in der klimatisch günstigen *Tierra templada*, und in manchen Hochbecken der Anden beträgt die Bevölkerungsdichte 120–180 Einwohner pro Quadratkilometer. Die feuchtwarme, ungesunde *Tierra caliente* im Binnenland wird gemieden.

Das enge Nebeneinander sehr unterschiedlicher Klima- und Vegetationsstufen hat sicherlich zum Wohlstand der altamerikanischen Indianerkulturen beigetragen. Dazu kamen die reichen Bodenschätze der Anden – Gold, Silber, Kupfer, Zinn und Eisen –, welche die Legende von El Dorado nährten und auf die spanischen Eroberer eine geradezu magische Anziehungskraft ausübten. Heute locken Kunstschätze und Naturwunder Scharen von Touristen in das längste Gebirge der Erde: Machu Picchu und das Urubambatal, Cuzco und der Titicacasee, das Goldmuseum von Bogotá und die vergletscherten Gipfel der Cordillera Blanca.

Claude Laugénie und Alain Person

DIE PRÄKOLUMBISCHEN KULTUREN PERUS

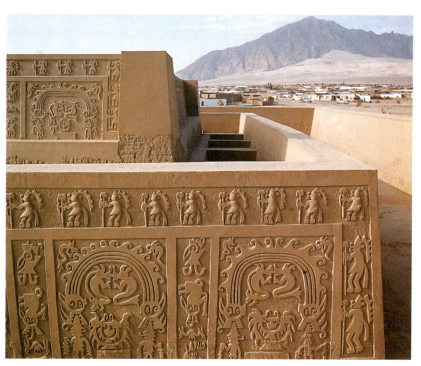

La Huaca del Dragón, ein Chimú-Bauwerk in der Nähe von Chan Chan, ist mit Lehmreliefs geschmückt, die mit Hilfe von Modeln (Gußformen) hergestellt wurden.

Die altamerikanischen Indianerkulturen hatten bei der Ankunft der Konquistadoren im 16. Jh. bereits eine mehr als 3000jährige Blüte erlebt; sie hinterließen uns zahllose Kunstwerke: Gegenstände aus Gold, Schmuck aus den Federn tropischer Vögel, Stoffe, Schnitzereien, Keramik und Bauwerke.

Um 1400 v. Chr. entfaltete sich in Peru die Chavínkultur. Sie bildete den Höhepunkt einer langen Reihe älterer Kulturen, die den Boden der Hochebenen urbar gemacht, die ersten Nutzpflanzen (Bohnen, Kürbisse, Mais) kultiviert und sich Lama, Hund und Meerschweinchen als Haustiere dienstbar gemacht hatten. Ihre Götterbilder – Figuren, die Zepter oder Befehlsstäbe als Symbole der Herrschaft schwingen, sowie die von ihnen verehrten Tiere (Jaguar, Kondor und Schlange) – spielten auch noch in einigen der folgenden Kulturen wichtige Rollen.

200 v. Chr.–800 n. Chr. herrschten die Gottkönige des nach dem Dorf Moche benannten altperuanischen Volkes über die Nordküste des Landes. Zu ihren berühmtesten Monumenten gehört die Huaca del Sol in Moche. Die Sonnenpyramide bedeckt eine Fläche von 228 × 136 m. In der kürzlich entdeckten Fundstätte von Sipan gruben die Archäologen die wohl schönsten Goldschmiedearbeiten ganz Amerikas aus. An der Südküste Perus stellten die Paracas prächtige, feingewobene Stoffe her, während wir der Nazcakultur die rätselhaften Linien von Nazca verdanken, nach Ansicht der Wissenschaftler ein ritueller oder zeremonieller Kalender.

Zwischen 600 und 1000 n. Chr. drückte die Huarikultur mit ihren regelmäßig angelegten Städten und dem Bild des Sonnengottes mit den Zeremonienstäben der gesamten Küste ihren kulturellen Stempel auf. Die Einwohner von Huari entdeckten auch das Karmin, einen intensiven roten Farbstoff, der aus den Weibchen einer auf Kakteen verbreiteten Schildlausart gewonnen wird. Ihnen folgten an der Nordküste die Chimú, die mit der Hauptstadt Chan Chan eine der eindrucksvollsten altamerikanischen Städte schufen.

Die historische Keimzelle des Reichs der Inka lag im peruanischen Hochland im Tal von Cuzco, wo der erste Inka Manco Capac das Imperium um 1200 n. Chr. gegründet haben soll. Erst im 15. Jh. gelang es den Söhnen des Sonnengottes Inti, ihre Herrschaft über fast die gesamten tropischen Anden auszudehnen. Nur 100 Jahre dauerte die Blütezeit, dann fiel das Inkareich den spanischen Eroberern unter Francisco Pizarro in die Hände.

Die Iguaçufälle

Nahe der Einmündung des Iguaçus in den großen Paraná stürzt der Fluß plötzlich inmitten der subtropischen Urwälder Südbrasiliens in vielen einzelnen Wasserfällen in eine tiefe Basaltschlucht. Die üppige Vegetation unterstreicht die Urgewalt der Wassermassen, und die Pflanzen wagen sich sogar bis in den Abgrund.

Der Iguaçu, der im südbrasilianischen Bergland nahe der Stadt Curitiba entspringt, bildet hier in seinem Unterlauf die Grenze zwischen Brasilien und Argentinien. Man kann also die Fälle des großen Wassers, wie die Guaraní-Indianer das Naturschauspiel in ihrer Sprache nannten, von der brasilianischen wie von der argentinischen Seite aus erreichen.

Wenn man von Norden her kommt, dann deutet zunächst überhaupt nichts darauf hin, daß man sich einem der größten Wasserfälle der Erde nähert. Friedlich strömt der Iguaçu in weiten Schleifen durch das niedrige Basaltplateau des brasilianischen Bundesstaates Paraná. Seine Ufer sind mit Araukarien bewachsen, die den Besucher aus der Alten Welt an Weihnachtsbäume aus Kunststoff erinnern. Ungefähr 25 km bevor der Fluß in den Paraná mündet, ganz nahe dem Dreiländereck Argentinien–Brasilien–Paraguay, steigt weißer Dunst aus dem dunklen, satten Grün der Wälder auf: Das Plateau weicht jäh zurück, der Fluß zerfasert in viele Arme und stürzt dann in einer Gischtwolke in eine tiefe Schlucht, eine Art natürliches Amphitheater mit einem Umfang von fast 3 km. Ein Ozean scheint sich hier in einen Abgrund zu ergießen – ein unvergleichlicher Anblick.

Der Sturz in den Teufelsrachen

Beim Blick auf die schäumenden Wasser begreift man auch, warum immer in der Mehrzahl von den Wasserfällen des Iguaçus gesprochen wird, denn es sind in der Tat viele. Insgesamt 275 Fälle wurden gezählt. Sie stürzen entweder über zwei Stufen hinunter oder ergießen sich direkt in den dunklen Schlund. Jede einzelne dieser Kaskaden ist eine Persönlichkeit und verdient folglich auch einen eigenen Namen. Die eindrucksvollsten tragen die Namen berühmter Entdecker oder lateinamerikanischer Freiheitshelden, daneben gibt es aber auch Die drei Musketiere und Adam und Eva.

Die Iguaçufälle treten weniger durch ihre Höhe als durch ihre außergewöhnliche Breite hervor. Mit 60 m und an einigen Stellen bis zu 80 m reichen sie fast bis an die Victoriafälle heran und sind deutlich höher als die Niagarafälle. Auf seinem Weg durch die Schlucht wird der Wasservorhang durch schwarzbraune Felswände, die meist mit Farnen, Begonien und blühenden Lianen bewachsen sind, in einzelne Kaskaden zerteilt. Die Gischtwolken leuchten in allen Regenbogenfarben auf, die Ufer sind von tiefroten Böden bedeckt, und über dem grollenden Wasser schweben zahllose Vögel.

Inmitten der weiten Basaltplateaus im Grenzgebiet von Brasilien, Argentinien und Paraguay öffnet sich plötzlich eine Schlucht, in die der Iguaçu hinabstürzt. Die Fallkante verläuft wie bei vielen anderen Wasserfällen hufeisenförmig – ein Hinweis auf die intensive rückschreitende Erosion in der Mitte des Flusses.

SÜDAMERIKA, ANTILLEN

Das Halbrund der Wasserfälle geht flußabwärts in einen beeindruckenden Canyon über. Die Wassermassen sammeln sich an der Südseite in einer etwa 20 m breiten und über 1 km langen Schlucht, die von den Argentiniern Garganta del Diablo genannt wird. Aus diesem Teufelsrachen, an den man über Stege und Plattformen nahe herantreten kann, steigt ständig ein dichter Sprühnebel auf.

Der mittlere jährliche Abfluß des Iguaçus liegt bei 1700 m³/s – also beinahe so viel wie beim Niederrhein –, aber von August bis November können die Fluten sogar bis auf mehr als 7000 m³/s anwachsen. Eine große Zahl südbrasilianischer Flüsse speist den Iguaçu, und der Jahresniederschlag liegt im Einzugsgebiet bei 1600 mm. Die Hauptregenzeiten sind der Herbst und das Frühjahr. Der Iguaçu führt enorme Wassermassen, die sich in den Fällen wie eine Sintflut in die Tiefe ergießen. Andererseits kann er während der Trockenzeit zu einem Rinnsal schrumpfen.

Ein subtropischer Urwald

Die üppige subtropische Vegetation Südbrasiliens unterstreicht die Urgewalt der Fälle noch. Pflanzendickichte, aus denen einzelne von Schlingpflanzen und Epiphyten überwucherte Baumriesen ragen, bedecken die Basaltplateaus und die Steilufer. Die Pflanzen wagen sich bis in die Schlucht, wurzeln auf handtellergroßen Felskanten mitten in der aufstiebenden Gischt, manchmal sogar auf winzigen Inseln in der reißenden Strömung.

WIE WASSERFÄLLE ENTSTEHEN

Da Flüsse unermüdlich daran arbeiten, Unregelmäßigkeiten in ihrer Gefällskurve zu beseitigen, ist ein Wasserfall meist ein Hinweis darauf, daß der Fluß noch nicht sehr alt ist. Die weitaus meisten Wasserfälle kommen in Gebirgen vor, die erst am Ende der jüngsten Eiszeit vor rund 10 000 Jahren von den Gletschern freigegeben wurden oder zum Teil noch heute vergletschert sind.

In den Abschnitten, in denen das Wasser in die Tiefe stürzt, ist die Fließgeschwindigkeit und damit auch die Erosionskraft des Flusses größer als in den Strecken mit geringem Gefälle, wo sich der Fluß kaum einschneidet oder sein Bett sogar durch die Ablagerung von Schlamm, Sand und Geröll erhöht. Die Gefällsversteilungen werden folglich stärker angegriffen, sie weichen allmählich flußaufwärts zurück und werden schließlich vollkommen aufgezehrt. Die meisten Wasserfälle schneiden sich an der Fallkante weiter zurück. Allerdings gibt es auch solche, die ihre Fallkante erhöhen und flußabwärts verlagern. Dazu gehören vor allem die Kaskaden über Kalktuffbarrieren wie bei den Seen von Band-i-Amir oder der Uracher Wasserfall in der Schwäbischen Alb. Viele zerstörende Wasserfälle liegen über Unregelmäßigkeiten der Gefällskurve, die der Fluß selbst geschaffen hat, indem er harte Gesteinsschichten freilegte. Häufiger sind Gefällsbrüche, die der Fluß vorfand, etwa an der Einmündung von Nebentälern in ein Trogtal oder an Bruchstufen.

Das Land am Oberlauf des Iguaçus wird heute größtenteils als Acker- und Gartenland genutzt. Bei Sturzregen spült das Wasser dort die Bodenkrume ab und schwemmt sie in den Fluß. Das Flußwasser ist deshalb durch die mitgeführten Schwebstoffe rotbraun gefärbt. Wegen der intensiven chemischen Verwitterung in den feuchtwarmen Klimazonen führen die Flüsse dort allerdings kaum Geröll, mit dem sie den Felsuntergrund stärker erodieren könnten. Dies ist wahrscheinlich der Grund, weshalb große Wasserfälle in den Tropen und Subtropen länger bestehen.

Im Norden, auf den mehr als 500 m über dem Meeresspiegel gelegenen Plateaus des Paranás, wachsen vor allem Araukarien, die in mehreren Arten über die gesamten Subtropen der Südhalbkugel verbreiteten Nadelbäume, die bei uns auch Brasilkiefern genannt werden. Daneben ist der Matestrauch weit verbreitet. Dieser kleine, immergrüne Baum wird in Südamerika hoch geschätzt. Aus seinen getrockneten und gerösteten Blättern braut man das traditionelle Getränk Südbrasiliens, Argentiniens und Uruguays, den Matetee.

In der Nähe der Wasserfälle, wo die Gischtwolken den Boden durchfeuchten, gedeihen anstelle der Araukarien vor allem Palmen und Zedern, außerdem Trompetenbäume, Bambus, Baumfarne, Lianen, Ananasgewächse, Begonien und Orchideen, die den Foz do Iguaçu schmücken.

Am eindrucksvollsten sind freilich die Pflanzen aus der Familie der Podostemonazeen, auch wenn man sie in manchen Ländern respektlos Flußunkraut nennt. Sie wurzeln auf Basalt und Sandstein, auf Klippen, mitunter sogar unter Wasser. Rund um die Fälle des Iguaçus bilden sie geschlossene, knapp 15 cm dicke Pflanzenteppiche, die ständig vom Wasser überrieselt werden. Zur Zeit des Niedrigwassers entwickeln sie unscheinbare Blüten. In dieser Jah-

SÜDAMERIKA, ANTILLEN

glitzernden Kristallen gefüllte Drusen (Mandelsteine) enthalten.

Der nasse Eiserne Vorhang

Die Wasserfälle bildeten lange Zeit eine natürliche Barriere, welche die Ausbreitung von Menschen und Tieren behinderte. Noch in den 60er Jahren mußten Touristen kilometerlange Umwege in Kauf nehmen, um vom brasilianischen zum argentinischen Ufer des Iguaçus zu gelangen. Für die Guaraní-Indianer waren die schäumenden Wasser indes eine Art Schutzschild, der die europäischen Eroberer abhielt. Nach der Kolonisierung konnten die Jesuiten in dem entlegenen und für die spanische Krone wirtschaftlich uninteressanten Gebiet über mehr als ein Jahrhundert bei den Guaraní eine vorbildliche Missionierungsarbeit leisten, bevor die Vertreibung der Jesuiten im Jahr 1767 diesem in der Geschichte der Kolonisierung Amerikas einmaligen Experiment ein Ende setzte.

Ende des 19. Jh. wurde das Land der Indianer von Weißen besiedelt. Vor allem Portugiesen, Deutsche, Polen und Italiener ließen sich im Süden Paranás nieder; eine zweite Welle von Pionieren und Siedlern folgte nach dem Zweiten Weltkrieg. Ihr fielen die Araukarienwälder auf weiten Strecken zum Opfer. Die Ufer des Iguaçus mit ihrer weitgehend unberührten Urwaldlandschaft stehen heute glücklicherweise unter Naturschutz.

Claude Laugénie

Links: An der Fallkante, die hier aus härterem Basalt besteht, zerfasert der Iguaçu in zahlreiche Wasserläufe. Insgesamt zählt man 275 einzelne Fälle, welche die Luft mit ihren Gischtwolken erfüllen.

Unten: Die triefende Feuchtigkeit und der vom Fluß herangespülte nährstoffreiche Schlamm lassen die Pflanzen an den Iguaçuwasserfällen prächtig gedeihen. Jeder Felsblock, jede Klippe im Flußbett ist mit Palmen, Bambus, Farnen und vielen anderen tropischen Pflanzenarten bewachsen.

reszeit kann man auch den schönen *Callicore*, einen Schmetterling mit schwarzrotgestreiften Flügeln, in der Umgebung des Iguaçus finden.

Ein Fluß frißt sich in den Basalt

Um die Entstehung der Iguaçufälle zu verstehen, muß man den geologischen Aufbau des Paranáplateaus kennen. Es besteht aus zahllosen übereinandergelagerten Basaltschichten, die insgesamt eine Fläche von der dreifachen Größe Deutschlands bedecken. Bei Vulkanausbrüchen gegen Ende des Erdmittelalters (vor etwa 120–130 Millionen Jahren) wurde das Grundgebirge Südbrasiliens und Uruguays von solchen sogenannten Flutbasalten überschwemmt. Zwischen der erstarrten Lava lagern dünnere Sandsteinschichten. Im Lauf des Tertiärs senkte sich dann im Westen das Paranábecken, und der Iguaçu begann, sich in die mehr als 1600 m mächtige Basaltformation einzuschneiden. Je nach der mineralogischen Zusammensetzung, dem Gesteinsgefüge und der Klüftung leisten die Lavadecken der Abtragung durch das fließende Wasser mehr oder weniger Widerstand. Als „Fallmacher" treten bei den Iguaçufällen vor allem zwei harte, kaum geklüftete Basaltlagen hervor, die viele mit

Die Bucht von Rio

Die brasilianische Millionenstadt Rio de Janeiro an der Guanabarabucht liegt in einer paradiesisch schönen Landschaft mit tropischen Wäldern, weißen Stränden, einem blauen Meer und merkwürdig geformten Felsdomen. Hinter dieser idyllischen Fassade verbergen sich freilich auch Gewalt und Elend.

Man muß schon auf den berühmten Zuckerhut steigen, um die Bucht von Rio in ihrer ganzen Schönheit zu erfassen und zu genießen. Am Horizont erhebt sich die Serra do Mar, ein Gebirgszug aus Gneis, den man hier die Serra dos Órgãos nennt. Das bis zu 2000 m hohe Orgelgebirge bildet den würdigen Rahmen der einzigartigen Bucht. Es ist von *capoeira*, einem tropischen Sekundärwald, bedeckt, über den hier und dort merkwürdig geformte Felsdome mit kahlen Flanken ragen.

Zu Füßen der Serra do Mar erstreckt sich das von Mangrove- und Sumpfwäldern überzogene Flachland. Wasserreiche, vielfach gewundene Flußläufe queren die Küstenebene und enden hinter sandigen Nehrungen in Lagunen. An einer dieser Lagunen, der Lagoa Rodrigo de Freitas, wurde die Stadt Rio de Janeiro gegründet.

Zahllose Zuckerhüte

Zur Küste hin löst sich die Serra do Mar mehr und mehr in einzelne Felskegel, die *morros*, auf. Ein *morro* ist im Portugiesischen einfach ein Berg, die Berge an der Bucht von Rio de Janeiro sind allerdings besondere Exemplare: Kegel mit nackten Flanken, die Glocken oder, noch besser, Zuckerhüten gleichen. Ketten dieser steinernen Zuckerhüte wetteifern mit den Wolkenkratzern der Millionenstadt und steigen mehrere hundert Meter hoch aus der Küstenebene auf. Zum Teil stehen sie mit ihren Fundamenten im Meer und bilden dort wirkliche Inselberge. Untereinander durch Schwemmland verbunden, gliedern die steilen Kegelberge die Stadt in verschiedene Viertel, die sich an ihren Fuß, an den Rand der Lagunen oder an die weißen Sandstrände schmiegen.

Der berühmteste der *morros* ist der Pão de Açúcar, der Zuckerhut schlechthin unter den mehr als vier Dutzend Bergen Brasiliens, die diesen Namen tragen. Der 395 m hohe Kegel bewacht die Einfahrt zur Bucht von Botafogo und trennt mit einigen seiner Artgenossen die nicht weniger berühmten Strände von Flamengo und Copacabana. Jenseits der Copacabana ragt der Morro do Cantagalo empor; weiter im Hinterland beherrscht der Corcovado (der Bucklige) mit seinem 704 m hohen Gipfel und einer kolossalen Christusstatue das gesamte Stadtbild.

Kein Zuckerhutberg ist wie der andere. Manche sind schmal, andere massig, die einen werden von Wäldern umgeben, die anderen stehen mit den Füßen im Wasser. Gemeinsam haben sie die konvex gewölbten Flanken, die Hyperbeln in den Himmel zeichnen, und die steilen Felsflanken, die aus den

Rechts oben: Das Wahrzeichen von Rio de Janeiro, der 395 m hohe Zuckerhut, bewacht die Einfahrt zur Bucht. An der kleinen Urcabucht am Fuß des Glockenberges liegt einer der ältesten Teile der Stadt. Im Vordergrund die Bucht von Botafogo mit Villenvierteln und einem Yachthafen.

Rechts: Panoramablick vom Corcovado auf Rio. Im Mittelpunkt der Zuckerhut, davor die Bucht von Botafogo, links die Viertel am Strand von Flamengo und jenseits der Bucht der Vorort Niterói, rechts ein Zipfel von Ipanema.

sanftgerundeten Hügeln emporwachsen. Manche sitzen auf breiteren Kegeln, deren Hänge mit Gesteinsblöcken bedeckt sind. Von den nackten Felswänden der Zuckerhutberge platzen dicke Gesteinsplatten ab (beim Pão de Açúcar schätzungsweise 70 m³ pro Jahr) und stürzen hinunter. Sie erinnern deshalb mitunter an gigantische geschälte Zwiebeln. Die Felsoberfläche ist oft gerieffelt oder mit Rillen überzogen, aber die Vegetation kann nur an wenigen Stellen mit ihren Wurzeln in die Klüfte eindringen.

Weiche Schale – harter Kern

Im Unterschied zu den Trockengebieten oder den polaren Zonen der Erde, wo das chemisch kaum veränderte Gestein auf weiten Flächen direkt zutage tritt, verhüllen in den Tropen im allgemeinen viele Dutzend Meter mächtige Verwitterungsbildungen das frische Gestein. Die Felskegel an der Bucht von Rio de Janeiro haben deshalb schon vor Jahrhunderten das Interesse der Naturforscher geweckt. Sie bestehen aus einem Gestein, das von der Mineralzusammensetzung her mit dem Granit verwandt ist, jedoch das typische Gefüge des Gneises mit einer schlierigen Anordnung der Minerale besitzt. Charles Darwin, der im April 1832 in der Bucht vor Anker ging, nannte es einen Granitgneis. Die Zuckerhüte werden dabei von einem Granitgneis mit hellem Muskowitglimmer aufgebaut, der gegenüber der chemischen Verwitterung relativ widerstandsfähig ist. In den stärker verwitterten Zonen dominieren dagegen die anfälligeren Gesteine wie Glimmer-

SÜDAMERIKA, ANTILLEN

schiefer oder Granitgneis mit dem dunklen Biotitglimmer. Diese verwandeln sich unter dem feuchtwarmen Klima der Tropen rasch in Sand und Lehm.

Neben der mineralogischen Zusammensetzung spielt indes die Klüftung des Gesteins bei der Entstehung solcher Felskegel oder Glockenberge eine entscheidende Rolle. Massige, von wenigen Klüften durchzogene Massive neigen eher zur Bildung markanter Bergformen, selbst wenn sie aus völlig anderem Gestein als Granit bestehen. In Europa sind die Meteorakegel in Griechenland oder der Montserrat in Katalonien eindrucksvolle Beispiele für Glockenberge aus Massengesteinen. Bei diesen Gesteinen sind die Druckentlastungsklüfte meist besonders deutlich ausgeprägt: Wenn ein Gestein wie der Granit, der oft in Tiefen von 3–4 km entsteht, durch die Abtragung von der ungeheuren Last der darüberlagernden Schichten befreit wird, dehnt sich das Gestein aus. Die Klüfte, die sich durch die Druckentlastung bilden, verlaufen ungefähr parallel zur Erdoberfläche. An diesen Klüften platzen dann Gesteinsschalen ab.

Über den Zuckerhüten darf man indes nicht die Küstenebene vergessen, welche die imposanten Berggestalten erst recht zur Geltung bringt. Sie wurde vor allem vom Meer gestaltet und trägt an vielen Stellen noch Spuren der Meeresspiegelschwankungen im Quartär. Das Meer unterspülte den Fuß der Kegel, trennte mit Nehrungen die Lagunen ab und schuf die weiten Sandbuchten.

Ein allzu irdisches Paradies

Rio de Janeiro ist nicht nur wegen des Zuckerhuts eine Reise wert: Der ausgelassene Karneval, die Samba und nicht zuletzt die dunkelhäutigen Schönen an der Copacabana sind für die Gäste aus aller Welt mindestens so interessant wie die Felskegel, die stumm und leblos über die Metropole der Lebensfreude wachen.

Sie wachen freilich nicht nur über eine Stadt voller fröhlicher, lebenslustiger Menschen, sondern auch über viel Not und Elend. An ihren steinigen Hängen kriechen die *favelas*, die Elendsviertel der Stadt, empor. Regelmäßig werden die aus Brettern und Wellblech zusammengezimmerten Hütten von Regenfluten weggespült oder von herabstürzenden Steinen zertrümmert (etwa in den Katastrophenjahren 1966/67 und 1988); ungezählte Menschen kommen dabei um. Reisegruppen zeigt man diese Seite Rio de Janeiros nicht, und die Prospekte der Reiseveranstalter schweigen sich über das Elend und die Kriminalität aus.

Claude Laugénie

Die Hänge am Fuß des Zuckerhuts (im Vordergrund) und der Morro do Leme, der bis ins Meer ragt, umschließen die Baia Vermelha. Hinter dem Berg erstreckt sich der Strand von Copacabana.

SÜDAMERIKA, ANTILLEN

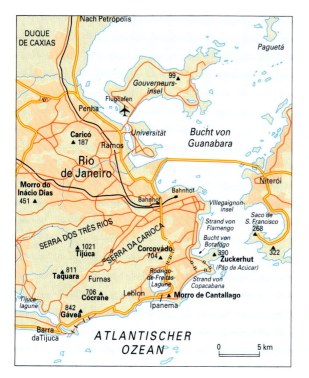

Gegenüber von Rio die östlichen Ufer der Guanabarabucht, die selbst wieder durch Berge in eine Vielzahl großer und kleiner Buchten gegliedert ist.

RIO: DIE HEIMLICHE HAUPTSTADT

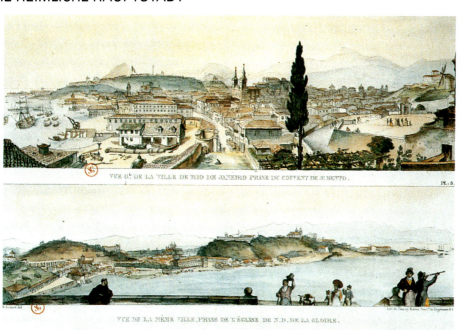

Stadtansichten von Rio de Janeiro im Jahr 1839

Der portugiesische Name Rio de Janeiro bedeutet nichts anderes als Januarfluß, denn am 1. Januar 1502 (es kann auch 1504 gewesen sein) soll der portugiesische Seefahrer Gonçalo Coelho die Guanabarabucht, an der Rio liegt, entdeckt haben. Er hielt sie für die Mündung eines großen Flusses und gab ihr deshalb diesen Namen. Bald entdeckten auch andere europäische Kolonialmächte ihre Liebe zu der schönen Bucht mit den Zuckerhüten, besonders die Franzosen, die 1555 auf einer Insel innerhalb der Bucht eine Handelsniederlassung gründeten und sich nur mit Waffengewalt vertreiben ließen. Danach errichteten die portugiesischen Kolonialherren auf dem Morro do Castelo eine Festung; wenige Jahre später machten sie die Kleinstadt, die sich im Schutz des Kastells entwickelte, zur Hauptstadt ihrer Kolonie. Die Glanzzeit der Stadt begann in der zweiten Hälfte des 18. Jh., als die Goldlager im benachbarten Minas Gerais ausgebeutet und Rio 1763 zur Hauptstadt des portugiesischen Vizekönigreichs Brasilien erhoben wurde.

Schon zu Beginn des 19. Jh. war Rio die größte Stadt Südamerikas; inzwischen hat es diesen Rang und seit 1960 auch die Rolle als Hauptstadt abgeben müssen. Als Zentrum des Handels, als Brennpunkt der Kultur und erzbischöfliche Residenz hat es auch nach der Verlegung des Regierungssitzes nach Brasília kaum an Bedeutung verloren.

KLIMA UND LANDSCHAFTSFORMEN

Bei der Formung der Erdoberfläche durch das fließende Wasser, das Gletschereis, den Wind und die anderen von außen her wirkenden Kräfte spielt das Klima eine entscheidende Rolle, denn es bestimmt z. B. die Abflußmengen der Flüsse und die Stärke der Luftströmungen. Mindestens ebenso groß ist der Einfluß des Klimas auf die Verwitterung und Bodenbildung. Während in manchen Klimazonen kaum verwittertes Gestein, das der Abtragung starken Widerstand entgegensetzt, auf weiten Flächen zutage tritt, sind die Gesteine in anderen Zonen tiefgründig zermürbt und können deshalb von den kleinsten Rinnsalen mühelos erodiert werden.

Hochgebirge Bei den gewaltigen Höhenunterschieden laufen die Abtragungsvorgänge rasch ab. Gesteinsmassen setzen sich an den Steilhängen und Felswänden als Steinschlag, Mure und Bergsturz in Bewegung. Am Fuß der Hänge (hier in Tirol) bleibt der Schutt in Kegeln oder Halden liegen.

Polargebiete Eismassen bedecken weite Gebiete der Arktis und Antarktis. Wenn sich die Gletscher in wärmeren Perioden zurückziehen, geben sie eine Landschaft frei, die wie hier in Labrador mit zahllosen Seen überstreut ist. Zögernd breitet sich die Tundra auf den vom Eis geschliffenen Rundhöckern und zurückgelassenen Schuttfeldern aus.

In den Polargebieten und Hochgebirgen ist die Frostsprengung der bedeutendste Verwitterungsvorgang: Wasser sickert in Klüfte und Spalten, gefriert dort, dehnt sich dabei aus und sprengt das Gestein. Eine ähnliche Rolle spielen die Salzsprengung und die Temperaturverwitterung durch den Wechsel von Hitze und Kälte in den Wüsten der Erde. In den feuchtwarmen Zonen am Äquator verwandelt dagegen die chemische Verwitterung selbst härteste Gesteine in lockere Erde.

VOM POLAREN EIS ZUM TROPISCHEN REGENWALD

T° Jahresdurchschnittstemperatur
N Mittlerer Jahresniederschlag

Kalt
T° −40–5 °C
N weniger als 300 mm

Gemäßigt
T° 5–15 °C
N 500–1000 mm

Trockengebiete Die Trockensteppen und Wüsten sind die Domäne des Windes, der den Sand zu Dünen aufhäuft und wie hier in der algerischen Sahara mit dem Sandgebläse die Felsen bearbeitet.

Mittlere Breiten Das Bodenfließen über dem Dauerfrostboden und die Ablagerung von Löß in den Eiszeiten haben den Landschaften der gemäßigten Klimazonen (hier England) die sanft gewellten, abgerundeten Geländeformen gegeben.

Tropen Der breite Gürtel zwischen den Wendekreisen umfaßt neben kleineren Wüsten die Savannenlandschaften der tropischen Sommerregengebiete und die immergrünen Regenwälder in den dauerndfeuchten inneren Tropen. In den äußeren Tropen dagegen bestimmen ausgedehnte Rumpfflächen mit einzelnen Inselbergen (hier die Serra do Mar in Brasilien) das Landschaftsbild.

Arid
T° 15–30 °C
N 10–200 mm

Tropisch
T° 25–30 °C
N 1500 bis mehr als 2500 mm

Der Cerro Fitz Roy

Als wildzerklüftete Granitpyramide erhebt sich der markanteste Gipfel der Südanden aus den ausgedehnten Trockensteppen Patagoniens. Mit seinen nackten, fast senkrechten Felswänden trotzt der 3441 m hohe Bergriese der Gewalt der Föhnstürme, die über ihn hinwegfegen.

Zum Fitz Roy, der heute der Mittelpunkt eines Nationalparks ist, gelangt man von Argentinien her über die weite Pampa Ostpatagoniens. Hier wachsen keine Bäume, nur niedrige Sträucher, dornige Polster- oder Horstpflanzen und einzelne Grasbüschel. Häufiger trifft man in der Trockensteppe auf kleine Schafherden, hin und wieder auf Nandus (eine kleine Straußenart), selten auf Guanacos (Wildlamas). Die wenigen Farmen liegen in Senken in der Nähe der Flußufer versteckt. Zu jeder gehört ein Areal von mehreren tausend Hektar, auf dem Schafzucht betrieben wird.

Im Vergleich mit der kargen Trockensteppe, in der im Jahresdurchschnitt etwa 200 mm Niederschlag fallen, wirkt das Hügelland am Fuß des Cerro Fitz Roy geradezu lieblich: Auf den grasbewachsenen Hügeln weiden Pferde; die Sümpfe zwischen den Hügeln sind von zahllosen Wasservögeln bevölkert; aus den Buchenwäldern an den Hängen ist zuweilen heiseres Papageiengekrächze zu hören. Das Klima gleicht hier dem Schottlands; die Winter sind nicht so streng wie in der patagonischen Pampa, und der Wind weht nicht so stark.

Der Cerro Fitz Roy erhebt sich in einer Zone der Erde, in der zwei völlig unterschiedliche Klimate nahezu übergangslos aufeinandertreffen: im Osten ein kontinentales Steppenklima, im Westen ein ausgeprägt ozeanisches Klima. Nur an wenigen Stellen der Erde sind die Klimagrenzen so scharf gezogen wie hier im äußersten Süden Südamerikas. An der Pazifikküste toben sich die Stürme der Brüllenden Vierziger aus, und an den Westflanken der Gebirge fallen mindestens 5000 mm Niederschlag im Jahr. Die Plateaus im Lee der Südanden erhalten dagegen nur einen kleinen Bruchteil dieser Niederschläge und werden zusätzlich von Föhnstürmen ausgetrocknet. In den niederschlagsreichen Kordilleren haben sich *hielos* (Eismassen) aufgetürmt, die schon einen Vorgeschmack vom Inlandeis der Antarktis geben. Von den Eiskappen, die insgesamt fast 20 000 km² bedecken, strömen mächtige Gletscher nach beiden Seiten herab. Im Westen kalben sie in

Die Südostflanke des Fitz Roy, aus etwa 20 km Entfernung gesehen. Links des Hauptgipfels die Felsnadeln Poincenot und Saint-Exupéry, rechts die Zinnen Mermoz und Guillaumet. Am linken Bildrand taucht der Cerro Torre aus den Wolken auf. Im Vordergrund stachelige Matas amarillas, *die typischen gelblichen Horstgräser der trockenen Pampa.*

SÜDAMERIKA, ANTILLEN

die Fjorde der Pazifikküste, im Osten enden sie in mehreren Gebirgsrandseen, beispielsweise im Lago Viedma etwa 20 km südöstlich des Fitz Roy.

Eisgepanzerte Gipfel

Zur Höhe hin werden die Wälder, die an der Pazifikküste hauptsächlich von Südbuchen *(Nothofagus)* gebildet werden, lichter und enden ohne einen Übergangssaum aus grünen Matten oder Geröllfeldern unmittelbar an der Schneegrenze. Die Gleichgewichtslinie der Gletscher verläuft in Höhen zwischen 1250 und 1300 m ü. d. M.; in dieser Höhenstufe schwankt die Lufttemperatur am Tag zwischen 2 und 13 °C; der Schnee ist deshalb oft schwer und pappig.

Tiefe Bergschründe trennen die Gletscher von den Felswänden des Fitz Roy (3441 m ü. d. M.) und seiner Nebengipfel: Poincenot und Saint-Exupéry im Süden, Mermoz und Guillaumet im Norden. 5 km westlich verläuft eine weitere Bergkette mit den Gipfeln Cerro Grande (2804 m), Cerro Torre (3128 m) und Pier Giorgio (2565 m).

Die Granitnadeln des Cerro Torre und Cerro Grande erheben sich am Rand der südpatagonischen *hielos*. Sie sind schutzlos den heftigen Stürmen ausgesetzt und fast immer in Wolken gehüllt. Sonderbare Rauhreif- und Firnkappen bedecken daher ihre Grate und Spitzen.

Während die mehrmaligen großen Vereisungen auf der Nordhalbkugel erst vor etwa zwei Millionen Jahren begannen, bildeten sich auf dem antarktischen Kontinent bereits vor 23 Millionen Jahren große Gletscher. Die Rosseiszeit, die größte Eiszeit der Südhalbkugel, überzog vor etwa fünf Millionen Jahren sowohl Patagonien als Neuseeland mit Gletschern. Der Fitz Roy und seine benachbarten Gipfel ragten auch da als Nunatakker (eisfreie Felsen) aus den mächtigen Eisschichten hervor.

Gesteine aus der Tiefe

Eis und Schmelzwasser trugen damals den Mantel aus Sediment- und Vulkangesteinen ab und legten den Granitsockel frei, um ihm gewissermaßen den letzten Schliff zu geben. Die abgetragenen Gesteinsmassen bedecken jetzt als dicke Schichten aus Sand und Kies die Plateaus der Pampa.

Das Granitmassiv des Fitz Roy ist ein Teil einer Tiefengesteinsmasse, die von den Geologen andiner Batholith genannt wird. Sie bildete sich im Lauf des Erdmittelalters und der Erdneuzeit in mehreren Perioden. Das Massiv besteht aus verschiedenen, durch Quersenken voneinander getrennten Plutonen.

Am Grand Gendarme du Pollone an der Nordwestwand des Fitz Roy platzt der Granit in dicken, etwa hangparallelen Schalen ab. Die Klüfte sind die Folge der Druckentlastung; an ihnen kann die Frostsprengung ansetzen.

Rechts: Der Lago Viedma und der Gletscher gleichen Namens. Dieser Eisstrom gehört zu den Auslaßgletschern des Patagonischen Inlandeises. Die starke Zerklüftung der Eisoberfläche ist ein Hinweis auf einen schnellen Vorstoß, wegen der intensiven Sonneneinstrahlung und der relativ hohen Temperaturen des Seewassers treiben jedoch nur wenige Eisberge im See.

Rechts: Andenglühen. Der Cerro Torre mit dem Cerro Egger (links) und dem Cerro Adela (rechts) im Licht der untergehenden Sonne. Im Hintergrund der Glaciar Grande.

Der Granit, der an den Felswänden des Fitz Roy zutage tritt, gehört zu einem der jüngeren Plutone. Er streicht auf 9 km in westöstlicher und auf 6 km in nordsüdlicher Richtung an der Erdoberfläche aus. Der hellgraue Granit verwittert zu einem hellen Rostrot und hebt sich damit deutlich von den dunklen metamorphen Schiefern des Plutonmantels ab. Neben Granit kommen am Fitz Roy allerdings andere Magmagesteine vor, darunter der nach den Anden benannte Andesit, ein helles Ergußgestein, das im Tertiär erstarrte. Östlich des Fitz Roy, am Cerro Polo, hat der Andesit eine ausgeprägte porphyrische Struktur mit großen weißen Feldspatkristallen in einer grünen Grundmasse.

Ein gewachsenes Gebirge

Auf den ersten Blick gesehen, gleichen die Anden anderen Hochgebirgen der Erde. Geologisch unterscheiden sie sich jedoch deutlich von den jungen Kettengebirgen, die sich quer durch Europa und

SÜDAMERIKA, ANTILLEN

Asien erstrecken. Sie zeigen im Vergleich mit den Alpen nur eine geringe seitliche Einengung der Erdkruste; weite Überschiebungen von vielen Dutzend Kilometern, die den geologischen Baustil der Alpen bestimmen, sind daher nur Ausnahmen. Andererseits kommen Erstarrungsgesteine in den Anden viel häufiger vor, sowohl Tiefengesteine als auch junge Ergußgesteine. Während Vulkane bei den Alpen fast ausschließlich im Rücken des Gebirgsbogens, vor allem in Oberitalien, auftreten, ragen die Vulkane der Anden mitten im Gebirge auf. Diese Unterschiede sind buchstäblich tief verwurzelt: in der Subduktionszone unterhalb der Anden, in der mehrere ozeanische Platten unter dem südamerikanischen Kontinent abtauchen und im Erdinnern aufschmelzen. Das Magma, das aus den Tiefen empordrang und an der Erdoberfläche oder in höheren Stockwerken der Erdkruste erstarrte, baute nach und nach das Gebirge auf. Südamerika setzte gewissermaßen an seiner Westseite Kruste an.

Louis Lliboutry

DIE EROBERUNG DES FITZ ROY

Aufstieg auf den Grat des Fitz Roy über die Südflanke

Im Februar 1952 gelang einer achtköpfigen französischen Expedition unter Führung von René Ferlet die Erstbesteigung des Fitz Roy.

Trotz der Unterstützung durch die argentinischen Behörden mußte die Expedition mit vielen Problemen kämpfen. Sie besaß keine geeigneten Fahrzeuge oder Lasttiere, um die Ausrüstung zu transportieren. Jacques Poincenot, ein Expeditionsteilnehmer, ertrank bei dem Versuch, den Río de las Vueltas mit schwerer Last an einer Furt zu durchqueren. Nach dem Unfall stellten aus Norwegen stammende Farmer der Expedition einen Lieferwagen zur Verfügung.

Am 11. Januar überquerten Lionel Terray und Louis Depasse von der französischen Bergsteigerschule den schwierigen Bergschrund und erreichten den verschneiten Grat des Südkamms. Die schlechten Wetterverhältnisse verhinderten jeden weiteren Vorstoß zum Gipfel. Die beiden kehrten nur noch einmal auf den Grat zurück und gruben dort eine Biwakhöhle in das Eis. Am 31. Januar hatte sich das Wetter so weit gebessert, daß der Kletterspezialist Guido Magnone und Lionel Terray nun einen Versuch wagen konnten. Sie erklommen in zwölf Stunden 120 m Wand, bereiteten sie für die endgültige Ersteigung vor und kletterten dann wieder hinab zur Biwakhöhle. Am nächsten Tag machten sie sich auf den Weg. Sie bewältigten die bereits zuvor durchstiegenen 120 m in vier Stunden; für die darauffolgenden 25 m brauchten sie fünf Stunden. Anschließend mußten sie noch mitten in der Nacht zwei Stunden lang zwei winzige Biwakplattformen in das Eis schlagen. Am folgenden Tag, dem 2. Februar, erreichten Magnone und Terray nach achtstündigem Aufstieg den Gipfel. Sie benötigten sechs Stunden für den Abstieg zur Biwakhöhle, die sie gerade vor dem nächsten Wettersturz erreichten.

30 Jahre später war der Fitz Roy bereits fast zwei dutzendmal auf acht verschiedenen Routen bestiegen worden. Alle Nachbargipfel des Granitturms wurden inzwischen bezwungen, darunter auch der atemberaubend steile Cerro Torre, der 1900 m über die Gletscher aufragt. Cesare Maestri gelang 1959 dieses alpinistische Kunststück; sein Gefährte Toni Egger fand dabei jedoch den Tod, als er von einer Eislawine in die Tiefe gerissen wurde.

Der Amazonas

Der wasserreichste Fluß unseres Planeten quert eine der wenigen noch erhaltenen Wildnisse der Erde: die Regenwälder Amazoniens, für die einen die grüne Hölle, für die anderen eine Schatzkammer des Lebens, die es zu bewahren gilt.

Der Riesenstrom mißt von der Quelle zur Mündung „nur" 6437 km und ist damit bei weitem nicht so lang wie der Nil. Mit seinem Wasserreichtum übertrifft er jedoch alle anderen Flüsse der Erde, denn in seinem bis zu 250 km breiten Bett fließt ein Fünftel des gesamten Süßwassers der Erde: Der mittlere Abfluß des Amazonas beträgt 190 000 m³/s, das entspricht etwa dem vierfachen Abfluß des Nils oder dem 90fachen Abfluß des Rheins. Sein Einzugsgebiet umfaßt den Großteil Brasiliens sowie weite Gebiete Venezuelas, Kolumbiens, Ecuadors, Perus und Boliviens, ein Areal von mehr als 7 Mio. km² oder die 20fache Fläche Deutschlands. Trotz dieser imposanten Größe ist die Quelle des Amazonas, die von dem Franzosen Bertrand Flornoy entdeckt wurde, sehr bescheiden: der See Niñococha (See des Kindes), ein Gletschersee von 80 m Durchmesser, der über 5000 m hoch in den peruanischen Anden liegt. Im Oberlauf trägt der junge Fluß noch verschiedene Namen – Carhuasanta, Ucayali, Solimões –, und erst von der Einmündung des Rio Negro an heißt er Amazonas.

Die Mündung des Stroms in den Atlantik wurde in den Jahren 1499 und 1500 von dem Spanier Vicente Yáñez Pinzón erforscht. Er hielt die bis 320 km breite Trichtermündung für ein Süßwassermeer und gab ihr deshalb den Namen Río Santa María de la Mar Dulce. 40 Jahre später fuhr der Spanier Francisco de Orellana als erster vom heutigen Ecuador aus den Strom bis zum Atlantik hinab. Er soll den Riesenstrom nach den Amazonen, dem kriegerischen Frauenvolk in Asien, benannt haben, weil er auf seiner Fahrt von langhaarigen Indianern angegriffen wurde. Wahrscheinlich hat der Amazonas jedoch seinen Namen von der Springflutwelle, der *amaçunu*, die bis 800 km stromaufwärts in den Kontinent eindringt.

Das Amazonasbecken

Ursprünglich floß der Amazonas nach Westen, zum Pazifischen Ozean; durch die Gebirgsbildung der Anden wurde sein Lauf jedoch während des Tertiärs nach Osten abgelenkt. Weite Gebiete des Tieflandes waren einst von einem Süßwassersee bedeckt. Heute leben in den Gewässern des Amazonasbeckens noch verschiedene Süßwassersäugetiere und Süßwasserfische, die als Nachfahren der tertiären Arten gelten. Im Lauf der Jahrmillionen verlandete der See und wurde mit dem Abtragungsschutt der Anden aufgefüllt. Geologisch bildet das Amazonasbecken eine weite Mulde, die in das kristalline Grundgebirge Südamerikas eingelassen und mit tertiären Sedimenten gefüllt ist. Das Tiefland beiderseits des Stroms ist freilich keine perfekte Ebene; oft treten auf engem Raum Höhenunterschiede von mehreren hundert Metern auf, und der Regenwald verhüllt häufig ein bewegtes, kuppiges Relief. Nur am Mittellauf des Amazonas erstreckt sich eine echte Aufschüttungsebene; am Unterlauf hebt sich dagegen der Untergrund, und der Strom muß sich dort in seine eigenen Ablagerungen einschneiden.

Sobald er die Kordilleren verlassen hat, ist das Gefälle des Stroms sehr gering. Rund 4000 km von der Mündung entfernt fließt er durch ein Gebiet, das knapp 100 m über dem Meeresspiegel liegt. Bei dem geringen Gefälle strömt das Wasser in den Regenzeiten nur langsam ab und staut sich in den Niederungen zu wahren Seen, aus denen nur noch die Kronen der Bäume ragen. Das äußerst geringe Gefälle und die breite Trichtermündung des Stroms, welche die Gezeitenströme bündelt und verstärkt, sind auch die Ursachen der *amaçunu* oder *pororoca*, der 4–5 m hohen Flutwelle, die sich mit viel Getöse stromaufwärts bewegt und für die Schiffahrt und die Siedlungen an den Ufern eine große Gefahr darstellt. In Extremfällen kann der Wasserschwall 10 m Höhe erreichen.

Bei mittlerem Wasserstand beträgt die Breite des Stroms zwischen der Einmündung des Rio Xingu und dem Meer 14–15 km; bei Hochwasser kann er jedoch auf eine Breite von 50–60 km anschwellen, bei extremem Hochwasser sogar auf 100 km. Dann stehen beiderseits des Stroms viele tausend Quadratkilometer unter Wasser. Der französische Natur-

In der Regenzeit schwillt der Amazonas gewaltig an; bei Manaus betragen die jahreszeitlichen Schwankungen des Wasserstandes 7 bis 13 m. Weite Gebiete werden dann vom lehmbraunen Wasser überflutet. Die kleinen Siedlungen an den Ufern liegen meist auf den vom Fluß aufgeschütteten natürlichen Uferdämmen.

forscher Jean Dorst schrieb einmal, daß das Flußsystem des Amazonas „wie ein Herz schlägt". Die jahreszeitlichen Schwankungen des Pegels sind auf zweifache Weise mit dem Wechsel von Regenzeiten und Trockenzeiten verknüpft. Im Oberlauf kommt es zu zwei Hochwasserperioden: die eine, wenn sich die tropischen Zenitalregen über der südlichen Hälfte des Einzugsgebiets ergießen; die andere, wenn die Regenfront nördlich des Äquators angelangt ist. Stromabwärts verschmelzen die beiden Hochwasserperioden zu einer einzigen großen, die von November bis Juni dauert.

Bei mittlerem Wasserstand strömt der Amazonas träge mit einer Geschwindigkeit von 2–3 km/h dahin; die Durchmischung des Wassers ist bei solchen Fließgeschwindigkeiten gering, und an den Einmündungen von Nebenflüssen strömen die Wassermassen meist kilometerweit nebeneinander her, bevor sie sich schließlich vereinigen. Dieses Phänomen ist besonders gut am Zusammenfluß von Weißwasserflüssen und Schwarzwasserflüssen zu beobachten. Zu den Weißwasserflüssen werden die Flüsse gezählt, die durch die mitgeführten, von der tropischen Verwitterung gebleichten Schlamm- und

Satellitenbild: Amazonas und Rio Negro (auf der Karte hellgelb markiert)
Innenseiten: Arm des Amazonas, umgeben von vielen Inseln

In Peru wurden am Amazonas zahlreiche Missionsstationen gegründet. Manchmal gehören zu ihnen riesige Waldgebiete und mehrere Dörfer, wie hier Pebas oberhalb von Iquitos.

in den trüben Gewässern viele Kaimane, von denen die größte Art bis zu 7 m Länge erreichen kann. Die südamerikanischen Krokodile sind wie ihre afrikanischen Vettern gefährliche Raubtiere.

Grüne Hölle und Schatzkammer des Lebens

Als Jean Dorst in Amazonien von den trockeneren Wäldern und Strauchsavannen am Oberlauf stromabwärts vorstieß, entdeckte er im tropischen Regenwald ein vielgestaltiges Ökosystem, das auf den ersten Blick gesehen chaotisch erscheint, in Wirklichkeit jedoch deutlich in mehrere Stockwerke gegliedert ist. „Die Pflanzen erreichen dort", so schreibt er, „eine bemerkenswerte Höhe; 45 m ragen die riesigen Bäume im Durchschnitt in den Himmel auf (denn es gibt nicht wenige Bäume, die 100 m messen) und bilden ein nahezu geschlossenes Kronendach, das nur an manchen Stellen durch Lichtungen oder von Flußläufen unterbrochen wird. Wenn man mit einem Einbaum den Fluß befährt, erscheint der Wald zu beiden Seiten wie hohe, grüne Mauern, die von den Vorhängen der Lianengeflechte überzogen sind." Hinter den schier undurchdringlichen Dickichten an den Rändern lichtet sich der Regenwald; im Innern ist genügend Raum zwischen den Bäumen, so daß man ihn durchqueren kann, ohne sich ständig mit dem Buschmesser einen Weg bahnen zu müssen. So sind die Unterschiede zwischen den tropischen Regenwäldern und den natürlichen Wäldern unserer Breiten, beispielsweise den wenigen erhaltenen Hartholz-Auenwäldern, bei weitem nicht so groß, wie häufig behauptet wird.

In einem Punkt unterscheiden sich die Wälder Amazoniens jedoch scharf von den Wäldern Mitteleuropas: in der Artenvielfalt. Während man bei uns bestenfalls einige Dutzend Gehölzarten zählt, kommen in den feuchten Tropen auf der gleichen Fläche mitunter mehrere tausend Arten vor. Noch größer als die Vielfalt der Flora ist der Reichtum der Tierwelt. Wie viele Tierarten in den tropischen Wäldern beheimatet sind, ist unbekannt; es könnten mehrere Millionen sein. Dazu gehören viele urtümliche Formen wie der Hoazin, ein großer Baumvogel, der sich im Aussehen und im Verhalten noch nicht allzuweit vom Urvogel *Archäopteryx* entfernt hat, Riesenschlangen, wie die gewaltige Anakonda, sonderbare Spinnen und andere skurrile Geschöpfe, die uns wie lebende Fossilien erscheinen.

Der Mensch wird sich wohl nie ein vollständiges Bild vom überwältigenden biologischen Reichtum der Waldlandschaften Amazoniens machen können, denn wahrscheinlich werden zahllose Arten schon ausgerottet sein, bevor ein Wissenschaftler sie entdeckt und beschrieben hat. Spätestens seit dem Bau der fast 5000 km langen Transamazônica dringen landlose Bauern, Viehzüchter und Goldgräber in das größte geschlossene Regenwaldgebiet der Erde vor, holzen die Bäume ab oder brennen sie einfach nieder. Durch den Raubbau an den Tropenwäldern werden bis zum Jahr 2000 allein in Lateinamerika jährlich mindestens 20 000–30 000 Arten unwiderruflich verlorengehen, und mit den Pflanzen und Tieren verschwinden gleichzeitig auch die letzten Indianerkulturen.

Richard Moreau

SÜDAMERIKA, ANTILLEN

Oben: Wenn der Amazonas in Brasilien von November bis Juni Hochwasser führt, wird etwa ein Sechstel des Tieflands überschwemmt. An beiden Ufern ziehen sich breite Streifen überfluteter Wälder hin, und es bilden sich Seen von der Größe des Tschadsees.

Links oben: Junge Kaimane ernähren sich von Weichtieren, Fischen, Fröschen und Schlangen. Größere Säugetiere werden auch von den erwachsenen Kaimanen nur selten angegriffen. Vor dem Mohrenkaiman sollte man sich freilich in acht nehmen.

Links unten: Epiphytische Pflanzen mit Luftwurzeln wachsen auf nahezu allen Bäumen des tropischen Regenwaldes. Die Schale der Früchte dieses Kanonenkugelbaumes ist sehr hart. Wenn eine Frucht vom Baum fällt und auf dem Erdboden zerplatzt, gibt es einen lauten Knall – daher der Name.

Ganz links: Buntgefiederte Papageien bevölkern das Kronendach des Regenwaldes. Die beiden hier abgebildeten gehören zur Gattung der Hellroten Aras.

DIE POLAR-GEBIETE

Spitzbergen

Grönland und das Inlandeis

Antarktika

Die Antarktische Halbinsel und der Scotiarücken

Der Mount Erebus

Spitzbergen

Der Archipel im Arktischen Ozean wurde wahrscheinlich schon im 12. Jh. von den Wikingern gesichtet. Im 16. Jh. wurde er dann von dem Holländer Willem Barents wiederentdeckt und in unserem Jahrhundert dem norwegischen Königreich zugesprochen. Svalbard, der Name des Regierungsbezirks, der zum erstenmal im Jahr 1194 in isländischen Urkunden auftaucht und kalte Küste bedeutet, bezog sich wohl ursprünglich auf das stark vergletscherte Westspitzbergen.

Der Archipel besteht aus sieben größeren Inseln und ungezählten kleineren Eilanden. Mit rund 39 000 km² ist Westspitzbergen die größte Insel. Sie erstreckt sich zwischen dem 76. und dem 80. Grad nördlicher Breite, ungefähr 650 km nördlich der Nordspitze Europas. Die anderen Hauptinseln sind Nordostland, die Edge-Insel, die Barentsinsel, König-Karl-Land, Prinz-Karl-Vorland und die Weiße Insel.

Seinen international gebräuchlichen Namen Spitzbergen erhielt der Archipel von dem holländischen Seefahrer Willem Barents, der im Juni 1596 auf der Suche nach der Nordostpassage die vermutlich schon im Jahr 1194 von den Wikingern gesichtete Insel Westspitzbergen wiederentdeckte und sie nach ihren spitzen Bergpyramiden benannte.

In der Tat sind die unglaublich steilen, maximal 1717 m hohen, in den Formen jedoch durchaus alpin anmutenden Gipfel Westspitzbergens die hervorstechendste Eigenart der Inselgruppe. Manche, wie diejenigen in der Umgebung des Tempelfjords, gleichen gigantischen Pyramiden, andere wiederum sind massige Felsklötze wie die Tre Kroner oberhalb der Königsbucht, und im Zentrum dominieren ausgedehnte Felsplateaus.

Geologisch ist der Archipel ungewöhnlich abwechslungsreich; von metamorphen Gesteinen der Erdurzeit bis zu tertiären Basalten treten die unterschiedlichsten Gesteinsarten zutage. Vor den zerklüfteten Gipfeln erstrecken sich an vielen Küstenabschnitten flachere, abgerundete Felsbuckel, die sogenannten Strandflaten.

Die kalte Küste

Über die Hälfte der Inselfläche ist von Gletschern bedeckt. Viele Eisströme stoßen bis zum Meer vor und enden dort mit 10–30 m hohen Mauern aus türkisblauem Eis. Andere speisen mit ihrem Schmelzwasser schäumende Wildbäche, die in Kaskaden über Felsriegel herabstürzen und sich ins Meer ergießen. Die Eismassen sind stellenweise bis zu 600 m dick; auf Nordostland lasten drei mächtige Eiskappen.

Auch die heute eisfreien Landschaften Spitzbergens waren vor einigen tausend Jahren noch vergletschert. Überall hat das Eis seine unverwechselbaren Spuren hinterlassen: glattpolierte oder geschrammte Felsbuckel, einzelne Findlinge, die beim Abschmelzen der eiszeitlichen Gletscher zurückblieben, Moränenwälle, tief ausgefurchte Trogtäler, die an der Küste in majestätische Fjorde übergehen.

Das Klima des Archipels ist arktischkalt; die mittlere Jahrestemperatur schwankt um –5 °C, und im kurzen Sommer steigt die Quecksilbersäule auf durchschnittlich +5 °C. Der Erdboden ist bis in Tiefen von mindestens 300 m ständig gefroren; nur eine meterdicke Schicht an der Oberfläche taut im

Mehrere Gletscher kalben in den Kongsfjord an der Nordwestküste bei Ny Ålesund. Bis zu einer schweren Grubenkatastrophe im Jahr 1962 wurde an den Ufern des Königsfjords Steinkohle gefördert.

DIE FAUNA UND FLORA SPITZBERGENS

Von den dichten Wäldern, die Spitzbergen noch im Tertiär bedeckten, ist nichts übriggeblieben. Heute bestimmen wenige Zentimeter hohe Zwergweiden und andere zwergenhafte Gehölze, Flechten und Moose sowie einige Dutzend Kräuter das Bild der Vegetation. Die ungefähr 140 Arten von Blütenpflanzen müssen sich beeilen, um in den wenigen Wochen des arktischen Sommers zu sprießen, zu blühen und Früchte zu tragen: Direkt neben den letzten Schneeflecken sieht man Islandmohn, Büschel der Silberwurz und kleine Leimkrautpolster blühen.

Die Tierwelt hatte früher sehr unter den Walfängern und Pelztierjägern zu leiden. Manche Walarten waren schon wenige Jahrzehnte nach der Wiederentdeckung des Archipels durch Willem Barents beinahe ausgerottet, und das Walroß ist dem Aussterben nur knapp entgangen. Viele Seehunde stecken neugierig die Nase aus dem Wasser oder räkeln sich auf dem Packeis. Ihr ärgster natürlicher Feind, der Eisbär, genießt seit 1973 gesetzlichen Schutz. Im Innern der Inseln begegnet man dem Polarfuchs und dem Spitzbergenren. Von Grönland wurden Moschusochsen und Grönlandhasen eingebürgert.

Während des kurzen Sommers nisten Vögel wie dieser violette Meerstrandläufer (Calidris maritima) *an trockenen und geschützten Stellen der Tundra.*

Viele Vogelarten brüten in den Tundren. Abgesehen vom Schneehuhn verlassen sie die Inseln in der kalten Polarnacht. Die arktische Seeschwalbe und die Schmarotzerraubmöwe überwintern am entgegengesetzten Ende des Erdballs. Ihren Nestern sollte man nicht zu nahe kommen, wenn man nicht mit Vogelmist bombardiert und mit gutgezielten Schnabelhieben attackiert werden möchte. Andere Vögel wiederum sind friedlicher, so z. B. der Eissturmvogel, ein geschickter Segler, oder der Zwergsäger, der beim Landen auf den Fjorden mitunter lustige Purzelbäume schlägt und dann nur mit Mühe wieder starten kann.

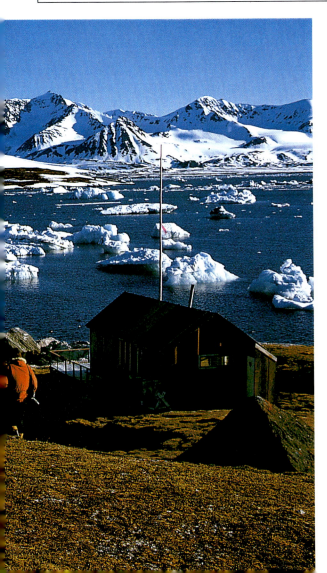

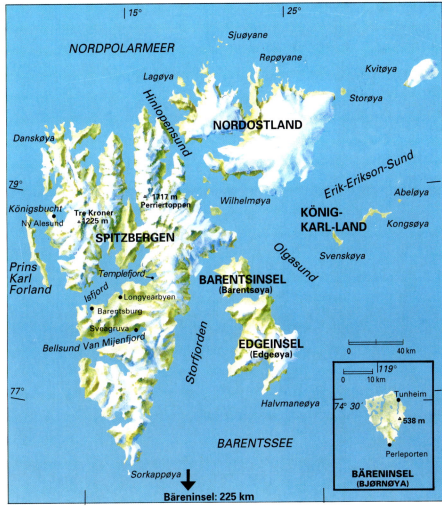

POLARGEBIETE

Sommer auf. Unter solchen Bedingungen können Bäume nicht existieren. Wo nicht der nackte Fels zutage tritt, breitet sich die karge polare Tundra aus.

Inseln mit bewegter Vergangenheit

Auf engstem Raum begegnet man auf Spitzbergen den verschiedensten Gesteinsarten: Gneis, Schiefer, Granit, Sandstein, Tonstein, Kalkstein, Basalt und vielen anderen mehr. Während die Gesteinsserien an der Westküste der Hauptinsel intensiv gefaltet und zerstückelt sind, lagern sie im Osten mehr oder weniger ungestört horizontal. Ihre Zusammensetzung und Lagerung deuten auf eine bewegte geologische Geschichte der Inselgruppe hin. Da gibt es Hinweise auf Vulkanausbrüche und kräftige Verschiebungen innerhalb der Erdkruste, aber auch auf Perioden, in denen sich der Untergrund kaum bewegte. Wüstenklima wechselte mit feuchter Witterung, tropische Meere wurden durch Ozeane abgelöst, in denen Eisberge drifteten.

Die ältesten Gesteine Spitzbergens sind mehr als eine Milliarde Jahre alt. Über die Entwicklung während der Erdurzeit ist jedoch nur wenig bekannt. Erst im Lauf des Erdaltertums wurden die geologischen Konturen des Archipels klarer. Vor etwa 400–500 Millionen Jahren entstanden die Faltenstränge des Kaledonischen Gebirges, die sich von den Britischen Inseln über Norwegen bis hinauf nach Spitzbergen verfolgen lassen. Über dem eingeebneten Gebirge lagerten sich später im Devon unter einem heißtrockenen Klima rote Sand- und Tonsteine ab.

In den darauffolgenden Epochen der Erdgeschichte änderten sich die Umweltbedingungen; es wurde feuchter, aus Sumpfwäldern und Mooren bildeten sich Kohleschichten, dann stieß das Meer vor, hinterließ Gipslager, und im Erdmittelalter lag Spitzbergen zeitweise in einer Klimazone, in der sich Korallenriffe bilden konnten. Die jüngeren Epochen zeichneten sich im Nordatlantik vor allem durch eine intensive Vulkantätigkeit aus.

Eine Landmasse zerbricht

Vor rund 50 Millionen Jahren, im älteren Tertiär, zerbrachen die Landmassen im Norden Europas. Grönland löste sich von Spitzbergen und driftete langsam nach Westen. Der nordöstliche Teil Grönlands und die Westseite von Spitzbergen verschoben

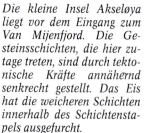

Die kleine Insel Akseløya liegt vor dem Eingang zum Van Mijenfjord. Die Gesteinsschichten, die hier zutage treten, sind durch tektonische Kräfte annähernd senkrecht gestellt. Das Eis hat die weicheren Schichten innerhalb des Schichtenstapels ausgefurcht.

POLARGEBIETE

Links: Über die Eisschilde ragen felsige Gipfel, mit dem Eskimowort Nunatakker *bezeichnet. Dieser pyramidenförmige Gipfel gehört zum Massiv der Tre Kroner. Er besteht aus nahezu waagrecht gelagerten Kalksteinschichten des jüngeren Paläozoikums.*

Unten: Blick über den Tempelfjord, einen inneren Arm des Isfjords, auf einen der Tafelberge an der Ostseite Westspitzbergens. Die Flanken des Berges, an denen die Schichten des Erdaltertums in horizontaler Lagerung ausstreichen, sind von Schmelzwasserrinnen zerfurcht. Wegen der dreieckigen Facetten zwischen den Rinnen werden sie Dreieckshänge genannt.

sich entlang einer Verwerfung um mehr als 550 km, etwa so, wie sich heute in Kalifornien an der San-Andreas-Verwerfung die Schollen der Erdrinde gegeneinander verschieben. Durch diese Verschiebungen öffneten sich das Europäische Nordmeer, die Grönlandsee und der Arktische Ozean.

Solche großräumigen Verschiebungen innerhalb der Erdkruste laufen natürlich nicht reibungslos ab: Spalten rissen auf, und Vulkane überfluteten mit dünnflüssiger Basaltlava ganze Landstriche, die Krustenschollen stießen zusammen und legten die Schichten in enge Falten. Gleichzeitig wechselte das Klima in der Arktis von tropischfeucht über heißtrocken zu kühlgemäßigt.

Gletscher kommen und gehen

Die Klimaschwankungen verstärkten sich noch im Quartär. In den kälteren Perioden häuften sich mächtige Eismassen auf den Inseln Spitzbergens an, und wie schwerbeladene Schiffe tauchten sie tiefer ins Meer ein. Wenn die Gletscher schmolzen, hob sich der Untergrund dagegen wieder, und die Küstenlinie wich langsam zurück.

Am weitesten stieß das Eis vor etwa 100 000 Jahren, während der Saale-Eiszeit, vor. Ein geschlossener Eisschild begrub die gesamte Inselgruppe unter sich, breitete sich nach Süden über die Barentssee aus und verschmolz mit dem skandinavischen Inlandeis. Während der kältesten Periode der Weichseleiszeit, vor rund 18 000 Jahren, lastete ebenfalls eine dicke Eiskappe auf dem Archipel. Mit der allgemeinen Erwärmung am Ende des Eiszeitalters zogen sich die Gletscher vor 10 000 Jahren in die höheren Gebirge der Inselgruppe zurück.

Auch in der Nacheiszeit lösten sich kältere und wärmere Klimaperioden ab. Vor 5000–6000 Jahren sind die Inseln möglicherweise vollständig eisfrei gewesen, dann drangen die Gletscher jedoch wieder vor. Die vorerst letzte kältere Periode, die sogenannte Kleine Eiszeit, begann um 1600 n. Chr. und dauerte bis zum Ende des vorigen Jahrhunderts. Seit etwa 1920 beobachten die Wissenschaftler auf Spitzbergen einen kräftigen Rückgang der Gletscher. Vielleicht hängt der Schwund der Eismassen mit dem Treibhauseffekt und der allgemeinen Erwärmung der Atmosphäre zusammen.

Claude Lepvrier

DIE ÖFFNUNG DES ARKTISCHEN OZEANS

Der Arktische Ozean, der die Nordpolarkappe bedeckt, ist vor 120 Millionen Jahren entstanden. Man zählt ihn meist zum Atlantischen Ozean, mit dem er seit jener Zeit durch die Grönlandsee und die Norwegische See verbunden ist.

Unter seinem Grund driften die Platten 2 cm pro Jahr auseinander. Die Grenznaht zwischen den Platten wird vom mittelozeanischen Rücken markiert, der von der Nordwestspitze Spitzbergens in weitem Bogen bis zur Mündung der Lena an der sibirischen Küste verläuft. Ein weiterer Rücken quert den Arktischen Ozean unter dem geographischen Nordpol.

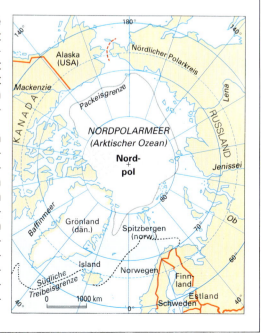

Die größte Insel der Welt ist keineswegs ein grünes Land oder gar ein Land der Menschen, wie ihre Namen behaupten. Mehr als vier Fünftel Grönlands sind vielmehr von ewigem Eis bedeckt, und kein anderer Staat der Erde ist so dünn von Menschen besiedelt wie Kalaatdlit Nunaat. Nur die Schätze des Meeres bieten eine Existenzgrundlage, und auch die sind in Gefahr.

Grönland und das Inlandeis

Kalaatdlit Nunaat (Land der Menschen) ist der Name der mehr als 2 Mio. km² großen Insel in der Sprache der Eskimo, die wahrscheinlich im Mittelalter von Kanada her einwanderten. Sie selbst nennen sich Inuit (Menschen), und folglich ist für sie der eisige Subkontinent das von den Menschen bewohnte Land. Der international gebräuchliche Name Grönland – grünes Land – ist dagegen eine bewußte Irreführung. Er stammt von dem Wikingerfürsten Erik dem Roten, der im Jahr 982 auf der Insel landete. Um mehr Einwanderer anzulocken, gab er ihr, wie er später mit einem Augenzwinkern eingestand, den vielversprechenden Namen.

Die Einwanderer aus Island und Skandinavien, die ihm Glauben schenkten, sollten es bitter bereuen. Die meisten, die sich auf den weiten Weg in das gelobte Land in der Arktis machten, kamen niemals dort an, denn ihre kleinen Schiffe waren den Stürmen und Wellen des Nordatlantiks nicht gewachsen. Denjenigen, denen die Überfahrt gelang, stand eine herbe Enttäuschung bevor: Zwar gibt es vor allem an der Südwestküste Grönlands in der Tat einen schmalen Streifen grünen Landes, aber gleich dahinter beginnen die endlosen Eiswüsten des Inlandeises. In den schmalen Fjorden lauern tückische Eisberge, und wenn die dünne Bodenkrume erst einmal verletzt ist, wird sie von den Fallwinden, die vom Eisschild herabstürzen, schnell abgetragen. Der Traum von einem angenehmen Leben als Bauern war deshalb für die Wikinger schnell ausgeträumt. Ihre kleinen Kolonien wurden durch Hungersnöte und Seuchen rasch dezimiert, irgendwann rissen die Verbindungen nach Europa ab, und die wenigen Überlebenden gerieten in Vergessenheit.

Rechts: Eisberg in der Diskobucht. In die Bucht an der Westküste Grönlands bei Jakobshavn mündet einer der schnellsten und produktivsten Gletscher der Nordhalbkugel. Im Sommer brechen täglich bis zu 25 Mio. t Eis von seiner Stirn ab.

Rechts oben: Wenn Eisberge längere Zeit stabil im Wasser lagern, erodieren und schmelzen die Wellen eine Hohlkehle in den Eisblock und zehren ihn auf diese Weise allmählich auf. Im allgemeinen kippen die Eisberge jedoch häufig mit viel Getöse um und bieten so den Wellen ständig neue Angriffsflächen.

POLARGEBIETE

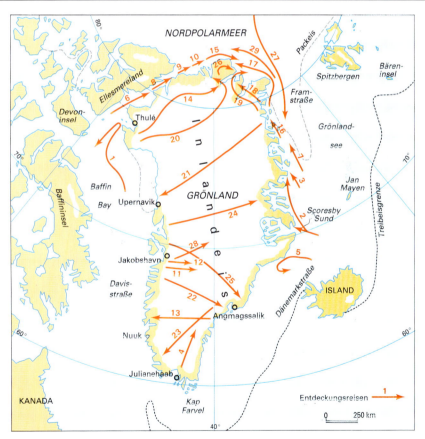

DIE ERFORSCHUNG GRÖNLANDS

Von der größten Insel der Welt war bis zum Ende des 19. Jh. nur der Küstensaum bekannt. Die Erforschung des Innern begann erst in neuerer Zeit.
1. Baffin (1616); 2. Scoresby (1806–22); 3. Clavering (1823); 4. Graah (1823); 5. Blosseville (1833); 6. Kane (1853); 7. Koldewey (1870); 8. Hall (1871); 9. Nares (1875/76); 10. Greely (1881); 11. Nordenskjöld (1883); 12. Peary (1886); 13. Nansen (1888); 14. Peary (1892–95); 15. Peary (1895); 16. Gerlache-d'Orléans (1905); 17. Koch-Wegener-Hagen (1907); 18. Eriksen (1907); 19. Mikkelsen (1910); 20. Rasmussen-Freuchen (1912); 21. Koch-Wegener (1913); 22. De Quervain (1912/13); 23. Scott (1931); 24. Hoygaard (1931); 25. Lindsay (1934); 26. Koch (1935); 27. Papanine (1937); 28. Victor (1950); 29. „OB" (1957).

Ammassalik an der Ostküste Grönlands wurde 1894 vom dänischen Staat als Handels- und Missionsstation gegründet. Die kleine Stadt ist bei schwierigen Eisverhältnissen oft monatelang von der Außenwelt abgeschnitten.

DIE GRÖNLÄNDER

Winterliche Robbenjagd an einem Eisloch: Wenn das Tier auftaucht, um Luft zu holen, wird es mit der Harpune erlegt.

Die Zeiten, in denen die Eskimo im Sommer in Hütten und im Winter bei Jagdausflügen in Iglus hausten, sind längst vorbei. Bis Anfang des 20. Jh. war die Robbenjagd Grundlage ihrer Existenz, doch dann kam es zu einem Temperaturanstieg, der zu einem Rückgang der Robbenbestände führte. Um eine neue Einnahmequelle zu erschließen, förderte die dänische Verwaltung den Ausbau der Fischerei und fischverarbeitenden Industrie. Die kleinen Boote mußten großen Fangschiffen weichen und die Fischerei in wenigen Städten konzentriert werden. Man siedelte die verstreut lebenden Eskimo in Städte um, auch, um das Bildungs- und Gesundheitswesen zu verbessern. Drei Viertel der Grönländer leben heute in Städten, oft in Wohnblocks mit allen Annehmlichkeiten, aber auch mit den sozialen Problemen der Industriegesellschaft.

Die Eskimo, die sich ebenfalls um die Jahrtausendwende in Grönland niederließen, waren als Jäger und Fischer besser auf das Leben in der menschenfeindlichen Umwelt vorbereitet. Sie überlebten die Nachfahren der Wikinger, blieben jedoch gemessen an der riesigen Fläche der Insel stets nur eine winzige Gruppe. Als Grönland zu Beginn des 18. Jh. von Dänemark in Besitz genommen wurde, lebten auf der gesamten Insel wahrscheinlich nur 7000 Menschen; heute zählt Grönland rund 54 000 Einwohner.

Nach den Wikingern hatten sich die Europäer über ein halbes Jahrtausend lang kaum für die einsame Insel in der Arktis interessiert. Erst ab der Mitte des 16. Jh. tauchten wieder europäische Schiffe vor den Küsten Grönlands auf. Für den englischen Seefahrer John Davis, der 1587 die Westküste erkundete, oder seinen Landsmann Sir Martin Frobisher, der Grönland 1576 umsegelte, war die Insel freilich bloß eine Etappe bei der Suche nach der Nordwestpassage nach Asien. Die ersten Europäer, die sich nach 1721 wieder auf der Insel niederließen, waren dänische Missionare und Kaufleute.

Ein Bruchstück
einer uralten Landmasse

Bevor sich das Europäische Nordmeer öffnete, bildete Grönland mit Spitzbergen sowie Teilen Skandinaviens und der Britischen Inseln eine große, zusammenhängende Landmasse. Das Kaledonische Gebirge, das vor etwa 400–500 Millionen Jahren entstanden war und sich von Westeuropa über Skandinavien in weitem Bogen bis hinüber nach Labrador erstreckt hatte, zerbrach im Erdmittelalter. Der große geologische Graben, der sich vor 150 Millionen Jahren zwischen Amerika und Afrika auftat, verlängerte sich schließlich nach Norden hin und spaltete Grönland vom alten transatlantischen Kontinent ab.

An den Randverwerfungen dieses Grabens brachen Vulkane aus und bildeten mit ihren Lava- und Aschenschichten Inseln wie Jan Mayen oder die Bäreninsel. Island ist die größte dieser Vulkaninseln im Nordatlantik; die ältesten Lavadecken stammen hier aus der Zeit, als sich der Graben innerhalb der alten Landmasse bildete. Gleichzeitig riß westlich von Grönland im Bereich der Baffin Bay eine Spalte auf, die heute die Baffininsel von Grönland trennt.

Grönland besteht ähnlich wie der benachbarte Kanadische Schild aus einem Sockel uralter kristalliner Gesteine, über dem hier und dort Sedimentgesteine aus dem Erdaltertum und dem Erdmittelalter oder Basaltdecken aus dem Tertiär lagern. Ebenen und Flachländer nehmen nur kleine Areale ein; meist steigen unmittelbar hinter der Küste hohe Gebirgszüge auf. Sie wurden von den Eisströmen zerfurcht, die vom Inlandeis ausgehen. An vielen Stellen münden die Gletscher in Fjorde, die sich von dem äußeren Schärengürtel zum Teil mehr als 100 km weit ins Land ziehen. Die Fjorde im Norden sind fast immer von Eis bedeckt; weiter im Süden brechen im Sommer von der Stirn der Gletscher Eisberge ab und treiben durch die Fjorde hinaus aufs offene Meer.

Der geologische Untergrund Grönlands enthält viele nutzbare Minerale, darunter Kryolith, ein weißes Mineral, das unter anderem bei der Herstellung von Emaille verwendet wird. Grönland ist der führende Exporteur von „Eisstein". Die Erdölvorkommen, die im äußersten Norden vor der grönländischen Küste entdeckt wurden, werden bisher nicht ausgebeutet.

Eis aus Jahrtausenden

Auf Grönland lastet der größte Eisschild der nördlichen Halbkugel. Die Last ist so groß, daß die Erdkruste unter ihr nachgegeben hat und unter dem Eis eine schüsselförmige Senke bildet, deren Boden stellenweise 250 m unter dem Meeresniveau liegt. Im Durchschnitt ist die Eisdecke knapp 1500 m dick; an den dicksten Stellen mißt sie bis zu 3400 m. Zwar gibt es an der grönländischen Küste einige der schnellsten Gletscher der Erde, im allgemeinen fließt das Eis jedoch aus der Senke im Innern nur langsam ab. In ihr haben sich deshalb Eisschichten aus vielen Jahrtausenden aufgetürmt. Das Eis verrät viel über die Umweltbedingungen zur Zeit seiner Entstehung und auch über die Umweltsünden unserer Zeit. So konnten die Wissenschaftler beispielsweise in den jüngeren Eisschichten einen deutlich erhöhten Bleigehalt nachweisen. Er geht vor allem auf die Verwendung verbleiten Benzins zurück.

Die sogenannten Auslaßgletscher, die sich vom Inlandeis einen Weg zwischen Gipfeln der Küstengebirge hindurch zum Meer gebahnt haben, erreichen zum Teil Geschwindigkeiten von über 30 m pro Tag. Wenn die Gletscherzunge dann in einen Fjord mündet, schwimmt sie auf, denn Eis ist bekanntlich leichter als Wasser. Durch die Wellen, durch Strömungen und den Wechsel der Gezeiten werden die Eismassen an der Gletscherstirn zermürbt, es reißen tiefe Spalten auf, und mehr oder

Überreste von Eisbergen im letzten Stadium der sommerlichen Schmelze. Sie zerfallen dann zu sogenannten Growlern, die kleinen Booten gefährlich werden können.

POLARGEBIETE

Unten: Die Auslaßgletscher stoßen über Gebirgspässe bis zur Küste vor und enden dort meist in Fjorden. Das Moränenmaterial, das im Eis enthalten ist, lagert sich beim Ausschmelzen auf dem Meeresboden ab.

weniger große Eisblöcke brechen ab: der Gletscher kalbt. Im Winter sammeln sich die durch Kalbung entstandenen Eismassen vor der Gletscherstirn an, im Sommer treiben sie dagegen mit den Strömungen zum Meer hin. Man schätzt, daß von den grönländischen Gletschern jährlich etwa 15 000 Eisberge abbrechen, nur die wenigsten erreichen allerdings das offene Meer. Die kleineren schmelzen oder verdunsten bereits in den Fjorden, die größeren stranden häufig auf der Schwelle am Ausgang der Fjorde und versperren den nachfolgenden den Weg.

Große Eisberge, die den Weg zum Meer finden, können von den Meeresströmungen weit nach Süden getrieben werden. Einzelne Eisklötze erreichen den 40. Breitenkreis; das ist die Breite von Mallorca. Sie geraten damit in Zonen, in denen auf dem Nordatlantik ein reger Schiffsverkehr herrscht. Vor allem vor Neufundland stellen die Eisberge eine große Gefahr für die Schiffahrt und die Fischerei dar. Nach

INLANDEISE

Mit einer Fläche von 1,8 Mio. km² und einem Volumen von 2,3 Mio. km³ ist das grönländische Inlandeis nach dem Inlandeis der Antarktis die größte geschlossene Eismasse unseres Planeten. Solche gewaltigen Inlandeise bilden sich nur in polaren Gebieten, können jedoch, wie in den quartären Eiszeiten, weit in die mittleren Breiten vorstoßen. Der Aufbau muß viele tausend Jahre dauern, denn in den Polargebieten fällt meist nur wenig Niederschlag, in der Mitte Grönlands z. B. jährlich ungefähr 100 mm, etwa so viel wie auf den Höhen unserer Mittelgebirge in einem Monat, bei den geringen Temperaturen allerdings fast ausschließlich als Schnee, der nur sehr langsam schmilzt oder verdunstet. Die etwa 1 m dicke Neuschneedecke, die sich jährlich im Zentrum Grönlands auf das Inlandeis legt, wandelt sich daher fast vollständig in eine 30–40 cm dicke Eisschicht um. So kann mit der Zeit eine mächtige Eiskuppel entstehen. Sobald die Inlandeise eine bestimmte Größe erreicht haben, machen sie ihr eigenes Klima: Über ihnen baut sich ein beständiges Kältehoch auf, das die Bahnen der Tiefdruckgebiete auch in weit entfernten Gegenden beeinflußt; die weißen Schnee- und Eisflächen werfen einen beträchtlichen Teil der Sonnenstrahlung in den Weltraum zurück und verändern so den Wärmehaushalt der Erde.

dem verhängnisvollen Zusammenstoß der *Titanic* im Jahr 1912 wurde eine Eisbergpatrouille eingerichtet, welche die internationale Schiffahrt vor gefährlichen Eisbergen warnt und, wenn es notwendig ist, auch besonders gefährdete Routen von Eisbergen räumt.

Leben in der Kälte

Ähnlich wie bei der Eisbergdrift dringt häufig auch ein Schwall eiskalter Luft von Grönland südwärts vor. Auf dem weiten Weg über den Atlantik werden die Luftmassen erwärmt und kommen daher mit erträglichen Temperaturen in Europa an. Das benachbarte Nordamerika leidet hingegen stärker unter diesen Kältewellen aus der Arktis. Mitunter schwappt die kalte Luft bis hinunter zum Golf von Mexiko und verursacht katastrophale Schäden an den Zitruskulturen.

Die Flora in Grönland selbst hat sich an das extreme Klima angepaßt. Sie verbirgt sich im Winter unter der schützenden Schneedecke und nutzt die langen Tage des polaren Sommers, um sich zu entwickeln. Abgesehen von Birken- und Erlenbüschen in den innersten Zipfeln einiger Fjorde, gedeihen nur Gräser, Kräuter, Zwergsträucher, Moose und Flechten in den eisfreien Landschaften der Insel. Die Landfauna ist noch spärlicher; insgesamt zählt man in Grönland nur neun Arten von

POLARGEBIETE

Links: An den Ufern des Scoresbysunds in Ostgrönland ist der Schnee bis auf kleine Reste geschmolzen. Die Vegetation erwacht für einige Wochen zu neuem Leben, und die Seevögel kommen zurück, um zu brüten und ihre Jungen aufzuziehen.

Unten: In der Nähe der Gletscherstirn sind die Gletscher von tiefen Spalten durchzogen. An den zerklüfteten Wänden rinnt das Schmelzwasser ab und verschwindet in finsteren Gletschermühlen.

Landsäugetieren, darunter als größte die Moschusochsen, die selbst der strengsten Kälte trotzen. Im Winter wandern sie über das Eis zu den benachbarten kanadischen Inseln, um dort Nahrung zu suchen. Um so reicher ist die Tierwelt der Meere vor den Küsten Grönlands.

Die Schätze des Meeres

Die ursprüngliche Kultur der grönländischen Eskimo beruhte auf der Fischerei und der Jagd von Meeressäugetieren, besonders von Robben. Die Insel selbst bietet Menschen kaum eine Existenzgrundlage; erst während der dänischen Herrschaft entwickelte sich im Südwesten an den inneren Fjorden die Schafzucht; in einigen Orten an der Westküste werden auch Rentiere gehalten. Die überwiegende Zahl der Grönländer lebte und lebt jedoch von den Schätzen des Meeres, früher mehr von Robben und Walen, heute von Fischen und Garnelen. Diese Schätze sind jedoch nicht unerschöpflich, und die Fischbestände haben in den letzten Jahrzehnten drastisch abgenommen. Wo früher kleine Fischkutter ihre Netze einholten, tauchen heute riesige Schiffe auf, die die Fischschwärme mit Hilfe modernster Technik aufspüren, ganze Fischgründe leerfischen und die Fänge gleich an Ort und Stelle zu Tiefkühlprodukten weiterverarbeiten.

René Létolle

Antarktika

Nach Ansicht des berühmten Seefahrers James Cook, der vor dem Eis im Südpolarmeer kapitulieren mußte, würden die Länder um den Südpol für immer unentdeckt und unerforscht bleiben. 120 Jahre später betrat zwar ein Norweger namens Carsten Borchgrevink am 23. Januar 1895 als erster Mensch das antarktische Festland, aber noch immer ist der unter Eismassen begrabene Kontinent am Südpol nahezu menschenleer.

Jahrhundertelang war auf den Weltkarten südlich des Äquators in groben Umrissen ein Kontinent eingezeichnet, den die Forscher *Terra australis incognita*, das unbekannte Land im Süden, nannten. Schon Ptolemäus, der berühmte Geograph des Altertums, hatte ihn im Jahr 180 n. Chr. südlich des Indischen Ozeans in seine Weltkarte eingezeichnet. Im Zeitalter der Entdeckungen drangen die Seefahrer auf der Suche nach dem geheimnisvollen Kontinent immer weiter nach Süden vor.

Bartolomeu Diaz und Vasco da Gama meinten nach ihren Umsegelungen Afrikas, er müsse südlich vom Kap der Guten Hoffnung zu finden sein. Im November 1520 entdeckte der portugiesische Weltumsegler Fernão de Magalhães auf seiner Fahrt um die Südspitze Südamerikas eine Meeresstraße nach Westen, die heute seinen Namen trägt. Zu seiner Linken sichtete er ein Land, auf dem nachts große Lagerfeuer brannten. So kam Feuerland zu seinem Namen, und man glaubte, mit diesem Land die Nordspitze des gesuchten Kontinents gefunden zu haben. Als die Niederländer Le Maire und Schouten jedoch 1616 Kap Hoorn umsegelten, stellte sich heraus, daß Feuerland eine Insel ist: Das unbekannte Land mußte also noch weiter im Süden liegen. Im 17. Jh. stießen die Forscher zwar südlich des Äquators auf einen Kontinent und nannten ihn Australien, aber noch immer war das südliche Ende der Welt nicht erreicht. Das Interesse erlahmte allmählich, denn Treibeis, große Eisberge und schließlich der geschlossene Packeisgürtel schreckten die Seefahrer ab. Der südlichste Kontinent konnte, falls er überhaupt existierte, nur ein öder, menschenfeindlicher Erdteil sein.

James Cook war der erste, der in den Jahren 1773 und 1774 über den Polarkreis hinaus weit in das Südpolarmeer vorstieß. Er ahnte, daß er in der Nähe eines vergletscherten Landes war, mußte jedoch vor dem Eis kapitulieren. Der berühmte Seefahrer behauptete sogar: „Kein Mensch wird sich jemals weiter vorwagen, als ich es tat, und die Länder um den Südpol werden für immer unentdeckt und unerforscht bleiben." Ein solches Wort aus dem Mund eines großen Entdeckers hielt andere Seefahrer fast 50 Jahre lang von weiteren Expeditionen in die Antarktis ab.

Erst mit der Umsegelung des Südpolargebietes durch den russischen Weltumsegler Fabian Gottlieb von Bellingshausen wurde der Bann gebrochen. Er sichtete am 5. oder 6. Februar 1820 als erster das antarktische Festland. Ihm folgten Entdeckerpersönlichkeiten wie Weddell (1822/23), Biscoe (1830–32), Dumont d'Urville (1837–40), Wilkes (1838–42) und Ross (1839–43). Sie erforschten vor allem die Küsten der Halbinsel, die sich bis auf wenige hundert Kilometer der Südspitze Südamerikas nähert. Ihre Namen sind in der Antarktis verewigt.

Ross entdeckte beispielsweise in einem außergewöhnlich warmen antarktischen Sommer das Ross-Schelfeis. 600 km weit segelte er an der 100 m hohen Abbruchkante entlang, ohne eine für eine Landung geeignete Stelle zu finden. Ross entdeckte auch am Rand von Süd-Victorialand den Mount Erebus, einen gewaltigen, heute noch aktiven Vulkan. Die Erforschung des antarktischen Festlandes und der Wettlauf zum Südpol begannen jedoch erst am Ende des vorigen Jahrhunderts.

Strömende Eismassen

Heute ist Antarktika eingehend erforscht. Auf dem Kontinent lastet wie auf Grönland ein riesiges Inlandeis, das in über 4000 m ü. d. M. gipfelt und über 4000 m mächtig ist. Die Last der Eismassen ist so gewaltig, daß die Erdkruste nachgegeben hat und der Felsuntergrund vielfach unter dem Meeresniveau liegt. Wie auf der großen Insel im Arktischen Ozean sind die Niederschläge nur gering: im Zentrum des Eisschildes weniger als 100 mm pro Jahr.

Der schüsselförmige Felssockel weist an manchen

Im kurzen Sommer der Antarktis steigen die Lufttemperaturen über den Gefrierpunkt, wenigstens an den Küsten, wo z. B. die Forschungsstation Little America einen absoluten „Hitzerekord" von 5,9 °C verzeichnet. Die Eisberge schmelzen dann zu bizarren, zerbrechlichen Gebilden, die man sich möglichst nur aus respektvoller Entfernung anschauen sollte.

POLARGEBIETE

Rechts: Das Packeis steht durch die Kräfte der Meeresströmungen, der Gezeiten und des Windes unter sehr starken Spannungen. Sie äußern sich in Spalten, die in den Eisschichten aufreißen. Häufig entstehen auch Preßeisrücken.

Ganz rechts: Die Kaiserpinguine verbringen den Winter auf dem Festland; die Weibchen legen dort ein Ei, und die Männchen brüten es aus. Wenn das Junge ausgeschlüpft ist, wächst es, vor den Lufttemperaturen bis zu –40 °C geschützt, in einer Bauchfalte der Mutter auf.

Stellen Kerben auf, durch welche die Eisströme sich einen Weg zum Meer bahnen. Dort angekommen, kalben sie und entsenden Eisberge auf ihre letzte Reise in wärmere Zonen.

Die größten Eisberge brechen freilich vom Schelfeis ab: Eistafeln von der Größe deutscher Bundesländer, gelegentlich über 300 km lang und 100 km breit. Die Schelfeisgebiete sind völlig ebene, schwimmende Eistafeln, die vielfach Buchten ausfüllen. Sie werden zum Teil von den Auslaßgletschern des Inlandeises genährt, zum Teil ist das Schelfeis aber auch an Ort und Stelle aus Schnee und Firn gebildet worden. Der größte Tafeleisberg, der in den letzten Jahrzehnten vom antarktischen Schelfeis abbrach, maß über 31 000 km².

Ebenso interessant wie das Eis selbst sind die festen, flüssigen und gasförmigen Einschlüsse: Es enthält normale Moräne, die über den Ursprung der Eisströme und den geologischen Untergrund Aufschluß gibt; Meteoritenstaub und kleinere Meteoriten sind im Eis vorzüglich konserviert, außerdem die Aschen großer Vulkanausbrüche und in winzigen Blasen die Luft vergangener Jahrtausende. Das alles liefert eine nahezu lückenlose Chronik der vergangenen Jahrhunderttausende.

Ein Stück Gondwanaland

Vom gesamten antarktischen Kontinent sind lediglich etwa 2 % eisfrei. Wie aber sieht das feste Land unter dem Inlandeis aus, das 98 % der Fläche Antarktikas bedeckt? Früher konnten die Wissenschaftler darüber nur spekulieren, inzwischen haben sie sich jedoch vor allem mit Hilfe eines speziellen Radarverfahrens, das gewissermaßen durch die Eisschichten sieht, ein recht genaues Bild vom Felssockel machen können. Würde man den Eismantel wegziehen, dann kämen in der Westantarktis zahlreiche Inseln und Halbinseln, östlich der breiten Einschnürung, die durch das Weddellmeer und das Rossmeer gebildet wird, dagegen eine ziemlich geschlossene Landmasse zum Vorschein. Die Inseln und Halbinseln im Westen sind Bruchstücke junger Kettengebirge, der Kettenantarktis, die zum Teil mit den Kordilleren Südamerikas in Verbindung stehen und wie die Anden mehrere aktive Vulkane tragen. Im Osten, in der Tafelantarktis, besteht der Felssockel hingegen aus einem uralten Kern von Graniten und Gneisen, der von Sedimentgesteinen des Erdaltertums überlagert wird. Diese Ablagerungsgesteine, hauptsächlich Sandsteine, enthalten Fossilien, die auch in Südafrika, Indien und Australien gefunden wurden.

Vieles spricht dafür, daß der östliche Teil Antarktikas ein Bruchstück Gondwanalands ist, jenes riesigen Urkontinents auf der Südhalbkugel der Erde, der im Lauf von 200 Millionen Jahren in die heutigen Kontinente und Subkontinente zerfiel. Bei der Entstehung von Australien vor 40 Millionen Jahren löste sich zum letztenmal ein großes Stück Land von diesem Urkontinent. Der Aufbau des Inlandeises der Antarktis begann wohl ebenfalls um diese Zeit; vor etwa 38 Millionen Jahren kam es offenbar im Südpolargebiet zu einer deutlichen Abkühlung,

POLARGEBIETE

GEOGRAPHISCHE POLE UND MAGNETISCHE POLE

Die Lage der magnetischen Pole weicht zur Zeit beträchtlich von der der geographischen Pole ab. Während die geographischen Pole fest bleiben, wenigstens von der Erde aus betrachtet, verlagern sich die magnetischen ständig. Der Antarktische Magnetpol lag z. B. 1600 in der Nähe des Mount Erebus. Seither hat er sich um mehr als 1500 km nach Nordwesten zur Küste der D'Urville-See verschoben. Er liegt damit rund 2500 km vom geographischen Südpol entfernt. Da man bei der Lage der magnetischen Pole neben der langfristigen Verlagerung auch tägliche Schwankungen beobachtet, sind sie auf den Karten nicht als Punkte, sondern als Flächen eingezeichnet.

die sich, nur von einer kurzen Periode mit wärmerem Klima vor 16–23 Millionen Jahren unterbrochen, bis zum Beginn des Eiszeitalters fortsetzte.

Der felsige Sockel tritt heute in einigen eisfreien Tälern, den sogenannten Oasen der Antarktis, sowie vor allem in den Gebirgen in Küstennähe zutage, etwa in Süd-Victorialand, im Marie-Byrd-Land oder im Schwabenland. Das Vinsonmassiv erreicht am Weddellmeer eine Höhe von 5140 m.

Die weiße Hölle

Die Entstehung der Oasen der Antarktis ist bis heute nicht eindeutig geklärt. Im Unterschied zu den Oasen der Sahara, die sich gegenüber ihrer Umgebung ja gerade durch größere Feuchtigkeit auszeichnen, sind die eisfreien Täler Antarktikas extrem trocken, zum Teil wegen sehr geringer Niederschläge, zum Teil aber auch, weil der Wind den gefallenen Schnee fortweht und Föhnstürme den Boden austrocknen. Der heftige Wind ist neben den tiefen Temperaturen die hervorstechendste Eigenart des antarktischen Klimas. Er läßt praktisch nie nach und erreicht oft Geschwindigkeiten von mehr als 200 km/h. Als windigste Ecke der Welt gilt die Commonwealth Bay am Ross-Schelfeis; hier gab es schon Stürme mit einer Geschwindigkeit von 320 km/h – in unseren Breiten hinterlassen bereits Orkane von 120 km/h schwerste Verwüstungen. Der eisige Wind ist auch für ein gefährliches Phänomen verantwortlich, das die Polarforscher *whiteout* (Weiße Finsternis) nennen: Er wirbelt Schnee

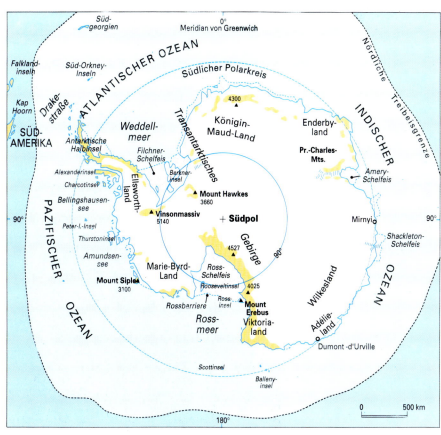

LEBEN IM MEEREIS

Shuga oder Eisbrei sind schwammartige, kleine Eisklumpen (oben). Das Pfannkucheneis (rechts) mit erhöhten Rändern entsteht bei Wind und Seegang aus neugebildeten Eiskrusten.

Nur das Eis, das aus gefrorenem Meerwasser besteht, wird zum Meereis gerechnet, nicht jedoch die Eisberge, die aus gefrorenem Süßwasser bestehen. Diese Unterscheidung ist mehr als akademische Haarspalterei. Zwischen dem Landeis, das zuweilen im Meer treibt, und dem eigentlichen Meereis, das auf den Ozeanen eine Fläche von der dreifachen Größe Australiens einnehmen kann, gibt es wichtige Unterschiede. Die Eisschollen des antarktischen Packeisgürtels sind z. B. ein Lebensraum für zahlreiche Pflanzen und Tiere; sie leben auf den Schollen, vor allem aber auch im Eis: Bakterien, Pilze, Algen und Wirbellose. Meist sind die Lebewesen, die sich in den Spalten und mit Salzlauge gefüllten Hohlräumen im Meereis einnisten, winzig; die größten messen in der Länge 3 mm. Darunter sind viele Tiere, die sonst auf oder im Meeresboden leben, wie Strudelwürmer, Rädertiere oder Flohkrebse. Sie benutzen das Eis hauptsächlich für die Überwinterung, denn im Sommer schmilzt ihr eisiger Lebensraum für zwei bis drei Monate buchstäblich dahin. Das Leben im Meereis hat für die Organismen beachtliche Vorteile: Hier sind sie vor Räubern geschützt, und die Nährstoffversorgung ist ausgezeichnet. So erklärt es sich, daß z. B. die Zahl der Algen innerhalb der Eisschollen mindestens 100mal größer ist als im freien Wasser.

Rechts: Die fast senkrecht aufsteigende Abbruchkante des Ross-Schelfeises begrenzt die Eismassen, die ein Gebiet von der Größe Frankreichs bedecken. Das Eis in den untersten Schichten ist etwa 12 000 Jahre alt.

Rechts oben: Blick auf eine Landschaft der Tafelantarktis am Rand des Ross-Schelfeises. Wegen der geringen Niederschläge und der heftigen Stürme, die den Schnee verwehen, können sich hier keine Gletscher bilden. Der wagemutige Forscher steht auf einem Basaltgang, der die etwa horizontal gelagerten Schichten durchzieht; hinter ihm erkennt man zwei weitere, etwa parallel verlaufende Gänge. Der Boden im Mittelgrund zeigt die für kalte Klimazonen typischen Steinringe und -polygone, die sich zu regelmäßigen Frostmusterböden zusammenschließen.

und Eispartikel auf und treibt sie über die Bodenoberfläche dahin. Das Sonnenlicht wird so stark reflektiert, daß eine gleißende Helligkeit entsteht, die Menschen und Tiere völlig orientierungslos macht.

Nur wenige Lebewesen wagen sich freiwillig in die Eiswüsten der Antarktis; die eisfreien Küstensäume und das Meer sind dagegen oft erstaunlich dicht besiedelt. Nur zwei Arten von Blütenpflanzen kommen auf dem antarktischen Festland vor; sie stoßen bereits bei 68° südlicher Breite an die äußerste Grenze ihrer Verbreitung. Moose und Flechten dagegen hat man sogar in Gebieten gefunden, die weniger als 200 km vom Südpol entfernt sind. Die Pinguine, Robben und See-Elefanten bevölkern die Küsten, wo das Nahrungsangebot in den Gewässern ungewöhnlich groß ist.

Menschen halten es höchstens einige Monate in den Eiswüsten der Antarktis aus. Früher errichteten vor allem Walfänger an den Küsten Stationen; heute ist Antarktika ein Kontinent der Wissenschaftler. Sie leben für einige Zeit in den etwa drei bis vier Dutzend Forschungsstationen, die von verschiedenen Nationen im Südpolargebiet unterhalten werden.

René Létolle

DER WETTLAUF ZUM POL

James Cook war der erste, der bei der Antarktisforschung Maßstäbe setzte. Am 30. Januar 1774 erreichte er 71° 10' südlicher Breite, eine Rekordmarke, die im Südpazifik erst im Jahr 1929 von der *Norvegia* überboten wurde. Trotzdem konnte sich Cook nicht für die Antarktis begeistern; er ging nach dieser Höchstleistung wieder auf Kurs in wärmere Zonen, denn seine Aufgabe war, wie er ins Logbuch notierte, in diesen Breiten erledigt. Von der atlantischen Seite her näherte sich James Weddell 1822/23 dem Kontinent bis auf 74° 15'. Auf dem Festland und dem Ross-Schelfeis stieß der Norweger Carsten Borchgrevink um die Jahrhundertwende fast bis zum 79. Breitenkreis vor. Die letzten 1200 km bis zum Pol wurden erstmals 1908/09 von dem britischen Forscher Ernest Henry Shackleton in Angriff genommen. Als er umkehren mußte, trennten ihn nur noch 1° 37' vom Südpol. Dieser magische Punkt sollte erst am 14. Januar 1911 nach einem dramatischen Wettlauf von dem norwegischen Polarforscher Roald Amundsen erreicht werden, fünf Wochen vor seinem englischen Konkurrenten Robert F. Scott, der auf dem Rückweg mit seinen Begleitern umkam. Am 29. November 1929 überflog der amerikanische Marineoffizier Richard E. Byrd als erster den Südpol und leitete damit eine neue Epoche der Antarktisforschung ein.

Die Antarktische Halbinsel und der Scotiarücken

Der antarktische Kontinent und die Südspitze Südamerikas drifteten vor 30 Millionen Jahren auseinander. Heute führt ein untermeerischer Gebirgsrücken von der Nordspitze der Antarktischen Halbinsel nach Feuerland. Er ragt in einigen vergletscherten Inseln über den Meeresspiegel.

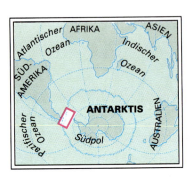

Der holländische Seefahrer Dirck Gerritsz galt jahrhundertelang als Entdecker der Süd-Shetland-Inseln, die dem antarktischen Kontinent in etwa 64° südlicher Breite vorgelagert sind. Er soll angeblich 1599 nach der Ausfahrt aus der Magellanstraße von einem Sturm weit nach Süden abgetrieben worden und dabei zufällig auf die schnee- und eisbedeckten Inseln gestoßen sein – ein pures Gerücht, ohne jeden realen Hintergrund, das ein holländischer Übersetzer in ein geographisches Werk eingeflochten hatte. Erst am 1. Januar 1739 wurde eine der antarktischen Inseln entdeckt: von dem Franzosen Jean-Baptiste-Charles Bouvet de Lozier, dem Pionier der Antarktisforschung. Sie trägt heute seinen Namen. Nach der Rückkehr nach Frankreich unterbreitete er der französischen Indien-Compagnie genaue Pläne zur Entdeckung der geheimnisvollen *Terra australis*, fand jedoch kein Gehör.

Visscher, Tasman und Cook setzten die von Bouvet begonnene Arbeit mit größerem Erfolg fort. Nach Cook erkundeten Walfänger und Robbenschläger die antarktischen Gewässer; sie dürften die Süd-Shetland-Inseln und die Süd-Orkney-Inseln entdeckt haben, hielten jedoch verständlicherweise ihre reichen Jagdgründe vor der Konkurrenz geheim. So wird sich wohl auch nie mehr klären lassen, ob einer der Walfänger das antarktische Festland vor dem Norweger Carsten Borchgrevink betreten hat. Von britischen Forschern wird die Ansicht vertreten, der britische Marineoffizier Edward Bransfield habe das westantarktische Festland entdeckt; wahrscheinlich war jedoch das 1820 von ihm erreichte, unwirtliche Land ein Teil der Süd-Shetland-Inseln. Der Ruhm, das antarktische Festland entdeckt zu haben, gebührt nach dem heutigen Stand der Forschung dem russischen Weltumsegler Fabian Gottlieb von Bellingshausen, der Anfang Februar 1820 den Kontinent sichtete.

Eine Inselbrücke

Die Antarktische Halbinsel ist im Grund nur ein Teil des Scotiarückens oder Scotia-Inselbogens, der bei den Falklandinseln am südamerikanischen Schelf ansetzt und in einem weiten, nach Westen geöffneten Bogen zum antarktischen Festland führt. Südgeorgien, die Süd-Sandwich-Inseln, die Süd-Orkney-Inseln, die Süd-Shetland-Inseln sowie mehrere kleine Inseln markieren den Verlauf des untermeerischen Rückens, der die für vulkanische Inselbogen charakteristische Form hat. Außer den Falklandinseln und Südgeorgien bestehen die Inseln auch ganz oder vorwiegend aus vulkanischen Gesteinen, und ihre Vulkane erwachen recht oft zum Leben. Sie werden von heftigen Westwinden gepeitscht, von den Brüllenden Vierzigern, den Wütenden Fünfzigern und den Kreischenden Sechzigern, wie die Seeleute die Stürme in den 40er, 50er und 60er Breiten der Südhalbkugel seit alters nennen. So ist es fast unmöglich, auf den Inseln zu landen; sogar Robben und Pinguine haben ihre liebe Not, heil an Land zu kommen. Etwas gastlicher sind die Süd-Shetland-Inseln und Südgeorgien. Die beiden Inselgruppen waren zeitweise Stützpunkte der Walfänger. An der Ostseite des Scotiarückens verläuft ein noch kaum erforschter Tiefseegraben, der mehr als 7000 m tief ist. Die Ähnlichkeit des Scotiarückens mit dem Antillenbogen und der gleiche geologische Aufbau der Inseln haben ihnen ihren Namen eingetragen: Südantillen.

Der Scotiarücken geht im Südwesten in die größte Halbinsel des antarktischen Kontinents über, die früher mit verschiedenen Namen wie Grahamland oder Palmerhalbinsel benannt wurde. 1964 einigte man sich international auf die Bezeichnung Antarktische Halbinsel. Die langgestreckte Halbinsel, die vom Ellsworth-Hochland nach Nordosten verläuft, ist weitgehend mit Eis bedeckt. Ihr von den Gletschern in Jahrmillionen erodierter Festsockel besteht hauptsächlich aus Granit, über dem sich an manchen Stellen jüngere Sedimentgesteine ausbreiten. Der klimatisch begünstigten Westseite ist eine Kette zerklüfteter Inseln vorgelagert, die nach wie vor auf dem Seeweg nur unter größten Schwierigkeiten zu erreichen sind. Hier brach am 10. Dezember 1876 unter dem Meeresspiegel ein Vulkan aus.

An der Ostseite füllt das Larsenschelfeis eine weite Bucht; auch hier gibt es mehrere kleine Vulkane. Auf dieser Seite der Halbinsel wurden wegen der hohen Eisbarriere nur wenige Expeditionen durchgeführt. Erst in den 30er Jahren begann man hier, ins Binnenland vorzustoßen. Die ersten Erkundungsflüge hatte der australische Polarforscher Sir George Wilkins im Sommer 1928 unternommen. Er hielt die von Eismassen bedeckten Fjorde für Meeresstraßen und kam deshalb zu dem Schluß, die Halbinsel sei im Grund nur eine Inselgruppe. Inzwischen wurden auf der Halbinsel, die auf den Karten wie ein abgenagter Fischschwanz aussieht, zahlreiche Forschungsstationen eingerichtet, freilich nicht nur aus wissenschaftlichen Gründen, denn die Antarktische Halbinsel wird von Großbritannien, Chile und Argentinien beansprucht.

Gebirge unter Eis

Weiter im Süden wird die Halbinsel breiter und ist fast vollständig unter ewigem Eis begraben. Die Felsgipfel, die aus den Eismassen ragen, erreichen die Gipfelhöhen der Ostalpen. Ein breiter, ständig mit Eis bedeckter Meeresarm trennt die große, im Januar 1819 durch von Bellingshausen entdeckte Alexanderinsel von der Antarktischen Halbinsel. Auf ihr treten viel häufiger als auf dem Festland Sedimentgesteine zutage, mit deren Hilfe die Geologen die Geschichte der Antarktis klären können. Unmittelbar südlich der Alexanderinsel, dort, wo die Halbinsel nach Westen umbiegt, verläuft tief unter den Eismassen eine breite Meeresstraße von der Bellingshausensee quer durch die Halbinsel hinüber zum Weddellmeer. Wilkins hatte also doch recht, als er die Antarktische Halbinsel für eine Insel hielt.

Der Scotiarücken und die Antarktische Halbinsel sind Ausläufer der amerikanischen Kordilleren. Die Verbindung zwischen den beiden Kontinenten wurde vor rund 30 Millionen Jahren unterbrochen,

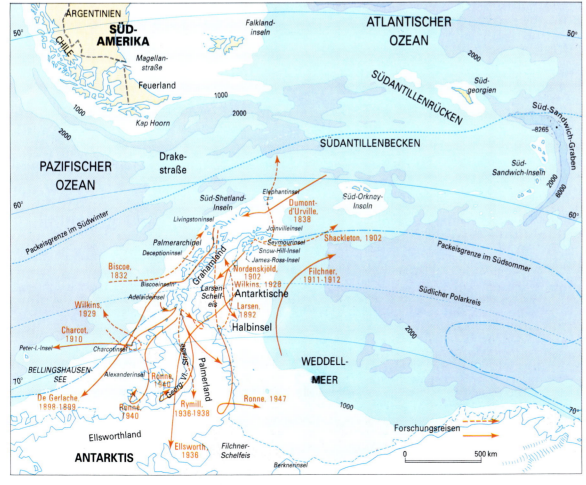

Die Deceptioninsel im Archipel der Süd-Shetland-Inseln, lange Zeit wichtiger Stützpunkt für Walfänger, Robbenschläger und Polarforscher, besitzt einen kleinen Vulkan, der ab und zu Aschen ausspuckt.

Vom Larsenschelfeis vor der Ostküste der Antarktischen Halbinsel brechen Tafeleisberge ab, die mit der Südpolartrift aufs offene Meer hinaustreiben. Mitunter höhlen die Wellen in den Eismassen solch schöne, aber vergängliche Eisbrücken aus.

PFLANZEN UND TIERE DER ANTARKTIS

Neben verschiedenen Moosen und Flechten kann man an windgeschützten Stellen zwei Arten von Blütenpflanzen finden. Die schüttere Pflanzendecke bildet den Lebensraum für Insekten und mikroskopisch kleine Spinnen. Das Schmelzwasser beherbergt im Sommer Grünalgen und winzige Krustentiere. Schwärme streichholzlanger Krebse, der Krill, bevölkern das Meer. Sie sind die Hauptnahrungsquelle für Vögel, Robben und Bartenwale.

Die Kaiserpinguine brüten im Spätherbst und ziehen ihre Jungen mitten im antarktischen Winter auf. Der kleinere Adéliepinguin wandert im Winter aufs Packeis hinaus, wo seine Nachkommen ausschlüpfen und aufwachsen, bevor die Familie im Frühjahr wieder an Land kommt. Auch die großen Rudel der Weddellrobben verlassen im Herbst das feste Land – ihre Jungen kommen im Wasser zur Welt. Im Winter ziehen die Robben ohnehin das Wasser vor, denn es ist viel wärmer als die Luft.

Heute, nach dem Verbot des Walfangs, haben die Wale wieder eine Chance, ihre Bestände zu vergrößern und als Arten zu überleben. Neben den Bartenwalen, die sich nur von Kleinstlebewesen ernähren, gibt es auch gefürchtete Räuber, die auf Robben und See-Elefanten Jagd machen. Die gesamte Tierwelt steht heute unter Naturschutz.

Vor den vergletscherten Berger

POLARGEBIETE

ZEUGEN TROPISCHEN KLIMAS

Der norwegische Seefahrer Carl Anton Larsen entdeckte 1892 auf der Seymourinsel die ersten antarktischen Pflanzenfossilien. Er fand nicht, wie man vielleicht annehmen könnte, versteinerte Pflanzen polarer Zonen, sondern Gewächse, deren nächste Verwandte heute in den Tropen beheimatet sind. Sie waren in Sedimentgesteinen aus dem Mesozoikum und dem Tertiär eingeschlossen; damals mußte also im Südpolargebiet ein wesentlich wärmeres Klima als in der geologischen Gegenwart geherrscht haben. Inzwischen fand man in der Antarktis, wie auch im Nordpolargebiet, zahlreiche steinerne Zeugen für Perioden mit warmem, beinahe tropischem Klima. Andererseits gibt es auch eindeutige Hinweise auf ausgedehnte Vereisungen der südlichen Kontinente gegen Ende des Erdaltertums.

als sich die Drakestraße zwischen Südamerika und Antarktika öffnete. Damit konnte erstmals die Südpolartrift mit ihren kalten Wassermassen den Erdball umrunden.

Wahrscheinlich hängt das plötzliche Auftauchen von Fossilien kälteliebender Meerestiere in den Sedimenten des älteren Tertiärs mit der Öffnung der Meeresstraße zusammen. Sie muß zu einer deutlichen Abkühlung des Ozeans und der benachbarten Landmassen geführt haben. Heute ist das Klima an den Ufern der Drakestraße im Vergleich mit den eisigen Temperaturen im Innern des Kontinents beinahe gemäßigt. Es regnet hin und wieder, und die Jahresmitteltemperatur auf der Deceptioninsel liegt sogar bei 0 °C.

Unter solchen Bedingungen sind Pläne zur Ausbeutung der Naturschätze nicht mehr nur pure Utopie. Auf der Karte des Welttourismus ist die Antarktische Halbinsel jedenfalls kein weißer Fleck mehr. Wer eine Kreuzfahrt in die antarktischen Gewässer bucht, muß sich allerdings den Regeln des sanften Tourismus fügen. So ist es verboten, sich näher als 200 m an die Pinguinkolonien heranzuwagen oder die empfindliche Moostundra zu betreten. Die strenge Kontrolle muß sein, denn dem einzigartigen Lebensraum drohen Gefahren: 1988 gab es bereits eine kleinere Ölpest. Pläne zur Ausbeutung der Bodenschätze wurden vorerst nicht verwirklicht; interessanter ist der Reichtum der antarktischen Gewässer an Meerestieren.

René Létolle

Im Sommer spülen die Wellen tote Wale an die Strände von Südgeorgien. Ihre Skelette häufen sich auf, bis ein Sturm sie an eine andere Stelle schwemmt oder sie von Sand und Geröll bedeckt werden und schließlich versteinern. Manche dieser Walfriedhöfe sind mehrere tausend Jahre alt.

tummeln sich die Pinguine zu Tausenden.

Der Mount Erebus

Ein See aus rotglühender Lava in einem Schrein aus bläulichem Eis, gelber Schwefelhauch und zu funkelnden Kristallen erstarrte, ätzende Vulkandämpfe: Bilder wie aus einer anderen Welt, so unwirklich schön und zugleich erschreckend wie der gewaltige Vulkan, der sich über das Ross-Schelfeis erhebt und den Namen der Unterwelt trägt.

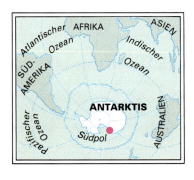

Aus der Ferne betrachtet, etwa von der amerikanischen Forschungsstation McMurdo auf der Rossinsel, gleicht der Mount Erebus dem Ätna auf Sizilien: die gleiche gedrungene Gestalt, die gleichen tief zerschlitzten Flanken, an denen man die wechselnden Lava- und Aschenschichten erkennen kann. Der beinahe 4000 m hohe Vulkan ist ein typischer Schichtvulkan, der sich durch aufeinanderfolgende Lavaergüsse und Ascheneruptionen aufgetürmt hat. Noch heute spuckt der antarktische Feuerberg Lavafetzen aus.

Eine überraschende Entdeckung

Im Januar 1841, als der Vulkan von Sir James Clarke Ross entdeckt wurde, muß er besonders aktiv gewesen sein. Der schottische Polarforscher hatte sich mit seinen beiden Schiffen *Erebus* und *Terror* unter größten Mühen einen Weg durch das Packeis gebahnt, als er in rund 100 km Entfernung aus dem Vulkankrater Flammen aufsteigen sah, am hellichten Tag, denn die Sonne geht in diesen Breiten den ganzen Polarsommer nicht unter.

Ein aktiver Vulkan, mitten im Herzen der Antarktis – welch außergewöhnliche Entdeckung! Und gleichzeitig eine nicht weniger spektakuläre Höchstleistung in der Geschichte der Seefahrt: die Landung auf der Rossinsel, dem südlichsten bis dahin angelaufenen Punkt im Südpolarmeer (77° 40'). Zu Beginn unseres Jahrhunderts wurde die Insel zum Ausgangspunkt für zahlreiche Expeditionen, die sich den Südpol als Ziel gesetzt hatten. Auch heute ist die 1956 von den USA auf der Rossinsel gegründete Forschungsstation McMurdo der Dreh- und Angelpunkt sämtlicher Forschungsreisen auf dem eisigen Kontinent.

Außer dem Mount Erebus (3794 m) gibt es auf der Insel noch drei etwa 1500–2000 m hohe Vulkane, die nach heutigen Erkenntnissen als erloschen gelten, und ein knappes Dutzend kleinerer Vulkan-

Die Atmosphäre ist in der Antarktis so klar und durchsichtig, daß man den Mount Erebus schon von weitem erkennen kann. Aus seinem Gipfelkrater dringen immer dichte Wolken. Das Treibeis im Rossmeer deutet auf den beginnenden Sommer hin. In den drei Sommermonaten kann man die am McMurdosund gelegene Rossinsel über das Meer erreichen.

POLARGEBIETE

kegel. Im Westen, Süden und Osten grenzt die Rossinsel ans offene Meer, im Norden lehnt sie sich an das Ross-Schelfeis an, eine riesige schwimmende Eistafel, die 545 000 km² bedeckt und zwischen 300 und 800 m dick ist. Sie endet abrupt an einer durchschnittlich 30 m hohen Eiswand, der sogenannten Rossbarriere. Hier brechen die gewaltigen Tafeleisberge ab, die mit der Südpolartrift in den Pazifik hinaustreiben und schließlich schmelzen. In der Bilanz des antarktischen Inlandeises machen die Eisberge 95% der Verluste aus.

Die vulkanische Tätigkeit des Mount Erebus paßt nicht so recht zu den Theorien von der Verbreitung des Vulkanismus auf der Erde. Wahrscheinlich sitzen er und die benachbarten Feuerberge auf den Randverwerfungen der beiden großen geologischen Gräben, welche die Becken des Rossmeeres und des Weddellmeeres geschaffen haben. In dieser Beziehung ähnelt er den Vulkanen Ostafrikas, insbesondere dem Mount Kenya, die sich an den Grabensenken des Schwarzen Erdteils aufreihen. Die vulkanischen Gesteine des Mount Erebus ähneln auch denen des erloschenen Mount Kenya; man spricht deshalb von Kenyten.

Zu den Besonderheiten des Mount Erebus gehören neben dem Lavasee im Innern des Kraters – übrigens ein äußerst seltenes Phänomen, das in der Regel an sehr dünnflüssige Lava gebunden ist – vor allem die vielen Eisschlote, die aus dem Berg emporwachsen und mehrere Dutzend Meter hoch werden können. Die vulkanischen Dämpfe, die aus Spalten austreten, erstarren bei der grimmigen Kälte zu einer Art Rauhreif, der sich rund um die Austrittsöffnung zu schlotähnlichen Formen auftürmt.

Der Lavasee

Der See aus glutflüssiger Lava wurde erst 1974 von einer Gruppe neuseeländischer und französischer Forscher entdeckt. Sie erlebten einen der seltenen Augenblicke, in denen sich der Dunst im Krater etwas lichtet und den Blick auf den Kraterboden freigibt. Die Wissenschaftler, die den Vulkan seit dem Beginn dieses Jahrhunderts erforschen, hätten schon sehr viel Glück haben müssen, um den Lavasee zu bemerken. Heute kann man in Ruhe die günstigste Witterungsperiode abwarten und dann mit dem Helikopter zur Beobachtung des Lavasees auf den Gipfel des Vulkans fliegen.

Ein Aufenthalt auf dem Gipfel des Mount Erebus ist allerdings nicht nur wegen des Lavasees ein beeindruckendes Erlebnis. Der Panoramablick über

Diese Eisschlote am Gipfel des Mount Erebus entstehen, wenn der an den Flanken des Vulkans in Fumarolen austretende Wasserdampf gefriert. Unterhalb der sonderbaren Gebilde erstreckt sich im Eis ein weites Netz von Spalten, durch die sich die vulkanischen Dämpfe ihren Weg zur Oberfläche bahnen.

FORSCHUNGSSTATIONEN IN DER ANTARKTIS

Zwischen 800 und 2000 Menschen leben je nach Jahreszeit in den drei bis vier Dutzend über die Antarktis verteilten Forschungsstationen, um die wissenschaftlichen Untersuchungen durchzuführen, die der internationale Antarktisvertrag von den Vertragsstaaten fordert. Die meisten dieser Stationen befinden sich auf der Antarktischen Halbinsel oder an den Küsten; im Binnenland wurden bisher nur einige wenige Stationen eingerichtet.

Der Großteil der Forscher befaßt sich mit biologischen Themen. Die extremen Lebensbedingungen machen aus der Antarktis ein außerordentlich interessantes natürliches Laboratorium. Der eisige Kontinent gilt außerdem als die Wetterküche der Südhalbkugel; Meteorologen, Geophysiker und Klimakundler führen hier deshalb Untersuchungen am Boden, im Eis, aber auch in den höheren Stockwerken der Erdatmosphäre durch. Die mächtige Eiskuppel über dem Zentrum des Kontinents konnte nicht verhindern, daß die Geologen in der Antarktis einige besonders interessante Fakten zur Geschichte unseres Planeten, insbesondere über die Klimageschichte, entdeckten. Viele andere Disziplinen sind mit Wissenschaftlern in den Forschungsstationen vertreten, von der Medizin, welche die Auswirkungen der extremen Klimabedingungen auf den menschlichen Organismus untersucht, bis zur Psychologie, die sich für die Probleme des Zusammenlebens in den meist engen Stationen interessiert.

Vor allem der Einsatz von Flugzeugen hat in der Erforschung der Antarktis revolutionäre Fortschritte gebracht und das Leben der Forscher in ihren Stationen angenehmer und sicherer gemacht. Die ersten Stationen waren bei der Versorgung noch vollständig von Schiffen abhängig und deshalb im Winter praktisch von der Außenwelt abgeschnitten. In der ersten Hälfte dieses Jahrhunderts waren die meisten Camps nur halbjährig besetzt; der entscheidende Durchbruch kam mit den vom berühmten Polarflieger Richard E. Byrd organisierten amerikanischen Großexpeditionen *High Jump* (1946/47) und *Deep Freeze* (1955), bei denen die gesamte moderne Technik eingesetzt wurde. Hatten sich die Polarforscher zu Beginn des Jahrhunderts noch mit Skiern und Hundeschlitten durch die Eiswüsten gekämpft, so gehören Schneemobile und Helikopter inzwischen zur Grundausrüstung der Stationen.

Mit der Technik zog freilich auch die Umweltverschmutzung in den bis dahin buchstäblich blütenweißen Kontinent ein. In den vergangenen Jahren mußten mehrfach Reinigungsaktionen in der Umgebung der Stationen durchgeführt werden, weil sich der Müll zu hohen Bergen angehäuft hatte.

Die französische Forschungsstation Dumont d'Urville in Adélieland, einer der windigsten Ecken der Antarktis

die Rossinsel, das benachbarte Schelfeis und die vergletscherten Höhen des antarktischen Festlandes ist genauso eindrucksvoll. Vom Gipfel erkennt man mit einem Blick alle Facetten der Antarktis. Die Luft ist hier so klar, so vollkommen durchsichtig, wie man es aus anderen Breiten gar nicht kennt. Selbst 500 km weit entfernte Gipfel des Transantarktischen Gebirges sind deutlich zu erkennen. Massige Tafeleisberge, die von der Stirn des Ross-Schelfeises abgebrochen sind, driften majestätisch durch das Treibeis auf dem Rossmeer, mitunter genau entgegengesetzt zur Bewegungsrichtung der Eisschollen, denn Eisberge mit großem Tiefgang werden von den Meeresströmungen verfrachtet, die kleineren Schollen dagegen vielfach von den Winden. Die größten dieser Eisberge sind 30–40 km lang und mehrere hundert Meter dick. Der längste Tafeleisberg, der jemals gesichtet wurde, hatte eine Länge von 350 km. Nach Osten hin versperrt der Mount Terror die Sicht, weit im Westen aber erkennt man die dunklen Flecken der eisfreien Oasen der Antarktis.

Der Mensch hat seit etwa einem Jahrhundert auf dem eisigen Kontinent Fuß gefaßt und vor allem an den Küsten seine Stützpunkte errichtet. Noch sind seine Spuren gering, doch die drei kleinen Biwaks, die zwischen 1902 und 1917 von den Expeditionen Scotts und Shackletons am Fuß des Mount Erebus angelegt wurden und seitdem von den Besatzungen der benachbarten Stationen liebevoll gepflegt werden, machen deutlich, daß die Antarktis zwar die letzte wirkliche Wildnis der Erde ist, aber sehr wohl schon ihre eigene Menschengeschichte hat.

Jean-Christophe Sabroux

POLARGEBIETE

AUF DER SUCHE NACH DEM MAGNETPOL

Der schottische Polarforscher Sir James Clarke Ross (1800–1862) trat in die Fußstapfen seines Onkels Sir John Ross (1777–1856), der drei große Expeditionen in die Arktis unternahm. Auf einer der Forschungsreisen begleitete er seinen Onkel und entdeckte dabei im Mai 1831 den magnetischen Nordpol. Im November 1840 brach er von Tasmanien aus nach Süden auf, um den geomagnetischen Südpol zu suchen.

Nachdem er am 1. Januar 1841 den Polarkreis gequert hatte, entdeckte Ross am 11. Januar die hohe Gebirgskette Admiralty Range, landete auf der nach ihm benannten Insel und konnte dank der günstigen Witterungs- und Eisverhältnisse weiter nach Süden vordringen. Am 2. Februar konnte die Expedition über den 78. Breitenkreis vorstoßen – ein Rekord jener Zeit. Dann erhob sich jedoch vor den Schiffen die unüberwindliche Barriere des Ross-Schelfeises.

Ein Jahr später kehrte Ross noch einmal in das nach ihm benannte Meer zurück und konnte seinen früheren Rekord nochmals verbessern. Als er umkehren mußte, war er nur noch 800 km vom Südpol entfernt.

Oben: Die dünnflüssige Lava auf dem Grund des Kraters wallt und brodelt wie Tomatensuppe in einem Kochtopf. Kurzfristige Lavaseen kommen recht häufig vor, über Jahrzehnte hinweg können jedoch nur wenige Vulkane die Tätigkeit eines Lavasees aufrechterhalten.

Im Dezember 1974 stieg erstmals ein Mensch in den Krater des Mount Erebus hinunter. An den nahezu senkrechten, mit Eis gepanzerten Kraterwänden bewährten sich die Klettertechniken der Höhlenforscher. Der Eispanzer sorgte andererseits dafür, daß die Steinschlaggefahr, die sonst an Steilhängen von Vulkanen die Arbeit gefährlich macht, am Erebuskrater gering ist.

Weitere Naturwunder der Erde

Angelfall, Venezuela

Adrar, Mauretanien
Schichtstufenlandschaft am Westrand der Südsahara, zwischen den Flugsandfeldern im Hinterland der mauretanischen Küste und dem Erg Ouaran. Die leicht nach Südosten geneigten Schichttafeln bestehen hauptsächlich aus Sandsteinen des Erdaltertums; ihre nach Nordwesten gerichteten Steilhänge überragen das kristalline Grundgebirge um bis zu 800 m. In den Trockentälern, welche die Sandsteintafeln zerschneiden, beleben einige Akazien und Tamarisken mit ihrem Grün die schwarzbraunen, von Wüstenlack (Eisen- und Manganverbindungen) überzogenen Steinwüsten. Hauptorte des mauretanischen Adrars sind Atar und das im Sand versinkende Chinguetti.

Agua, Guatemala
Ruhender Vulkan, der vermutlich am 10. September 1541 zum letztenmal ausbrach und dabei die erste Hauptstadt Guatemalas unter Schlamm- und Schlackenströmen begrub. In der Nähe des 3753 m hohen, ebenmäßig geformten Vulkankegels liegen zwei weitere Vulkane, der Pacaya und der Fuego, die noch sehr aktiv sind und zusammen mit dem Vulkan des Wassers (span. *agua* = Wasser) ein wahres Feuerdreieck bilden. Bis heute ist unklar, ob die Schlammströme, die 1541 die Hänge des Vulkans hinunterflossen, nicht einfach durch Starkregen ausgelöst worden sind.

Angelfall (Salto Ángel), Venezuela
Mit einer Fallhöhe von 980 m der höchste Wasserfall der Erde. Der Rio Carrao stürzt hier im Bergland von Guayana vom Sandsteinplateau des Auyan Tepui in die Tiefe. Am Fuß des Felsens sammeln sich die schäumenden Wassermassen in einem Becken und fließen durch einen Canyon in den Rio Churún, einen Nebenfluß des Caronís. Der zweistufige Angelfall war bei den Indianern unter dem Namen Churunmerú bekannt; bereits 1910 hatte ein Forscher über ihn berichtet, 1935 wurde er dann von dem amerikanischen Ingenieur Jim Angel bei einem Flug über das von tropischen Regenwäldern bedeckte Bergland wiederentdeckt.

Ankaranaplateau, Madagaskar
Kalksteinplateau im Norden der Insel zwischen Anivorano und Ambilobe. Das maximal 300 m hohe Plateau besteht aus Jurakalk über einem Fundament von kristallinen Kalksteinen. Unter dem niederschlagsreichen Klima im Nordosten Madagaskars laufen die Karstprozesse in den leicht löslichen Kalksteinen besonders schnell ab. Das Regen- und Sickerwasser hat im Verlauf der Bodenerosion tiefe Karren in das Gestein geätzt und im Untergrund zahlreiche Höhlen ausgewaschen. Im Zentrum des Plateaus liegt das Tsingy, ein zerklüftetes, nicht begehbares Karrenfeld mit messerscharfen Graten, spitzen Türmen und tiefen Dolinen.

Antsiranana (Diego-Suárez), Madagaskar
Malerische Bucht an der Nordspitze der Insel und einer der besten Naturhäfen an den Küsten des Indischen Ozeans, der den Seefahrern mit seiner Felsumrahmung Schutz vor tropischen Wirbelstürmen bietet. An der von weißen Sandstränden gesäumten Bucht entstand der Flottenstützpunkt und Handelshafen Diego-Suárez, heute Antsiranana.

Apuseni, Rumänien
Zerklüftetes Kalkgebirge, das zu den Westkarpaten gehört und im Biharmassiv Höhen zwischen 1000 und 1200 m erreicht. Das Wasser hat in den gefalteten Kalksteinschichten die typischen Karstformen geschaffen: tiefe Höhlen, Karstquellen mit Sinterbecken, dunkle Canyons und atemberaubend steile Karstschächte. Über das verkarstete Gebirge ragen Gipfel aus kristallinen Schiefern auf, wie der Curcubata.

Ararat (Agri Dagh), Türkei
Erloschener Vulkan im ostanatolischen Hochland im Grenzgebiet zwischen der Türkei, dem Iran und Armenien. Das zweigipflige, stark vergletscherte Massiv mit dem Großen Ararat (5165 m), dem höchsten Berg der Türkei, und dem Kleinen Ararat entstand an der Wende vom Tertiär zum Quartär. Die beiden Gipfel werden von Trachyten aufgebaut; an den unteren Hängen treten Basalte und vulkanische Aschen zutage. Auf dem majestätischen Vulkangebirge, das sich bis zu 4400 m über das Hochland erhebt, soll nach der Überlieferung Noah mit seiner Arche nach der Sintflut gelandet sein.

Aughrabiesfälle, Südafrika
Wasserfälle in der nordwestlichen Kapprovinz, die zu den fünf größten und schönsten Fällen der Erde gehören, jedoch kaum bekannt sind. Der Oranje River, der größte Fluß Südafrikas, stürzt hier nach einer Reihe von Stromschnellen, die sich nur wenig in das Granitplateau eingeschnitten haben, etwa 160 m in eine enge Schlucht hinab. Während der Regenzeit, wenn mehr als 15 000 m³ Wasser pro Sekunde auf einer Breite von 3 km in den Abgrund stürzen, erkennt man die Fälle schon von fern an den weißen Gischtwolken. Die Aughrabiesfälle sind seit 1966 Teil eines Nationalparks.

Bandiagarastufe, Mali
Steilstufe am Rand des Sandsteinplateaus, das von den Ebenen am Binnendelta des Nigers allmählich bis auf eine Höhe von 600–800 m ansteigt. Die 300 m hohe Geländestufe, die entweder als Rumpfstufe oder als Schichtstufe gedeutet wird, ragt 300 m über das von Dünen bedeckte Vorland. Im Osten blieben einige Sandsteinreste als Zeugenberge erhalten. Die Lehmdörfer der Dogon schmiegen sich an die von zahllosen Klüften durchzogenen rötlichen Felswände.

Barranca del Cobre, Mexiko
50 km langer Canyon, der die Hochebene von Creel innerhalb der Westlichen Sierra Madre mit 1400 m hohen, fast senkrechten Felswänden zerschneidet. Die vom Rio Urique geschaffene Schlucht, die ihren Namen alten Kupferminen (span. *cobre* = Kupfer) verdankt, kann sich durchaus mit dem Grand Canyon des Colorados im Südwesten der USA messen. Während die Randhöhen des Canyons von Trockenwäldern und Dorngestrüpp bedeckt sind, gedeiht am Grund der Schlucht, wo das Klima feuchter ist, ein üppiger tropischer Regenwald.

Ben Nevis, Großbritannien
Höchster Berg der Britischen Inseln (1344 m). Der von ozeanischen Heiden bedeckte, abgerundete Gipfel im Westen der schottischen Grampian Mountains zeigt deutliche Spuren der Vergletscherung im Eiszeitalter, beispielsweise in den tiefen Trogtälern in der Nachbarschaft und den Karen an der Nordseite, die ihm eine stark asymmetrische Form geben. Heute liegt der aus Andesitlava aufgebaute Gipfel rund 300 m unterhalb der klimatischen Schneegrenze. Im Jahresdurchschnitt erhält er mehr als 4000 mm Niederschlag. Sein Gipfel ist meist von Wolken verhüllt.

Betsibokafälle, Madagaskar
Wasserfälle im Mittellauf des Betsibokaflusses, der an der Westflanke des zentralen Hochlandes der Insel auf einer Breite von 200–300 m und auf einer Länge von mehr als 1000 m in mehreren Kaskaden rund 50 m hinabstürzt. In der Regenzeit hat er einen Abfluß von mehreren tausend Kubikmetern pro Sekunde. Bei trockener Witterung trocknet das Flußbett zum Teil aus, und riesige Strudeltöpfe kommen zum Vorschein. Sie wurden von Wasserwalzen mit Geröllen aus hartem Gestein in die Granitfelsen gefräst.

Blue Mountains, Australien
Sandsteinplateau innerhalb der Great Dividing Range in New South Wales westlich von Sydney. Das aus rötlichen, flachlagernden Sandsteinen der Trias aufgebaute Plateau bildet eine bis 1360 m hohe Barriere, welche die Erforschung und Besiedlung des australischen Binnenlandes lange Zeit erschwert hat. Eisenbahnlinien und Straßen folgen den tiefen Tälern, die den Rand des Plateaus zerschneiden. Auf den sanfter geneigten Hängen wachsen Eukalyptuswälder. Möglicherweise hängt der bläuliche Dunst, nach dem die Blauen Berge benannt sind, mit den winzigen Tropfen ätherischer Öle zusammen, die die Eukalyptusbäume an heißen Tagen ausscheiden und die in der Luft schweben.

Bongomassiv (Bongoberge, Massif des Bongo), Zentralafrika
Hochplateau im Nordosten der Republik, nahe der Grenze zum Sudan. Das 42 000 km² große Massiv bildet die Wasserscheide zwischen den Einzugsgebieten der drei großen afrikanischen Ströme Nil, Schari und Zaïre. Es erhebt sich mit Inselbergen, breiten Sandsteindomen und zerklüfteten Monolithen, den sogenannten *kaga*, über die ausgedehnten Rumpfflächen der Nordäquatorialschwelle. Die bizarren Formen der *kaga* hängen mit der starken Zerklüftung der Sandsteinschichten aus dem Erdmittelalter zusammen. Isolierte Reste der Sandsteindecke liegen als Zeugenberge weit vor dem Rand des Hochplateaus.

Bosque de Rocas, Peru
Felsenwald, so heißt der Name, am Rand des Altiplanos in den peruanischen Anden, ein Labyrinth bizarrer Felstürme, die von Rinnen zerfurcht, von Tafoni (Verwitterungslöchern) zerfressen und zuweilen von Wackelsteinen gekrönt sind. Das Ignimbritgestein, aus dem die Türme bestehen, lagerte sich an der Wende vom Tertiär zum Quartär aus vulkanischen Glutwolken ab. An der Formung der Felsen waren und sind heute noch die verschiedensten Verwitterungsprozesse beteiligt: in den Kaltzeiten des Quartärs die Frostverwitterung, in feuchteren Zeiten intensive Lösungsvorgänge und schließlich die Hartrindenbildung in Trockenzeiten.

Cañon Diablo, Vereinigte Staaten von Amerika
Meteoritenkrater, der zwischen den Städten Flagstaff und Winslow in Arizona liegt. Der 180 m tiefe, trichterförmige Krater entstand vor etwa 22 000 Jahren, als ein mindestens 2 Mio. t schwerer Nickeleisenmeteorit mit einer Geschwindigkeit von mehreren Dutzend Kilometern in der Sekunde in die flachlagernden Triasschichten in der Wüste von Arizona einschlug. Unter dem trockenen Klima im Südwesten der Vereinigten Staaten hat sich der 1871 entdeckte und Teufelscanyon genannte Krater im Unterschied zu anderen Meteoritenkratern der Erde sehr gut erhalten.

Changjiang (Jangtsekiang), China
Größter und wasserreichster Strom Chinas und zugleich einer der längsten Flüsse der Erde. Er entspringt im tibetischen Hochland und mündet nach einem 5472 km langen Lauf bei Shanghai im Ostchinesischen Meer. Das Wasser des Stroms wird im großen Umfang zur Bewässerung der Felder und zur Erzeugung elektrischer Energie verwendet. Der Changjiang ist für Hochseeschiffe mit 10 000 t Tragfähigkeit 1100 km stromaufwärts bis Wuhan, für kleinere Schiffe sogar 2253 km weit bis Chongqing befahrbar. Überschwemmungen sind häufig, haben jedoch wegen natürlicher und künstlicher Hochwasser-Staubecken nur selten solch katastrophale Folgen wie am Huang He, dem Gelben Fluß.

Choa, Äthiopien
Basaltplateau nordöstlich von Addis Abeba, das von den Zuflüssen des Blauen Nils in tiefen Schluchten durchflossen wird. Die mehr als 600 m tiefen Canyons zerschneiden das Plateau bis in den Sockel aus Kalkstein, wo die Flüsse viele kleine und größere Wasserfälle bilden. Jedes winzige Fleckchen Boden an den Talhängen wird für den Anbau genutzt, die Bodenkrume ist jedoch bereits zum größten Teil von den tropischen Regengüssen abgespült. Der dunkle Basaltlehm, der das Wasser des Stroms blauschwarz färbt, hat dem Blauen Nil seinen Namen gegeben.

Blue Mountains, Australien

*Barranca del Cobre, Mexiko
(Text Seite 333)*

*Choaplateau, Äthiopien
(Text Seite 333)*

Dalmatien, Kroatien
Historische Landschaft an der Adriaküste, die sich vom Fuß des Velebitgebirges im Nordwesten über 500 km weit bis zur Bucht von Kotor im Südosten erstreckt. Dem schmalen Küstentiefland sind zahllose langgestreckte Inseln vorgelagert. Sie stellen die Sättel und Kämme eines Faltengebirges dar, das in den ersten Jahrtausenden der Nacheiszeit vom Meer überflutet wurde. Die Mulden und Täler dieses Gebirges bilden heute die schmalen Meeresstraßen zwischen den Inseln. Nach diesen Meeresstraßen an der dalmatinischen Küste, die in der Landessprache *Canale* heißen, werden solche Küsten weltweit als Canaleküsten bezeichnet.

Death Valley (Tal des Todes), Vereinigte Staaten von Amerika
Talsenke im wüstenhaften Südosten Kaliforniens nahe der Grenze zu Nevada. Sie ist etwa 225 km lang und bis 26 km breit. Der von Salztonebenen und Dünenfeldern bedeckte Boden des Death Valley liegt 86 m unter dem Meeresspiegelniveau; er ist damit der tiefste Punkt Nordamerikas. Trotz des extrem heißen und trockenen Klimas (Maximaltemperaturen über 55 °C) beherbergt das Tal eine überraschend artenreiche Flora und Fauna, darunter etwa drei Dutzend Säugetier- und mehr als 100 Vogelarten.

Devils Tower, Vereinigte Staaten von Amerika
Vulkanischer Härtling im Nordosten des Bundesstaates Wyoming. Er erhebt sich als 400 m hoher Felsturm über den Ufern des Belle Fourche River. Dieser Teufelsturm, wie die Indianer den markanten Berg nannten, besteht ähnlich wie manche Gipfel in der Rhön oder im Hegau aus Phonolithporphyr. Das hellgraue Lavagestein, das als besonderes Erkennungsmerkmal große weiße Feldspatkristalle enthält, bildet zuweilen bei der Abkühlung sehr regelmäßige, meist fünfseitige Säulen. Die Indianer haben freilich eine andere Erklärung für die auffälligen Säulen: Für sie sind es die Spuren, die ein riesiger Grislybär hinterließ, als er einst versuchte, mit seinen Pranken einen Menschen auf dem Gipfel des Felsens zu erreichen.

Dolomiten, Italien
Hochgebirgsmassiv der Südlichen Kalkalpen zwischen dem Pustertal im Norden, den Tälern der Piave und der Brenta im Osten bzw. Süden und den Tälern von Eisack und Etsch im Westen. Das in mehrere Gebirgsstöcke gegliederte Massiv besteht zum Teil aus fossilen Korallenriffen, die sich in Dolomitgestein umgewandelt haben. Die Dolomitklötze setzten während der Orogenese der Faltung großen Widerstand entgegen und sind deshalb im Gegensatz zu den Dolomitschichten in den Nördlichen Kalkalpen kaum gefaltet. Als Zinnen, Türme und Nadeln mit mehreren hundert Meter hohen, nackten Felswänden ragen die Gebirgsstöcke über die sanfter geneigten Hänge in weicheren Ton- und Mergelschichten empor.

Donaudelta, Rumänien
Mündungsgebiet des zweitgrößten europäischen Stromes. Das rund 4000 km² große, sumpfige Delta beginnt bei Tulcea, wo sich der Strom in die drei wichtigsten Mündungsarme verzweigt: Kilia, Sulina und Sankt Georg. Nur der Sulina-Arm ist bis zum Schwarzen Meer für größere Schiffe schiffbar, die beiden anderen Arme sind verschlickt und können nur von Booten mit geringem Tiefgang befahren werden. Die Schilfdickichte, die etwa die Hälfte des Deltas bedecken, werden von etwa 300 Vogelarten bewohnt, darunter Rosapelikan, Seeadler und Seidenreiher. 1990 wurde das Vogelparadies von der UNESCO als Biosphärenreservat anerkannt; die Ausweisung als Nationalpark soll folgen.

Drakensberge, Südafrika
Gebirgszug an der Südostseite Afrikas, der sich rund 1100 km weit vom östlichen Transvaal durch den Oranje-Freistaat, Natal und Lesotho bis in die östliche Kapprovinz zieht. Geologisch ist der Gebirgszug, ein Teil der Großen Randstufe Südafrikas, in mehrere, sehr unterschiedliche Massive gegliedert. Im Norden treten beispielsweise harte Quarzite zutage, im Basutoland wird der Steilabfall dagegen von mächtigen, flachlagernden Basaltdecken gebildet. Der Name der Drakensberge, die im Thabana Ntlenyana 3482 m Höhe erreichen, geht auf eine afrikanische Sage zurück, nach der sie die Heimat der Drachen sein sollen.

Dunajec, Polen
Nebenfluß der Weichsel, der in der Hohen Tatra entspringt und teilweise die Grenze zwischen Polen und der Tschechoslowakei bildet. Unterhalb von Neumarkt durchquert er in einem engen Durchbruchstal die aus harten Jurakalken aufgebaute Pieninykette. Das malerische Tal mit seinen bis zu 300 m hohen, nahezu senkrechten Felswänden ist heute der Kern eines vielbesuchten Nationalparks.

El-Kantara (El-Qantara), Algerien
Trockental, das sich durch den Sahara-Atlas schneidet und so gewissermaßen eine Brücke (arab. *el kantara* = Brücke) zwischen den Orten im Hochland der Schotts und den Oasen der Sahara bildet. Durch die stellenweise nur 40 m breite Schlucht zwängen sich die Straße und die Eisenbahnlinie von Batna nach Biskra. Am südlichen Ende des Engpasses breitet sich ein großer Schwemmkegel aus, der mit Dattelpalmen bepflanzt ist.

Everglades, Vereinigte Staaten von Amerika
Subtropisches Sumpfgebiet im Innern der Halbinsel Florida südlich des Okeechobeesees. Der Sumpf, der etwa ein Gebiet von der Größe Schleswig-Holsteins einnimmt, besteht hauptsächlich aus Schilfdickichten, in die einzelne Bauminseln eingestreut sind. An der Westküste geht er in Mangrovesümpfe über. Der Südwestteil der Everglades, in denen eine artenreiche Tierwelt mit mehr als 350 Vogelarten und 60 Amphibien- und Reptilienarten lebt, wurde 1947 als Nationalpark mit einer Fläche von 5668 km² unter Naturschutz gestellt. Für die Indianer waren die Sümpfe einst das *Pa-hay-o-chee*, das Wasser voll Gras.

Frasassi, Italien
Umfangreiches Höhlensystem im Zentralapennin in der Provinz Marche. Die Grotta di Frasassi, die eigentliche Frasassihöhle, ist weniger wegen ihres Tropfsteinschmucks als wegen ihrer kulturellen Bedeutung sehenswert. In der Eingangshalle der Karsthöhle, in der einst kultische Handlungen vollzogen wurden, steht ein sechseckiger neoklassizistischer Tempel. Unweit der Grotta di Frasassi befindet sich der Eingang zur Grotta Grande del Vento, der Großen Windhöhle, deren Gänge inzwischen von den Höhlenforschern auf insgesamt 13 km Länge

vermessen sind. Sie gehört wie die Frasassihöhle zum Karstsystem Fiume-Vento.

Gambierinseln, Französisch-Polynesien
Inselgruppe im Südpazifik, etwa 1600 km südöstlich von Tahiti. Der Archipel wird an drei Seiten von einem halbkreisförmigen, 65 km langen Riff umgeben, das eine 200 km² große Lagune einschließt. Innerhalb der Lagune liegen die vulkanische Hauptinsel Mangareva, einst das Zentrum der katholischen Mission des Ostpazifiks, sowie drei andere bewohnte Inseln. Im nordöstlichen Teil wird das Korallenriff von kleinen Sandinseln bedeckt, die durch seichte Meeresarme voneinander getrennt sind. Im Süden taucht das Riff dagegen unter den Meeresspiegel ab, und zwar so, als ob sich der Meeresboden unter ihm gesenkt hätte.

Garrotxa (La Gorrotxa), Spanien
Vulkanlandschaft um die Kleinstadt Olot, etwa 90 km nördlich von Barcelona. Die Vulkanausbrüche, die hier vor etwa 350 000 Jahren begannen und mit der letzten Eruption vor 11 500 Jahren endeten, hinterließen ein wahres Freilichtmuseum vulkanischer Landschaftsformen: große Kegel, Aschenkegel, Basaltströme, die sich in Täler ergossen und Seen abdämmten, schönen Säulenbasalt. Auf den fruchtbaren Vulkanböden wachsen dichte Eichenwälder mit einer außergewöhnlich reichen Bodenflora, in der sich mediterrane und mitteleuropäische Pflanzenarten mischen.

Geirangerfjord, Norwegen
15 km langer Seitenarm des Storfjords, der sich von der Küste bei Ålesund bis an den Fuß 1600 bis 1800 m hoher, schneebedeckter Gipfel zieht. Der von nackten Felswänden gesäumte Fjord ist ein besonders beeindruckendes Beispiel eines von den eiszeitlichen Gletschern ausgehobelten Troges, der beim Rückzug der Eismassen vom Meer überflutet wurde. Über die Felswände stürzen vor allem zur Zeit der Schneeschmelze zahlreiche Wasserfälle in den Fjord, darunter die Sieben Schwestern und der Brautschleier. Von den Serpentinenstraßen, die sich die steilen Hänge zur Dalsnibba hinaufwinden, hat man einen faszinierenden Blick auf den Geirangerfjord.

Großglockner, Österreich
Höchster Gipfel (3797 m) der Hohen Tauern, aufgebaut aus Schiefern über einem Sockel aus Gneis. Der höchste Berg Österreichs fällt nach Norden hin steil zum Salzachtal ab; im Süden verzweigen sich die Kämme und umschließen ein Hochtal, in dem die 10 km lange Pasterze, der größte Talgletscher der Ostalpen, liegt. Das Glocknermassiv ist seit 1935 im Sommer auf der Großglockner-Hochalpenstraße von Bruck im Salzburger Land nach Heiligenblut zu erreichen. Zwei Seitenstrecken führen zur Edelweißspitze mit großartigem Ausblick auf 37 Dreitausender und zur Franz-Josephs-Höhe, von der eine Seilbahn zur Pasterze hinunterführt.

Harz, Deutschland
90 km langes und 30 km breites Waldgebirge am Nordrand der deutschen Mittelgebirge. Das aus Granit, Schiefer, Quarzit und zahlreichen anderen Gesteinen des Erdaltertums aufgebaute Massiv gipfelt im 1142 m hohen Brocken, dem höchsten Berg nördlich der Mainlinie. Wegen der weit nach Norden vorgeschobenen Lage erhält der Harz hohe Niederschläge und dient daher mit seinen Stauseen als natürlicher Wasserspeicher für viele Städte Norddeutschlands. Der früher intensiv betriebene Erzbergbau im Harz ist inzwischen erloschen.

Itabira, Brasilien
Bergbaustadt im Bundesstaat Minas Gerais und Zentrum eines der reichsten Eisenerzgebiete der Erde. Nach Itabira (in der Sprache der Tupi-Indianer glänzender Stein) sind die Itabirite benannt, meist sehr harte, quarzitische Erze, die bis zu 70% Eisen enthalten. Sie liefern mehr als die Hälfte der Eisenerzförderung der Welt und stellen etwa zwei Drittel der bekannten Reserven. Die Entstehung der Itabirite, deren Alter auf 1,9–2,5 Milliarden Jahre geschätzt wird, ist noch nicht eindeutig geklärt.

Jungfrau, Schweiz
4158 m hoher Gipfel im Berner Oberland, etwa 60 km südöstlich von Bern. Der 1811 erstmals von den Brüdern Meyer aus Aarau bestiegene Gipfel gehört zu der aus kristallinen Schiefern und eng gefalteten Sedimentgesteinen aufgebauten Finsteraarhorngruppe. Wie kaum ein anderes Massiv der Westalpen ist das Jungfraumassiv durch Bergbahnen für den Tourismus erschlossen. Mit der 1912 eröffneten Zahnradbahn gelangt man durch insgesamt etwa 7 km lange Tunnel bis zur Bergstation, die 3454 m ü. d. M. liegt und somit der höchstgelegene Schienenbahnhof Europas ist.

Kaledonienriff, Neukaledonien
Wallriff, das die Hauptinsel des französischen Überseegebietes Neukaledoniens umschließt. Mit einer Fläche von 8000 km² ist das Korallenriff beinahe halb so groß wie die Insel. Zwischen dem Wallriff, das in manchen Abschnitten etwa 10 km vor der Küste liegt, und den Stränden erstreckt sich eine bis zu 40 m tiefe Lagune. Ihr Boden ist von bunten Korallengärten bedeckt. Das empfindliche Ökosystem der Korallenriffe ist in Neukaledonien stark durch die Abfallprodukte der Nickelminen und die Abwässer von Chemiefabriken gefährdet.

Kamerunberg, Kamerun
Vulkanmassiv am innersten Zipfel des Golfes von Guinea, das im Jahr 1959 die letzten stärkeren Ausbrüche erlebte. Der 4095 m hohe Basaltvulkan, der höchste Berg Westafrikas, erhebt sich über einer Bruchzone, die von der Pagaluinsel im Osten Gabuns bis zum Tschadsee verläuft und zwei Schollen des afrikanischen Grundgebirges trennt. Die Flanken des Vulkans sind im unteren Teil von Bananen- und Ölpalmenplantagen bedeckt; darüber schließen sich Nebelwälder an.

Kap Hoorn (Cabo de Hornos), Chile
Südlichster Punkt Südamerikas (55° 59' südlicher Breite), ein schroffes Kliff an der Südseite einer kleinen Insel des chilenischen Teils von Feuerland. Der Name des 580 m hohen, von der Brandung und Stürmen gepeitschten Schiefervorgebirges erinnert an die alte holländische Handelsstadt Hoorn. In ihr wurde im Jahr 1580 der Seefahrer Willem Schouten geboren, der 1616 das gefürchtete Kap an der Südspitze der Neuen Welt mit einer niederländischen Expedition umrundete und ihm den Namen seiner Heimatstadt gab. Bis zur Eröffnung des Panamakanals mußten die Schiffe auf dem Weg zur Westküste Amerikas das stürmische Kap passieren. Zahllose Schiffe gingen bei der Umrundung verloren.

Everglades, Vereinigte Staaten von Amerika

Kilimandscharo, Tansania

Karakum, Turkmenistan
Halbwüste zwischen dem Kaspischen Meer und dem Amudarja. Das Gebiet von der Fläche Deutschlands hat bei jährlichen Niederschlagsmengen zwischen 100 und 150 mm ein verhältnismäßig dichtes Pflanzenkleid mit etwa 350 Arten. Kräuter und Gräser bilden dichte Pflanzenteppiche, die die Flugsandablagerungen befestigen. In Gebieten mit höherem Grundwasserstand wachsen sogar Bäume wie die Sandakazie oder Sträucher wie der Weiße Saxaul, die Charakterpflanze der Karakum. Daneben gibt es aber auch, vor allem im Osten der Karakum, nahezu vegetationslose Gebiete mit Wanderdünen. An den Kräutern und Gräsern der Trockensteppen weiden Karakulschafe.

Kaschmir, Indien
130 km langes und bis 40 km breites Tal, das dem heute zwischen Pakistan und der Indischen Union geteilten Land im nordwestlichen Himalaja den Namen gegeben hat. Das zwischen 1500 und 1900 m ü.d.M. gelegene, von den Ketten des Himalajas und des Pir Panjal umrahmte Tal wird vom Jhelum durchflossen. Unterhalb des Wularsees durchbricht der bis dahin schiffbare Fluß bei Baramula in einer wilden Schlucht die Gebirgsketten. Die zahlreichen kleinen Seen sind Überbleibsel eines großen Sees, der seit dem Ende des Tertiärs von Flüssen und Gletschern mit dem Abtragungsschutt der benachbarten Gebirge zugeschüttet wurde.

Katwegebirge, Uganda
Vulkanisches Massiv am Rand des Zentralafrikanischen Grabens unweit der Ruwenzoriberge. Mehr als 50 Krater reihen sich auf einer Länge von 20 km dicht aneinander und sind zum Teil ineinander verschachtelt. Die Krater haben meist eine ebene Sohle und sind bis zu 100 m tief. In einigen hat sich das Wasser zu Seen angesammelt wie zum Katwesee im Krater von Kanyamiomba; bei anderen dagegen wachsen auf dem Grund Savannengräser und -gehölze. Die Krater sind wahrscheinlich, ähnlich wie die Maare in der Eifel, durch sogenannte phreatische Eruptionen entstanden: Grundwasser kam mit glühendheißem Magma in Berührung, verdampfte schlagartig und sprengte tiefe Kessel in den Erdboden.

Kaukasus, Kaukasien
Hochgebirge auf der Landbrücke zwischen dem Schwarzen Meer und dem Kaspischen Meer. Der im Elbrus bis 5642 m hohe, in fünf Massive gegliederte Gebirgszug bildet eine 1500 km lange und bis 180 km breite Barriere. Er beginnt im Westen mit dem knapp 1000 m hohen Pontischen Kaukasus, geht dann in die Abchasischen Alpen (4047 m) über und gipfelt im stark vergletscherten Zentralen Kaukasus. Nach Osten hin senken sich die Kämme über den Dagestanischen Kaukasus zum Kaspischen Kaukasus, der den Charakter eines Mittelgebirges hat.

Kilimandscharo, Tansania
Mit 5895 m Höhe das höchste Gebirgsmassiv Afrikas. Es liegt im Nordosten Tansanias nahe der Grenze zu Kenia. Der Schneeberg (was der Name Kilimandscharo bedeutet) wird von drei erloschenen Vulkanen gebildet. Er erhebt sich auf einem etwa 750 m hohen Sockel aus metamorphen Gesteinen. Der Bergriese hat zwei markante Gipfel: den 5895 m hohen Kibo und den 5270 m hohen Mawensi. Vom Kibo fließen etwa ein Dutzend Gletscherzungen die Hänge hinab. Der Kilimandscharo wurde 1848 von einem deutschen Missionar entdeckt und der Kibogipfel 1889 von Hans Meyer und Ludwig Purtscheller erstmals bestiegen. Heute ist er ein Ziel zahlloser Touristen aus aller Welt.

Kolchis, Georgien
Schwemmlandebene zwischen der georgischen Schwarzmeerküste und den Hochgebirgsketten des Kaukasus. Die Ebene, die aus einer Bucht des Schwarzen Meeres entstanden ist, öffnet sich beiderseits des Rion-Flusses weit nach Westen. Sie erhält durch die vom Meer heranziehenden Tiefdruckwirbel reichliche Niederschläge (zum Teil mehr als 2000 mm pro Jahr) und wird zugleich vom Großen Kaukasus vor Kaltlufteinbrüchen aus dem Norden geschützt. Früher war das Schwemmland von ausgedehnten Sumpfwäldern bedeckt; heute werden unter dem feuchtwarmen Klima neben Mais vor allem Zitrusfrüchte angebaut. Im Süden der Kolchis bestimmen ausgedehnte Teepflanzungen das Landschaftsbild.

Königssee, Deutschland
5 km² großer und bis 189 m tiefer See in den Berchtesgadener Alpen, zwischen dem Watzmann im Westen und dem Hagengebirge im Osten. Der malerische See füllt einen von eiszeitlichen Gletschern ausgeschürften Trog; Bergsturzmassen haben in der Nacheiszeit am Südende den kleineren Obersee abgetrennt. Am Westufer, unterhalb der 2000 m hohen Watzmann-Ostwand, liegen auf einem nacheiszeitlichen Schwemmkegel die Wallfahrtskirche St. Bartholomä und ein Jagdschloß. Seit 1978 ist der Königssee Teil des Alpen-Nationalparks Berchtesgaden.

Larderello, Italien
Ort in der Toskana, in dem vulkanische Dampfquellen zur Stromerzeugung und zur Gewinnung verschiedener chemischer Substanzen genutzt werden. Die Dämpfe, die mit Temperaturen zwischen 100 und 200 °C aus Bohrlöchern dringen, werden durch lange Rohrleitungen zu den geothermischen Kraftwerken geleitet. Die Quellen enthalten größere Mengen von Borsäure und Schwefelwasserstoff, die man den Dämpfen entzieht und zu chemischen Produkten weiterverarbeitet.

Lauterbrunnental, Schweiz
Charakteristisches Trogtal im Kanton Bern, südlich von Interlaken. Das Tal der reinen Quellen, das von der Weißen Lütschine durchflossen wird, ist vor allem durch die 18 Wasserfälle bekannt, die von den vom Eis geschliffenen Felswänden herabstürzen. Zu den schönsten gehören der 250 m hohe Staubbachfall und die Trümmelbachfälle, in denen sich die gebündelten Schmelzwässer der Eiswände von Eiger, Mönch und Jungfrau durch die vom Trümmelbach schraubenförmig ausgewaschene Schlucht talwärts ergießen.

Ledenika, Bulgarien
Karsthöhle im nordwestlichen Balkangebirge, rund 100 km nördlich der bulgarischen Hauptstadt Sofia. Sie ist als Schauhöhle ausgebaut und gehört zu einem ausgedehnten Höhlensystem, das seit über 100 Jahren erforscht wird, bis heute aber nur in den Grundzügen bekannt ist. Mit einer Tiefe von 240 m gilt die Ledenikahöhle als die größte ihrer Art in Bulgarien. Ihre Gänge und Säle sind reich mit Tropfsteinen geschmückt.

Lena, Rußland
Größter Strom Nordostsibiriens, der ein etwa 2,5 Mio. km² großes Gebiet zwischen dem Baikalsee und der Laptewsee entwässert. Der 4313 km lange Strom entspringt in den Gebirgen am westlichen Ufer des Baikalsees, fließt zunächst durch die sibirische Taiga nach Osten, wendet sich dann aber bei Jakutsk nach Norden und mündet mit einem rund 30 000 km² großen Delta ins Nördliche Eismeer. Von Oktober/November bis Mai/Juni ist die Lena mit Eis bedeckt; im Frühling zerbirst das Eis, der Strom schwillt rasch an und überflutet die breite Flußniederung. Schon in der ersten Septemberwoche bildet sich wieder Eis auf dem Strom.

Lofoten, Norwegen
Inselgruppe im Europäischen Nordmeer, vor der Fjordküste zwischen Bodø und Narvik. Die durch den etwa 80 km breiten Vestfjord vom norwegischen Festland getrennten Inseln umfassen neben den vier Hauptinseln Austvågøy, Vestvågøy, Moskenesøy und Flakstadøy zahlreiche kleinere Inseln und Schären. Ihre Landfläche beträgt insgesamt 1227 km². Typisch für den Archipel, der zwar jenseits des Polarkreises liegt, der jedoch unter dem Einfluß des Golfstroms im Winter ein außergewöhnlich mildes Klima hat, ist der Gegensatz zwischen atemberaubend steilen Felsgipfeln und dem flachwelligen Küstensaum. Die Einwohner der Inseln arbeiten hauptsächlich als Fischer und in der fischverarbeitenden Industrie.

Loue, Frankreich
Nebenfluß des Doubs, der sich von der Quelle bei Ouhans bis zur Mündung unterhalb Dole in einem bis 300 m tiefen Canyon den Weg durch die mächtigen Kalksteinschichten des französischen Juras gebahnt hat. Er tritt als Höhlenfluß am Fuß einer hohen Felswand in einer eindrucksvollen Karstquelle ans Tageslicht. Das Wasser dieser Quelle stammt zum größten Teil von der etwa 10 km entfernten Versickerung des Doubs. Damit gehört die Loue zu den Flüssen, die unterirdisch von einem größeren Fluß gespeist werden und dann wieder in diesen Fluß münden.

Lut (Dascht-i-Lut), Iran
Wüste im Südosten des Persischen Binnenhochlandes, deren Kern im Becken von Schahdad liegt. Die von Hochgebirgsketten umschlossene Lut (pers. *lut* = die Leere) gehört zu den heißesten und trockensten Wüsten der Erde. Sie besteht zum größten Teil aus Geröll- und Sandwüsten, im südlichen Bereich bestimmen bizarre, vom Wind in die Lehmschichten der Salztonebenen gegrabene Geländeformen das Landschaftsbild. *Kaluts*, Windgassen mit ebenem Boden, wechseln dort mit *jardangs*, stromlinienförmigen Rücken, die beständig wehende Winde geformt haben.

Møn (Mön), Dänemark
218 km² große Insel im Südosten des Königreichs. Die mit dem benachbarten Seeland durch eine Brücke verbundene Insel bildet an der Ostseite ein über 100 m hohes Kliff, an dem unter den Ablagerungen der jüngsten Eiszeit die weiße Schreibkreide zutage tritt. Der Møns Klint genannte Steilhang ist bei einer der Sturmfluten der letzten Jahre teilweise eingestürzt. Entwurzelte Bäume und abgerutschte Moränenmassen verhüllen jetzt die Kreideschichten mit den Feuersteinlagen.

Mackenzie River, Kanada
Einer der längsten Flüsse Nordamerikas. Sein Lauf von der Quelle in der Provinz British Columbia durch die Rocky Mountains und die Provinz Alberta, den Großen Sklavensee und die kanadischen Nordwestgebiete bis zur Mündung in die Beaufortsee mißt 4241 km. Im Delta teilt sich der Strom in ein Gewirr von Wasserläufen, die kleinere, mit Tundra bedeckte Inseln umschließen. Über dem wasserundurchlässigen Dauerfrostboden sammelt sich im kurzen polaren Sommer das Schmelzwasser und bildet zahllose kleine Tümpel und Sümpfe. Wie alle Flüsse im hohen Norden Kanadas ist der Mackenzie River von Oktober bis Juni mit Eis bedeckt, bevor der Eisaufbruch einsetzt und der Fluß die Ufer meilenweit überschwemmt.

Manavgat, Türkei
Fluß, der in der Nähe der gleichnamigen Stadt an der türkischen Mittelmeerküste in den Golf von Antalya mündet. Er entspringt auf dem anatolischen Hochland und durchbricht auf seinem Weg zum Meer in vielen tiefen Schluchten das Taurusgebirge. Innerhalb der Schluchten wird er von zahlreichen kräftigen Karstquellen gespeist, in denen das in dem klüftigen Kalkgestein versickerte Regen- und Schmelzwasser wieder ausgespien wird. An der Dumanliquelle, einer der stärksten bekannten Karstquellen der Erde, stürzt ein unterirdischer Wasserlauf in Kaskaden in das Bett des Manavgats hinab. Er wird wahrscheinlich von den Seen des anatolischen Hochlands gespeist.

Mandaragebirge, Kamerun/Nigeria
Tief zerschnittenes, randlich in Inselberge aufgelöstes Massiv zwischen dem Benue, einem Nebenfluß des Nigers, und dem Tschadsee. Das von Trockenwäldern und Dornsavannen bedeckte Hochland gipfelt im Norden Kameruns in Felsspitzen, die von der Verwitterung und Abtragung als vulkanische Härtlinge aus dem weicheren Gesteinsmantel freigelegt wurden. Der Sockel besteht vorwiegend aus Graniten des afrikanischen Grundgebirges. Bei der Hebung wurden die Tiefengesteine entlang den Klüften von Flüssen zerschnitten.

Marismas del Guadalquivir, Spanien
Mündungsgebiet des Guadalquivirs an der andalusischen Atlantikküste westlich von Cádiz. Die Küstenebene, die zum Teil als Nationalpark Coto de Doñana unter strengem Naturschutz steht, gliedert sich in drei Naturräume: mediterrane Wälder, strandnahe Wanderdünen und die eigentlichen *marismas*, die periodisch überschwemmten Sumpfebenen. Sie gehört zu den wichtigsten Feuchtgebieten in Europa und ist vor allem wegen ihrer Vogelwelt bekannt. Von den zwei bis drei Dutzend Säugetierarten, die sie bevölkern, sind vor allem der Pardelluchs und die Ginsterkatze bemerkenswert. In entlegenen Ecken des Nationalparks sollen die einzigen wilden Kamele Europas leben.

Mashu-ko, Japan
Kratersee innerhalb des Akan-Nationalparks auf der Insel Hokkaido. Der 212 m tiefe See gilt als der klarste der Erde: Die Sicht reicht bis in 41,6 m Tiefe. Die außergewöhnliche Transparenz des Wassers hängt vor allem mit dem Fehlen jedes pflanzlichen und tierischen Lebens im Mashu-ko zusammen; außerdem nimmt der See keine Flüsse oder Bäche auf, die mit Schwebstoffen das Wasser trüben könnten.

Louequelle, Frankreich

Matsushima, Japan
Bucht an der Pazifikküste der Insel Honshu, nordöstlich von Sendai. In der malerischen Bucht, die von den Japanern zu den drei schönsten Landschaften ihres Landes gezählt wird, liegen rund 250 Inseln und Inselchen aus Tuff oder weißem Sandstein verstreut, die meist mit knorrigen Kiefern bestanden sind. Während des Tertiärs erstreckte sich an der Stelle der Bucht noch eine Halbinsel, die im frühen Quartär zum Teil vom Meer überflutet und von den Wellen bis auf die kleinen Felseilande abgetragen wurde.

Matterhorn (Mont Cervin, Monte Cervino), Schweiz/Italien
4478 m hoher Gipfel in den Walliser Alpen, auf der Grenze zwischen der Schweiz und Italien. Die vierkantige Felspyramide ist im Eiszeitalter von Karglestschern geformt worden und auch heute noch vergletschert, besonders an der Nordseite. Am Fuß des Matterhorns, das aus kristallinen Schiefern besteht, liegt das weltbekannte Bergdorf Zermatt. Am 14. Juli 1865 gelang einer englischen Seilschaft unter der Führung Edward Whympers die Erstbesteigung; beim Abstieg stürzten vier der sieben Bergsteiger ab.

Mayombe (Mayumbe), Kongo
Hügellandschaft im Hinterland der atlantischen Küstenebene, aus Graniten und metamorphen Gesteinen des afrikanischen Grundgebirges aufgebaut. Die bis 900 m hohen Kämme erstrecken sich auf über 1000 km Länge parallel zur Küste von Gabun bis Angola. Sie sind zum Teil noch von dichten tropischen Wäldern bedeckt, in denen die Einwohner der Küstenebene früher vor Sklavenjägern Schutz suchten.

Mayon, Philippinen
2421 m hoher Vulkan im Südosten der Insel Luzon. Der ebenmäßig geformte, vorwiegend aus Aschenschichten aufgebaute Kegel erlebte im April/Mai 1968 den vorerst letzten stärkeren Ausbruch. Dabei quollen bis 10 km hohe Aschenwolken aus dem Krater, Glutwolken wälzten sich die Flanken des Vulkans hinunter und lösten mit ihrer Hitze schwere Regenfälle aus, die die lockeren Aschen an den Hängen in Schlammströme verwandelten. Die größten Glutwolken erreichten Geschwindigkeiten von 225 km/h und kamen erst 7 km vom Krater entfernt zum Stillstand. Ein ähnlicher Ausbruch am 1. Februar 1814 forderte unter der Bevölkerung mehr als 1200 Todesopfer.

Meteora, Griechenland
Schroffe Konglomeratfelsen im nordwestlichen Thessalien bei Kalambaka. Auf den zum Teil über 400 m hohen Felstürmen, -pfeilern und -nadeln wurden im 14. Jh. Klöster erbaut, die gewissermaßen in der Luft schweben (griech. *metéoros* = schwebend) – daher der Name. Die Konglomerate sind aus mächtigen Geröllablagerungen hervorgegangen, die sich im Tertiär im Vorland des Pindosgebirges ablagerten. Unter dem sommertrockenen Klima Griechenlands verwittern sie zu den massigen, nur durch wenige Klüfte gegliederten Felsen.

Milford Sound, Neuseeland
Fjord im Südwesten der Südinsel, der als glazialer Trog von eiszeitlichen Gletschern aus dem harten Gneis geschürft und nach dem Rückzug der Eismassen vom Meer überflutet wurde. Wie bei Fjorden üblich, befindet sich an der Mündung des Meeresarmes eine Schwelle, die hier 120 m unter dem Meeresspiegel liegt. Landeinwärts fällt der Grund des Fjords auf knapp 300 m ab. Von den nahezu senkrechten Felswänden ergießen sich ungezählte Wasserfälle in den Milford Sound, darunter die 150 m hohen Bowen Falls. Bei den starken Niederschlägen (im Jahresdurchschnitt mehr als 6000 mm) führen die Bäche reichlich Wasser.

Mississippi, Vereinigte Staaten von Amerika
Größter Strom Nordamerikas, der Vater der Gewässer. Sein über 3 Mio. km² großes Einzugsgebiet umfaßt nahezu das gesamte Gebiet zwischen den Rocky Mountains und den Appalachen oder etwa ein Drittel der Staatsfläche der USA. Der mittlere Abfluß des Riesenstroms ist fast zehnmal größer als der des Rheins an der deutsch-niederländischen Grenze. Zusammen mit dem Missouri, seinem wichtigsten Zufluß, bildet der Mississippi ein mehr als 6400 km langes Stromsystem.

Misti (El Misti), Peru
Schichtvulkan innerhalb der südperuanischen Westkordillere bei Arequipa. Der hauptsächlich aus Aschen und Andesitschlacken aufgebaute Kegel erreicht eine Höhe von 5842 m. In den Gipfel ist eine Caldera eingebrochen, an deren Grund sich mehrere kleine Kegel erheben. Die letzten stärkeren Eruptionen des Mistis ereigneten sich im vorigen Jahrhundert, sie richteten allerdings kaum Schäden an. Gegenwärtig beschränkt sich die vulkanische Tätigkeit auf einige Dampf- und Schwefelquellen.

Mittelrhein, Deutschland
Mittlerer Laufabschnitt des wasserreichsten deutschen Stromes, in dem er sich zwischen Bingen und Bad Godesberg in einem engen, tiefen Durchbruchstal durch das Rheinische Schiefergebirge schneidet. Die härteren Schichten innerhalb der gefalteten Gesteinsserien treten über den Ufern als schroffe Felsen und unter dem Wasserspiegel als tückische Klippen hervor, etwa am Wilden Gefährt zwischen Bacharach und Kaub oder an der Loreley, dem 130 m hohen, senkrechten Schieferfelsen kurz vor St. Goarshausen.

Mont-Saint-Michel, Frankreich
Knapp 80 m hoher, kegelförmiger Granitfelsen innerhalb der gleichnamigen Bucht an der Küste der Normandie. Der nach dem Erzengel Michael benannte Berg bildete früher bei Flut eine Insel im Wattenmeer, während sich das Meer bei Ebbe durch den hier ungewöhnlich großen Tidenhub (bis 15 m) kilometerweit aus der Bucht zurückzog. Heute ist der inzwischen durch einen Straßendamm mit dem Festland verbundene Felsen nur noch bei starken Springfluten und Sturmfluten ein Eiland. Auf dem Gipfel des Berges thront eine stark befestigte Abtei, die im 8. Jh. nach einer Erscheinung des Erzengels gegründet wurde.

Monument Valley, Vereinigte Staaten von Amerika
Hochtal im Grenzbereich zwischen Utah und Arizona, im Norden des Reservats der Navajoindianer. Das Landschaftsbild des Tales der Monumente wird von Tafelbergen, Felstürmen und Felsnadeln bestimmt, die wie riesige Ruinen vorzeitlicher Bauwerke 300–600 m über das Hochplateau aufragen. Sie bestehen zum Teil aus dem rötlichbraunen De-Chelley-Sandstein, zum Teil aus graugrünem vulkanischem Gestein. Die be-

Milford Sound, Neuseeland

eindruckende Landschaft, die als Kulisse zahlloser Wildwestfilme gedient hat, wurde durch die flächenhafte Abspülung bei den seltenen, dafür jedoch meist heftigen Regengüssen und durch die Windabtragung geformt.

Namib, Namibia

Küstenwüste, die sich als 30–140 km breiter Streifen etwa 1500 km weit vom Kapland bis nach Angola an der Küste des Atlantischen Ozeans entlangzieht. Wie die Küstenwüsten an der Westseite Südamerikas ist die Namib extrem niederschlagsarm; oft fällt jahrelang kein meßbarer Niederschlag. Die Pflanzen, darunter die Wunderpflanze *Welwitschia mirabilis*, erhalten nur durch den Nebel über dem kalten Benguelastrom ein wenig Feuchtigkeit. Auf den mehr als 200 m hohen Dünen in Küstennähe haben sich daher eine an die Trockenheit angepaßte Flora und Fauna angesiedelt. Erst in der sogenannten Vornamib am östlichen Rand sind die Niederschläge höher und auch regelmäßiger. Hier wird Schafzucht betrieben. Die eigentlichen Schätze der Namib lagern unter dem Wüstensand: Diamanten.

Nyiragongo, Zaïre

Vulkankegel innerhalb der Gruppe der Virungavulkane im Zentralafrikanischen Graben zwischen Edward- und Kiwusee. Der 3470 m hohe Vulkan ist einer der wenigen Feuerberge mit regelmäßiger Lavaseetätigkeit. In seinem tiefen Schachtkrater befand sich bis zu den Eruptionen in den Jahren 1976/77 ein heftig brodelnder See aus sehr dünnflüssiger Lava. Bei den Eruptionen öffneten sich an den Flanken des Kegels Spalten, durch die die Lava abfloß. Ähnlich wie beim Kilauea auf Hawaii schwankte der Spiegel des Lavasees sehr stark; an den Wänden des Kraters zeugen Terrassen aus erstarrter Lava von diesen Schwankungen.

Ordesa, Spanien

Hochgebirgstal an der Südflanke der Zentralpyrenäen, das seit 1918 als einer der ersten spanischen Nationalparks unter strengem Naturschutz steht. Jenseits des Hauptkammes geht das vom Rio Arazas durchflossene Tal in den französischen Pyrenäen-Nationalpark über. Die von den Gletschern des Eiszeitalters geformte Hochgebirgslandschaft ist die Heimat sehr seltener Tierarten wie des Pyrenäensteinbocks, einer Unterart des Alpensteinbocks, oder des Pyrenäendesmans, der als entfernter Verwandter unseres Maulwurfs nur im Norden der Iberischen Halbinsel lebt.

Pamir, Zentralasien

Wüstenhaftes Hochland im Kern Asiens, das Dach der Welt, von dem mehrere stark vergletscherte Gebirgsketten wie Tian-shan, Hindukusch und Karakorum ausgehen. Die höchsten Gipfel des im Tertiär gefalteten und gehobenen Massivs sind der 7579 m hohe Kungur auf chinesischem Gebiet und der 7495 m hohe Pik Kommunismus in Tadschikistan. Zwischen den vergletscherten Bergen liegen weite, oft abflußlose Hochbecken, in denen die Schaf- und Yakherden der Nomaden weiden.

Pamukkale, Türkei

Ruinenstätte des römischen Heilbades Hierapolis 20 km nördlich der Provinzhauptstadt Denizli im südwestlichen Anatolien. Ihren türkischen Namen (Baumwollschloß) verdankt sie den schneeweißen Kalksinterterrassen, die sich an Thermalquellen gebildet haben. Die versteinerten Kaskaden sind insgesamt etwa 100 m hoch. Sie bestehen aus treppenartig übereinander angeordneten Sinterbecken, in denen sich Kalk und andere gelöste Substanzen aus dem warmen Wasser absetzen. Am Rand der Becken formt das Wasser bizarre, tropfsteinähnliche Gebilde.

Paricutín, Mexiko

Vulkan in Zentralmexiko nahe der Stadt Uruapán. Dieser Feuerberg wurde berühmt, weil bei ihm zum erstenmal in der Geschichte der Geologie die Geburt und Entwicklung eines Vulkans in allen Einzelheiten von Fachleuten beobachtet werden konnten. Gleich nach dem Durchbruch am 20. Februar 1943 setzten kräftige Schlackenwürfe ein, die nach einer Woche einen 150 m hohen Kegel aufbauten. Nach zehn Wochen war dieser schon 330 m hoch und nach einem Jahr 450 m. Bis 1946 wurden mehr als 1 Mrd. t Lava gefördert, die eine Fläche von 20 km² bedecken und das 4 km entfernte Städtchen San Juan de Parangaricutiro bis zur Höhe des Kirchturms überfluteten.

Plattensee (Balaton), Ungarn

Größter Binnensee Europas (592 km²). Das 78 km lange, 5–14 km breite, aber meist weniger als 3 m tiefe Gewässer füllt eine Senke am Fuß des Bakonywaldes. Sie entstand gegen Ende des Eiszeitalters im Zusammenhang mit Vulkanausbrüchen. An den Vulkanismus erinnern noch viele Thermalquellen, die vor allem auf der Tihanyhalbinsel austreten, die den See in einen größeren Südwest- und einen kleineren Nordostteil gliedert. Im Sommer erwärmt sich der seichte See rasch auf Temperaturen zwischen 26 und 28 °C und zieht dann Millionen von Badegästen an; im Winter friert er dagegen unter dem kontinentalen Klima des Ungarischen Tieflandes regelmäßig zu.

Rainbow Bridge, Vereinigte Staaten von Amerika

Felsbrücke im Gebiet der Navajo Mountains im Süden des Bundesstaates Utah, zwischen dem Colorado River und der Grenze zum Bundesstaat Arizona. Der durch die Verwitterung und Abtragung aus rötlichem Sandstein herausgearbeitete Brückenbogen hat eine Spannweite von 85 m und ist 94 m hoch. Insgesamt gibt es in der Gegend 19 Naturbrücken sowie zahllose Höhlen, die den Indianern früher als Behausungen dienten.

Rocky Mountains, Kanada/Vereinigte Staaten von Amerika

Hauptgebirgszug Nordamerikas, der sich auf einer Länge von ungefähr 4800 km von Alaska bis in den Süden der USA erstreckt. Im Norden reicht das Gebirge bis an die Pazifikküste; die östlichen Ketten verlaufen 1600 km landeinwärts. Der höchste Gebirgsabschnitt mit Gipfeln über 4000 m liegt in den Bundesstaaten Wyoming, Colorado (Mount Elbert, 4399 m) und New Mexico. Wie die Alpen entstand das nordamerikanische Felsengebirge im Tertiär durch Aufwölbung und Hebung; im Unterschied zu den mitteleuropäischen Hochgebirgen umschließen seine Ketten jedoch ausgedehnte Hochplateaus und Beckenlandschaften.

Rumel, Algerien

Fluß im Norden des Landes, der im Tellatlas entspringt, auf seinem Weg zum Mittelmeer mehrere Ketten durchbricht und unterhalb Sidi-Maroufs

Pamir, Zentralasien

mündet. Bei der Stadt Constantine hat sich der Fluß 200 m tief in eine Felsplatte eingeschnitten und mit seiner Schlucht eine natürliche Festung geschaffen, die wahrscheinlich schon in phönizischer Zeit zur Stadt ausgebaut wurde. Flußabwärts bildet der Fluß, der oft nur im Winterhalbjahr Wasser führt, einen 80 m hohen Wasserfall.

Salar de Uyuni, Bolivien
Salzpfanne im zentralen Hochbecken des bolivianischen Altiplanos. Die Salztonebene, die sich als schmutzigweiße Fläche auf 10 000 km² erstreckt, füllt mit ihren Salz- und Tonschichten eine abflußlose Senke. Die wenigen Flüsse aus der Westkordillere, die in ihr enden, verdunsten unter der starken Sonneneinstrahlung und lassen dabei ihre Fracht von gelösten Salzen und Schwebstoffen zurück. Wie in den anderen Salares der Anden werden die Salzlager des Salar de Uyuni ausgebeutet.

Schatt el-Arab, Irak/Iran
170 km langer, gemeinsamer Mündungsstrom von Euphrat und Tigris, vom Zusammenfluß bei Al Kurna bis zur Mündung in den Persischen Golf. An den Ufern des Stroms, der bis Basra für Ozeanschiffe schiffbar ist, erstrecken sich Sümpfe, Seen und Schilfdickichte, aber auch Reisfelder und die größten zusammenhängenden Dattelpalmenhaine der Welt. Die vom Strom mitgeführten Schwebstoffe setzen sich an der Mündung ab; auf diese Weise schiebt sich das Delta im Durchschnitt jährlich um etwa 3 km ins Meer hinaus. Im Unterlauf bildet der Schatt el-Arab die umstrittene Grenze zwischen dem Irak und dem Iran.

Schelagebirge (Chela), Angola
Steilstufe am Rand des Binnenhochlandes von Südangola. Die aus Quarziten und Kalksteinen des Erdaltertums und der Erdurzeit aufgebaute Geländestufe bricht an manchen Stellen mehr als 1000 m zum Küstentiefland ab. Ihr sind hohe Inselberge vorgelagert, die die von Savannen und Halbwüsten bedeckten, monotonen Rumpfflächen überragen. Am Fuß der Steilstufe wachsen an unzugänglichen Stellen noch dichte tropische Wälder; sonst sind sie meist gerodet. Das Schelagebirge, dessen Name sich vom portugiesischen Wort *serra* (Gebirge) ableitet, gehört zu dem Kranz von Randgebirgen, die das südafrikanische Binnenland umgeben.

Simpsonwüste, Australien
Etwa 130 000 km² großes Trockengebiet im Innern des Kontinents. Es erstreckt sich vom australischen Nordterritorium in die benachbarten Bundesstaaten Südaustralien und Queensland. Das nahezu menschenleere Gebiet, von C. T. Madigan, der es erstmals durchquerte, das „tote Herz Australiens" genannt, wird von zahllosen 20–60 m hohen Dünenwällen aus rotem Sand bedeckt. Zwischen den Dünen, die mitunter über 100 km lang sind, liegen Strauchsavannen.

Strokkur, Island
Geysir im Haukadalur im Südwesten der Insel. Seitdem der Große Geysir eine Ruhepause eingelegt hat, ist der Strokkur (das Butterfaß) die verläßlichste und am häufigsten besuchte Springquelle Islands. In Abständen zwischen fünf und zehn Minuten schleudert sie eine kochendheiße Wasserfontäne bis 20 m in die Höhe. Am Rand der Quelle scheidet sich die im heißen Wasser gelöste Kieselsäure aus und bildet Geysirit, eine Art Sinter. Die Ablagerungen verstopfen mit der Zeit den Quellschacht, der dann ausgebohrt werden muß.

Sutherlandfälle, Neuseeland
Dreistufige Wasserfälle in den Neuseeländischen Alpen, die mit einer Gesamtfallhöhe von 580 m zu den höchsten Fällen der Erde gehören. In drei Kaskaden stürzt der Wildbach, der sich durch die Felsschwelle eines Karsees gekerbt hat, über eine senkrechte Wand in ein Trogtal hinab und spült am Fuß der Wand einen tiefen Kolk aus. Besonders bei der Schneeschmelze oder nach heftigen Regenfällen bieten die Ende des vorigen Jahrhunderts entdeckten Wasserfälle ein faszinierendes Bild.

Tarn, Frankreich
Rechter Nebenfluß der Garonne, der südlich des Mont Lozère entspringt und auf seinem Lauf zum Aquitanischen Becken die Kalkplateaus der Causses in einem 400–600 m tiefen und mehr als 1000 m breiten Canyon zerschneidet. Die 50 km lange, gewundene Schlucht folgt Brüchen im Gestein, die im Tertiär bei der Hebung des französischen Zentralmassivs entstanden sind. Von der schmalen Talsohle, die der Fluß fast ganz ausfüllt, steigen im weicheren Mergel zunächst mit Gesteinsschutt bedeckte Steilhänge und darüber senkrechte Felswände aus Kalkstein und Dolomit an. Am Rand der Hochplateaus sind die löslichen Gesteine häufig in Felsenlabyrinthe wie die Felsenstadt Montpellier-le-Vieux zergliedert.

Teide (Pico de Teide), Spanien
Höchster Berg der Kanareninsel Teneriffa, Spaniens und aller Inseln des Atlantischen Ozeans. Der 3718 m hohe Schichtvulkan besteht aus zwei ineinander geschachtelten Vulkanen: einem älteren Schichtvulkan, dessen Gipfel bei einem verheerenden Ausbruch in vorgeschichtlicher Zeit einbrach und eine riesige Caldera bildete, sowie dem jüngeren Teidevulkan, der anschließend im Zentrum der Caldera entstand und 1798 an einem Nebenkrater den letzten größeren Ausbruch hatte. Reste des alten Vulkans sind in den Randhöhen der Cañadas, der sichelförmigen Senke, erhalten, welche den jüngeren Vulkan im Osten umgibt.

Tien Shan (Tian Shan), China/Kirgisien
In viele Ketten aufgegliedertes Hochgebirge, das sich in Zentralasien zwischen der Dsungarei und dem Tarimbecken von West nach Ost erstreckt. Das rund 3000 km lange und durchschnittlich 600 km breite Himmelsgebirge ist überwiegend aus Gesteinen des Erdaltertums und der Erdurzeit aufgebaut. Seine Gipfelhöhen liegen meist über 5000 m und erreichen im Pik Pobedy (Tomur Feng) 7439 m. Am Fuß des Tien Shan reihen sich fruchtbare Flußoasen auf, die im Hochsommer vom Schmelzwasser der Schneefelder und Gletscher gespeist werden.

Tobasee, Indonesien
1786 km² großer See in Nordsumatra. Er füllt eine große Caldera, die wahrscheinlich zu Beginn der jüngsten Eiszeit bei einem verheerenden Vulkanausbruch entstanden ist. Die vulkanischen Aschen, die damals ausgeworfen wurden, sind in der Nähe des Sees mehrere hundert Meter mächtig und bedecken ein Gebiet von 20 000–30 000 km². Innerhalb der Caldera bildete sich nachträglich der Inselvulkan Samosir, auf dem sich die Kultur der Batakvölker nahezu unverfälscht erhalten hat.

Pico de Teide, Spanien

Torca del Carlista, Spanien
Karsthöhle im Kantabrischen Gebirge etwa 40 km südöstlich von Santander. Die Höhle, die vom Plateau Las Peñas de Ranero aus zugänglich ist, besteht aus einer Folge von Schächten, darunter dem Großen Saal, der mit seinen imposanten Maßen (520 m lang, 245 m breit und 120 m hoch) zu den größten Hallen der Welt gehört. Der riesige Schacht wird zum Teil von herabgestürztem Gesteinsschutt und herrlichen Tropfsteingebilden gefüllt. Nicht weit von der Torca del Carlista, die nach den Karlisten (Anhängern des Don Carlos María Isidro) benannt ist, befindet sich noch eine weitere Höhle. Sie enthält Felszeichnungen aus der Steinzeit.

Totes Meer, Israel/Jordanien
Abflußloser See im Grenzgebiet zwischen Jordanien, Israel und dem israelisch besetzten Westjordanland. Er füllt den mittleren und tiefsten Teil des Jordangrabens, eines geologischen Grabens, der sich nach Süden hin in den Grabensenken des Roten Meeres und Ostafrikas fortsetzt. Die Ufer des knapp 80 km langen und bis 17 km breiten Endsees liegen rund 400 m unter dem Niveau des Mittelmeers; der Seegrund fällt noch etwa 400 m tiefer ab. Durch die unter dem heißtrockenen Klima Vorderasiens sehr starke Verdunstung reichern sich die im Flußwasser des Jordans gelösten Salze an. Das Wasser des Toten Meeres enthält daher mit einem Salzgehalt von 28 %/l achtmal mehr Salz als die Ozeane.

Westfriesische Inseln, Niederlande
Inselkette vor der niederländischen Küste, die von Texel über Vlieland, Terschelling, Ameland und Schiermonnikoog bis nach Rottum reicht. Die durch das Wattenmeer vom Festland getrennten Inseln sind wie die benachbarten Ostfriesischen Inseln Werke der Gezeitenströmungen und des Windes: Die Strömungen häufen am nördlichen Rand des Wattenmeeres Sand zu sogenannten Platen auf, die allmählich bis über das mittlere Hochwasserniveau hinauswachsen. Dann beginnt die Arbeit des Windes, der den Sand zu hohen Dünen zusammenfegt und die Düneninseln so vor höheren Sturmfluten schützt.

White Island, Neuseeland
Vulkanische Insel in der Plentybucht, ungefähr 50 km vor der Küste der neuseeländischen Nordinsel. James Cook, der sie 1769 entdeckte, gab ihr wegen der sie überziehenden weißen Gips- und Guanoschichten ihren Namen. Sie stellt den Gipfel eines untermeerischen Andesitvulkans dar, der am 10. September 1914 einen heftigen Ausbruch hatte. Heute erinnern noch zahlreiche heiße Quellen, Schlammvulkane, Geysire und imposante Dampfquellen an die heißen Magmamassen im Erdinnern. Jederzeit könnte sich auf White Island ein neuer verheerender Ausbruch ereignen.

Yosemite, Vereinigte Staaten von Amerika
Tal an der Westflanke der kalifornischen Sierra Nevada, das seit 1890 als einer der ersten Nationalparks der Welt unter Naturschutz steht. Das etwa 10 km lange und 1,5 km breite Tal trägt in der Sprache der Miwokindianer den Namen des Grislybären. Die gewaltigen Bären kommen hier nicht mehr vor, dafür jedoch Riesen-Mammutbäume. Am Rand des Yosemitetales ragen domförmige Granitberge auf, darunter der berühmte El Capitán (2500 m) und der nicht weniger majestätische Half Dome (2900 m). Vom 2400 m hohen Glacier Point schaut man hinunter auf die nackten Felswände und die beeindruckenden Yosemitefälle, die in zwei Stufen insgesamt 730 m in die Tiefe stürzen.

Yucatán, Mexiko
Halbinsel im Amerikanischen Mittelmeer, die den Golf von Mexiko vom Karibischen Meer scheidet. Das stark verkarstete, von Savannen und tropischen Wäldern bedeckte Kalksteintafelland besitzt die eindrucksvollsten Ruinenstädte der Mayakultur wie Chichén Itzá und Uxmal. Unter dem dichten Pflanzenkleid zeigt der Kalkstein die Spuren intensiver Lösungsverwitterung: Karren, welche die Gesteinsoberfläche zerfurchen, Karstgassen, Dolinen, auf deren Sohle sich oft *aguadas,* kleine Tümpel, bilden, und nicht zuletzt die sogenannten *cenotes,* große Einsturzdolinen, die im Eiszeitalter bei tieferem Meeresspiegelstand entstanden und heute zum Teil mit Süßwasser gefüllt sind. Für die Maya waren die *cenotes* heilige Stätten, denn sie versorgten die Einwohner auf der sonst trockenen Kalksteintafel mit Wasser.

Zaïre (Kongo), Kongo/Zaïre
Nach dem Nil zweitlängster Strom Afrikas. Er entspringt in der Mitumbakette im äußersten Südosten Zaïres, fließt dann in einem weiten, nach Süden geöffneten Bogen durch das nach ihm benannte Becken und mündet unterhalb von Matadi nach einem 4374 km langen Lauf in den Atlantischen Ozean. Sein Einzugsgebiet umfaßt rund 3 690 000 km²; nur der Amazonas führt unter den Flüssen der Erde noch mehr Wasser als der Zaïre. Die Mündung des Stroms, dessen Name nichts anderes als Fluß bedeutet, wurde bereits 1482 von einem portugiesischen Seefahrer entdeckt. Stromschnellen im Unterlauf verzögerten jahrhundertelang die Erforschung und Erschließung des weiten Beckens im Innern des Schwarzen Kontinents. Erst der britische Afrikaforscher Sir Henry Morton Stanley fuhr in den Jahren 1876/77 den Zaïre hinunter.

Zagros (Sagros), Iran
Nahezu 1600 km langes Kettengebirge, das sich vom südöstlichen Anatolien an der Grenze zwischen dem Persischen Hochland und der Senkungszone erstreckt, die vom mesopotamischen Tiefland und dem Persischen Golf eingenommen wird. Das im Sardeh-Kuh bis 4547 m hohe Gebirge endet an der Straße von Hormus und am Golf von Oman. An den Rändern sind die Kalksteinschichten in regelmäßige Falten gelegt, die häufig ergiebige Erdöllager enthalten. Im Zentrum treten dagegen dunkle magmatische Gesteine zutage. Wahrscheinlich handelt es sich dabei um Bruchstücke alter ozeanischer Kruste, die bei der Kollision der Arabischen, der Iranischen und der Eurasischen Platte an der Wende vom Tertiär zum Quartär aufgepreßt wurden.

Zugspitze, Deutschland
Mit 2962 m Deutschlands höchster Berg, zugleich der Hauptgipfel des Wettersteingebirges, auf dem die deutsch-österreichische Grenze verläuft. Der aus hartem Wettersteinkalk über einem Sockel aus weicherem Mergel aufgebaute Berg besitzt gleichzeitig zwei der insgesamt drei kleinen Gletscher in den deutschen Alpen. Die Natur tritt freilich auf der zu Beginn des 19. Jh. erstmals bestiegenen und in diesem Jahrhundert rücksichtslos für den Tourismus erschlossenen Zugspitze in den Hintergrund. Ihr Gipfel ist völlig zubetoniert.

Karstbrunnen auf der Halbinsel Yucatán, Mexiko

Erklärung wichtiger Fachausdrücke

Abtragung Eine wichtige Etappe im geologischen Kreislauf der Gesteine, in der verwittertes, aber auch frisches Gestein vom fließenden Wasser, vom Wind oder den anderen von außen auf die Erdoberfläche einwirkenden Kräften aufgenommen und weggeführt wird. Wenn diese Kräfte mehr linienhaft angreifen, spricht man von Erosion, bei großflächigem Angriff von Denudation. Mit der A. ist eine Umformung des bestehenden Reliefs, bis hin zur völligen Einebnung der Landschaftsformen, verbunden.

Andesit Ein in der Erdneuzeit unter anderem in den Anden Südamerikas gebildetes vulkanisches Gestein, das von der Zusammensetzung her etwa dem älteren Porphyrit entspricht: In eine dunkelgraue, feinkörnige Grundmasse sind einzelne größere Kristalle von hellem Feldspat sowie von dunklen Mineralen wie Hornblende, Biotit und Augit eingebettet.

Anhydrit Gesteinsbildendes Mineral, das aus wasserfreiem Calciumsulfat besteht (griech. *ánhydros* = wasserlos). Es nimmt in der Nähe der Erdoberfläche Wasser auf, quillt dadurch beträchtlich und wandelt sich in Gips um. Anders als Gips kann man den vor allem im Zechstein Deutschlands vorkommenden härteren A. mit dem Fingernagel nicht ritzen. Er bildet manchmal kleine, prismenförmige, durchsichtige Kristalle, im allgemeinen jedoch körnige, hellgraue Massen.

Arkose Ein sandsteinartiges Sedimentgestein, das außer Quarzkörnern mindestens ein Viertel Feldspate sowie Glimmer und andere schwach verwitterte Minerale, aber nur sehr wenige Bruchstücke von Gesteinen enthält. Die Feldspatkörner sehen oft durch Verwitterung mehligweiß aus, nach dem Anhauchen riecht das Gestein erdig.

Aschen → Tephra

Ästuar (Trichtermündung) Die trichterförmig erweiterte Mündung von Flüssen an Küsten mit kräftigen Gezeiten, beispielsweise an der Nordseeküste (Elbe, Themse). In den von Gezeitenströmungen erodierten Ä. werden Sand und Schlick aufgewirbelt, das Wasser scheint zu kochen – daher der Name (latein. *aestuare* = aufwallen).

Aue (Talaue) Der Teil der Talsohle, der bei Hochwasser überflutet wird (oder vor der Eindämmung des Flusses mehr oder weniger regelmäßig überschwemmt wurde). Bei Hochwasser lagerten sich dort Auenböden wie der feinkörnige, nährstoffreiche Auenlehm ab. Die natürliche Vegetation der mitteleuropäischen Talauen ist der Auenwald, der aus feuchtigkeits- und nährstoffliebenden Sumpf- und Waldpflanzen besteht.

Basalt Zusammenfassende Bezeichnung für eine vielköpfige Familie kieselsäurearmer Erstarrungsgesteine, die im Lauf der Erdneuzeit bei Vulkanausbrüchen aus dünnflüssiger Lava entstanden sind; ähnliche Gesteine, die vor dem Tertiär gebildet wurden, werden *Melaphyre*, grobkörnige B., auch *Dolerite* genannt. Die dunkelgrauen bis blauschwarzen B., die oft in scharfkantige, mehrere Meter lange Säulen *(Säulenbasalt)* zergliedert sind, bestehen etwa zur einen Hälfte aus hellen (Feldspate, Feldspatvertreter), zur anderen aus dunklen Silikaten (Pyroxene, Amphibole, Olivin).

Bauxit Nach Les Baux in Südfrankreich benannter, meist leuchtendroter Boden, der neben einem größeren Anteil von Eisen verschiedene Aluminiumminerale enthält. Der durch intensive chemische Verwitterung unter warmem Klima aus Kalk- und Silikatgesteinen gebildete B. ist der wichtigste Rohstoff zur Gewinnung von Aluminium.

Bimsstein Ein helles, schaumiges oder langfaseriges Lavagestein (latein. *pumex* = Lava), das wegen der vielen Hohlräume sehr leicht ist und daher im Wasser schwimmt. Es entsteht, wenn Fetzen kieselsäurereicher Lava durch Eruptionen in die Luft geschleudert werden, im Flug zu vulkanischem Glas erstarren und durch die in der Lava enthaltenen Gase (wie ein Hefeteig) aufgebläht werden.

Blockmeer Eine Anhäufung von eckigkantigen oder gerundeten Gesteinsblöcken mit einem Durchmesser von mehr als 20 cm. B., in manchen Gegenden *Felsenmeere* oder *Rosseln* genannt, gehen ohne scharfe Grenzen in zungenförmige *Blockströme*, *Blockhalden* am Fuß von Felsklippen oder lockere *Blockstreu* über. Sie stammen meist aus den Eiszeiten, als das feste Gestein durch die Frostsprengung rasch verwitterte.

Brekzie (Breccie) Aus eckigkantigen Gesteinsbruchstücken (italien. *breccia* = Geröll) zusammengesetztes und häufig durch Kalk oder andere Substanzen verkittetes Sedimentgestein. B. entstehen z. B., wenn Gesteine durch die Verwitterung oder bei Vulkanausbrüchen zertrümmert und später wieder verfestigt werden.

Bruch → Verwerfung

Buntsandstein Die älteste Epoche der germanischen Trias, die von 243 bis 250 Millionen Jahren vor heute dauerte. Sie ist nach den buntgefärbten (meist roten) Sandsteinen benannt, die sich damals neben Tonsteinen, Konglomeraten, Gips und Steinsalz unter einem wüstenhaften Klima in ganz Mitteleuropa ablagerten. Der B. entspricht dem *Skyth* (Untere Trias) im Alpenraum. Die obersten Schichten bestehen in Deutschland hauptsächlich aus purpurroten, weichen Tonsteinen, dem *Röt*.

Caldera Ein runder, vulkanischer Krater, meist 5–30 km (zum Teil bis 60 km) im Durchmesser, der durch den Einsturz einer oberflächennahen, schnell entleerten Magmakammer entstanden ist.

Canyon (Cañon) Talform in Gebieten mit flachlagernden Gesteinsschichten wechselnder Widerständigkeit. Meist bilden die C. sehr tiefe, steilwandige Schluchten mit getreppten Hängen.

Dauerfrostboden → Frostboden

Delta Der in einen See oder ins Meer vorgeschobene Schwemmkegel eines Flusses. Seine Grundrißform gleicht vielfach dem Buchstaben Δ (Delta) der griechischen Schrift – daher der Name. D. kommen aber auch in vielen anderen Formen vor, ihr wichtigstes gemeinsames Merkmal ist die Aufspaltung des Flusses in mehrere Mündungsarme.

Devon Eine Periode des Erdaltertums, die den Zeitraum zwischen 410 und 360 Millionen Jahren vor heute umfaßt. Die nach Devonshire in England benannte Formation besteht in Deutschland vorwiegend aus Grauwacken, Sandsteinen, Quarziten und Tonschiefern sowie Kalksteinen und Diabasen. Sie wurden während der Variskischen Gebirgsbildung, die im D. begann, intensiv gefaltet.

Diorit Ein graues bis grünliches, grobkörniges Tiefengestein, das von der chemischen Zusammensetzung her zwischen dem Granit und dem Gabbro steht und deshalb leicht mit beiden verwechselt werden kann. Im Gegensatz zu Gabbro enthält D. aber oft Quarz (vor allem als *Granodiorit* und *Quarzdiorit*), vom Granit unterscheidet er sich durch den höheren Anteil von Hornblenden.

Doline Schüssel-, trichter- oder schachtartige Landschaftsform in Karstgebieten. D. entstehen zum einen von der Erdoberfläche her durch die rasche Lösungsverwitterung an Gesteinsfugen *(Lösungsdolinen)*, zum andern durch den Einsturz unterirdischer Hohlräume *(Einsturzdolinen)*. Sie kommen in allen Größenordnungen vor: von der kaum fußtiefen und kaum meterbreiten Bodenvertiefung bis hin zu Riesentrichtern von 300 m Tiefe und über 1000 m Durchmesser.

Dolomit In Deutschland und in den Alpen weitverbreitetes Sedimentgestein, das hauptsächlich aus dem gleichnamigen Mineral (einem Calcium-Magnesium-Carbonat) besteht. Wie Kalkstein ist der nach dem französischen Mineralogen Dolomieu benannte D. leicht löslich und wird daher oft von Karsthöhlen durchzogen. Man erkennt ihn an seiner meist hellgrauen oder gelblichen Farbe und dem typischen zuckerkörnigen Gefüge (wie Kristallzucker). Als *Rauchwacke* oder *Rauhwacke* bezeichnen die Bergleute schwammartig verwitterten D., aus dem Gipsbröckchen herausgelaugt wurden.

Dünen Vom Wind geschaffene Landschaftsformen, die meist aus Flugsand bestehen und nach ihrer Gestalt *(Bogen-, Wall-, Strich-, Stern- oder Sicheldünen)* benannt sind. D. kommen als aktive *Wanderdünen* oder unbewachsene *Weißdünen* in Mitteleuropa nur an der Küste *(Küstendünen)* vor, die Dünen im Binnenland *(Binnendünen)* wurden hauptsächlich am Ende der jüngsten Eiszeit aufgeweht. *Kupsten* oder *Primärdünen* sind kleine Sandanhäufungen im Windschatten von Grasbüscheln und anderen Hindernissen.

Durchbruchstal Ein Tal, das sich aus niedrigerem Gelände in ein Gebirge oder irgendeine andere höhere Landschaftsform hineinzieht und sie vollständig durchquert.

Eiszeit (Glazial, Glazialzeit, Kaltzeit) Ein Zeitabschnitt der Erdgeschichte, in dem die Gletscher aus den Hochgebirgen und den Polargebieten weit in das Vorland und in die mittleren Breiten der Erde

ERKLÄRUNG WICHTIGER FACHAUSDRÜCKE

vorstießen. E. gab es in allen Erdzeitaltern; die deutlichsten Spuren in der Landschaft hinterließen die E. des Pleistozäns. Sie gliedern sich jeweils in *Stadien* oder *Stadiale*, die durch Zeiten mit wärmerem Klima getrennt sind.

Eiszeitalter → Pleistozän

Endmoräne → Moräne

Erdaltertum Das Altertum innerhalb der Entwicklung des Lebens auf der Erde, insbesondere in der Entwicklung der Tiere. Das zweitälteste Erdzeitalter, das von 590–250 Millionen Jahren vor heute dauerte und in die Perioden Kambrium, Ordovizium, Silur, Devon, Karbon und Perm eingeteilt wird, heißt deshalb auch *Paläozoikum* (griech. *pálai* = alt, *zóon* = Lebewesen).

Erdbeben Erschütterungen des Erdbodens, die fast ausschließlich durch Vorgänge innerhalb der festen Erdrinde ausgelöst werden: durch tektonische Bewegungen *(tektonische E.)*, durch Vulkanausbrüche *(vulkanische E.)* oder durch Einsturz unterirdischer Hohlräume *(Einsturzbeben)*. Die *Erdbebenherde*, die Punkte, von denen die Erschütterungen ausgehen, liegen meist innerhalb der obersten 100 km des Erdkörpers.

Erdkruste Die feste Haut des Erdballs, die unter den Kontinenten aus zwei Schalen besteht. Die obere setzt sich hauptsächlich aus hellen, kieselsäurereichen Erstarrungsgesteinen wie Granit, die untere dagegen aus dunklen, kieselsäurearmen Gesteinen wie Gabbro zusammen. Die E. ist im Durchschnitt nur 30–50 km dick, darunter folgt der Erdmantel.

Erdmittelalter Die Ära der Erdgeschichte, die die Perioden Trias, Jura und Kreide umfaßt. Das *Mesozoikum* (griech. *mésos* = mitten, *zóon* = Lebewesen) dauerte von 250 bis 67 Millionen Jahren vor heute. Gemessen am Erdaltertum und an der Erdneuzeit, war das E. in Mitteleuropa eine ruhige Zeit, in der sich vor allem mächtige Stapel von Sedimentgesteinen ablagerten.

Erdneuzeit Das jüngste Zeitalter der Erdgeschichte, auch *Neozoikum* (griech. *néos* = jung) oder *Känozoikum* (griech. *kainós* = neu) genannt. Die etwa 67 Millionen Jahre lange Ära gliedert sich in das Tertiär und das Quartär. Während dieser Zeit wurden das gegenwärtige Landschaftsbild sowie die Pflanzen- und Tierwelt Mitteleuropas durch die Alpische Gebirgsbildung, die extremen Klimaschwankungen des Eiszeitalters und die Besiedlung durch den Menschen geprägt.

Erdpyramiden Nadel-, säulen- oder kegelartige Geländeformen, die an der Spitze oft einen dicken Gesteinsblock als Deckstein tragen. Die auffälligen Formen, die in manchen Gegenden der Alpen vorkommen, bestehen meist aus lehmiger oder toniger Moräne. Sie werden bei heftigem Regen durch Rinnsale aus dem lockeren Gestein geschnitten.

Erdurzeit Das älteste und mit mehr als vier Milliarden Jahren auch weitaus längste Erdzeitalter. Es umfaßt den Zeitraum vor dem Kambrium, deshalb *Präkambrium* genannt, bis zur Bildung der ersten festen Erdkruste. Sicher bestimmte Gesteine dieser Ära (Grauwacken, Quarzite, Schiefer) treten als älteste Gesteine Deutschlands unter anderem im Erzgebirge, in Thüringen und in der Lausitz zutage.

Erosion Die linienhafte Abtragung der Erdoberfläche durch fließendes Wasser und Gletscher, in erster Linie die Formung durch Flüsse, bei der Täler geschaffen werden. Je nach der Richtung, in der die Flußerosion am stärksten wirkt, unterscheidet man die *Tiefenerosion* (Vertiefung des Flußbetts), die *Seitenerosion* (Unterschneidung des Ufers und Verbreiterung des Betts) und die *rückschreitende Erosion*, bei der Versteilungen im Flußbett flußaufwärts verlagert werden.

Eruption Zusammenfassender Begriff für den Aufstieg von Magma aus dem Erdinnern und die verschiedenen Arten von Vulkanausbrüchen (latein. *erumpere* = hervorbrechen). Wichtig ist vor allem die Einteilung der E. nach der Art der vulkanischen Produkte in *Lavaeruptionen*, die bei dünnflüssigen Laven auch in dichtbesiedelten Gebieten meist glimpflich verlaufen, und in explosionsartige *Aschen- und Schlackeneruptionen* (plinianische E.), zu denen die großen katastrophalen Vulkanausbrüche in historischer Zeit gehören. Bei einer *Intrusion* dringt die Gesteinsschmelze in höher gelegene Zonen der Erdkruste ein, erstarrt aber noch unterhalb der Erdoberfläche, während bei einer *Effusion* Lava über Tag ausfließt.

Falten (geologische F.) Tektonische Bauformen, die durch Verbiegung von ursprünglich annähernd horizontal gelagerten Gesteinsschichten entstanden sind. Da die Faltung im allgemeinen äußerst langsam verläuft, werden auch spröde Gesteine, die bei plötzlicher Beanspruchung zerbrechen, in enge Falten wie Pilzfalten, Zickzackfalten oder Fächerfalten gelegt. *Faltengebirge* wie der Schweizer Jura weisen auf starken seitlichen Druck hin.

Feldspate (auch Feldspäte) Eine Gruppe von Mineralen, die zu den Silikaten gehören und besonders in den Gesteinen der oberen Erdkruste weit verbreitet sind. Wichtigster Feldspat ist der Kalifeldspat, der in mehreren Unterarten wie dem milchigweißen, häufig auch rötlichen *Orthoklas* und farblosen, durchscheinenden *Sanidin* vorkommt. Die Feldspate lassen sich mit der Messerklinge nur schwer oder gar nicht ritzen, sie haben aber eine gute Spaltbarkeit – wonach sie benannt sind.

Feuerstein Ein grauschwarzes oder gelbliches Kieselgestein (aus Chalcedon und Opal), das einen matten, wachsähnlichen Glanz und einen muscheligen Bruch hat. Frische Splitter von F. sind scharfkantig und hart. Sie wurden deshalb schon in der Steinzeit zu Waffen und Werkzeugen verarbeitet. Seinen zweiten Namen *Flint* hat der F., der als Knollen und Bänder in die Schichten der Kreide eingelagert ist, neueren Waffen, den Flinten, verliehen: Früher stellte man aus ihm den Zündmechanismus der Gewehre her. Ähnliche, meist dunkelgrau bis schwarz, aber auch rötlich gefärbte Kieselgesteine in den Kreide- und Juraformationen der Alpen werden *Hornstein* genannt.

Findlinge Oft viele Tonnen schwere Gesteinsblöcke, die von den eiszeitlichen Gletschern zum Teil über Tausende von Kilometern verfrachtet wurden und dann beim Abschmelzen in den Moränengebieten liegenblieben. Weil sie sozusagen fern ihrer Heimat in fremden Gegenden umher, die Geologen nennen F. deshalb auch *erratische Blöcke*, Irrblöcke (latein. *errare* = umherirren).

Firn Oberhalb der klimatischen Schneegrenze oder *Firnlinie* durch wiederholtes Auftauen und Gefrieren im Lauf von mehreren Jahren veränderter Schnee, der sich im Nährgebiet eines Gletschers ansammelt und in Gletschereis umwandelt.

Flußschwinde Eine Stelle, an der ein fließendes Gewässer im Boden verschwindet, entweder allmählich im Flußbett versickert oder seinen oberirdischen Lauf plötzlich in einer Höhlenöffnung *(Ponor, Schlundloch)* beendet. F. sind vielfach Erscheinungen in Karstlandschaften. Das im Boden verschwundene Wasser tritt an anderer Stelle in Karstquellen wieder aus.

Fossilien (Petrefakte, Versteinerungen) Die Reste oder Spuren von Lebewesen der Vorzeit, die im Gestein erhalten geblieben sind und im allgemeinen ausgegraben werden müssen – daher der Name (latein. *fodere* = ausgraben). Auf den F., die fast nur in Sedimentgesteinen vorkommen, beruhen die Gliederung der Gesteinsfolgen und ihre Zuordnung zu den Zeitabschnitten der Erdgeschichte. Besonders wichtig sind die Leitfossilien, Versteinerungen von Pflanzen oder Tieren, die im Idealfall nur in einer einzigen weitverbreiteten Schicht vorkommen.

Frostboden Ein Boden, der häufig für einige Tage bis Wochen oder aber als *Dauerfrostboden* dauernd (mindestens zwei bis drei Jahre) gefroren ist. Der wiederholte Wechsel von Gefrieren und Auftauen hinterläßt im Boden und an der Bodenoberfläche typische Spuren, etwa Steinstreifen, -ringe oder -vielecke *(Frostmusterböden)*. Auf Dauerfrostboden oder *Permafrost*, der in Deutschland während der Eiszeiten verbreitet war, weisen die *Eiskeile* oder *Lößkeile* hin (ehemals mit Eis gefüllte Spalten, die jetzt mit Lockermaterial gefüllt sind).

Gabbro Ein grobkörniges, braunes bis schwärzlichgrünes magmatisches Gestein, das keinen Quarz, dafür aber oft zu grünlichen Mineralen verwitterten Plagioklas und Pyroxene sowie meist Olivin enthält. Es entspricht in der chemischen Zusammensetzung etwa dem Basalt, erstarrt als Tiefengestein allerdings bereits in größeren Tiefen. G. ist wahrscheinlich das häufigste Gestein der unteren Erdkruste.

Gang (Gesteinsgang) Mit anderen (jüngeren) Gesteinen, Mineralen oder Erzen *(Erzgang)* gefüllte Spalte in einem Gestein. Manche magmatischen Gesteine, die *Ganggesteine*, kommen ausschließlich auf Gängen vor. Dazu gehören unter anderem die dunklen *Lamprophyre* mit *Spessartit* und *Vogesit* als Unterarten oder der helle, feinkörnige *Aplit* und der sehr grobkörnige *Pegmatit* als häufige Begleiter des Granits.

Geosynklinale Eine langgestreckte Zone der Erdkruste, die sich über viele Millionen Jahre hinweg langsam senkt und dabei mit mehrere tausend Meter dicken Schichten von Sedimenten und vulkanischen Gesteinen gefüllt wird. Aus G. entwickeln sich später im Lauf einer Orogenese Falten- und Deckengebirge vom Typ der Alpen. Die Senken liegen wahrscheinlich über Zonen der Erdkruste, in denen Platten ins Erdinnere hinabgezogen und verschluckt werden.

Gezeiten (Meeresgezeiten) Die rhythmischen Schwankungen des Meeresspiegels, die durch sich gegenseitig überlagernden Anziehungskräfte von Erde, Mond und Sonne sowie durch Fliehkräfte verursacht werden. Die Schwankungen treten zu bestimmten Zeiten (meist mit einer Periode von ungefähr zwölfeinhalb Stunden) ein – daher ihr hochdeutscher Name G. und ihr niederdeutscher Name *Tiden*. Das Steigen des Meeresspiegels heißt *Flut*, das Fallen *Ebbe*. *Springtiden* sind besonders starke, *Nipptiden* besonders schwache Gezeiten.

Gips Wasserhaltiges Calciumsulfat, das als Mineral manchmal farblose, sehr gut spaltbare Kristalle bildet, die auf den Spaltflächen Perlmutterglanz zeigen. Große, klare Spaltungsstücke sind bei Mineraliensammlern als *Marienglas* bekannt, reiner, feinkörniger G. als *Alabaster*. Meist kommt das eng mit dem Anhydrit verwandte Mineral jedoch in derben, körnigen, hellgrauen bis gelben Massen im gleichnamigen, leicht löslichen Gestein vor. Im Gegensatz zum Anhydrit kann man Gipskristalle mit dem Fingernagel ritzen.

Glazial → Eiszeit

Gletscher Ewiges Eis, das aus dem *Nährgebiet* jenseits der Schneegrenze in mächtigen Strömen langsam in wärmere Gegenden der Erde fließt und dort im *Zehrgebiet* abschmilzt oder in Eisberge zerbricht. Nach ihrer Größe, dem Wärmehaushalt und den Landschaftsformen, in die sie eingebettet sind, werden zahlreiche Gletschertypen unterschieden. In Mitteleuropa sind heute in erster Linie *Kargletscher* und *Talgletscher* verbreitet, im Eiszeitalter gab es auch *Vorlandgletscher* und riesige *Inlandeise*.

Glimmer Feinschuppige oder blättchenartige, biegsame Minerale, die durch ihren metallisierenden Perlmutter- oder Seidenglanz auffallen, im Gestein glimmern. Von den zu den Silikaten gehörenden G. sind zwei besonders häufig: der dunkelgrüne bis schwarze *Biotit* (Katzengold genannt, weil

343

ERKLÄRUNG WICHTIGER FACHAUSDRÜCKE

er goldfarben verwittert) und der durchsichtige, nahezu farblose *Muskovit* (Moskauer Glas), der in metamorphen Gesteinen auch in feinsten, seidenglänzenden Schüppchen als *Sericit* (griech. *serikós* = seiden) vorkommt.

Glimmerschiefer Ein häufiges metamorphes Gestein, meist durch Umwandlung von Tonstein entstanden. Es ist schiefrig, zerfällt in Platten und enthält Glimmer (im allgemeinen hellsilbernen Muskovit), die mit dem bloßen Auge deutlich zu erkennen sind. Manche G. enthalten oft rotgefärbte Granatkristalle bis Walnußgröße *(Granatglimmerschiefer)*, andere sind kalkhaltig *(Kalkglimmerschiefer)* oder bestehen zum großen Teil aus Quarz *(Quarzitglimmerschiefer)*.

Gneise Eine umfangreiche Gruppe metamorpher Gesteine, die durch intensive Umwandlung magmatischer Gesteine (vor allem Granit) und Sedimentgesteine (in erster Linie Sandstein und Tonschiefer) entstanden sind. Die typischen G. bestehen hauptsächlich aus Quarz, Feldspaten und Glimmern, wobei die Feldspate gut erkennbare Kristalle bilden und die Glimmer schlierig-parallel angeordnet sind. Ein besonders auffälliger G. ist der Augengneis mit großen mandelförmigen Feldspatkristallen, den Augen.

Graben (geologischer Graben) Ein mehr oder weniger breiter Streifen der Erdkruste, der zwischen zwei annähernd parallelen Verwerfungen oder Flexuren abgesunken ist. Jüngere G. bilden meist langgestreckte Senken der Erdoberfläche (wie der Oberrheingraben), ältere können durch Reliefumkehr aus weicheren Schichten auch als Bergrücken herauspräpariert worden sein.

Granit Ein körniges, magmatisches Gestein (latein. *granum* = Korn), das überwiegend aus Kalifeldspat, Quarz und Glimmer besteht („Feldspat, Quarz und Glimmer, die drei vergess' ich nimmer"). Es sieht hellgrau (oft auch rötlich, grünlich oder gelblich) mit dunklen Flecken aus. G. erstarrt in größeren Tiefen der Erdkruste, an der Erdoberfläche verwittert er zu sack- oder matratzenähnlichen Formen. Nach der Zusammensetzung und dem Gefüge werden mehrere Dutzend Unterarten von G. unterschieden.

Haff Eine ehemalige Meeresbucht, die durch eine Nehrung ganz oder teilweise vom offenen Meer abgeschnürt ist. Buchten, die noch mit dem Meer durch eine Öffnung, ein *Tief*, in Verbindung stehen und mit Salz- oder Brackwasser gefüllt sind, nennt man in anderen Ländern auch *Lagunen*, völlig abgeschlossene H. heißen *Strandseen*.

Hängetal Ein Nebental, dessen Mündung hoch über der Talsohle des Haupttales hängt, das also nicht gleichsohlig, sondern mit einer vielfach von einer tiefen Schlucht zerschnittenen Mündungsstufe einmündet. H. findet man vorwiegend in ehemals vergletscherten Gebirgen, in denen die Haupttäler meist von Gletschern tief erodiert wurden und die nacheiszeitliche Erosion die Gefällsunterschiede bisher noch nicht ausgleichen konnte.

Härtling Ein Berg oder Hügel aus härteren Gesteinen, die langsamer als die umgebenden Gesteinsschichten verwittern. Die Abtragung bleibt daher hier gegenüber der Umgebung zurück, und das widerstandsfähige Gestein wird aus dem weichen Gesteinsmantel herauspräpariert.

Holozän Die erdgeschichtliche Gegenwart, die jüngste Epoche des Quartärs. Sie begann etwa um 8300 v. Chr. im Anschluß an die Weichsel-Eiszeit und wird daher auch *Postglazial* oder *Nacheiszeit* genannt. Wahrscheinlich ist das H., das früher *Alluvium* hieß, aber nur eine Warmzeit, an die sich eine neue Eiszeit anschließt.

Horst (geologischer Horst) Eine längliche, von zwei annähernd parallelen Verwerfungen oder Flexuren begrenzte Scholle der Erdkruste, die aus älteren Gesteinen als in der Umgebung besteht oder in der vergleichbare Schichten höher als in der Umgebung liegen. H. entstehen, wenn ein Stück der Kruste gehoben wird und/oder wenn die benachbarten Schollen abgesenkt werden.

Inlandeis Ein viele hunderttausend bis Millionen Quadratkilometer großer Deckgletscher oder *kontinentaler Eisschild*, der als kuppel- oder schildförmige Eismasse das Relief bis auf einige felsige Gipfel (sogenannte *Nunatakker*) nahezu vollständig bedeckt. Heute liegt beinahe der gesamte antarktische Kontinent unter einem 12,5 Mill. km² großen Eisschild, im Eiszeitalter erreichte das skandinavische Inlandeis eine Ausdehnung von 5,5 Mill. km².

Jura Die zweite Periode des Erdmittelalters (von 210 bis 140 Mill. Jahren vor heute). Sie gliedert sich in die Epochen *Lias* oder Schwarzer Jura, *Dogger* oder Brauner Jura und *Malm* oder Weißer Jura. Während dieser Zeit war Mitteleuropa meist von Meeren bedeckt, in denen sich vor allem dunkle Tonsteine, braune Sandsteine und helle Kalksteine ablagerten. In der Tierwelt erschienen die ersten Flugsaurier und Vögel.

Kalkspat (Calcit) Eines der häufigsten gesteinsbildenden Minerale, chemisch Calciumcarbonat, das im Kalkstein, Marmor, Kalktuff und im seltenen *Karbonatit*, einem magmatischen Gestein, als Hauptbestandteil und in vielen anderen Gesteinen als Nebenbestandteil vorkommt. K. läßt sich gut spalten (daher der Name), er bildet ungewöhnlich viele verschiedene Kristallformen und ist durchsichtig bis undurchsichtig, farblos oder gefärbt. Vom Quarz, einem ähnlich häufigen Mineral, unterscheidet sich K. durch zwei auffällige Eigenschaften: seine vergleichsweise geringe Härte (er läßt sich im Gegensatz zum Quarz mit der Messerklinge ritzen) und die Löslichkeit in Säuren (er löst sich in Salzsäure oder Essigessenz unter lebhaftem Brausen auf).

Kalkstein Ein weitverbreitetes Sedimentgestein, das in nahezu allen geologischen Formationen Mitteleuropas vorkommt. Als leicht lösliches Karstgestein und durch seine einseitige Mineralzusammensetzung prägt K. das Landschaftsbild und die Ökologie mehr als jedes andere Gestein. Im Idealfall besteht K. nur aus hellem Kalkspat und Aragonit, meist enthält er jedoch andere Minerale und organische Stoffe, die ihn in allen Farbtönen von Dottergelb bis Pechschwarz färben. Nach dem Gefüge unterscheidet man mindestens fünf Arten von K.: den eigentlichen, feinkörnigen, dichten K., den porösen K. oder Kalksinter, den oolithischen K., die Kreide und den kristallinen K. oder Marmor.

Kalktuff → Sinter

Kaltzeit → Eiszeit

Kambrium Die älteste Periode des Erdaltertums, die im Grundgebirge Deutschlands hauptsächlich in Sachsen und Thüringen Grauwacken und Tonschiefer sowie Diabase hinterlassen hat. Während des K., das von 590 bis 500 Millionen Jahren vor heute dauerte, zog sich eine große Geosynklinale quer durch Mitteleuropa. Neben den Trilobiten, die häufig als Fossilien erhalten sind, taucht im K. etwa ein Dutzend neuer Tierstämme in der Fauna auf, darunter die Weichtiere und die Graptolithen.

Känozoikum → Erdneuzeit

Karbon Die Kohlenzeit (latein. *carbo* = Kohle), eine Periode des Erdaltertums, in der sich in Mitteleuropa dicke Torfschichten anhäuften, die später in Steinkohlen umgewandelt wurden. Im K., das von 360 bis 280 Mill. Jahren vor heute dauerte, erreichte die Variskische Gebirgsbildung ihren Höhepunkt. Die Formation enthält daher außer den weitverbreiteten Grauwacken, Sandsteinen und Tonschiefern auch viele Erstarrungsgesteine wie Granit oder Porphyre.

Kare Typische Landschaftsformen von Hochgebirgen, die im Eiszeitalter vergletschert waren und zum Teil heute noch vereist sind: nischenartige Vertiefungen in Steilhängen, die an drei Seiten von schroffen Felswänden umgeben und zur Talseite hin oft von einer niedrigen Schwelle begrenzt werden. Oberhalb der heutigen Schneegrenze füllen kleine *Kargletscher* den Boden der K., hinter den Schwellen sammeln sich oft *Karseen*. Ein *Karling* ist ein pyramiden- oder kegelartiger Felsgipfel, der an allen Seiten von Karen umgeben und von Kargletschern angenagt ist.

Karren Scharfkantige Rillen und Furchen, die vom abrinnenden Regen- und Schmelzwasser in die Oberfläche leicht löslicher Gesteine wie Kalkstein oder Gips geätzt werden. In den deutschsprachigen Alpenländern nennt man sie auch *Schratten* und einen von K. überzogenen Kalkstein der Kreidezeit in den Bayerischen Alpen *Schrattenkalk*. K. sind charakteristische Karstformen; in manchen Gegenden bilden sie geschlossene *Karrenfelder* mit tiefen Furchen, die praktisch unpassierbar sind.

Karst Ein kahles Kalksteingebirge in Slowenien, dessen Name soviel wie steiniger, unfruchtbarer Boden bedeutet. Nach ihm sind alle verkarsteten Landschaften der Erde benannt, in denen das natürliche Pflanzenkleid zerstört und der fruchtbare Boden durch die Bodenerosion abgetragen wurde. In der Geologie versteht man unter einer *Karstlandschaft* aber nur ein Gebiet mit leicht löslichen Gesteinen im Untergrund, in denen sich typische Lösungsformen wie Dolinen und Karsthöhlen bilden.

Kieselsäure Oberbegriff für verschiedene, in der Natur nicht beständige Säuren, die das chemische Element Silicium (latein. *silex* = Kiesel) enthalten. Meist wird auch das Siliciumdioxid, das den Quarz bildet, als K. bezeichnet. Kieselsäurereiche, *saure Gesteine* wie der Granit haben meist helle Farben, kieselsäurearme, *basische Gesteine* sind dagegen wie der Basalt in der Regel dunkel gefärbt.

Kliff Eine von der Meeresbrandung unterspülte Steilküste, die bei festen Gesteinen senkrecht oder sogar überhängend sein kann, in lockeren Gesteinen wie Flugsand oder Geschiebemergel durch Rutschungen aber rasch abflacht. Ein *Arbeitskliff* wird gegenwärtig von der Brandung geformt, bei einem *Ruhekliff* oder *toten Kliff* erreichen die Wellen den Fuß der Böschung nicht mehr.

Kluft Ein feiner Riß oder eine kaum geöffnete Fuge, die das Gestein mehr oder weniger ebenflächig durchzieht. Wenn sich die Gesteinskörper beiderseits der K. gegeneinander verschoben haben, spricht man von einer *Verwerfung*; eine *Spalte* ist eine breiter geöffnete, manchmal mit Quarz, Kalkspat und anderen Mineralen gefüllte K. Die *Klüftung* gibt an, wie zahlreich die K. im Gestein sind.

Konglomerat Ein Sedimentgestein, das aus fest verkitteten Kies- und Geröllschichten besteht (latein. *conglomerare* = zusammenballen). Sehr grobe K. nennen die Geologen auch *Puddingstein*.

Konkretionen Unregelmäßig geformte, oft linsen- oder knollenförmige Mineralmassen unterschiedlicher Größe, die sich im Boden oder in lockeren Gesteinen ausgeschieden haben. Dazu gehören die aus Kalk bestehenden *Lößkindel* oder *Lößmännchen* und die Feuersteine in der Schreibkreide. Aus Eisenmineralen bestehen die kaffeebohnenförmigen *Bohnerze*, die früher auf der Schwäbischen Alb an vielen Stellen abgebaut und verhüttet wurden.

Koralle Eine Sippe der Blumentiere, die mehrere tausend Arten umfaßt. Viele leben in Kolonien und bilden mit ihren kalkigen Skeletten in tropischen Meeren *Korallenriffe*, die in manchen Formationen der Erdgeschichte erhalten geblieben sind. K. treten erstmals im Ordovizium auf.

Krater Eine trichter-, schacht- oder kesselförmige Vertiefung der Erdoberfläche (griech. *kratér* = Kessel), die manchmal durch den Einschlag von

Meteoriten *(Meteoritenkrater)*, meist aber durch explosionsartige Vulkanausbrüche *(Vulkankrater)* entstanden ist. Sie hat einen Durchmesser von einigen zehn bis maximal einigen 100 Metern und ist wie bei den Maaren gelegentlich mit Wasser gefüllt *(Kraterseen)*.

Kreide Die jüngste Periode des Erdmittelalters, die sich um 140 Millionen Jahren an die Jurazeit anschloß und um 67 Millionen Jahren vor heute in das Tertiär überging. In ihr besiedelten die ersten sicheren Blütenpflanzen das Land, gegen Ende der K. kam es zu einem großen Artensterben, dem unter anderem die Saurier, die Belemniten und die Ammoniten zum Opfer fielen. Die unteren Schichten der K. bestehen in Deutschland vorwiegend aus Sandsteinen und Tonsteinen, die oberen dagegen hauptsächlich aus Kalksteinen, darunter der *Schreibkreide*, einem sehr feinkörnigen, weißen, abfärbenden Kalkstein.

Kristall Ein Mineral oder ein anderer fester Körper, dessen Bausteine regelmäßig in Art eines Raumgitters angeordnet sind. Diese innere Struktur spiegelt sich auch in den äußeren Formen der K., geometrischen Körpern mit Ecken, geraden Kanten und ebenen Flächen, wider. *Kristalline Gesteine* bestehen im Gegensatz zu den aus Gesteins- und Mineralbruchstücken zusammengesetzten *klastischen Gesteinen (Trümmergesteinen)* aus Kristallen. Feste Stoffe, die keine Kristallstruktur haben, werden *amorphe Stoffe* (griech. *ámorphos* = gestaltlos) genannt.

Lava Italienisches Wort für eine Gesteinsschmelze, die aus einem Vulkan quillt, gleichzeitig für das Gestein, zu dem die L. erstarrt. Das Magma, das bei Vulkanausbrüchen oft mit Temperaturen zwischen 1000 und 1250 °C an der Erdoberfläche oder am Meeresboden austritt, hat je nach dem Gas- und Kieselsäuregehalt sehr unterschiedliche Eigenschaften. Kieselsäurereiche L. ist sehr dickflüssig, zum Teil pastenartig, und bleibt häufig in der Krateröffnung stecken, kieselsäurearme und gasreiche L. ist dagegen manchmal fast so dünnflüssig wie Wasser.

Löß Ein im frischen, unverwitterten Zustand gelblichbraunes, lockeres Gestein, das aber trotzdem sehr standfest ist und beispielsweise in Hohlwegen nahezu senkrechte Wände bildet. Es sieht ungeschichtet aus, besteht jedoch aus Schichten von kalkhaltigem Gesteinsstaub, der vom Wind während der Eiszeiten in der damaligen Lößtundra Mitteleuropas abgelagert wurde. Da die Schichten fast ausschließlich aus einer Bodenart (Schluff) bestehen, sind sie nicht zu unterscheiden. L. verwittert relativ schnell zu *Lößlehm*.

Magma Ein glühendheißes Gemisch aus geschmolzenen Mineralen und Gasen, das in tieferen Schichten unseres Planeten entsteht, dann in die feste Erdrinde aufsteigt und oft in Vulkanen als *Lava* austritt. Wenn sich die breiartige Schmelze (griech. *mágma* = Teig) abkühlt und erstarrt, entstehen *magmatische Gesteine* oder *Erstarrungsgesteine* wie Granit und Basalt.

Marmor Allgemein ein harter Kalkstein, der sich schleifen und polieren läßt (griech. *marmaros* = glänzend). In der wissenschaftlichen Gesteinskunde werden jedoch nur die metamorphen (im festen Zustand umgebildeten) Kalksteine als M. bezeichnet. Man erkennt sie an den großen Kalkspatkristallen und am typischen streifen- oder fleckenartigen Farbmuster, der Marmorierung. Baumeister und Bildhauer schätzen den M. seit Jahrtausenden als edlen Werkstein.

Mäander Mehr oder weniger regelmäßige Flußschlingen, die entweder in einer Flußebene frei ausschwingen *(freie Mäander)* oder aber als Talschlingen in ein Gebirge eingesenkt und dadurch gefangen sind *(eingesenkte Mäander oder Talmäander)*. An den Außenseiten der Schlingen, an denen das strömende Wasser gegen die Ufer drängt, werden die Böschungen unterspült und zu steilen *Prallhängen* umgeformt; an den Innenseiten, wo die Strömung schwächer ist, wird hingegen Material abgelagert, und es bilden sich sanft geneigte *Gleithänge*.

Mergel Ein Sedimentgestein, das etwa zu gleichen Teilen aus Ton und Kalk (manchmal auch aus Gips, Dolomit und Sand) besteht. Das dünnschichtige, verschiedenfarbige Gestein läßt sich im allgemeinen leicht mit der Hand zerreiben und fühlt sich dabei seifig oder fettig an. M. verwittern unter unserem Klima zu fruchtbaren Böden. Der *Geschiebemergel* ist eine feinkörnige Grundmoräne aus dem Eiszeitalter; er verwittert zu *Geschiebelehm*. Mit zunehmendem Kalkgehalt geht M. über *Kalkmergel* und *Mergelkalk* schließlich in reinen Kalkstein über.

Mesozoikum → Erdmittelalter

Metamorphose Die Umwandlung der Gesteine (griech. *metamorphoo* = umgestalten) in großen Tiefen der Erdkruste durch Hitze und großen Druck *(Regionalmetamorphose)* oder nur durch Hitze bei der Berührung mit aufsteigendem, heißem Magma *(Kontaktmetamorphose)*. Die Gesteine, die dabei entstehen, werden *metamorphe Gesteine* oder *Metamorphite* genannt. Mit bloßem Auge erkennt man Umwandlungsgesteine vor allem an den oft deutlich ausgeprägten Kristallen, am schiefrigen Gefüge mit einer schlierigen bis streng parallelen Anordnung der Minerale; deswegen werden sie auch *kristalline Schiefer* genannt.

Minerale (Mineralien) Die chemisch einheitlichen Bestandteile der Erdkruste, von denen manche in Minen (Bergwerken) abgebaut werden. Mehr als 2000 verschiedene M. sind bekannt; als Hauptbestandteile der Gesteine kommen aber nur einige Dutzend in größeren Mengen vor, darunter in erster Linie die Feldspate, der Quarz und die Glimmer sowie der Olivin, das wohl häufigste M. der Erdkruste.

Moore Böden aus Torf, bei denen die Torfschicht mindestens 30 cm dick ist. Sie entstehen in sumpfigen Niederungen und regenreichen Klimazonen, wo die abgestorbenen Pflanzenteile im sauerstoffarmen Wasser nicht völlig verwesen, sondern sich als Torf anhäufen. Das ebene *Niedermoor* oder *Flachmoor*, in Bayern *Moos* oder *Ried* genannt, entsteht vorwiegend aus Schilf, Rohrkolben und Gräsern. Das uhrglasförmig aufgewölbte *Hochmoor* (bayerisch: *Filz*) setzt sich dagegen hauptsächlich aus den Resten von Torfmoosen zusammen. In M. sind oft kleine Tümpel *(Schlenken, Kolke, Blänken, Mooraugen)* eingebettet. Hangmoore liegen an Gebirgshängen, bei *Strangmooren*, die langsam hangabwärts rutschen, sind die Torfschichten zu Wülsten zusammengestaucht.

Moräne Das vom Gletschereis transportierte und beim Abschmelzen zurückgelassene Gesteinsmaterial. Es besteht meist aus einem bunten Gemisch der verschiedensten Gesteinsarten und der unterschiedlichsten Korngrößen: vom Staubkorn bis zum viele Tonnen schweren Gesteinsblock. Die Oberfläche der größeren Blöcke ist häufig poliert und von Kratzern, den *Gletscherschrammen*, überzogen. Daran sind M. eindeutig zu erkennen. Unter dem Gletschereis werden die *Grundmoränen* abgelagert, an den Seiten der Eiszungen entstehen die *Seiten-* oder *Randmoränen*, vor der Stirn eines Gletschers breiten sich als bogen- oder girlandenförmige Wälle die *Stirn-* oder *Endmoränen* aus. Jungmoränen nennt man in Deutschland die M. der jüngsten Eiszeit, *Altmoränen* die der älteren Vereisungen.

Mulde Eine von ansteigenden Hängen umgebene, häufig abflußlose Geländeform. Eine *geologische M.* ist dagegen der nach unten, zum Erdinnern hin gewölbte Teil einer Falte. Dieser Teil der Falte wird auch *Synklinale* oder *Synkline* genannt.

Mure In Bayern und Tirol mundartlicher Ausdruck für ein Gemisch aus Wasser, Erde, Gesteinsblöcken und Pflanzenteilen, das sich nach plötzlichen Regengüssen oder bei der Schneeschmelze an den Steilhängen der Alpen talwärts in Bewegung setzt. Die Schlamm- und Schuttströme benutzen häufig Wildbachfurchen und wälzen dort als *Murgänge* alles nieder, was sich ihnen in den Weg stellt. Sie richten alljährlich im Alpenraum Schäden in Millionenhöhe an.

Nacheiszeit → Holozän

Nehrung Eine schmale, langgestreckte Landzunge, die in der Regel aus Sand besteht und eine Meeresbucht zu einem großen Teil oder vollkommen vom offenen Meer abschnürt. N. oder *Haken* entstehen durch Meeresströmungen, die Sandmassen annähernd parallel zur Küstenlinie verfrachten und im ruhigen Wasser hinter Küstenvorsprüngen absetzen. Durch N. abgeschnürte Förden werden an der deutschen Ostseeküste *Noore* genannt. In beiden Namen steckt (wie im engl. *narrow*) derselbe Wortstamm eng oder schmal.

Nunatakker → Inlandeis

Obsidian Ein meist pechschwarzes, seltener rotbraunes Gesteinsglas, das entsteht, wenn kieselsäurereiche Lava so schnell erstarrt, daß sich in der Schmelze keine Kristalle bilden können. Der glasglänzende O. zerfällt in messerscharfe Scherben, an denen man sich leicht verletzen kann; aus diesem Grund wurde er bereits in der Steinzeit zu Messern und Pfeilspitzen verarbeitet, in Mittelamerika waren noch im 16. Jh. Obsidianmesser im Gebrauch. Heute schätzt man den angeblich von dem Römer Obsius in Afrika entdeckten O. als Schmuckstein.

Olivin Ein wie die Früchte des Ölbaums grün bis grünschwarz gefärbtes Mineral mit fettglänzenden Bruchflächen, das im Edelsteinhandel auch unter dem Namen *Peridot* geführt wird. O. (Magnesium-Eisen-Silikat) kommt in vielen dunklen, kieselsäurearmen magmatischen Gesteinen wie Gabbro oder *Peridotit* vor. Da der größte Teil der festen Erdrinde aus solchen Gesteinen besteht, gilt der O. als häufigstes Mineral überhaupt.

Ordovizium Periode des Erdaltertums, die sich vor etwa 500 Millionen Jahren vor heute an das Kambrium anschloß und um 440 Millionen Jahren in das Silur überleitete. Während dieser Zeit, in der die ersten Korallen, Muscheln, Seeigel und Wirbeltiere auftraten, war Mitteleuropa fast ständig von Meeren bedeckt. Gesteine des O. (unter anderem Grauwacken, Quarzite und Tonschiefer sowie Eisenoolithe) sind heute noch vor allem in Thüringen und Sachsen verbreitet.

Orogenese Zusammenfassender Begriff für alle Vorgänge, die an der Gebirgsbildung (griech. *óros* = Gebirge, *génesis* = Entstehung) beteiligt sind, wie beispielsweise Faltung, Bruchtektonik und Vulkanismus. Während der O., die sich über viele Millionen Jahre erstrecken kann, entstehen *Orogene*, das sind Falten- und Deckengebirge von der Art der Alpen. Im Lauf der Erdgeschichte gab es mindestens sechs Zeitalter mit stärkeren O.; in Deutschland haben die Kaledonische Ära, die Variskische Ära und die Alpidische Ära die deutlichsten Spuren hinterlassen.

Paläozoikum → Erdaltertum

Perm Die jüngste Periode des Erdaltertums (280–250 Millionen Jahre vor heute), benannt nach einer Stadt im Vorland des Uralgebirges, wo die Gesteine der Formation zutage treten. Auf älteren geologischen Karten heißt sie auch *Dyas* (griech. *dyás* = Zweiheit), weil sie in zwei Abteilungen gegliedert ist, deren Gesteine sich im Gelände sehr deutlich unterscheiden: das Rotliegende mit roten Sandsteinen und vulkanischen Gesteinen und den Zechstein mit hellem Dolomit, Kalkstein und Gips.

Platten Bruchstücke der festen Erdrinde, die den ganzen Erdball wie ein Mosaik umhüllen und von Strömungen im Erdinnern mit einer Geschwindigkeit von einigen Zentimetern pro Jahr verlagert werden. Deutschland liegt ganz auf der Eurasischen

ERKLÄRUNG WICHTIGER FACHAUSDRÜCKE

Platte, gegen die sich von Süden her die Afrikanische Platte schiebt.

Pleistozän Die erste Epoche des Quartärs, die sich vor etwa zwei Millionen Jahren an das Tertiär anschloß und um 8300 v. Chr. endete. Das P., früher *Diluvium* genannt, ist das *Eiszeitalter*, der Zeitraum der Erdneuzeit, in dem mindestens sechs größere Eiszeiten mit Warmzeiten wechselten. Die Eiszeiten oder Glaziale haben im norddeutschen und im süddeutschen Vereisungsgebiet verschiedene Namen (jeweils beginnend mit der ältesten Eiszeit): *Brüggen-E./Biber-E., Eburon-E./Donau-E., Menap-E./Günz-E., Elster-E./Mindel-E., Saale-E.* (gegliedert in *Drenthe-Stadium* und *Warthe-Stadium)/Riß-E., Weichsel-E./Würm-E.* Dazwischen lagen fünf längere Warmzeiten (ebenfalls von der ältesten zur jüngsten): *Tegelen-W., Waal-W., Cromer-W., Holstein-W., Eem-Warmzeit.*

Plutonite (Tiefengesteine) Die magmatischen Gesteine, die bereits in größeren Tiefen der Erdkruste (einige Kilometer) aus dem Magma erstarren (z. B. Granit oder Gabbro). Sie sind nach Pluton, dem griechischen Gott der Unterwelt, benannt. Ein *Pluton* ist ein großes, unterschiedlich geformtes Tiefengesteinsmassiv. Unter dem Oberbegriff *Plutonismus* faßt man alle Vorgänge zusammen, die mit der Entstehung von P. zusammenhängen.

Porphyr Allgemein ein häufig rötliches vulkanisches Gestein (griech. *pórphyra* = Purpur), das in der feinkörnigen Grundmasse einzelne große Kristalle, sogenannte Einsprenglinge, enthält. Beim eigentlichen P., der hauptsächlich gegen Ende der Variskischen Gebirgsbildung im Rotliegenden gefördert wurde, bestehen die Einsprenglinge aus hellen Feldspaten und dunklen Amphibolen; der Quarz bildet keine größeren Kristalle.

Präkambrium → Erdurzeit

Quartär Nach der Zeitrechnung der Urväter der Geologie die vierte Formation (latein. *quartus* = vierte) der Erdgeschichte. Sie umfaßt die jüngste Periode, die vor rund zwei Millionen Jahren begann und sich in die beiden Epochen Pleistozän und Holozän gliedert. Typisch für das Q. ist der mehrfache Wechsel von Kaltzeiten und Warmzeiten. In ihm beginnt die Geschichte der Menschheit mit dem *Paläolithikum* oder *Altsteinzeit*, dem *Mesolithikum* oder *Mittelsteinzeit* (in Deutschland etwa 8000 bis 4000 v. Chr.) und dem *Neolithikum* oder *Jungsteinzeit*.

Quarz Ein meist farbloses, grau durchscheinendes Mineral, das einen muscheligen Bruch hat und im Gestein durch seine fettglänzenden Bruchflächen auffällt. Es ist ungewöhnlich hart, läßt sich mit der Messerklinge nicht ritzen. Die Bergleute nannten das nach den Feldspaten häufigste und verbreitetste Mineral (wenigstens in den Gesteinen der oberen kontinentalen Erdkruste) Quererz, weil es sich oft in Adern quer durch Erzgänge zieht – daher wohl sein Name. Quarzkristalle findet man vor allem in Drusen und auf Gängen: den farblosen *Bergkristall*, den dunkelbraunen *Rauchquarz*, den violetten *Amethyst* und viele andere Abarten.

Quarzit Ein graues oder rötliches Gestein, das deutlich geschichtet ist. Es entsteht meist durch Metamorphose aus Sandstein (*metamorpher Q.*), bildet sich aber auch als Sedimentgestein, wenn die Quarzkörner durch Kieselsäure fest verkittet werden. Der sehr harte Q. ist mit der Messerklinge nicht ritzbar, er bricht splittrig oder muschelig; die Bruchflächen gehen dabei (im Gegensatz zum Sandstein) durch die Quarzkörner hindurch.

Quarzporphyr Der Porphyr, der als Einsprenglinge grauen Quarz sowie Kalifeldspat und Plagioklas enthält. Das helle, meist rötliche vulkanische Gestein entspricht in der Mineralzusammensetzung etwa dem Rhyolith, ist aber vor dem Tertiär, in Deutschland hauptsächlich im Perm, entstanden. Früher nahm man an, daß Q. aus kieselsäurereichen Lavaströmen erstarren, heute steht fest, daß sie Ablagerungen von Glutlawinen (glühendheiße Gemische von vulkanischem Lockermaterial und Gasen) sind.

Riff Allgemein eine Untiefe im Meer, die fast bis zum Meeresspiegel oder ein wenig darüber hinausreicht. Sie kann aus lockerem Sand oder aus festem Gestein bestehen. Zu den Felsriffen gehören die aus den kalkigen Skeletten von Meereslebewesen aufgebauten Korallen- und Schwammriffe. Sie kommen in nahezu allen Formationen der Erdgeschichte vor und bilden durch ihre Verwitterungsbeständigkeit oft hohe Gebirgsstöcke.

Roterde Ein durch feinverteilte Eisenminerale leuchtendrot gefärbter Boden, der ein locker-krümeliges (erdiges) Gefüge hat. Rotgefärbte lehmige bis tonige, dicht gelagerte und schwer zu bearbeitende Bodenarten heißen *Rotlehme*. Dazu gehören die im Mittelmeerraum und nördlich der Alpen stellenweise auf Kalkstein verbreitete *Terra rossa* (italien. rote Erde) sowie als verwandter Bodentyp die leuchtendgelbbraun gefärbte *Terra fusca* (italien. braune Erde), der Kalkstein-Braunlehm.

Rotliegendes Die untere Abteilung der Permformation, die mit ihren meist rotgefärbten Sandsteinen und Konglomeraten unter den Schichten des Zechsteins lagert. In dieser Epoche des Erdaltertums (280–270 Millionen Jahre vor heute) ging die Variskische Gebirgsbildung mit heftigen Vulkanausbrüchen zu Ende. Das Klima war vorwiegend heiß und wüstenhaft-trocken, eingelagerte Kohlenflöze zeigen feuchtere Klimaperioden an.

Rumpffläche Eine leicht gewellte, durch Abtragung geschaffene Landoberfläche, die die Falten und anderen Bauformen der Erdkruste gewissermaßen bis auf den Rumpf kappt. Weitgehend abgetragene Faltengebirge, die von Rumpfflächen überzogen sind, nennt man *Rumpfgebirge*. Die einzelnen Flächen ordnen sich dabei oft stufenartig übereinander zu einer *Rumpftreppe* an.

Rundhöcker Ein länglicher Felshügel, der an einer Seite sanft abgerundet ansteigt, an der anderen dagegen schroff in Felskanten und -stufen abbricht. Wie Gletscherschrammen auf seiner Oberfläche beweisen, wurde er durch Gletschereis geformt. Die abgerundete Stoßseite des R. war dabei gegen den Eisstrom gerichtet, die kantige zeigt in die Fließrichtung. Größere R. nennt man *Rundbuckel*.

Sandsteine Eine Gruppe von Sedimentgesteinen, die durch Verkittung von Sandmassen entstanden sind. Sie kommen in Deutschland in fast allen Formationen vor, manche Gesteinsserien wie der Buntsandstein oder der Stubensandstein und der Schilfsandstein des Keupers sind nach ihnen benannt. Die Eigenschaften der S. hängen von der Zusammensetzung der Sandkörner und der Art des Bindemittels ab *(Kalksandstein, Brauneisensandstein, Dolomitsandstein . . .).*

Sattel (geologischer Sattel) Der nach oben, zur Erdoberfläche hin gewölbte Teil einer Falte, auf dem der *Faltenscheitel* verläuft. Innerhalb eines geologischen S., in der Fachliteratur auch *Antiklinale* oder *Antikline* genannt, werden die Gesteinsschichten zum *Sattelkern* hin in der Regel immer älter.

Schichtkamm Ein markanter Bergkamm, der aus einer zwischen weicheren Schichten gelagerten harten Gesteinsschicht gebildet wird. Im Unterschied zur Schichtstufe werden die Schichten hier stärker geneigt; wenn sie noch steiler einfallen, entstehen *Schichttrippen*. Im Bereich der weicheren Gesteinsschichten verlaufen *Schichttalungen*.

Schichtstufe Eine Geländestufe, die ähnlich wie eine Treppenstufe aus einer schwach geneigten *Landterrasse* und einem manchmal mehrere hundert Meter hohen Steilhang besteht. Sie entwickelt sich durch Abtragung aus einer schwach geneigten Serie harter und weicher Gesteine. Der Stufenbildner, das harte Gestein, vielfach Sandstein oder Kalkstein, tritt an der oberen Kante des Steilhangs, der *Trauf*, zutage, das weichere Gestein kommt auf dem größten Teil der Landterrasse und am unteren Schichtstufenhang an die Oberfläche.

Schiefer Allgemein ein Gestein, das in dünnen, mehr oder weniger (beim *Dachschiefer* vollkommen) ebenen Platten bricht. Das schiefrige Gefüge kann wie beim *Tonschiefer* oder *Glimmerschiefer* durch Metamorphose entstehen, bei schiefrigen Sedimentgesteinen *(Schieferton, Ölschiefer . . .)* zerbrechen die Gesteine entlang den ursprünglichen Schichtflächen. *Kristalline Schiefer* ist ein anderer Ausdruck für metamorphe Gesteine.

Scholle Bruchstück der Erdkruste, das im allgemeinen als *Bruchscholle* ringsum von Verwerfungen begrenzt ist. Die meisten unserer Mittelgebirge sind *Bruchschollengebirge* aus gehobenen *Hochschollen*. Ihnen stehen Gräben und Senken als *Tiefschollen* gegenüber. Hochschollen, die nur an einer Seite an einem deutlichen Bruch herausgehoben wurden, nennt man *Pultschollen* oder *Keilschollen*.

Schuttkegel (Schwemmkegel, -fächer) Eine halbkegelförmige Aufschüttung aus kantigem Gesteinsschutt am Fuß von Felswänden. Wenn die Gesteinsbruchstücke über eine längere Strecke vom fließenden Wasser transportiert und dabei gerundet werden, bilden sich im Grundriß fächerförmige *Schwemmfächer* oder *Schwemmkegel*. Sie entstehen dort, wo die Transportkraft des Gewässers plötzlich abnimmt, beispielsweise am Rand eines Gebirges oder an der Einmündung in einen See.

Sedimente Nur ausnahmsweise verfestigte, fast immer jedoch geschichtete Ablagerungen (latein. *sedimentum* = Bodensatz) von Gesteins- und Mineralbruchstücken, Pflanzen- und Tierresten sowie chemischen Substanzen, die sich aus Lösungen ausgeschieden haben. Sie wandeln sich durch Diagenese in *Sedimentgesteine* (Sedimentite oder *Schichtgesteine*) um. Nach der Art der Hauptbestandteile unterscheiden die Geologen drei große Gruppen von Sedimenten und Sedimentgesteinen: *klastische S.* oder *Trümmergesteine* (aus Gesteins- und Mineralbruchstücken), *chemische S.* (meist Salze, die sich aus dem Wasser ausgeschieden haben) und *biogene S.* (aus Resten von Lebewesen).

Silikate Die wichtigsten Bausteine der Erdkruste, von der chemischen Zusammensetzung her Salze der Kieselsäure, die mehrere hundert verschiedene Minerale bilden. Dazu gehören als häufigste die Feldspate und Feldspatvertreter, Pyroxene und Amphibole, Glimmer, Olivine und Tonminerale. Wegen der weiten Verbreitung der S. ist das Silicium nach dem Sauerstoff (und vor dem Aluminium) das zweithäufigste Element innerhalb der Erdkruste.

Silur Eine Periode des Erdaltertums, die vom Ordovizium zum Devon überleitete (440–410 Mill. Jahre vor heute). Sie hinterließ in Deutschland vor allem Schiefer, darunter den typischen Graptolithenschiefer, sowie Kalksteine und Diabase, die unter anderem in Thüringen, im Rheinischen Schiefergebirge und im Harz zutage treten. Als Fossilien des Silurs sind neben den Graptolithen die Brachiopoden, Korallen und Seelilien wichtig.

Sinter Oberbegriff für verschiedene, meist schlackig-poröse (german. *sindr* = Schlacke) chemische Sedimente, die sich vor allem an Quellen und in Höhlen aus Wasser ausgeschieden haben. Sie bestehen wie der poröse *Kalktuff* oder *Kalksinter*, der dichte, feste *Travertin* oder die Tropfsteine in den Höhlen vielfach aus Calciumcarbonat. Der Opal des *Kieselsinters* oder *Kieseltuffs* scheidet sich an heißen Quellen aus. Die Mineralausscheidungen bilden in Wasserläufen oft Wasserfälle und Sinterterrassen, treppenförmig angeordnete Stufen.

Stalagmit, Stalaktit → Tropfstein

Strudelloch (Strudeltopf) Ein flacher, schüssel- oder tiefer topf- bis schachtartiger *Kolk* im oder an

ERKLÄRUNG WICHTIGER FACHAUSDRÜCKE

den Rändern eines Flußbetts. Er wird von Wasserwalzen, deren Längsachse annähernd senkrecht steht, mit Hilfe von Geröllen in den Fels erodiert. Bei Kolken, die von Schmelzwasserbächen ausgestrudelt wurden, spricht man von *Gletschertöpfen*, *Gletschermühlen* oder *Riesentöpfen*.

Tektonik Oberbegriff für die Bauformen der Erdkruste (griech. *tektonikós* = die Baukunst betreffend) sowie die Kräfte und Vorgänge, die tektonische Formen wie Gräben, Horste oder Falten schaffen. Die Geologen unterscheiden dabei grundsätzlich zwei Baustile der oberen Erdkruste: die *Faltentektonik* mit Falten und Decken sowie die *Bruchtektonik*, bei der die Schichten durch Brüche und Verwerfungen in Schollen zerbrochen sind.

Tephra Vulkanisches Lockermaterial, das bei explosionsartigen Eruptionen in oft kilometerhohen Wolken aus dem Krater geworfen wird und anschließend als glühender Aschenregen (griech. *téphra* = Asche) auf die Umgebung der Vulkane niedergeht. Es wird hauptsächlich nach den Korngrößen eingeteilt: feinkörnige *Aschen* (unter 2 mm Durchmesser), *Lapilli* (2–64 mm) und vulkanische *Bomben* (über 64 mm).

Terrasse Allgemein eine ebene bis schwach geneigte Fläche, die stufenartig in einen Hang eingelassen ist, meist sind damit jedoch die *Talterrassen* oder *Flußterrassen* gemeint, die an den Hängen der Täler vielstufige Terrassentreppen bilden. Sie entstehen als einzelne Formen durch Abtragung *(Erosionsterrassen)* oder durch Aufschüttung *(Schotterterrassen)*, als Terrassentreppe immer durch den mehrfachen Wechsel von Tiefenerosion, Seitenerosion und Aufschüttung, der in Mitteleuropa wahrscheinlich mit den Klimaschwankungen im Quartär zusammenhängt. Die *Niederterrasse* wird der Weichsel- oder Würmeiszeit zugeordnet, die darüberliegende *Mittelterrasse* der Saale- oder Rißeiszeit; die höheren *Ober-*, *Hoch-* und *Höhenterrassen* entsprechen wohl den älteren Eiszeiten.

Tertiär Die erste Periode der Erdneuzeit (67 bis 2 Millionen Jahre vor heute), die früher als dritte Ära der Erdgeschichte (franz. *tertiaire* = drittrangig) angesehen wurde. Sie gliedert sich in fünf Epochen: *Paläozän* als älteste, dann *Eozän*, *Oligozän*, *Miozän* und *Pliozän* als jüngste. Das T. war buchstäblich eine bewegte Zeit mit dem Höhepunkt der Alpidischen Gebirgsbildung, lebhaftem Vulkanismus, mehrfachen Meeresvorstößen und dem Wechsel von feuchtwarmen und heißtrockenen Klimaperioden. Entsprechend abwechslungsreich sind die tertiären Gesteine (neben lockeren Sanden, Salzen und Tonen auch vulkanische Gesteine).

Tiefengesteine → Plutonite

Ton Eine zähe, schwere (schwer zu bearbeitende) Bodenart, die überwiegend aus den feinsten Korngrößen unter 0,002 mm Durchmesser besteht. Dazu gehören neben winzigen Partikeln von Quarz, Feldspat und Kalkspat vor allem die mit den Glimmern verwandten, blattförmigen *Tonminerale*. Den Tonmineralen verdankt der T. die typischen Eigenschaften, an denen man ihn im Gelände erkennen kann: Er ist klebrig (fett), läßt sich mit den Fingern gut formen und hinterläßt glänzende Reibflächen, wenn man ihn mit den Fingerspitzen reibt.

Tonschiefer Ein feinschichtiges, schiefriges Gestein, das in dünne Blätter oder Platten zerfällt. Die Bruchflächen sind nicht seidenglänzend; nach dem Anhauchen riecht das Gestein erdig. T. geht in die geringer verfestigten *Schieferton* oder *Tonstein* über.

Trachyt Der rauhe Stein (griech. *trachys* = rauh), ein hellgrau oder rötlich gefärbtes magmatisches Gestein, das in der Erdneuzeit aus einem relativ kieselsäurearmen Magma erstarrte (ältere T. werden auch *Porphyre* genannt; das Gegenstück unter den Tiefengesteinen ist der Syenit). T. enthält viele kleine Bläschen, er fühlt sich rauh an – daher der Name. In der feinkörnigen Grundmasse sind einzelne größere Kristalle als Einsprenglinge verteilt, vor allem der farblose, tafelförmige *Sanidin*, ein Kalifeldspat.

Travertin → Sinter

Trias Die älteste Periode des Erdmittelalters, die in die drei Epochen Buntsandstein, Muschelkalk, Keuper gegliedert ist (griech. *triás* = Dreiheit). Sie umfaßt den Zeitraum von 250 bis 210 Mill. Jahren vor heute. Die T.-Formation ist in Deutschland als *germanische Trias* besonders klar ausgeprägt und weit verbreitet; ihre Sandsteine, Tonsteine, Mergel und Kalksteine treten zwischen der Insel Helgoland und dem Südschwarzwald an vielen Stellen zutage. Im östlichen und südlichen Alpenraum teilt man die *alpine Trias* in sechs Epochen ein.

Trichtermündung → Ästuar

Trockental Ein von einem Fluß geschaffenes Tal, das gegenwärtig nicht mehr ständig von einem fließenden Gewässer durchflossen wird. T. kommen hauptsächlich in Karstlandschaften vor, wo die Flüsse bei fortschreitender Verkarstung in Flußschwinden versickern. In anderen wasserdurchlässigen Gesteinen bildete der Dauerfrostboden während der Eiszeiten eine wasserundurchlässige Schicht, seitdem er aufgetaut ist, versickert das Wasser im Untergrund.

Trogtal Die typische Talform von Gebirgen, die während der Eiszeiten stark vergletschert waren. Die im Querschnitt U-förmigen Täler (deshalb auch *U-Täler* genannt) wurden von Gletschern ausgefurcht und ihre Wände geschliffen. Oberhalb der *Schliffgrenze*, die sich etwa mit der Linie deckt, bis zu der das Tal mit Eis ausgefüllt war, lösen rauhe, verwitterte Felsen die überschliffenen Formen ab. Im Längsschnitt der T. hat das Eis ebenfalls deutliche Spuren hinterlassen, hier folgen hohe Felsriegel und breite, wannenartige Senken aufeinander.

Tropfsteine Meist zapfen-, röhren- oder fahnenartige Formen aus Kalksinter, die sich in Höhlen (gelegentlich auch im Freien an Felswänden) durch das Tropfwasser bilden. Als Grundformen werden an der Höhlendecke hängende T. oder *Stalaktiten* (griech. *stalaktós* = tropfend), auf dem Höhlenboden stehende T. oder *Stalagmiten* (griech. *stalagmós* = abgetropft) und *Tropfsteinsäulen* unterschieden, die manchmal aus hängenden und stehenden T. zusammenwachsen.

Tuff Allgemein ein poröses, kaum verfestigtes, leichtes Gestein (italien. *tufo* = poröser Stein) wie Kalktuff, im besonderen ein vulkanischer Tuff, der sich aus mehr oder weniger verfestigter und verschweißter Tephra (Aschen, Lapilli und Bomben) zusammensetzt. Er wird nach dem begleitenden Erstarrungsgestein (Basalttuff, Trachyttuff, Porphyrtuff...) benannt. Tuffit ist ein T. mit einem großen Anteil von Bruchstücken fremder Gesteine.

Tundra Die kalten Regionen jenseits der polaren Waldgrenze, in denen vor allem Zwergsträucher, Gräser, Moose und Flechten gedeihen. Kalte, lange Winter lassen keinen Baumwuchs aufkommen. Während der Eiszeiten war fast ganz Mitteleuropa zwischen dem skandinavischen Inlandeis und den Alpengletschern von Tundren bedeckt.

Verlandung Die Umwandlung eines Gewässers in festes Land, etwa der Rückzug des Meeres aus einer seichten Bucht. Im Binnenland verlanden Seen und andere stehende Gewässer oft innerhalb weniger Jahrtausende, indem die Seebecken von Flüssen mit Sedimenten ausgefüllt werden und sich Schwimm- und Tauchpflanzen und ihnen folgend Sumpf- und Landpflanzen von den Ufern her immer weiter in das Gewässer vorschieben. Auf diese Weise haben sich bereits viele Seen der jüngsten Eiszeit in Moore und festen Boden verwandelt.

Versteinerungen → Fossilien

Verwerfung Eine *Störung* oder ein *Bruch* innerhalb der Gesteinsschichten, an dem sich entlang einer Verwerfungsfläche zwei benachbarte Schollen der Erdkruste horizontal, vertikal und/oder diagonal gegeneinander verschoben haben. Nach der vorherrschenden Verschiebungsrichtung werden unter anderem Abschiebungen, Aufschiebungen, Überschiebungen und Horizontalverschiebungen unterschieden. V. sind typische Bauformen der Bruchtektonik. Sie begrenzen Bruchschollen, Gräben und Horste.

Verwitterung Die Zerstörung und Umwandlung der im Erdinnern gebildeten Gesteine an oder in der Nähe der Erdoberfläche durch Witterungseinflüsse und Lebewesen. Bei der V. werden die ursprünglichen Gesteine zunächst in Bruchstücke zerkleinert, anschließend durch Auslaugung chemischer Substanzen aber auch im Mineralbestand verändert. Die Einteilung in *mechanische* V. (eine reine Zerkleinerung des Gesteins), *chemische* V. und *biologische* V. (durch Pflanzen und Tiere) ist nur eine Gedankenstütze, in der Natur wirken meist alle Kräfte gemeinsam, etwa bei der *Wollsackverwitterung* von Granit zu ballen- und sackähnlichen Klippen oder der *Wabenverwitterung* von Sandsteinen, durch die bienenwabenartige Strukturen entstehen.

Vulkan Eine Stelle auf dem festen Land oder unter dem Meeresspiegel, an der Lava, Tephra, magmatische Gase, Wasserdampf und heißes Wasser aus dem Erdinnern austreten. Sie ist nach dem römischen Feuergott Vulcanus benannt. Heute gibt es auf der Erde rund 530 aktive V. und dazu ungezählte ruhende oder endgültig erloschene. Sie kommen in etwa einem halben Dutzend von Grundformen vor: als *Schichtvulkan* oder *Stratovulkan*, der aus wechselnden Schichten (latein. *stratus* = Schicht) aufgebaut ist, schildförmiger *Schildvulkan* (aus dünnflüssiger Lava), *Stau-*, *Quell-* oder *Stoßkuppen* (aus zähflüssiger Lava), als *Bims-*, *Aschen-*, *Tuff-* oder *Schlackenkegel* (aus Tephra) sowie als *Maare* oder *Calderavulkane*, die kesselförmige Vertiefungen (span. *caldera* = Kessel) bilden.

Warmzeit (Interglazial, Zwischeneiszeit) Ein Zeitraum der Erdgeschichte mit warmem Klima (vor allem innerhalb des Quartärs), der von zwei kühleren Zeiträumen begrenzt wird. Echte W. müssen so warm gewesen sein, daß Tiere und Pflanzen vorkamen, die mindestens so artenreich und anspruchsvoll wie die heutige Fauna und Flora waren, sonst spricht man von *Interstadialen*. Die großen Eiszeiten des Eiszeitalters werden von fünf W. getrennt (von der jüngsten zur ältesten): *Eem-W.*, *Holstein-W.*, *Cromer-W.*, *Waal-W.*, *Tegelen-W.*

Zechstein Die zweite Epoche des Perms (270 bis 250 Millionen Jahre vor heute), in der in Mitteleuropa neben Kalkstein, Dolomit und Gips die wertvollen Stein- und Kalisalzlager sowie der Kupferschiefer, die wichtigste Kupferlagerstätte Deutschlands, abgelagert wurden. In Bergwerken (Zechen) werden diese Lagerstätten abgebaut. Während der Z.-Zeit war Mitteleuropa fast ständig von einem seichten Meer bedeckt.

Zeugenberg Ein einzelner Berg in einer Schichtstufenlandschaft, der im Vorland des Steilhangs auf der Landterrasse liegt. Sein Gipfel besteht aus demselben harten Gestein, das am oberen Steilhang zutage tritt. Er bezeugt also, daß die harte Gesteinsschicht ursprünglich weiter verbreitet war und bis auf kleine, isolierte Reste abgetragen worden ist. Bei einem *Auslieger* ist die harte Deckschicht zwischen dem Stufenrand und dem vorgelagerten Berg noch nicht völlig abgetragen und der Berg durch einen Sporn mit dem Steilhang verbunden.

Zungenbecken Eine weiträumige, annähernd rechteckige oder zungenförmige Senke, die von einer Gletscherzunge ausgeschürft wurde. Z. liegen oft am Rand von Gebirgen. Sie sind heute im Binnenland als Zungenbeckenseen oder an der Ostseeküste als Förden im allgemeinen mit Wasser gefüllt. Die Z. älterer Eiszeiten wurden inzwischen meist mit Sedimenten aufgefüllt.

REGISTER

Die Umlaute ä, ö, ü werden wie a, o, u behandelt. **Halbfett** gedruckte Seitenzahlen kennzeichnen einen Haupteintrag, *kursiv* gedruckte eine Abbildung.

A

Abbesee 88
Adélieland *330*
Aden, Golf von 92
Adirondack Mountains 254, *257*
Adrar 332
Adrar der Iforas 84
Adria 59
Afarsenke **86–91**, *86*, *87*
Afghanistan 134–137
Afrerasee 87
Ägäis 40, 59
Agios Ilías 42
Agri Dagh 332
Agua 332
Aiguille du Midi *27*, *28*
Aiguille du Plan *27*
Aiguille Verte *33*
Akrotíri *41*, *42*
Akseløya *309*
Alabama 254
Alaska 250–253, *252*
Alayta 87, 91
Albertsee 95, 98
Aldabra 110, 111
Aletschgletscher 30
Aleuten 272
Alexanderinsel 324
Alexandraspitze 99, 102
Algerien *68*, *69*, 70, 81, *81*, *334*, *339*
Algerisch-Provenzalisches Becken 58, 59
Allegheny Mountains 254
Allgäu 29
Almannagjá *209*
Alpen **26–39**, *61*
Alpen, Berchtesgadener 30
Alpen, Berner 30
Alpen, Provenzalische 33
Alpen, Savoyer *33*
Alpen, Walliser 30
Alpenvorland 26
Altiplano 274–277, *274*, *275*, *277*
Amazonas **294–305**, *295*, *296*, *297*, *298*, *299–302*, *304*, *305*
Amazonien 304
Amiranten 110
Ammassalik *314*
Anak Krakatau 43
Anatolien 116–119
Anchorage 250
Andalusien 51
Anden, tropische **272–279**, *272*, *275*, *276*, *277*, *278*
Andromeda 270
Angara 120
Angelfall 332, *332*
Angola 340
Ankaranaplateau 332
Ansai *163*
Antarktika **318–323**, *319*, *320*, *321*, *322*, *323*, 327
Antarktis 318–331
Antarktische Halbinsel **324–327**
Antillen, Kleine 268–271

Antrim 54, 55, *56*
Antsiranana 332
Äolische Inseln 59, *63*
Aostatal 28
Apennin 26
Appalachen **254–257**, *254*, *255*, *256*, *257*
Appalachenplateau 254
Apronisi 40, 41
Apuseni 332
Ararat 332
Årdal 13
Årdalsfjord *12*
Ardoukoba 88, *90*
Argentinien 280–283, 290–293, 324
Arktis 308–317
Arktischer Ozean 308, 311
Arouane 81, 84
Arvetal *33*
Assalgraben *89*, *90*
Assalsee *86*, 88, *89*
Assuan 63
Äthiopien 86–91, 333, *334*
Atlantik 59, 60, 83, 294
Atlantis 42
Ätna 59
Atrio del Cavallo *18*, *19*
Attahöhle 51
Aughrabiesfälle 332
Aurlandsfjord 13, *14*
Aurlandsvangen *14*
Auroa *212*
Australasiatisches Mittelmeer 183
Australien 172–181, 318, 333, *333*, 340
Aven Armand **48–51**, *48*, *50*, *51*
Awashtal 88
Ayers Rock **178–181**, *178*, *180*, *181*
Azoren **258–263**, *258*, *259*, *260*, *261*, *262*

B

Baffin Bay 315
Baffininsel 315
Bagley-Columbus-Gering-Eisfeld 250
Baia Vermelha *286*
Baikalsee **120–123**, *120*, *123*
Balaton 339
Balkangebirge *45*
Balkhab 135
Bamako 83
Bandiagaraplateau 83
Bandiagarastufe 333
Band-i-Amir, Seen von **134–137**, *134*, *135*, *136*
Bani 82, 83
Banjuputihfluß 167
Barbados **268–271**, *268*, *269*, *270*, *271*
Barbarossahöhle 51
Bäreninsel 315
Barentsinsel 308
Barranca del Cobre 333, *334*
Barriereriff s. Großes Barriereriff
Bathsheba 270

Bayerische Rhön 57
Belkum, Wüste von 154
Bellingshausensee 324
Belogradschik, Felsen von **44–47**, *44*, *46*, *47*
Benbane Head 54
Ben Nevis 333
Berchtesgaden 51
Berchtesgadener Alpen 30
Berchtesgadener Land *32*
Beringmeer 183
Berner Alpen 30
Betsibokafälle 333
Bhote-Kosi-Tal *125*, *130*
Black Bay *246*
Black Tor *25*
Blue Mountains 333, *333*
Blue Ridge 254, *257*
Bogotá 279
Bolivien 272, 274, 294, 340
Bongomassiv 333
Boone Avenue *243*
Böotien *133*
Bosque de Rocas 333
Botafogo, Bucht von 284, *284*
Bowerman's Nose 23, *24*
Böyabre *15*
Brahmaputra 125
Brasilien 280–287, *289*, 294, 335
Brenner 27
Bretagne *25*
Brevik *15*
Buenaventura 273
Bujukusee 102
Bulgarien 44–47, 336
Burg Stolpen 57

C

Cabo de Hornos 335
Cairns 172
Camaldoli della Torre *20*
Cañon Diablo 333
Capelinhos *262*, 263
Carrizo *217*
Castle Geyser *236*
Castle Grant 269
Catskill Mountains 254
Causses Méjean 48
Caveland Corridor 238, 242
Cayambe *276*
Cerro Adela *292*
Cerro Egger *292*
Cerro Fitz Roy **290–293**, *290*, *291*, *293*
Cerro Grande 291
Cerro Polo *292*
Cerro Torre 291, *292*
Chamonix 28, 33, *33*
Changjiang 333
Chicago *245*, *246*, 248
Chile 274, 290–293, 324, 335
China 124–131, 142–159, 333, 340
China, Lößlandschaften **160–165**, *161*, *162*, *163*, *164*, *165*

Chinguetti 81
Choaplateau 333, *334*
Christchurch, Hügelland von 268
Chugach Mountains 250
Civettagruppe *33*
Claciar Grande *292*
Col du Grand Cucheron *27*
Cole's Cave 269
Collins Avenue *243*
Coloradoplateau 225
Colorado River 222, 225, 232, *233*
Columbiagletscher **250–253**, *250*, *251*, *253*
Comer See 26
Cookinseln 183
Copacabana 284, 286, *286*
Corcovado 284
Cordillera Blanca 272, *278*, 279
Cordillera Real 274
Cornwall 23, 24
Corvo 258, *258*
Cotopaxi *276*
Courmayeur 28
Cousin 108
Crabtree-Wasserfälle 255
Crane Bay *270*
Crystal Lake 238, *239*
Cuprene Cuzco

D

Dachstein 30
Dallol 86, *87*
Dalmatien 334
Daly City *216*
Damm des Riesen s. Giant's Causeway
Danakilwüste 86
Dänemark 337
Dardanellen 59
Dartmoor 22–25, *23*, *24*
Dascht-i-Lut 337
Death Valley 334
Deceptioninsel *325*
Derinkuyu 119
Deutschland 335, 336, 338, 341
Devils Tower 57, *57*, 334
Devon 22, 23
Diafarabé *84*
Diego-Suárez 332
Dinarisches Gebirge 26
Diskobucht *312*
Djenné *84*, 85, *85*
Dolomiten 30, *33*, 334
Donaudelta 334
Dongirangutan *125*
Drakensberge 334
Drakestraße 327
Drautal 26
Druidenstein 57
Dschibuti 86–91
Duluth 248
Dumont d'Urville *330*
Dunajec 334
Dunseverick *56*

REGISTER

E

Ebro 59
Echo River 238, *238*
Ecuador 272, 274, *276*, 294
Edge-Insel 308
Eduardsee 95, 98
El-Kantara 334
Ellsworth-Hochland 324
El-Qantara 334
England 289
Ennstal 26
Erebus s. Mount Erebus
Erg Medjehebat 68
Eriesee 244–246, 248, 249
Erta-Alé 87, *89*, 91
Europäisches Nordmeer 311
Everest s. Mount Everest
Everglades 334, *335*

F

Faial 258–260, *260, 262,* 263
Falklandinseln 324
Färöer 55
Farquhararchipel 110, *110*
Feuerland 318, 324
Fichtelgebirge 24
Fiescher Gletscher *30*
Fingalshöhle 54
Finsteraarhorn *30*, 31
Firehole River *234*
Fitz Roy s. Cerro Fitz Roy
Fjœrlandsfjord 14, *14, 17*
Flamengo 284, *284*
Flint Ridge Cave 238–240
Flores 258
Foxgletscher *201*
Fränkische Schweiz 51
Frankreich 48–51, 337, *337*, 338, 340
Franz-Josef-Gletscher *202*
Französisch-Polynesien 210–213, 335
Frassassi 334
Fudschijama **138–141**, *138, 140, 141*
Furggjoch *33*
Furggrat *33*

G

Gabillema 88
Galápagosinseln *195*
Gambierinseln 335
Gangolfsberg 57
Garganta del Diablo 281
Garrotxa 335
Géantgletscher 28
Gefrorene Niagarafälle 238, *243*
Geikieplateau *15*
Geirangerfjord 335
Gelber Fluß 160, 163, *165*
Genua 59
Genua, Golf von 26
Georgian Bay 245, *247,* 248
Georgien 336
Gesellschaftsinseln *182,* 183, 210

Ghoubet al-Kharab 88, *90*
Giant's Causeway **54–57**, *54, 57*
Gibbon River *237*
Gibraltar 59
Gibraltar, Straße von 58
Giulettisee 87, 88
Glen Canyon *224*
Göreme 116, *116, 118*
Gothic Avenue *240*
Grand Canyon des Colorados **222–233**, *222, 223, 224, 226, 227–230, 232, 233*
Grand Gendarme du Pollone *291*
Grauer See 102
Great Smoky Mountains 254, *257*
Green Mountains 254
Green River 238, 240, *241*
Griechenland 40–43, *58,* 286, 338
Grönland 309, **312–317**, *312, 313, 314, 315, 316, 317*
Grönlandsee 311
Großbritannien 22–25, 54–57, 324, 333
Großes Barriereriff **172–177**, *172, 173, 174, 175, 176, 177*
Große Seen **244–249**, *244, 245, 246, 247, 249*
Großglockner 335
Grüner See *100,* 102
Guanabarabucht 284, *287*
Guangxi *151*
Guangxi, Karstlandschaften von **142–154**, *142, 147–150, 153*
Guatemala 332
Gui Jiang 142, *142, 143, 144,* 152, *152*
Guilin 142, 143, *143, 145*
Guillaumet *291*

H

Hackleton's Cliff 269
Hadar 90
Hamilton 248
Harrison's Cave 269, *270*
Harz 335
Haute-Provence *29*
Havasu-Creek-Canyon *225*
Hawaii 204–207, *204, 205, 206, 207*
Hawaii-Archipel 183
Haytor Rocks **22–25,** *22, 23*
Hegau 55
Hen Tor *23*
Herculaneum *18,* 21
Hermansverk 12
Heron Island 176–177, *177*
High Willhays 22, *23*
Himalaja 124–131, *127*
Hiraanae *210, 212*
Hoggar *70, 74, 75–78*
Hoher Meißner 57
Hohe Tauern 27
Hong Shui 142
Honuea *210*
Hopperstad *16*
Horoatera *210*
Hound Tor *24*
Hualalai 204
Huandoy *272*
Huang He 163
Huascarán *278*
Hudson River 248
Hudsontal 254
Huelgoat, Wald von *25*
Huronsee 244, 245, *247,* 248, 249

I

Ia *42*
Idjen 166–169, *166, 167, 168*
Iguaçu 280, 281, *283*
Iguaçufälle **280–283**, *280, 281, 282, 283*
Imperial Point *232*
Indien 336
Indischer Ozean 183
Indonesien 166–169, 340
Inn 26
Inseln über dem Winde 210
Ionische Inseln *58*
Ionisches Becken 58
Ipanema *284*
Irak 340
Iran 337, 340, 341
Irkutsk 120
Irland 55, 56
Isla Bartolomé *195*
Island 55, *209,* 340
Isle Royale 246
Israel 341
Itabira 335
Italien 334, *334,* 336, 338
Ittoqqortoormiit *15*

J

Jangtsekiang 333
Jan Mayen 315
Japan 138–141, 337, 338
Japanisches Meer 183
Java 166, *169*
Jordanien 341
Jostedalsbre *13,* 14, *15,* 250
Jotunheimen 13, *13*
Jungfrau 33, 335

K

Kagera 95
Kaibabplateau 225, *232*
Kaledonienriff 335
Kaledonisches Gebirge 14
Kalifornien 216–222, 311
Kalifornischer Golf 217
Kalkalpen, Französische *29*
Kalkalpen, Nördliche 26, 30
Kalkalpen, Südliche 26
Kalliste 42
Kameni-Inseln *40,* 41
Kamerun 335, 337
Kamerunberg 335
Kanab Creek 232
Kanada 244–249, 337, 339
Kanarische Inseln 57
Kangchunggletscher 129
Kap der Guten Hoffnung 106, 318
Kap Hoorn 272, 318, 335
Kap Mendocino 217, 219
Kappadokien, Tuffkegel von **116–119**
Kapprovinz 105
Kapstadt 104, 105, *105,* 106, *106, 107*

Karakum 336
Karma, Tal von *131*
Karpaten 31
Karumsee 87
Karwendelgebirge 30
Kaschmir 336
Kashgar 158, *158*
Kashi 158, *158*
Kästeklippen 25
Katalonien 59, 286
Kathmandu 127, 128
Katwegebirge 336
Kauai 206
Kaukasien 336
Kaukasus 336
Kaupanger 15, 16
Kavirondobucht 96
Kawah Idjen **166–169**, *166, 167, 168*
Kawan Kamojang *169*
Kayseri 116
Kefallinia *58*
Kenia 94–97, *96*
Kentucky 238, 242
Khumbugletscher 127, 128, 129–130
Khumbutal *127*
Kibanga 97
Kilauea **204–207**, *205, 206*
Kilimandscharo 98, 336, *336*
Kirgisien 340
Kisumu 97
Kitzkammer 57
Klausenpaß *32*
Kleinasien 42
Kobe 138
Kohala 204
Kolchis 336
Kolumbien 272, 274, 278, 279, 294
Kongdole Ri *125*
Kongo 95, 338, 341
Kongsfjord *308*
König-Karl-Land 308
Königsbucht 308
Königskordillere 274
Königssee 336
Kordilleren 272–279, 290, 294
Korsika 25, *64*
Krakatau 21, 43
Kreta 42, 59
Kroatien 137, 334
Kuh-i-Baba-Gebirge 134
Kunlun Shan 158
Kyffhäuser 51
Kykladen 40
Kyushu *140*

L

Labrador 288
La Digue 108, *109,* 111
Lagoa Azul *263*
Lagoa Rodrigo de Freitas 284
Lagoa Verde *263*
Lago Viedma 291, *292*
Lake Mead 223
Lake Powell 222, 223, *224*
Lanzhou 161, *164,* 165
La Paz 274
La Plagne 29
Larderello 336
Lausitzer Bergland 57
Lauterbrunnental 33
Le Cheiron, Massiv von *29*
Ledenika 336
Lee Moor 23
Leikanger 12

REGISTER

Lena 337
Les Menuires 29
Lesseillon 27
Les Trois Vallées 29
Levantinisches Becken 58, 59
Lhotse 128, *129*
Little Colorado 223, 232
Lofoten 337
Loihi 206
Lom 46
Loma Prieta 217, 219
Lop Nur 154, 155, 158
Lopusna 46
Los Angeles 217, 220
Lötschberg 27
Loue 337, *337*
Löwenkopf 104, *104, 106*
Luochuan *161*
Lustrafjord 12, *12*, 13, 14
Lut 337
Luxulyan 24

M

Machu Picchu 279
Mackenzie River 337
Madagaskar 332, 333
Magellanstraße 324
Maggie Springs *180*
Magura, Höhle von 46, 47
Mahé 108, 111
Maine 254
Malaysia 51
Mali 81–85, 333
Mammoth Cave s. Mammuthöhle
Mammoth-Cave-Nationalpark 238
Mammuthöhle **238–243**, *238, 239, 240, 241, 242, 243*
Mammutquellen 237
Manaus 296, *296*
Manavgat 337
Manda Inakir 88
Mandaragebirge 337
Manicouaganstausee 249
Marble Canyon 223
Margheritaspitze 98, 99, *99*, 102
Marie-Byrd-Land 321
Marismas del Guadalquivir 337
Markala 85
Marmarameer 59
Marquesas 182
Marquette 248
Marsili 59
Mashu-ko 337
Massif des Bongo 333
Massif des Ecrins 33
Matsushima 338
Matterhorn 33, *33*, 338
Mauna Kea 204, 205
Mauna Loa **204–207,** *204*
Mauretanien 81, 332
Mauriennetal 27
Mayombe 338
Mayon 338
Mazar Tagh 154
McMurdo 328
Mendocino, Kap 217, 219
Méribel 29
Mermoz 291
Meteora 338
Meteorakegel 286
Mexiko 333, *334*, 339, 341, *341*
Mexiko, Golf von 316
Michigansee 244, 245, *245*, 248, 249

Milford Sound 338, *338*
Mississippi 338
Misti 338
Mittelmeer **58–65,** *60, 61, 64*
Mittelrhein 338
Mobutu-Sese-Seko-See 95, 98
Molden 12
Møn 337
Mondberge 98, 99
Mondsee 102
Mongolei 160
Montblanc 27, 33
Montblanctunnel 28
Mont Cenis 27
Monte Somma 18, 19, *19*
Montreal 248
Mont-Saint-Michel 338
Montserrat 286
Monts Notre-Dame 254
Mont Ventoux 33
Monument Valley 338
Moorea *186, 187–190*
Mopti 83
Morne Seychellois 108
Morning Glory Pool *237*
Morro do Cantagalo 284
Morro do Leme *286*
Mount Baker 102
Mount Burney 274
Mount Cook **200–202**, *200, 201, 202*
Mount Dallol 87
Mount Emin 102
Mount Erebus 319, **328–331**, *328, 329, 331*
Mount Everest **124–131**, *124, 129*
Mount Gessi 102
Mount Hillaby 269
Mount Kenya 98, 329
Mount Misery 269
Mount Mitchell 254
Mount Olga 178
Mount Speke 102
Mount Stanley 102
Mount St. Helens *208*
Mount Terror 330
Mundal *17*
M'Zab 81

N

Nærøyfjord 13
Namche Bazar *125*
Namib 339
Namibia 339
Nea Kameni 41, *43*
Neapel 20
Neapel, Golf von 18, 19
Nepal 124–131
Nerja, Höhle von 51
Neue Hebriden *192*
Neukaledonien 183, 335
Neuseeland 200–203, *203*, 338, *338*, 340, 341
Neuseeland, Die heißen Quellen von **196–199**, *196, 197, 198, 199*
Nevado del Ruiz 274
New Hampshire 254, *254*
New Quebec Crater 249
New York State Barge Canal 248
Ngauruhoe 196
Niafounké 84
Niagara 248
Niagarafälle 245, 247
Niagarafälle, Gefrorene 238, *243*
Niedere Tauern 27

Niederlande 341
Niger 70, *71*, 81
Niger, Binnendelta **82–85**, *82, 83*
Nigeria 83, 337
Nil 63, 95
Nildelta *59*, 63
Niñocochasee 294
Niterói *284*
Njassasee 95
Nordafrika 68–81
Nordpol 331
Norwegen 12–17, 335, 337
Nyiragongo 339

O

Oberer See 244, 245, *246*, 248, 249
Oberes Geysirbecken *237*
Ochotskisches Meer 183
Ohio 246, 248
Ohio River 254
Onetahi *210, 211*
Ontariosee 244, 245, 248, 249
Ordesa 339
Orinocobecken 296
Ostafrika 94–97, *95*
Ostalpen 26, 27, 30
Ostchinesisches Meer 183
Osterinsel 195, *195*
Österreich 335
Ouadane 81

P

Palaia Kameni 41
Palfrey *176*
Pamir 339, *339*
Pamukkale 339
Pão de Açúcar 285
Paraguay 280
Paramo 101
Paraná 280
Paranáplateau 282, 283
Paricutín 339
Pasabey *117*
Pasadena 217
Patagonien 290
Pazifischer Ozean **182–195**, *182, 183, 184, 185, 186–189, 192, 193, 194, 216*
Pebas 304
Peloponnes 59
Pennsylvania 248, 257
Perbuwatan 43
Peru 272, *272*, 274, 279, *279*, 294, *304*, 333, 338
Philippinen 21, 182, 338
Pico 258, 259
Pico Alto 258, *260*
Pico Cristóbal Colón 278
Pico de Teide 57, 340, *340*
Piek van Rakata 43
Pier Giorgio 291
Pierre-Saint-Martin *53*
Pinatubo 21
Pinzgau 26
Piton de la Fournaise 21, *21*, 207, *207, 209*
Plattensee 339
Plitvicer Seen 137, *137*
Ploumanac'h *53*

Poincenot 291
Polen 334
Polynesien 210–213
Pompeji 18, *20*
Ponta Delgada 258
Port-Cros *60*
Port Harcourt 83
Powell, Lake *222*, 223, *224*
Powellplateau *224*
Praslin 108, *109*
Presidential Range *254*
Prince-William-Sund 250, *250, 253*
Prinz-Karl-Vorland 308
Prophíti Ilías 41
Provence 59
Pustertal 26
Pyrenäen 31

Q

Quebec 249, 254

R

Rainbow Bridge 339
Rakovica 46
Réunion 21, *21*, 207, *209*
Rheintal 26, 32
Rhön 55
Rhön, Bayerische 57
Rhône 59
Rhônekanal *64*
Rio, Bucht von **284–287**, *284, 285, 286*
Rio de Janeiro 284, *284*, 286, 287, *287*
Río de la Plata 296
Río Loa 275
Río Magdalena *273*
Rio Negro 294, 296, *297, 298*
Rocky Mountains 234, 339
Rongbukgletscher *127*, 129, *131*
Rossinsel 328, 329
Rossmeer 320, *328*, 329
Rotes Meer 92
Rotomahana 197
Rotomahanasee 198
Rotondesaal *241*
Rotorua *198*
Ruapehu 196, 199
Rübeländer Höhle 51
Rumänien 332, 334
Rumel 339
Rußland 120–123, 337
Rutledal 15
Ruwenzorimassiv **98–103**, *99, 100, 102*

S

Sagros 341
Sahara **68–81**, *73*, 84, *159*, 289
Sahelzone 70, 72
Saint Clair River 248
Saint-Exupéry 291
Sakurajimavulkan *140*
Salar de Uyuni 340
Salomonen 182

Salt Cave Point 269
Salto Ángel 332
Salzburger Land 29
Samoainseln 182
San-Andreas-Verwerfung **216–221**, *216, 217, 219, 220, 221,* 311
Sandwichinseln 183
San Francisco 217, *221*
San Juan Bautista 219
Sankt Gotthard 27
Sankt-Lorenz-Golf 245, 254
Sankt-Lorenz-Seeweg 248
Sankt-Lorenz-Strom 244, 245, 248
Santa Cruz 219
Santa-Cruz-Inseln 182
Santa Maria 258, 259
Santorin **40–43,** *42*
Santorin, Bucht von *40*
San Vito 18
São Jorge 258, 260
São Miguel 258, *258,* 260, *260,* 261, *262*
Sault-Sainte-Marie 248
Savoyer Alpen 27
Schatt el-Arab 340
Schelagebirge 340
Schellenberger Eishöhle 51
Schwabenland 321
Schwarzer See 102
Schwarzes Meer 59
Schwarzwald 24, 32
Schweiz *34,* 335, 336, 338
Scoresbysund 15, *15, 317*
Scotiarücken **324–327**
Scotland District 268, *269*
Seawell House 269
Seen von Band-i-Amir **134–137,** *134, 135, 136*
Selime *118*
Semlikital 99
Senegal 84
Serbien 44
Serra do Mar 284, *289*
Serra dos Órgãos 284
Sese 94
Sete Cidades *262,* 263
Seward-Malaspina-Gletscher 250
Seychellen **108–113,** *109, 110, 112*
Shaanxi *161,* 162, *163*
Shenandoah-Nationalpark 257
Sibirien 120–123
Sierra Nevada de Santa Marta 272
Silhouette 108
Silver Sands 269
Simplon 27
Simpsonwüste 340
Sindo *96*
Sinkhole Plain 240
Sizilien 58
Skagatölstindane 13
Skala 41
Skanden 14
Sogani 116
Sognedal 14
Sognefjell 13, *13*
Sognefjord **12–17,** *12*
Solund 15
Somma, Monte 18, 19, *19*
Soufrère 271
South Dakota *52*
South Island *176*
Spanien 335, 337, 339, 340, *340,* 341
Spekesee 102
Spitzbergen **308–311,** *308, 310, 311*
Sporaden 42
Stabiae 20
Staffa 54
Stakevskatal *45*
Stellenbosch *105*
St.-George-Tal 268

Storehaugfjell 12
Straße von Gibraltar 58
Strokkur 340
St. Thomas 269
St. Vincent 271
Südafrika 104–107, 332, 334
Südamerika 290
Südantillen 324
Südgeorgien 324, *327*
Süd-Orkney-Inseln 324
Südpol 323, 331
Südpolarmeer 328
Süd-Sandwich-Inseln 324
Süd-Shetland-Inseln 324, *325*
Südtirol 26
Süd-Victorialand 319, 321
Sutherlandfälle 340
Svalbard 308

Table Mountain s. Tafelberg
Tadjoura, Golf von 88, *90*
Tadrartmassiv *69*
Tafelbai 104, 105, *106*
Tafelberg **104–107,** *104, 106, 107*
Tagadjisee 84
Tahiti *186*
Tahuna Iti *212,* 213
Taiga 120, *123*
Takla-Makan **154–159,** *154, 155, 156, 157, 159*
Tal des Todes 334
Tambora 21
Tanezrouft 70, 81
Tanganjikasee 95, 123
Tannheimer Berge *26*
Tansania 94–97, 336, *336*
Taoudenni 81
Tarawera *197,* 198
Tarim He 155, 157, *157,* 158
Tarn 340
Tasmangletscher 200, 201, *202*
Tassili N'Ajjer *52, 53, 69*
Tat-Ali 87, *91*
Tauern, Hohe 27
Tauern, Niedere 27
Tauini *212*
Tawakul *154*
Tawakuloase *159*
Tempelfjord 308, *311*
Tendaho 88
Ténéré 70, *81*
Teneriffa 57
Tennengebirge 51
Tennessee *257*
Terceira 258
Tessin 26
Tetiaroa-Atoll **210–213,** *210, 211, 212, 213*
Teufelsspitze 104, *104, 106*
Te Wairoa 199
Theodulhorn *33*
Thera 40, *40,* 41, 42
Therasia 40, *40,* 41
Thingvellir *209*
Thousand Islands 244
Thunder Bay 248
Tiaraunu *210*
Tibet *93,* 124–131
Tichitt 81
Tien Shan *157,* 340
Timbuktu 83, 84
Tingri *129*
Tirol *26, 288*

Titicacasee 274, *278,* 279
Titusville 257
Tobasee 340
Tongainseln 182, *183*
Tongariro 196
Torca del Carlista 341
Toroweap 222
Torre Trieste *33*
Tors von Dartmoor **22–25**
Totes Meer 341
Tozeur *73*
Transantarktisches Gebirge 330
Tre Kroner 308, *311*
Trinidad 272
Trowlesworthy Tor 23
Tschad 83
Tschadsee 84
Tunesien *73, 159*
Türkei 116–119, 332, 337, 339
Turkmenistan 336
Turpan 158
Tuzlugh, Oase von *154*
Two Harbors 248
Tyinsee 13
Tyrrhenisches Becken 58, 59
Tyrrhenisches Meer *60*

Üçhisar *119*
Uganda 94–103, *97,* 336
Ukerewe 94
Ungarn 339
Upper Geyser Basin *234, 236*
Ürgüp 116
Urnes 12
Urubambatal 279
Uruguay 283

Valdez 250, *252*
Val-d'Isère-Super-Tignes 29
Vale Furnas 260
Val Ferret *30*
Valle del Inferno 18
Val Thorens 29
Van Mijenfjord *309*
Vanuatu *192*
Vavilov 59, *61*
Veltlin 26
Venezuela 272, 294, 332, *332*
Vereinigte Staaten von Amerika 216–237, 244–257, 333, 334, *335,* 338, 339, 341
Vermont 254
Vesuv **18–21,** *18, 19, 20,* 59
Victoria 108
Victorianil 95, 96
Victoriasee **94–97,** *94, 96, 97*
Vidin 44, 45, 46
Viedma, Lago 291, *292*
Vik 16, *16*
Vila das Velas 260
Vila Franca do Campo 260
Vinsonmassiv 321
Vintschgau 26, 29
Visperterminen 30

Vogesen 52
Volquart Boone *15*
Vorderrhein 26
Vulcano *63*

W

Waikite 196
Waikorohihi 196
Waimangu 196, 197
Waimangugeysir 199
Waiotapu 196, *198*
Wallis 26, 29, *30, 35–38*
Walliser Alpen 30
Weddellmeer 320, 321, 324, 329
Weiße Insel 308
Weißhorn *35–38*
Welchman Hall Gully 269
Wellandkanal 245, 248, *248*
Westalpen 27
Westbalkan 44, *44,* 45
Westerwald 57
Westfriesische Inseln 341
Westindische Inseln 268
West Mill Tor 23
Westspitzbergen 308
Whakarewarewa 196
Whitefish Bay *244*
White Island 341
White Mountains 254, *254*
Whitsundaypassage *174*
Wien 26
Woodbourne 269
Wyoming 57, *57*

X

Xi'an 162, *162*
Xinjiang 154

Y

Yangshuo *144*
Yasur *192*
Yellowstone-Park **234–237,** *234, 236, 237*
Yes Tor 23
Yosemite 341
Yucatán 341, *341*

Z

Zagros 341
Zaïre 98–103, 339, 341
Zanskar *128*
Zentralafrika 333
Zentralalpen 26
Zentralasien 339, *339*
Zuckerhut 284, *284, 286, 286*
Zugspitze 341

BILDNACHWEIS

Abkürzungen: o. = oben, M. = Mitte, u. = unten, l. = links, r. = rechts

Umschlag: o.: TTTC production/The Image Bank, M.: Si Chi Ko/The Image Bank, u.: M. Isy-Schwart/The Image Bank

Vorsatz- und Rücksatzpapier: M. Pell

Innenteil: 10/11: P. Stumpf 12/13: Ph. Roy/Explorer 13: M. Yamashita/Rapho 14 o.: G. Sioen/Cedri, u.: G. le Cossec/Explorer 14/15: Bjørn World 15: Peulvast 16: D. Lérault/PIX 17: Bjørn World 18/19, 19: K. Krafft 20 u.: K. Lawson/Rapho 20/21: K. Poulsen/Rapho 21: J. L. Cheminée 22/23, 23: D. Bayliss/Rida Photo Library 24, 25 o.: R. Harding Picture Library 25 u.: P. Hinous/TOP 26/27: M. Garanger 27 u.: J. Gaumy/Magnum 28/29: F. Jalain/Explorer 30 o.: PIX, u.: W. P. Burkhardt 31 o.: P. Pilloud/Jacana, u.: G. Sommer/Jacana 32 o.: Breig/ZEFA, u.: PIX 33 o.: Boutin/Explorer, u. l.: M. Belden/Cedri, u. r.: M. Bertinetti/TOP 34 + 39: Dist. Spot-Image/CNES 1987 35–38: W. Burkhardt 40/41: Ph. Charbonnier/TOP 41: Krafft/Explorer 42: S. Held 43: N. Benn/Cosmos 44/45: E. Lessing/Magnum 45: Y. Travert/Hoa-Qui 46: H. L'Azou 46/47 o.: Y. Travert/Hoa-Qui, u.: Jürgens Ost + Europa-Photo 47: E. Lessing/Magnum 48/49, 49: R. Delon/Ed. du Castelet 50 l.: Delfino/Pitch 50 r., 51: R. Delon/Ed. du Castelet 52 o. l.: C. Senechal/Diaf, o. r.: A. Thomas/Explorer, M. r.: F. Michel, M. l., u.(1), u.(4), u.(5): Petzold, u.(2): N. Le Roy/Jacana, u.(3): J. L. Cheminée, u.(6): A. Giannoni/Jacana 53 o. l.: J. P. Garcin/Diaf, M. l.: Ph. Roy/Explorer, M. r., u.(1), u.(2), u.(3), u.(5), u.(6): Petzold, u.(4): Ci. Guez, u.(7), u.(8): H. Chaumeton/Nature 54/55: Le Diascorn/Rapho 56 o.: A. Pinsard/Cedri, u.: N. C. Mitchel 57 o.: A. Thomas/Explorer, u.: A. Pinsard/Cedri 58/59: E. Quemeré/Cedri 59: Science Photo Library/NASA/COSMOS 60 o.: Cl. Rives/Cedri, M.: Cl. Rives/Marina/Cedri, u.: Campagne Escarmed/Ifremer 61 u.: A. Gennesseaux, u.: X. Desmier/Cedri 63: R. Mazin/TOP 64/65 o.: B. Régent/Diaf, u.: E. Guillemot/SEA & SEE 65: P. Pilloud/Jacana 66/67: D. Huot/Hoa-Qui 68/69: J. M. Durou 69 o.: Ribieras/Explorer, u.: C. Cros/Explorer 70: A. Pinsard/Cedri 71 o.: J. L. Manaud/Odyssey, u.: A. Beignet 72/73: Schoenahl/Diaf 73: F. Jalain/Explorer 74 + 79: Dist. Spot-Image/CNES 1986 75–78: A. Sebe 80: P. Le Floch/Explorer 81 o.: Valentin/Hoa-Qui, u.: J. L. Manaud/Odyssey 82/83, 83: J. L. Manaud/Odyssey 84: E. Ferorelli/COSMOS 85 o.: Archives A. de Monbrison, u.: Durou-Jaffre 86/87: J. R. Roustan/L'Express 87: J. L. Cheminée 89 o. Krafft/Explorer, u.: J. R. Roustan/L'Express, u. r.: J. L. Cheminée 90: Krafft/Explorer 90/91: J. R. Roustan/L'Express 91: J. L. Cheminée 92: NASA/DITE 93: K. Kling 94/95: The Hutchison Library 96 l.: G. Gerster/Rapho 96/97: K. Muller/Cedri, u.: Oberlé/Pitch 97: Laboute/Jacana 98/99: A. Martin 99 o.: D. Reist 100/101, 100 u.: A. Martin 101: Arthus-Bertrand/Jacana 102/103: A. Martin 104/105, 105: Satour 106/107: Flying Eye/Photo Access 107 o.: E. Valentin/Hoa-Qui, u.: M. Zuber, M. l.: C. Pavard, M. r.: M. Pell 108/109: A. Ernoult 109: Ch. Lenars 110/111, 111 o.: C. Pavard/Hoa-Qui 111 u., 112 u.: Office du Tourisme des Seychelles 112 u.: M. Friedel/Rapho 113 l.: Ch. Lenars, r.: F. Karl/Jacana 114/115: D. Bachelier/Explorer 116, 117: S. Held 118 o.: F. Rouland/Rapho 118/119: R. & S. Michaud 119 o.: S. Held 120/121: G. Mangold 122 u.: A. Visage/BIOS 122/123: G. Mangold 123: D. Auvray/Explorer 124/125: F. Petit/Entrevu 125: Gounot/PIX 126: Weisbecker/Explorer 127 o.: P. Tournaire/Sipa-Sport, u.: P. Tournaire 128: K. Kling 128/129 o.: J. P. Ruiz/Hoa-Qui, u.: B. Morandi/Cedri 130: F. Michel 131 o.: O. Follmi/Explorer, u.: Fovea 132: Y. Cavaille/Explorer 133 o. l.: Brenner/Rapho, u.: R. Coque, u.: Jourdan/Explorer 134/135: R. & S. Michaud 135 o.: J. P. Carbonnel 136 o. Ph. Montbazet/Explorer, u. l.: R. Michaud/Rapho, u. r.: R. & S. Michaud 137: S. Held 138/139: S. Kogler/Fovea 140 o.: K. Krafft, u.: Fotogram-Stone 140/141: P. Koch/Rapho 142/143: M. Pell 143: S. Held 144 o.: M. Troncy/Hoa-Qui, u.: M. Pell 145: P. Hinous/TOP 146 + 151: Dist. Spot-Image/CNES 1987 147–150: Koene/Colorific 152/153: Dallas & Heaton/VLOO 153 u. l.: P. Hinous/TOP, u. r.: S. Held 153 u. r.: S. Held 155: R. Coque 156/157: S. Bachelier 157 l. S. Bachelier, r.: R. Coque 158: H. Kubota/Magnum 159 u., M. l.: R. Coque, M. r.: S. Bachelier 161 o.: S. Held, u.: A. Billard 162 u.: Ph. Roy/Explorer, u.: A. Billard 163: A. Billard 164 l.: S. Held, u.: H. Kubota/Magnum 164/165: TOP 166, 167 o.: P. de Wilde/Hoa-Qui 167 u.: K. Krafft 168: P. de Wilde/Hoa-Qui 168/169: A. Soldeville/ANA 169: J. C. Sabroux 170/171: M. Isy-Schwart/The Image Bank 172: Ben Cropp/Auscape 173 l.: J. Ducange/TOP, r.: S. de Wilde/Jacana 174 o.: J. Ducange/TOP, u.: J. P. Ferrero/Auscape 175: S. de Wilde/Jacana 176: D. Parer-Cook/Auscape 177 o.: N. & P. Mioulane/M.A.P., M.: L. Newman & A. Flowers/Auscape, u.: B. Régent/Diaf 178/179: Ch. Lenars 179 l.: J. P. Ferrero/Auscape 180: S. Held 181 o.: A. Richard, u.: J. P. Ferrero/Explorer 182/183: G. Rossi/The Image Bank 183: M. Beebe/The Image Bank 185: J. L. Cheminée 186 + 191: Dist. Spot-Image/CNES 1986 187–190: ZEFA 192 u.: M. Cinello/Cedri 192 u., 192/193, 193 u.: J. L. Cheminée 193 o.: P. Hendrie/The Image Bank 194 o.: Sarramon/Rapho, u.: J. L. Cheminée 195: H. Sund/The Image Bank 196/197: K. Krafft 197: Krafft/Explorer 198: K. Krafft 198/199, 199: S. Held 200/201: Ph. Temple 201: Colin Monteath 202: Colin Monteath/Auscape 202/203: R. Seitre/Ernoult Features 203: J. P. Ferrero/Auscape 204/205, 205, 206, 207 u.: K. Krafft 207 o.: Krafft/Explorer 208/209 o.: Zimberoff/Sygma 209 M.: R. Mazin/TOP, u.: A. & M. Breuil/BIOS 210/211: M. Renaudeau/Hoa-Qui 211: Mouron & Rostain/Angeli 212: B. Bidault/Diaf 212/213: G. Rossi/The Image Bank 214/215, 216/217: G. Gerster/Rapho 217: P. Degginger/Bruce Coleman 218/219: Van Bucher/Photo Researchers 220: Bruce Coleman 221 o.: G. Hall/COSMOS, u.: F. Gohier/Explorer 222/223, 223: A. Thomas/Explorer 224, 224/225: M. Garanger 225: G. Gerster/Rapho 226 + 231: COSMOS 227–230: Sygma 232 o.: A. Thomas/Explorer, u.: M. Garanger, u.: A. Thomas/Explorer 233 o.: J. S. Flannery/Bruce Coleman 234/235: G. Sioen/Cedri 236/237: A. Thomas/Explorer 237 o.: G. Sioen/Cedri, M.: Krafft/Explorer, u.: E. Spiegelhalter/COSMOS 238: Mammoth Cave National Park 239, 240, 241, 242: Chip Clark 242/243: B. Burch/Bruce Coleman 243 o.: A. N. Palmer, u.: Mammoth Cave National Park 244/245: M. Price/Bruce Coleman 245: B. Ross/First Light 246: T. Kitchin/First Light 247: R. Scherer/Miller Comstock 248: T. Kitchin/First Light 249: Malak/Miller Comstock 250/251: F. Gohier/Explorer 251: L. Touchet/COSMOS 252/253: A. Thomas/Explorer 253: F. Gohier/Explorer 254/255: J. Burnley/Bruce Coleman 255: D. Hamilton/The Image Bank 256 o.: J. Shaw/Bruce Coleman 256 u.: J. Maisel/The Image Bank 257: A. Labastille/Bruce Coleman 258/259: Pinheira 259: G. Carde/Explorer 260: M. Guillard/Scope 260/261, 261: K. & M. Krafft 262 o.: Krafft/Explorer, u.: Pinheira 263: J. L. Cheminée 265: Meteosat Image supplied by The European Space Agency 266/267: J. P. Ruiz/Hoa-Qui 268/269: J. Ducange/TOP 269: Ch. Harbutt/Rapho 270 o.: T. Arruza/Bruce Coleman 270/271: G. Boutin/Sipa 271: Robert Harding 272/273, 273, 275 o.: M. Bruggmann 275 u.: F. Martinon/Hoa-Qui 276 u.: M. Bruggmann, u.: Serraillier/Rapho 276/277: A. Person 278: Ch. Lenars 278/279: J. F. Moreau/Fovea 279: M. Bruggmann 280/281: Loren McIntyre 281: B. Parsley/Fotogram-Stone 282/283: J. Moure/Explorer 283: Fotogram-Stone 284/285: Peter Frey/The Image Bank 285: F. Gohier/Explorer 286: G. Sioen/Cedri 287 o.: M. Isy-Schwart/The Image Bank, u.: J. L. Charmet/Explorer 288 l.: W. Kaehler/Fovea, r.: C. Délu/Explorer 289 l.: J. Miller/Diaf, o. r.: J. Jaffre/Hoa-Qui, u.: B. Martin/Fovea 290/291: J. Ducange/TOP 291, 292/293: M. Schoenahl/Diaf 292, 293: G. Rowell/Fovea 294/295: Peter Frey/The Image Bank 296 o.: D. Calvacanti/Abril Imagene, u.: Pinheira 297 o.: Loren McIntyre, u.: Pinheira 298 + 303: DITE 299–302: Loren McIntyre 304/305: J. P. Duchêne/Diaf 305 l.: Puttkamer/ZEFA, o. r.: Peter Frey/The Image Bank, M. r., u.: Pinheira 306/307, 308/309: Bjørn World 309: Explorer 310, 311 u.: Lepvrier 311 o.: Bjørn World 312/313: K. M. Westermann/Fovea 313: Trouillet/Explorer 314 u.: E. Bataille/Jerrican, u.: O. Martel/TOP 315: M. K. Nichols/Magnum 316, 317: B. Perret/SEA & SEE 316/317: Krafft/Explorer 318/319: A. Piantanida/BIOS 320/321: Expéditions Polaires Françaises 321: D. Thomas/BIOS 322 o.: Expéditions Polaires Françaises, M.: Suinot/Explorer, u.: Ch. Swithinbank 322/323: Colin Monteath 325: W. Kaehler/Fovea 326/327 o.: Ph. Cardis/Explorer, u.: J. M. Charles/Rapho 327: Ph. Cardis 328/329, 329: Colin Monteath 330: Expéditions Polaires Françaises 330/331: J. C. Sabroux 331: Colin Monteath. 332: G. Sioen/Cedri 333: A. Guillou/Explorer 334 o.: G. Sioen/Cedri, u.: K. Muller/Cedri 335: G. Gerster/Rapho 336: C. Pavard/Hoa-Qui 337: B. Gsell/Diaf 338: D. Ball/Diaf 339: R. & S. Michaud/Rapho 340: J. Ducange/TOP 341: K. Muller/Cedri

Illustrationen nach Vorlagen von Yves Gretener:
S. 43, 117 Jean-Jacques Ethève; S. 25, 101, 103, 121, 176, 218, 235, 239, 241, 270 Philippe Gaussent; S. 55, 282, 288, 289 Jean-Marc Gidoin; S. 132 u., 133 u., 205, 253, 263, 264/265, 274 Christian Kocher; S. 88, 126 Guy Michel; S. 41, 49, 97, 132 M., o., 133 o., 145, 212, 225, 246/247, 257 Patrick Morin

Illustrationen:
S. 209 André Demaison; S. 119 Jean-Jacques Ethève; S. 92, 93 Gérald Eveno; S. 208 Gary Hincks; S. 174 Guy Michel

Kartographie:
Yves Gretener (S. 16/17, 28/29, 62/63, 95, 184), EDICA, AERC
S. 10–11 Giant's Causeway (Damm des Riesen), Nordirland
S. 66–67 Hänge des Ruwenzorimassivs, Zaire
S. 114–115 Der Karakax und seine Nebenflüsse, die von Nordtibet Richtung Takla-Makan fließen
S. 170–171 Korallen an der Küste Tahitis
S. 214–215 Die San-Andreas-Verwerfung
S. 266–267 Die Kordillere von Huayhuash in den peruanischen Anden
S. 306–307 Mitternachtssonne über Spitzbergen

Druck und Binden: Grafica Editoriale - Bologna (Italien)